Pour Marguerite Duras,
ce signe de ma violente fidélité

Pour Astrid aussi, ma femme,
près de moi dans le sillage du Navire-Night

DURAS

Marguerite Duras (1972, essai, Seghers)
Anthologie de la poésie fantastique française (1973, Seghers)
Bonaventure (1977, essai sur Bona de Mandiargues, Stock)
Amore Veneziano (1979, roman, Stock)
Introduction au *Journal de ma vie*, de Thérèse d'Avila (1979, Stock)
Vivre en poésie (1980, entretiens avec Guillevic, Stock)
Maman la Blanche (1981, roman, Albin Michel)
Alger l'amour (1982, récit, Presses de la Renaissance)
Tant que le jour te portera (1983, roman, Albin Michel)
La vie la vie (1985, roman, Albin Michel)
La nuit de Mayerling (1985, roman, Plon)
Séraphine de Senlis (1986, biographie, Albin Michel)
Le petit frère de la nuit (1988, roman, Albin Michel)
Le monde merveilleux des images pieuses (1988, album, Hermé)
Le roman de Jacqueline et Blaise Pascal (1989, biographie,
    Flammarion)
Introduction à *Sainte Lydwine de Schiedam*, de Huysmans
    (1989, Maren Sell)
J.-K. Huysmans (1990, biographie, Plon)
La Tisserande du Roi Soleil (roman, Flammarion, à paraître
    en janvier 1992)

ALAIN VIRCONDELET

DURAS

biographie

LACOMBE / ÉDITIONS FRANÇOIS BOURIN

© Éditions François Bourin, 1991.
Pour le Canada: Éditions Lacombe
ISBN 2-89085-045-5

« Elle écrit Marguerite Duras, oui, M.D., elle écrit. Elle a des crayons, des stylos et elle écrit. C'est ça. C'est ça et rien d'autre. »
Marguerite Duras, *TF1*, 1988.

« J'aimerais qu'on se mette à écrire sur moi comme moi j'écris. Ce serait un livre où il y aurait tout à la fois. »
Marguerite Duras, *le Magazine littéraire*, juin 1990.

« L'histoire de votre vie, de ma vie, elle n'existe pas, ou bien alors, il s'agit de lexicologie. Le roman de ma vie, de nos vies, oui, mais pas l'histoire. C'est dans la reprise des temps par l'imaginaire que le souffle est rendu à la vie. »
Marguerite Duras, *le Nouvel Observateur*, 28 septembre 1984.

Avant-propos

Au fur et à mesure que j'écrivais cette Vie de Duras *s'écrivait parallèlement, dans une constante interrogation, l'histoire de sa difficile et patiente élaboration.*

Comme des chutes d'un travail qu'on n'aurait pas conservées dans la version définitive, et qui néanmoins en refléteraient l'obscure souffrance, je livre ici, telles qu'elles apparaissent maintenant, abruptes et aléatoires, les traces de mes doutes, de mes certitudes et de mes intuitions. Elles témoignent à elles seules de ce défi que représente le projet d'une biographie de Marguerite Duras.

« Singulier travail ! Comment se saisir de Duras, aussi mobile que les mers et les déserts, à l'écoute des choses imprévisibles qui s'engouffrent dans le monde sans prévenir et construisent à leur manière "cette cohérence désordonnée et irremplaçable" qu'est sa vie même ? Tout se passe comme si l'ordre des faits, des événements, des dates se dérobait et laissait place à quelque chose qui ne pourrait encore s'atteindre et dont la quête serait hésitante, chaotique, indécidable.

A la limite, on pourrait dire que la manière dont Duras a conduit sa vie est si étrangère à celle des autres, si abandonnée aux fluctuations du temps, qu'elle fait obstacle à tout projet biographique. Il n'y a pas de plan raisonnablement possible d'une telle vie, seulement de mystérieux liens qu'elle tisse entre les choses et les êtres, des analogies qui font quand même avancer l'histoire. »

« *Il n'y a pas de routes qui se suivent, de ces autoroutes où installer sa vie pour qu'elle se déroule comme dans un film, mais des explosions plutôt sur ces routes et toujours cette image qu'elle laisse, celle de la petite mendiante de son enfance, celle de Savannakhet, devenue elle-même, qui sait le malheur et traverse des terres et encore des terres, tombe et se relève, se perd dans le sommeil et se réveille, et écrit, écrit toujours pour témoigner de la douleur de vivre, du bonheur, et rendre compte du Passage.* »

« *Ce travail interroge réellement sur les techniques habituelles de la biographie, et leurs facultés à être appliquées. Suivre Duras dans l'aventure de sa propre vie, pour mieux tâcher de comprendre les clés de ses livres, pour mieux éclairer nos propres nuits, comme l'obscure quête de Pascal auquel elle ressemble si souvent, empêche d'exhiber "ces misérables tas de petits secrets" auxquels la curiosité pourrait prétendre. Il faut continuer à suivre son navire qui s'enfonce dans la nuit épaisse, et traverser cette mer houleuse de la vie, de sa vie, mais somme toute aussi de la nôtre, sans les arrangements factices et les chronologies de circonstance. Il faut s'enfoncer chaque jour davantage dans les strates infinies où la mène son errance, dans les glissements de ses territoires, dans la géographie imaginaire, et vraie, de cette "Durasie", comme la nomme Claude Roy, qu'elle n'a pas fini elle-même d'explorer, et dont chaque œuvre nouvelle détruit, recompose, pulvérise, semble éclairer puis obscurcir le sens qu'on croyait acquis, pareille en cela à ces fleurs de papier japonais que Proust trempait dans l'aquarium, et qui, au contact de l'eau, se déployaient, toujours autres, imprévisibles.* »

« *Le biographe est emporté dans la même errance que celle de l'héroïne du* Marin de Gibraltar *le cherchant sur toutes les côtes. Il doit suivre les traces trop vite englouties par la mer du Navire-Night sur lequel Duras a embarqué depuis tant d'années et qui l'entraîne irrésistiblement à la mort en échange du Grand Secret de l'Œuvre.*

Navire-Night pour dire l'encre sombre de l'écriture, la

nuit mystique en quête du Dieu obstinément muet, les nuits d'ivresse et celles de tous les désirs, les nuits du coma. Croisière exquise et atroce tout à la fois, qui s'achemine dans le gouffre et dont les escales, désespérément, tentent de garder quelque trace de la vie vraie. »

« C'est dans l'écriture, dans ses textes que se trouve l'histoire de Duras, sa vie, dans les creux et les trous, les trappes obscures qu'elle a laissées béantes, sans les combler de mots, d'événements, dans les reflets que les faits comme des miroirs ont renvoyés dans les livres.

Oserai-je même jeter le terme d'impossible biographie puisque le corps entier de Duras s'est coulé dans la mer noire de l'écriture, dans ce chant qui lui est propre, cette musique "jetée", comme elle dit, "à travers la mer"? »

« En réalité, il faudrait acquérir ou retrouver comme un secret, une alchimie, la nature de son écriture "courante", comme elle la nomme, pour rendre compte exactement de sa vie, de ses mouvements intérieurs. Capter "la crête des mots", ce qu'ils ont de plus fugitif, ce qui, dans le cours de la phrase, a peine à se formuler, à se dire, et qu'elle sait attraper au vol, comme un oiseau de haute mer. Ce qui encore se précipite dans la hâte du langage, et "l'ombre noire" de la mémoire.

Il faudrait arriver à débusquer cette légèreté-là, la traquer sans cesse, retrouver par là le chant des mots, leur musique, fluide, imiter le flux et le reflux des eaux, leur lent mouvement toujours guetté, et alors seulement, saisir cet être et son œuvre si intimement liés, installés dans les marges, au bord des gouffres, voir ainsi se profiler leur vie.

« Aujourd'hui Duras n'arrive pas à mettre de l'ordre dans cette chronologie de l'enfance. Vanité des biographies qui prétendent restituer jour après jour le lent et furieux tâtonnement du temps, arranger des jours et des nuits de vacarme et de silence, ordonner les événements! A ceux qui lui demandent des dates, des repères, elle répond : "Je dis comme ça, pour me débarrasser... Il faut bien que je donne une date... Je suis incapable d'en donner."

Il reste donc cela, le lieu de ses livres, ce « chemin d'images », comme elle dit encore, qu'il faudrait suivre, ces images que la houle soudaine de la mémoire ramène à la surface, comme une lame de fond. »

« Il faudrait rappeler l'histoire de la toile de Bonnard qu'elle raconte dans la Vie matérielle *: le peintre, insatisfait de sa toile, une barque sur la mer, voulut la retoucher. Quand ceux qui la possédaient acceptèrent de la lui rendre, il rendit à la voile de la barque l'espace entier du tableau. Elle occupait désormais tout, la mer, le ciel, le vent. Duras croit que le livre se fait ainsi, une phrase, un mot et le sens en est changé. Il part vers ailleurs, vers des possibilités illimitées. Je voudrais que cette biographie soit à l'image de la voile de Bonnard. Une date, un fait, une anecdote devraient appeler l'histoire vers d'autres dates, d'autres anecdotes, vers des désignations inattendues. Elle refléterait alors au mieux la vie de Duras, cette légende. »*

Neuilly, juin 1991.

1

« La mémoire de l'oubli* »

* *Marguerite Duras à Montréal*, Éditions Spirale-Solin, p. 41.

Elle naît dans la touffeur opaque de l'Indochine, le 4 avril 1914, à Gia Dinh, une petite agglomération dans la banlieue nord de Saïgon. L'histoire commence là, dans l'arrachement à la mère, à cette grâce tiède dans laquelle elle baignait, dans ses cris d'enfant accédant à la lueur du jour, promise à la mort. Dehors, dans les rues indigènes, grouillantes et mêlées, d'autres enfants naissent aussi, des enfants jaunes, des miséreux ; à peine nés des mendiantes les portent sur leur dos dans des linges noués et toujours les mêmes plaintes, les mêmes cris que ceux qu'elle profère, elle, la dernière-née de Marie Donnadieu.

Dans le signe de son nom, quelque chose d'indicible parle déjà. Donnadieu, comme si, fatalement, le nom du père la vouait à ce Dieu inconnu pour en faire son esclave, petit être anonyme jeté en pâture, séparé de sa mère, livré à lui, « comme si, dira-t-elle plus tard, on lâchait l'enfant, qu'on l'abandonne ».

Est-ce pour conjurer son nom, Donnadieu, qu'elle vécut, petite fille, dans la violence de l'enfance ? Très tôt, elle sentit en elle des forces obscures la travailler, des accès sauvages la posséder, des besoins d'indépendance la séparer des autres, les colons, sa famille.

Rebelle à la Loi, elle rechercha l'abondance des jungles, le cours imprévisible des fleuves, provoqua leurs dangers.

Son père, Henri Donnadieu, mathématicien de formation, était originaire du Lot-et-Garonne ; d'un premier
mariage il eut deux fils. Fut-ce l'appel du large, les affiches de la propagande coloniale, qui promettaient fortune,
les « ténébreuses lectures de Pierre Loti », ou plus simplement le désir de refaire sa vie sous d'autres cieux qui l'incita
à partir pour l'Indochine ? Il n'était pourtant sûrement pas
de ces aventuriers avides de s'enrichir, de gagner sur les
indigènes, mais appartenait plutôt à cette génération d'idéa-
listes issue des principes de Jules Ferry pour laquelle partir en Indochine, c'était porter la France au-delà de ses
frontières, faire don de sa culture, de ce rêve naïf qui consistait à croire que les indigènes avaient besoin de la civilisation, devaient être sous sa protection. Nommé professeur
puis directeur de l'enseignement de Hanoi, du Tonkin et
du Cambodge, il appartenait à cette classe aristocratique
de la société blanche qui lui reconnaissait le savoir et il la
respectait. Toute petite, Marguerite Donnadieu connut
l'aisance des résidences de fonction, comme cet ancien
palais des rois du Cambodge à Phnom Penh où la famille
fut logée. Elle vécut dans la splendeur défaite de l'ancienne
Chine, dans cette agonie des pagodes et des temples, dans
cette odeur de mousson, la lèpre, partout, qui flottait. Sensuelle comme une bête, elle était curieuse de tout, elle entendait la rumeur des marges, les syllabes heurtées des gens
du peuple, des domestiques. Elle était poreuse à tout ce
qui l'entourait : l'agilité des indigènes, le grouillement nerveux des rues comme le cours muet du fleuve.

C'est là, dans cet univers romanesque, exotique, dans cette
fusion des contrastes et la violence des images que la mémoire
faisait son travail. Tout déjà, dans cette petite enfance, se
déposait en elle, la lumière crépusculaire qui tombait sur le
Mékong, les gestes rituels des serviteurs, la moiteur des fins
d'après-midi, le poids des linges, même les plus fins, sur la
peau, l'affaissement des hautes plantes tropicales dans les
jardins, et la lourdeur verte, infiniment verte des jungles.

Et la lèpre aussi, la maladie d'ici, qui se répandait comme la nuit, rendait malade toute la ville, les terres entières, jaunissait le fleuve, donnait à ce pays des airs mortels, un souffle de fièvre, métaphore confusément pressentie du monde à connaître, à découvrir, identique, agonisant lui aussi, dans sa malaria, et dont elle, petite fille, avait la révélation secrète, gardait le dépôt.

Sa mère, Marie Legrand, était originaire du Pas-de-Calais, « vers Frévent », de ces terres nuageuses et froides, illimitées ; issue d'une famille pauvre d'agriculteurs, aînée de cinq enfants, elle avait fait en tant que boursière des études d'institutrice. Diplômée, elle avait obtenu son premier poste à Dunkerque mais sa nature farouche et sauvage l'appelait vers d'autres espaces où elle aurait pu employer cette énergie brutale qui la possédait. Les vastes étendues des Flandres où passait le vent ne lui convenaient pas ; aussi posa-t-elle sa candidature pour un poste dans l'enseignement colonial, qu'elle obtint. « Nommée en Indochine française » en 1905, « au début de la scolarisation des enfants indigènes », comme le raconte Duras dans *l'Amant de la Chine du Nord*, elle allait connaître d'autres paysages, les routes sauvages de la brousse, les fleuves, les rizières, les chaînes de montagnes, les sentiers où galopent les buffles. Elle n'espérait pas plus que son futur mari faire fortune, comme le promettaient les affiches de propagande, c'était un autre rêve en elle, plus idéaliste, qui l'animait. Très vite, elle connut dans les différents postes où elle fut affectée la rudesse de la vie coloniale, le sort difficile des petits Blancs, mais elle avait su garder de ses parents cette force paysanne qu'elle sentait en elle, elle s'était très vite sentie proche des indigènes, fière d'enseigner le français aux petits Annamites, faisant « des cours tard le soir pour les enfants dont elle savait qu'ils seraient des ouvriers plus tard, des ''manuels'', elle disait : des exploités ». Son dévouement, sa puissance de vie la rendirent vite populaire ;

elle était « la reine sans patrie de la pauvreté », « la trimardeuse de rizières ».

Puis elle épousa Henri Donnadieu et ils formèrent un couple d'enseignants exemplaires, l'honneur de la colonisation. De leur union naquirent trois enfants, Pierre, « Paulo », le petit frère, et enfin Marguerite.

La violence active de sa mère, l'impulsivité de sa nature, cette énergie qu'elle déployait comme « une folle » impressionnèrent beaucoup l'enfance de Marguerite. C'était une mère absolue, dévouée à ses enfants, intéressée par rien d'autre que par « l'aventure de la vie quotidienne », experte en survie.

Les quelques photographies de l'époque permettent de mieux les approcher, lui, le père au visage triangulaire, la barbe taillée à la mode du second Empire, brûlant d'un regard intense, perçant. Elle, la mère, assise sur un trône d'empereur asiatique, devant des décors exotiques, avec des tentures, des drapés très théâtraux ; elle a le port obligé des femmes de sa génération, la poitrine haute et forte, et cette taille qu'on devine corsetée, moulée dans des robes austères. Un sautoir de pierres de jais orne son cou et toujours, comme un signe commun à toute la famille, le regard déterminé, farouche. Autour d'elle, les enfants. Pierre, celui que Duras plus tard n'appellera plus que le frère aîné, en tenue de marin ou en costume blanc à la mode coloniale, le regard un peu buté, fixe, posant avec ennui, Paulo, « le petit frère », pourtant l'aîné de Marguerite de deux ans, à la silhouette fragile, « si mince, aux yeux bridés », esquissant un sourire, vulnérable, « différent ». Marguerite, enfin, habillée dans sa robe de mousseline ou de batiste légère, pour que la chaleur ne la gêne pas trop, avec un gros nœud dans les cheveux, de longues boucles tombant sur ses épaules. D'elle, on voit surtout ses yeux, graves, insoutenables. Il y a dans son regard quelque chose qui défie et affronte. Elle a déjà en elle, comme une marque ou un signe, cette volonté têtue, indestructible.

De la toute première enfance, elle est aujourd'hui l'ultime témoin. Elle ne veut retenir que quelques images, dont elle a gardé trace dans la mémoire, de petits faits, des choses dont elle a peine à se dessaisir, comme des moments qu'elle veut rattraper. Des histoires qu'elle égrène, dans des interviews, dans des articles, dans des aveux et qui font croire qu'elle « dit toujours la même chose, Duras », qu'elle ennuie à la fin avec tout ça, la Cochinchine, le fleuve jaune et boueux, à la saison des pluies, et les cris lancinants des mendiantes accrochées aux murs.

De cette chambre noire de la mémoire, elle se souvient de quelques images, de quelques scènes, banales, fondatrices.

Elle dut avoir le même regard que celui qu'elle montre sur les photographies, fixe, impénétrable, quand en 1917 ou en 1918, elle ne sait plus, à trois ans, peut-être quatre, mais à peine, elle vit un ouvrier vietnamien tomber d'une échelle, et le visage de l'homme, impassible, avec du sang rose qui coulait le long de sa bouche. Sa bonne lui dit : « Ne reste pas là, viens, ne regarde pas. » Elle s'en souvient encore : « J'ai compris que c'était quelque chose d'énorme que je venais de découvrir. »

Il y a encore, dans ces traces à moitié effacées du passé, les voyages d'été en Chine, avec les parents, les domestiques, ces routes longues, épuisantes, magiques pour y parvenir, ces vagues souvenirs sur les pistes bordées de stèles funéraires, de pagodes, de mendiants, traversées des éclats safran des tuniques de bonzes, tout cet équipage, cette errance déjà.

Ce temps de l'exil ne parvient pas à fixer de dates précises. C'était là-bas, sur cette terre coloniale, hybride, où se pressaient les demeures blanches des colons, et les quartiers de paille et de bois des indigènes, dans ce lieu métè-

que. Là-bas, comme toutes les terres conquises, assujet-
ties et exotiques, porteuses d'imaginaire et de senteurs.

En 1918, le père est nommé à Phnom Penh, la capitale
du Cambodge. Il fallut remonter vers le nord, longer les
amples boucles du Mékong, s'installer dans d'autres
demeures, vastes et splendides, au milieu de parcs immenses et épais où elle va jouer avec effroi.

Mais le père est vite atteint de la maladie galopante des
colonies, de ces fièvres infectieuses et soudaines qui semblent vider ceux qui en sont victimes de toute leur sève,
de toute leur énergie. On diagnostique une dysenterie ami-
bienne qui affecte dans le même temps la mère mais moins
violemment. Le père demande alors à être rapatrié en
France. Marie Donnadieu ne l'accompagne pas, comme
accrochée à cette terre d'Indochine, prisonnière de sa mission. Elle reste seule à garder les enfants, et c'est déjà là
que la saga des Donnadieu commence, dans cette communauté familiale toute rivée à la mère, où vont sourdre les
haines et les violences, la folie et la peur, et l'amour aussi,
effrayant, absolu.

La mère a peur du parc, de l'épaisseur bruissante de sa
végétation, des rôdeurs, des boys dont elle n'est jamais tout
à fait sûre ; elle fait dormir les enfants dans son lit, comme
plus tard dans sa retraite de la Loire, dans le vieux château Louis XV délabré qu'elle aura acquis, elle fera dormir, les nuits de gel, les bêtes, les moutons, les poussins
dans sa propre chambre.

Elle a des dons de divination, de voyance, elle discerne
à des signes, à des coïncidences, des événements, prédit des
malheurs. Cette nuit-là, précisément, la veille du jour où
elle apprit par télégramme la mort de son mari, elle a
entendu un oiseau égaré dans le bureau du père, butant
contre les murs, faisant un tapage d'enfer.

On est en 1918. Le père est donc mort, il n'a pas revu
sa famille ; de lui, Duras dira qu'elle « ne l'a pas connu ».
Le temps a fait son travail. Il a détruit les objets familiers,
altéré les photographies, égaré les quelques souvenirs.

Longtemps elle a gardé ce livre de mathématiques qu'il avait écrit sur les fonctions exponentielles, mais lui aussi disparut, elle ne sait pas pourquoi ni comment. Elle croit aujourd'hui qu'il n'est pas tout à fait perdu, qu'il y a des chances pour qu'elle, ou un autre, plus tard, le redécouvre, dans les parties aveugles d'un meuble, égaré, glissé, derrière des tiroirs, comme ce linge découvert par elle, des siècles après, dans l'arrière-fond d'une commode Louis XV qu'elle avait achetée avec les droits d'*Un barrage contre le Pacifique*, un linge de fine batiste, taché de sang rose, sûrement du sang de menstrues, en tout cas un linge de femme, et la poussière, la couleur du temps, déposée là, dans la nuit muette des ans.

Le temps donc poursuit son œuvre. Le père s'efface, rejoint des mondes que la petite Marguerite oublie, laissant le champ de sa mémoire libre à l'image de la mère. Pour Marie Donnadieu, tout recommence. Elle échappe à la dysenterie mortelle et continue à enseigner. De 1918 à 1920, elle occupe un poste d'enseignante dans une école indigène, un des postes les plus bas de la hiérarchie fonctionnaire. La vie devient moins aisée, il faut toutes les ressources paysannes de la mère et sa farouche obstination pour assumer le nouveau mode de vie. Secrètement elle porte à ce fils, l'aîné, à la fierté brutale, violent, un amour irrésistible.

Peut-elle vraiment compter sur cette petite fille noiraude au regard si pénétrant, à l'allure ingrate, aux airs un peu pervers, à la désobéissance absolue, à la personnalité étrange, et singulière ? Peut-elle encore davantage compter sur le cadet, qui passe son temps à « monter dans les manguiers géants », insouciant et un peu simple, « fou », au comportement « silencieux » ?

Une autre vie commence, plus précaire, plus sauvage.

Elle a commencé aussi, la légende de Duras. Il n'y a pas seulement cette vie qui roule comme sur une autoroute, mais des pays, des lieux, qui n'existent plus, de vieilles photographies qui « se cassent comme du verre », sur lesquelles passent des silhouettes, des senteurs étrangères, des endroits clos, des parcs, avec des fumées d'encens qui traversent. Et puis des noms rares, difficiles à retenir, inconnus, beaux : Luang Prabang, Vinh Long, le Petit Lac de Hanoi.

Dans cette enfance, il y a des vérandas, des arbres alanguis, des balustres de pierre taillée et des terrasses carrelées de faïence, des meubles laqués blancs et des sièges de rotin, des embarcations précaires sur des eaux molles, des silhouettes toutes blanches de colons croisant des porteurs d'eau annamites, dans la poix humide de l'Asie blanche.

Toujours elle se souviendra de cette lumière, de ce monde inégal. Un soir, dans sa maison de Neauphle-le-Château, ce devait être dans les années 70, Dionys Mascolo l'invita au jardin pour lui montrer « ce qu'il en devenait de la blancheur des fleurs blanches à la pleine lune par temps clair ». Le lait de cette lune inondait les massifs, enneigeait davantage les roses blanches, enfonçait dans leur nuit de velours les roses rouges. Et sa mémoire dérapa vers ces nuits de lune juteuse, dans la fragilité de bois des bungalows « face à la forêt du Siam », quand elle lisait, dans la rumeur silencieuse des bêtes et des plantes, dans le bruissement des insectes, et relisait le gros livre de prix à la reliure rouge, *les Misérables*, toujours *les Misérables*, et Cosette dans la nuit, et Fantine traînant ses pieds dans la neige.

Elle écrivait déjà, mais comme tous les enfants de cet âge, portée par l'air étrange des pays lointains, rêvant de ce qu'elle ne connaissait que par les récits de sa mère et les livres. Elle écrivait des poèmes sur la neige, essayait d'imaginer les flocons s'affalant sur les campagnes, effleurant la surface d'autres fleuves, poudrer les arbres. « Et encore ? », lui demande Alain Veinstein, dans son émission des « Nuits magnétiques », en 1986. « Que voulez-vous écrire à cet âge ? Sur la vie, le cours des choses quotidiennes. » Il y avait eu déjà tant de choses, la maladie du père, sa mort, la nouvelle vie, plus pauvre, les cris de la mère.

C'était quoi, écrire alors ? Retenir tout cela ? Arranger des mots, des phrases, se consoler déjà de ce monde ?

Quand le père mourut, la mère resta longtemps dans le désespoir. C'était cette folie qui toujours affleurait à des moments difficiles, la faisait basculer d'un instant à l'autre dans quelque chose d'inconnu, d'inévitable. Mais quelque chose de farouche luttait et la portait, finissait par la sauver. Sur les photographies de l'époque, elle couve ses petits, ses « gnos », elle donne l'impression de tout maîtriser. De fait, elle prend tout en charge, recouvre ses forces, quelquefois même elle fait peur ; c'est cette énergie qui effraie, cette volonté.

Un jour, alors que Madeleine Renaud répétait *Des journées entières dans les arbres*, en 1968, elles en vinrent à parler de la Dame des Arbres. Duras n'en voulait presque rien dire, il n'y avait pas plus à savoir que ce qu'elle en disait dans *Un barrage*, dans cette pièce des *Journées*. Mais Madeleine Renaud était patiente, elle savait qu'elle finirait par lui confier des bribes, des miettes de cette enfance : « Elle voulait des photos, dit Duras. Je lui en ai montré une, de jeunesse. Et je lui ai donné quelques renseignements, les plus extérieurs au personnage. Cette femme était fille de fermiers du Pas-de-Calais. Institutrice d'école indigène. Petit capitaine de l'enseignement primaire. Jules Ferry était son maître.

— Mais encore ? Ses robes ?

— Pas de robes. Des sacs. Pas de coquetterie. »

Souvent quand le soir commençait à tomber, à Phnom Pen comme plus tard à Vinh Long, la mère emmenait les enfants en calèche. Ils longeaient le Sông Co Chien, un bras indolent du Mékong, des hôpitaux de fortune où l'on gardait en quarantaine des malades contagieux, les longues avenues bordées de palmiers, et c'était comme le poids de l'exil qui les accompagnait, une nostalgie étrange, celle qui accablait tous les Européens, une mélancolie sans fondement où s'éprouvait la lourdeur du temps, se fortifiaient les malaises de l'âme.

C'était le temps de l'Indo, de l'injustice coloniale, des races qui se côtoyaient sans se connaître, le temps des conquêtes, celui où l'on importait la civilisation, le temps des boys et des soumis, des petits Blancs racistes et des truands, des hommes d'affaires véreux, et des femmes du monde. A côté des grands hôtels, tout près, à peine derrière eux commençaient les pistes, et la brousse, et le vert immense des jungles, la rumeur sourde des bêtes. C'était là qu'elle irait maintenant, Marguerite Donnadieu, qu'elle se plairait, dans le lieu des jungles, au creux des deltas, dans le cours tumultueux des *racs*, ces petits cours d'eau qui vont se jeter dans la mer, dans les branches des manguiers géants.

C'était dans ces lieux-là qu'elle aimait à pleurer, « d'émotion, d'amour, d'enfance, d'exil », abandonnée aux forces neuves de la nature, à ses premiers jours.

Le petit frère venait le soir se coucher près d'elle, et c'était doux comme la montée dorée de l'aube. Le frère aîné une fois les surprit. Il frappa le petit frère. « C'est là, que ça a commencé, la peur qu'il le tue », dit-elle dans *l'Amant de la Chine du Nord*.

Fantasme, scène primordiale, nul ne le sait. La vie dérive vers la légende. L'amie de pension à Saigon en est déjà consciente :

« Dis-moi encore sur ton petit frère.

— La même histoire toujours... ?

— Oui. C'est jamais la même, mais toi, tu le sais pas. »

Très tôt, elle connut la violence des bonheurs clandestins. Le goût de risquer, de franchir.

Peut-être serait-ce à cause de la mère qu'elle fuirait ainsi la maison pour les lieux sauvages et métèques. Car elle ne parlait que de cela, la mère, de la mort du père, du désespoir d'être une femme seule, d'élever des enfants, de craindre de ne pouvoir leur donner toute l'éducation nécessaire, et continuer à vivre. Comme elles étaient loin les affiches de propagande avec leurs couples de Français se balançant dans des rocking-chairs, « tandis que des indigènes s'affairaient en souriant autour d'eux », la grâce pantelante des feuilles de bananiers et de canneliers frémissant dans le vent tiède, la splendeur coloniale !

Les livres de Pierre Loti n'avaient donc pas tout dit, la misère, les corruptions, les crimes même de l'administration coloniale. Ils n'avaient retenu que le rêve seul, avec ses images exotiques, ses clichés, ses richesses obligées. Au plus bas de l'échelle sociale, au même titre que les douaniers ou les postiers, Marie Donnadieu n'était pas plus respectée que ses élèves eux-mêmes. Elle dut se plier à toutes les humiliations de l'administration, aux postes qu'elle lui affectait. Après Phnom Penh, qu'elle quitta avec les enfants en 1924, elle alla à Sadec puis à Vinh Long, toujours dans la familiarité du Mékong qui traversait les villes et les plaines. Elle, la petite institutrice du Nord, vaillante comme un soldat, au rang le plus humble de l'institution, elle trimait dans la chaleur moite, dans les miasmes, dans la touffeur humide de l'ample végétation qui semblait tout étouffer. Cette vie-là durerait près de dix ans, dans la misère matérielle, dix ans pour la petite Marguerite pour retourner à l'élan sauvage des origines, se fortifier dans la brutale ardeur des instincts.

La saga des Donnadieu dans l'Indo blanche, Duras la rapportera plusieurs années après, dans *Un barrage contre le Pacifique*. Elle se déploie en épopée, ressemble aux errances des héros de Faulkner, de Steinbeck. La mère devient mythique. Fut-elle jamais cette pianiste ensevelie dans la fosse d'orchestre d'un minable cinéma de poste français, payée à la soirée, améliorant ainsi l'ordinaire de sa famille ? Elle aurait pu l'être, oui, cette Mère Courage des Colonies ; et peut-être même ces soirs-là, calés contre le piano, les deux derniers, « le petit frère » et Marguerite, auraient pu s'endormir, harassés de leurs fugues, dans la fosse, obscure comme une tombe, de l'Éden Cinéma.

Comme autant de scènes primitives de la conscience qui viennent scander cette enfance « exotique », et dégrader à jamais le bonheur sauvage des escapades dans la jungle, elle rencontre à huit ans une mendiante, « la folle de Vinh Long », qui profère des cris dans une langue inconnue, et la terrifie : « Si la femme me touche, avoue-t-elle, même légèrement de la main, je passerai à mon tour dans un état bien pire que celui de la mort, l'état de folie... »

Elle la retrouvera plus tard, à Calcutta sur le chemin du retour en France, elle ou sa sœur, en tout cas cette espèce errante, « sur les talus des rizières », dans les « forêts pestilentielles », incarnant tous les motifs de son œuvre à venir, entamant inconsciemment cette ample méditation sur le « sort inconcevable d'exister », sur le voyage symbolique de la Vie, l'éternelle errance, l'inexplicable et absurde malédiction de vivre, la douleur d'avoir découvert trop tôt « le gouffre commun des orphelins du monde ».

Souvent, pendant que la mère travaillait, donnait ses leçons, à Sadec ou à Vinh Long, Marguerite franchissait les marges de l'école, du bungalow, et pénétrait dans la forêt. C'était interdit, elle le savait, mais c'était plus fort qu'elle, elle passait les lisières et elle s'enfonçait dans la forêt annamite, dans l'air annamite, se métamorphosait, devenait, avec le petit frère, une étrangère. Et pourtant la mère célébrait toujours la France, les champs de labour de là-bas, du Nord.

Elle en magnifiait les blés, le lait cru, exaltait la brutale tendresse de la terre française. Marguerite captait d'autres échos. Au-delà de l'école, il y avait les grands manguiers qui donnaient, dans la confusion de leurs feuilles, et elle partait aux mangues comme on part à la guerre, à la chasse.

Par quelle magie mimétique devenait-elle annamite elle-même ? Ses yeux se bridaient-ils ? Son teint jaunissait-il ? Ses traits se transformaient-ils ? Déjà, au plus loin d'elle-même, elle était une métisse, elle aimait désobéir, trouver aux choses de cette terre des affinités, des complicités. Elle ne craignait rien, ni les insolations ni les maladies infectieuses, comme si elle était immunisée, mieux, protégée par ce pays. Maintenant, à mesure que le temps la marque, ravage, comme elle dit, son visage, elle ressemble à une vieille Annamite, comme voûtée par le poids des seaux d'eau qu'elle aurait portés, toute sa vie, tassée à jamais.

Quelquefois quand sa mère la surprend, au retour de ses expéditions, elle la bat, elle crie contre elle, pousse de grandes lamentations, et c'est toujours la France qui revient. Elle clame sa douleur d'être seule, de ne rien pouvoir contre cette enfant trop dure, trop obstinée, si différente d'elle. Alors, elle crie : « Sale petite Annamite, sale petite Annamite. »

De sourdes tensions travaillaient à bas bruit la famille. Elle, la mère, était française jusqu'au bout, il faudrait bien qu'elle parvienne à inculquer des rudiments de la France non seulement à ses petits élèves annamites mais aussi à ses « derniers » comme elle disait, répugnant à les appeler par leurs prénoms. Eux, cependant, ne rêvaient que de fugues dans la forêt sauvage, ils aimaient fuir à l'heure des siestes, quand tout s'assoupit et macère dans la chaleur moite, ils passaient leur temps à arracher aux branches des manguiers des fruits trop mûrs ; et le « jus poisseux dégouline » sur eux. Plus tard encore, Duras s'en souviendra, elle a toujours su qu'en se gavant de riz, de mangues, elle

« se remplit le ventre d'une autre race que la sienne, elle, notre mère ».

C'est de ces violences que se nourrit son enfance, de ses passages, de ses métamorphoses.

De cette terre étrangère, et pourtant si infiniment familière, elle ne retient que le désir. Celui des cueillettes, des chasses, avec le petit frère toujours, des jungles épaisses de dangers, des affrontements, des forces naturelles. Elle en connaît toutes les jouissances, les abandons, ces états eux aussi étrangers, différents, et le bonheur de dormir dans les bras du petit frère. Le désir, elle l'a connu il y a très longtemps déjà. Elle devait avoir quatre ans, c'était au Tonkin, sur le Petit Lac de Hanoi juste avant qu'ils ne partent tous s'installer à Phnom Penh. Entre les dépendances des cuisines et la maison des boys, un jeune Vietnamien l'avait entraînée près du lac et avait voulu qu'elle le caresse. « Sa verge est molle, douce, il me dit ce qu'il faut faire. Je n'ai jamais oublié la forme dans ma main, la tiédeur. » Le souvenir de ce moment reste gravé en elle. Il revient, se transfère dans « la chambre noire » de la mémoire, et l'eau du lac autour d'elle assiste toujours à cette première jouissance, à ce frémissement inconnu, qu'elle devine sans limites.

La boîte noire, la mémoire, abrite ces signaux-là, ces scènes banales arrachées — pourquoi? — à la trame lâche du temps. Aurait-elle jamais écrit sans eux?

Toute son œuvre s'alimente aux sources de l'Indochine blanche ; dans cette nourriture métisse qu'elle aimait tant, elle puisera ce qui semble désormais intarissable, même aujourd'hui, où elle écrit le temps présent de cet amour inouï et pourtant réel, Yann Andréa. Des traces de ce temps-là partout trouent ses mots, surgissent dans ses livres. Elle raconte qu'un jour, ses amis des Roches Noires, le palace normand où elle passe de longs mois, qui ont eux aussi leurs balcons sur la mer, à l'infini, furent réveillés par des mugissements de sirène. En scrutant la plage désertée par les installations touristiques, ils virent un yacht tout blanc qui crevait la nuit de Trouville. L'Asie blanche, c'est comme le yacht. Elle passe, s'éclipse, appelle de ses cornes de brume, part et revient, sans avertir, jamais elle ne quitte la « crête des mots ».

Son enfance s'est pénétrée de l'odeur de pestilence du choléra, elle n'aime que cela, « les saloperies cholériques », interdites, par la mère, qui les force, le petit frère et elle, à manger les pommes, les pommes de Normandie. Mais Marguerite n'en veut pas, elle prétend que c'est du coton, qu'elles l'étouffent, qu'elle préfère les poissons de vase, « cuits à la saumure, au nuoc-mâm ». L'opposition entre elle et la mère grandit. Elle est d'un autre monde, obtuse, du côté de ceux qui grouillent le long du Mékong, étrangers sur leurs propres terres, exilés sur leur sol natal.
    Les jours de bonheur infini sont ceux où elle pénètre dans l'univers annamite, où elle est la sœur d'âme, la sœur qui a choisi sa race. Elle aime aider à laver les vérandas à grande eau « avec les enfants des boys... Et c'était la fête de la grande fraternité ». Elle aime entraîner son « petit frère » dans les forêts abondantes et dangereuses, les lazarets où agonisent les malades ne l'effraient pas, elle est de cette terre, trop dure pour s'apitoyer.

Partout il y a l'eau. « Mon pays natal, c'est une patrie d'eaux. » Eaux des pluies farouches, cruelles comme de petites lames pour endolorir la peau, eau des bacs qu'elle passe la nuit, dans la rumeur rauque de la foule dévorant des soupes au canard, eau glauque des sources, des torrents, des flaques où croupissent des têtards, des amibes, des infinités de particules vivantes, des microbes, des flores extravagantes et ondulantes comme des méduses, ou des cerfs-volants.

L'histoire de sa mère, « ça ressemblait à un film américain ». Il y avait des bons et des méchants, de la misère exploitée et des gangsters qui dépouillaient sans vergogne la veuve et ses orphelins. Et malgré les déboires et les échecs demeurait la figure infatigable, emblématique de la mère, la mère énorme, immense, malgré sa silhouette fragile, mais forte, tenace comme un roc, qui tenait bien de ces paysans du Nord qui poussaient le soc, n'avaient pas d'états d'âme, mais gardaient là, rivée au cœur, cette obstination qui les reliait à la terre.

Comme elle pouvait prétendre à l'achat d'une concession, la mère en fit la demande à la Direction générale du cadastre de la colonie. Elle en obtint une, en 1924, si l'on en croit l'*Éden Cinéma*, ou peut-être deux années plus tard. La terre qu'on lui octroya se trouvait à Prey Nop, au Cambodge, dans la province de Kampot, près de la frontière du Siam, en bordure de la mer de Chine, ravageuse et imprévisible, ourlée de forêts de palétuviers. Elle engloutit là vingt années d'économies, ce qu'elle avait pu mettre de côté, mais très vite elle se rendit compte que les terres étaient incultivables, recouvertes « six mois de l'année » par la mer, noyées par les marées. Comme une folle, elle décida après avoir perdu sa première semaille de lutter contre les éléments, persistant dans son labeur inutile, s'obstinant à replanter, et la mer toujours s'infiltrait, sourdement, ou bien recouvrait tout.

C'était néanmoins chose banale que ces attributions arbitraires de concessions dans l'Indochine d'alors. Tout dépendait d'une administration dévoyée, qui distribuait les terres comme des billets de loterie, recevait des bakchichs, vendant des lots infertiles, soumis au passage des typhons, des crues énormes, des hordes d'animaux sauvages, des maladies portées par des germes invisibles, souterrains. Certains infortunés croyaient à des esprits malins qui s'acharnaient à ravager leurs terres, à répandre des fièvres, à rendre impossible leur installation. Car une fois acquise la terre, il fallait s'acclimater à ce coin de brousse, recruter des hommes de peine, savoir lesquels, des Chinois, des Indiens, des Malais, des Cambodgiens, des Annamites, seraient les plus travailleurs, les plus honnêtes, les plus dévoués, traiter avec les chefs de villages généralement rusés qui refilaient leurs plus mauvaises têtes aux candidats planteurs naïfs, ignorants des usages locaux, des modes de vie.

Tous couraient après une chimère, des illusions fantasmées en Europe, des rêves de propriétés qui verraient des vaches bretonnes s'apprivoiser aux moiteurs du climat de la Cochinchine, comme le célèbre colon René Leroy qui, en 1906, obtint six cents hectares de marécages dans l'île d'An-hoa sur le Mékong et en fit de fécondes rizières.

Mais tous n'avaient pas sa chance. La santé que de telles entreprises exigeaient renvoyait les apprentis colons à leur exil, certains étaient acculés au désespoir, au suicide, d'autres déjà pris dans les fièvres, dans les brumes comateuses de la malaria, mouraient en brousse, sans jamais réaliser leur rêve.

Comprenait-elle, la petite Marguerite, la tragédie de sa mère, cette rage furieuse qu'elle hurlait au milieu de ce désert d'eau, de ces rizières humides ? N'avait-elle jamais vécu que là, dans le lieu de la passion, de l'ardeur et de la folie ? De la vie, de l'existence, elle ne percevait que les accès, les frénésies. La persévérance de sa mère semblait aux autres, aux paysans, aux agents du cadastre, de l'entêtement ; Marguerite, confusément, y reconnaissait quelque chose de fatal, cette lutte de sa mère, inégale, dans le monde colonial, âpre et injuste. Elle découvrait, béante, « l'ineptie grandiose, incommensurable, de la vie ».

Et pourtant rien ne faisait peur à cette mère immense, à cette ogresse, « à cette reine pourvoyeuse de nourriture, d'amour, incontestée ». Ni les vagues, ni les pluies, ni le destin. Elle imagina de construire des barrages contre cette mer dévastatrice et brutale. C'étaient deux forces archaïques qui se cognaient, se défiaient. Et l'utopie semblait naturelle à ses enfants. Dans la plaine, face à la mer, des rondins de palétuviers, des centaines de rondins, et l'attente désespérée, terrible des eaux. Et elles venaient quand même, se moquer de l'espoir, renverser tout sur leur passage. Alors la mère criait, hurlait sur les terres dévastées et sa plainte résonnait, impuissante.

Les enfants pataugeaient, les vagues recouvraient les plantations, flétries de trop-plein, et sous leurs pieds nus, ils pouvaient heurter parfois les corps lourds des rats, des écureuils, des paons, gorgés d'eau, emportés eux aussi dans le désastre.

Nul ne pourrait jamais vaincre cette fatalité. Il n'y avait qu'à regarder les rizières mortes, et cette eau comme la vie qui emportait tout, lassée, glissant vers où, vers quoi ?

Quelle rage obscure habitait donc la mère pour continuer le combat impossible du barrage ? Elle était de cette race de colons sûre de son droit, de ses prérogatives, mais profondément honnête, trompée par le grand rêve exotique de l'Asie, prise dans ses filets, se sentant incapable de revenir vivre en Europe, enracinée sur cette terre, ayant rompu définitivement avec son passé. De la France, elle avait conservé cette ténacité de la terre, qu'elle tenait de sa famille paysanne, cette rudesse des mœurs, ce goût des choses frustes, qui lui faisaient mépriser les filouteries des fonctionnaires, la corruption. Elle ne dédaignait pas pour ces raisons de se mêler au peuple indochinois, en acceptait les usages, quelquefois même s'en inspirait pour le quotidien. Elle était comme le serait sa fille plus tard, de nulle part, enracinée et déracinée à la fois, expatriée où qu'elle fût. Si elle ne démordait pas de ses certitudes civilisatrices, si elle continuait à croire dur comme fer que l'enseignement qu'elle dispensait aux indigènes était intègre, poursuivant en cela la mission de son mari, elle acceptait d'introduire dans sa vie de tous les jours des empreintes de la vie locale, des objets orientaux, faisait poser sa fille en sarong ou en pantalon de soie ; elle était comme prisonnière de cette Asie magique, en laquelle elle croyait, côtoyant des sorciers, des spirites, qui guérissaient des maladies inexplicables, soignaient avec des philtres et des plantes.

De la folie de la mère, la petite Marguerite devait tout comprendre, parce qu'elle-même, à douze ans, avait connu la montée des révoltes, quelque chose de terrible qui avait poussé en elle et l'avait submergée. Elle avait découvert cachée au fond d'elle-même la peur, immense, qui submergeait tout comme les marées du barrage recouvriraient la plaine, et elle aussi criait, maudissait, « faisait des discours meurtriers qu'elle ne pouvait arrêter ». Elle sentait vaciller sa raison, se voyait talonnée par une sorte de terreur irréfléchie, menaçante, toujours là.

En 1981 seulement, elle essaie d'expliquer cette folie qui la gagnait à son tour, la ravageait, lui faisait maudire sa mère, et la malédiction s'étendait à toute la famille, à ce pays même, à cette vie qui la rendait malheureuse. C'était en 1925, ils étaient en vacances au bord de la mer de Chine, dans une petite station appelée Long-haï : « J'avais mes règles pour la première fois et je suis restée un mois avec mes règles. Je me baignais toujours et mes règles ne cessaient jamais. » Une sourde culpabilité s'installa en elle, le sang partout la tachait, la poursuivait, la souillait, lui faisait haïr cette mère qui ne voyait rien, ne comprenait rien. Dans ce mois décisif, elle se prit à injurier Dieu, à l'insulter, les nuits, proférant des paroles meurtrières, des blasphèmes ; non, elle ne se donnerait pas à ce Dieu qui faisait couler son sang, elle ne serait jamais la petite victime, la petite sainte de Dieu offerte, abandonnée, consentante. Elle tuerait plutôt sa mère, ses frères qui acceptaient l'offrande de son sang. Une « folie meurtrière » la possédait, elle découvrait sa violence, la barbarie de son être profond, les gouffres immenses qu'il recelait.

Tout se passait dans ces états contradictoires de violence et de haine, de fureur et d'abandon. Elle sentait, ardente, cette force en elle, cette fracture qui, en une seconde, pouvait la précipiter dans « sa » folie, dans la vacillation des choses, et cette capacité si souple de s'intégrer à ce pays, aux lentes ondulations du Mékong, à l'infinité de ses îles, et c'était la ferveur qu'elle apprenait quand même, entre le fleuve et la forêt, entre l'insolite déambulation des sampans noirs et les terres vierges où vivaient les tigres et les serpents.

Elle était remplie de haine et d'amour, de pulsions violentes, sauvages, et d'infinie tendresse pour ce petit frère « si mince, aux yeux bridés, fou, silencieux », et pour lequel elle éprouvait de l'amour, oui, « que d'amour pour toi ». Avec lui, elle formait le couple élégiaque, le couple innocent, elle réalisait l'inceste, « une donnée générale », comme elle dira plus tard, et qu'elle vivait, là, sur ces terres intouchées et naïves.

Il n'y avait rien à expliquer, rien à dire, c'était là avant même que d'être là.

Ce fut encore à cet âge, vers douze ans, qu'elle rencontra de nouveau la mendiante. Elle la portera longtemps dans ses livres, au point de devenir elle-même la petite mendiante de Savannakhet, errante comme elle, débitant sa litanie, ce chant, entrecoupé de silence, de cahots, de redites, de la plainte d'exister.

Elle se promène aujourd'hui sur les aires commerciales des villes nouvelles, sur la place de carrelages entourée de tours de Vitry-sur-Seine, de Créteil, entre les fontaines abondantes et les architectures néo-antiques, et sa silhouette, frêle, voûtée, ressemble à celle de la mendiante de Cochinchine, poursuivant sa route.

C'était un jour comme les autres, dans ce pays mêlé, dans une « odeur de fleur... la lèpre », elle rôdait, la mendiante, aux abords du bungalow familial, en Cochinchine avec sa petite fille dans les bras, peut-être deux ans, peut-être six mois, « rongée par les vers ». Elle la confia à Marie Donnadieu qui, à son tour, la donna à Marguerite comme on offre une poupée. Et puis elle repartit, s'enfonça dans la plaine, disparut à jamais. Il fallait garder cette histoire de l'errance, suivre son périple incertain, faire entrer dans chaque livre l'épopée misérable de cette mendiante, l'entendre chanter. « Oui, dix-sept ans... Elle est enceinte, elle a dix-sept ans... Elle est chassée par sa mère, elle part... Elle demande une indication pour se perdre. »

Ce fut un choc énorme pour la petite Marguerite. Toujours elle entendra le chant de Savannakhet, la plainte de ce chant, toute la détresse du monde, et l'enfant qui meurt, abandonné, et les agents du cadastre, implacables, dans leurs uniformes blancs, impeccables, gérant la misère, la faim.

Car la faim se voyait partout, dans les corps malingres, dans les ventres gonflés d'hydropisie, dans le regard vide des enfants. Marguerite côtoyait leurs corps morts, voyait des cadavres laissés là dans l'attente d'être ensevelis à la hâte. « Il en mourait tellement qu'on ne pleurait plus », et dans cette douleur dépassée, elle apprenait la terreur du monde, son ordre même, ses lois impitoyables, sa cruauté, comme ces trous profonds qu'elle avait vus le long des fossés, sur les routes du Cambodge, dans lesquels on ensevelissait jusqu'au cou des malfaiteurs, abandonnés sous le soleil, attendant la mort lente.

Alors elle revenait aux étendues recouvertes d'eau, aux lisières sauvages de la jungle, pour se laver de tout ce malheur, et les jeux de cette enfance prenaient des airs de légende ; avec le petit frère, toujours, elle sortait d'un livre de Kipling, libre, infiniment libre.

Mais le spectacle de la nature sauvage, énorme, renvoyait encore aux lois du monde, le meurtre était là, « on voyait les oiseaux égorgés par les tigres », et la contemplation des souffrances ramenait aux cadavres des enfants.

Comment dire cette fascination des images de l'enfance ? La masse accablante des souvenirs, leur jeu mouvant à la surface des mots, qui à chaque page, et comme de plus en plus précipité, l'assaillent et la talonnent?

Elle écrit déjà, en engrangeant des images, et plus tard dans les livres surgiront les baignades dans les eaux ternes et tièdes, frôlées par les branches des palétuviers, les chasses dans les flancs sauvages de la chaîne de l'Éléphant, les lianes qui tombent comme des laisses.

Comment pourra-t-elle échapper au refrain obsédant de la mendiante qui chantera même dans le coma éthylique, courra dans ses textes comme dans ses comas?

Est-ce en souvenir du bébé abandonné qu'elle tient cette prédilection forcenée pour les enfants, qu'elle leur reconnaît cette innocence, cette vérité intouchée? Qu'elle les mêle aux grands mouvements de l'univers, capables de tout comprendre, et le silence surtout?

A eux le pouvoir de sauver le monde, de savoir regarder la mer avec cette ferveur et cette gravité qu'elle décèle dans leurs yeux, à eux de dépasser les limites de l'horizon.

Elle aime les enfants parce qu'ils ouvrent des trappes, leurs regards provoquent des échos, répercutent des histoires très anciennes, des secrets enfouis que les mots plombent, et empêchent de porter au jour. Elle les aime parce qu'ils lui apprennent des choses, sur le monde, sur la marche des étoiles, sur le jeu des vagues, les heures des marées quand elle les guette sur la plage depuis les fenêtres de Trouville. Il y a de cette même innocence en elle, de cette même obstination, de cette même férocité aussi, cette compréhension radicale de l'univers, et l'écoute du silence où sont logés les mystères, les grandes interrogations.

C'était ainsi qu'elle vivait, dans l'éblouissement de la nature sauvage, dans l'exaltation des forêts, livrée à la terre prodigue, dans la complicité de cette race. Avec son petit

frère, elle partageait une sorte d'union d'âme, une soro-
ralité qui se retrouvait dans le primitif, dans la tendresse,
dans ces ponts qui les faisaient se rejoindre, toujours.
Aujourd'hui, obsessionnellement, elle parle de lui, c'est
à lui qu'elle revient, elle dit : « le petit frère, le frère tant
aimé, mon petit frère », et c'est toute cette enfance qui
rejaillit, brutalement, comme court l'eau des *racs*, pour se
jeter, violente, dans la mer.

Auprès de lui, elle pouvait tout oublier, la concussion,
la corruption, la méchanceté des hommes, la laideur des
intérêts et tout le mal qu'on faisait à sa mère.

Cette mère, ils la respectaient cependant. Elle était redoutée et aimée tout à la fois. Elle était le monstre qui obstinément défiait les agents de l'administration, mue d'une
force étrangère aux femmes de sa condition, douée d'une
énergie panique, autoritaire et abusive. Elle avançait, sorte
de Louise-Michel-des-Colonies, de Sainte-Jeanne-des-
Abattoirs-de-l'Indo, se risquant aux portes de l'administration, l'affrontant, et le charme puissant qu'elle dégageait rendait ses enfants asservis, tant sa personnalité
effarouchait et subjuguait. Elle apparaissait comme une
sorte de prophète, objet de vénération pour les indigènes,
et les fugues des enfants devenaient des échappées nécessaires, des instincts de survie. Le frère et la sœur sentaient
confusément l'étouffement, écrasés par cette surnature qui
bravait aussi la mer et la terre, ils trouvaient dans l'épaisseur de la nature, dans la proximité des grands arbres
séculaires et géants, des sources de vie nouvelles, d'autres
moyens de se nourrir.

Mais au fond d'eux-mêmes restaient ce goût d'amertume, cette impression que le paradis des jungles n'était
qu'illusoire, que dans la vaste entreprise coloniale, il n'y
avait plus rien d'autre à faire que d'assister à la lente sai-
gnée de ces terres indigènes, tendres et sauvages.

Le spectacle de leur mère, proférant des injures et des

menaces, la lassitude que ses combats provoquaient en elle, cet abattement qui soudain pouvait se transformer en accès de folie, l'injustice trônant avec suffisance et les enrichissements scandaleux, tout donnait à voir à qui savait voir la douleur morbide de ce pays, son agonie, son sang coulant comme le latex qui s'échappait des arbres ancestraux, les rendant vides de leur sève, l'asservissement de tout un peuple, et la compromission des petits Blancs eux-mêmes exploités et cependant dociles, fiers de leur civilisation. En elle, Marguerite, naissait une sourde révolte, quelque chose de noueux qui prenait à la gorge, quand elle voyait mourir des enfants, éclater des bébés comme des bulles, mendier des vieillards, et plus haut dans la ville, « la présence orgiaque, inutile... offerte aux pas négligents des puissants au repos ».

Ce pays se faisait l'ample métaphore de l'échec, de l'impuissance, de la terrible et solitaire condition humaine. Même la forêt, lieu d'asile, illimité, empêchait de lutter. Elle inspirait une sorte d'abandon, parce que jamais l'homme ne pourrait vaincre la force irrésistible des éléments, et l'acharné combat contre la mer avait des airs absurdes et vains. Les fuites dans la jungle ressemblaient à des immersions dans ces eaux lourdes et aussi dangereuses que celles qui, obstinément, dévastaient les barrages ; quelque chose de souverain et de sacré donnait à la forêt une allure surnaturelle et monstrueuse. Lieu de refuge pour les indigènes, pour ceux qui fuyaient l'ordre colonial, lieu matriciel des vraies origines pour Marguerite et le petit frère, qui fuyaient ainsi la civilisation ; mais la jungle n'en était pas moins le lieu de la mort et du meurtre, du barbare et du sauvage. « Les lianes et les orchidées... enserraient toute la forêt et en faisaient une masse compacte aussi inviolable et étouffante qu'une profondeur marine. » De quelque côté que l'on se tournât, c'était toujours la même force irrésistible de la nature, la même violence qu'elle exerçait, là, dans les haies de palétuviers, dérisoires remparts contre la mer de Chine, ici, dans l'épanouissement grandiose et libre des végétations. C'était cette confirmation qui déjà, inconsciemment, se révélait : « La vie était terrible », et l'acharnement, la révolte, rien n'y faisait. Il y avait à vivre au rythme de cette mer cruelle, de ses marées, de cette sève qui toujours plus allongeait les lianes, les resserrait, au point qu'elles finiraient bien un jour par tout étouffer. Et comment résister à cette puissance tragique ? Elle observait plus que quiconque peut-être la détresse des paysans, voués à cette injustice immémoriale, comme enlisés eux-mêmes dans cette eau boueuse, tiède et pestilentielle. Ils devenaient l'allégorie de l'Homme, condamné, pathétique et seul.

Comme vouée à l'immobilisme, à l'illusoire certitude de ses frontières, à une centralisation brutale et aveugle, perpétuant ses principes du progrès et ses slogans pacificateurs, sûre en un mot de sa présence, alors que tout laissait présager des lendemains difficiles, l'Indochine des vieux rêves, des élans généreux et pionniers se mourait dans ces années 1920-1930. La « belle colonie » comme on l'appelait alors se pourrissait de l'intérieur, dévorée par la concussion et les corruptions de toutes sortes, par la rigidité de ses règles, par son intolérance, son refus de connaître le colonisé. L'administration devint le lieu de l'injustice et de l'exclusion, du conformisme le plus bête, la hiérarchie se durcit, et des figures aussi pittoresques que Marie Donnadieu furent à leur tour rejetées par des satrapes d'opérette, qui dispensaient la loi et l'ordre, et professaient le plus profond mépris pour ces commis de deuxième classe des services civils : les instituteurs, les agents forestiers, les receveurs des postes...

C'est que la Dame des Arbres, comme Duras appellera plus tard sa mère, indisposait par cette énergie de tous les jours, cette véhémence impudique, criant au scandale, devenant à son tour scandaleuse avec ses projets fous, ses défis qui faisaient rire dans les soirées mondaines, ses mélanges de déférence et de révolte. Sa fantaisie que côtoyait son sens de l'ordre civil, sa vie brouillonne et ses colères contrastaient trop avec les bienséances de la société coloniale. Ses accès de folie, ses bouffées délirantes lui faisaient rejoindre ces destinées étranges et morbides auxquelles quelquefois l'Asie poussait ceux qui se risquaient sur sa terre, au même titre qu'elle tuait avec ses fièvres, son choléra, ses bacilles mortels.

Les sollicitations permanentes de la mère auprès des agents du cadastre, sa révolte incohérente et folle parce qu'elle se portait à la fois contre eux tout en les suppliant d'intervenir en sa faveur, inspiraient aux enfants Donnadieu des attitudes diamétralement inverses. Plus elle en appelait à la justice, sans jamais la remettre en question, plus elle écrivait de lettres à l'administration, et plus ils s'enfuyaient, refusaient même de manger à la table familiale, préférant se gaver des mangues que leur donnait l'autre mère, la jungle annamite. Une dialectique de la révolte et de la liberté se fondait clandestinement, ils apprenaient lentement la désobéissance, la vacance, la méfiance.

Est-ce à cause de cela, « les lianes et les orchidées », les rizières à perte de vue, et les passages des buffles, et les heures d'attente à guetter les panthères noires à l'embouchure des *racs*, qu'elle était déjà sans référence à cette société coloniale à laquelle elle appartenait pourtant, hostile comme le petit Ernesto de plus tard, l'enfant de *la Pluie d'été*, à apprendre des choses qu'elle ne sait pas, mais poreuse, entièrement, à celles dont elle se sentait intuitivement complice et si proche ?

Tel Ernesto encore, elle *saurait* « par la force des choses » la duperie, la haine, le vol ; alors elle apprenait le refus de ce monde, le bonheur de la désobéissance, la jubilation des marges, les risques de l'utopie.

A ces jeux, elle découvrait le contenu de la solitude et se fortifiait dans ce caractère farouche et rebelle qui la poussait sous l'aplomb du soleil, dans la forêt annamite.

Elle garde toujours en elle, comme la gardienne sacrée du dépôt, des images fortes qui l'obséderont toujours, celles de la misère, de l'injustice, de la nature éblouissante. Il y a la mendiante qui réapparaît dans son imaginaire et ce paysan qui se louait à chaque saison comme épouvantail à corbeaux, et qui, des heures entières dans les eaux boueuses et sales des plaines, demeurait immobile, il y a le sournois et féroce travail des crabes nains rongeant les rondins de palétuvier et l'effondrement spectaculaire, unique de tous les barrages, la même nuit, et tout qui recommençait, les cris de la mère, le chant furieux du malheur.

Elle garde encore, comme la pourriture des eaux rivée aux racines des pousses de riz, cette peur attachée à sa famille, fécondée par le frère aîné comparable à Harry Powell, le criminel psychopathe qui, dans *la Nuit du chasseur* de Charles Laughton, traque les enfants, le frère et la sœur, dans la campagne américaine, descendant à leur suite les rivières, prêt à les tuer pour savoir où ils ont caché les dix mille dollars que leur père leur a confiés.

C'est ce film-culte avec Robert Mitchum que Duras admire tant parce qu'il est l'équivalent symbolique de sa terreur d'enfance, de ce qu'elle appelle « l'épouvante », que le frère aîné, comme une incarnation diabolique, faisait se propager dans la maison. Tandis que la mère « n'empêch[ait] plus rien », laissait « se faire ce qui doit arriver ».

A Vinh Long, en 1930, juste avant de quitter sa mère pour Saigon, il y eut encore un événement qu'elle transporta avec elle toute sa vie, comme la mendiante son balluchon de chair pleurante. Elle reçut comme un heurt en plein visage la fine silhouette de la femme du nouvel administrateur général, Elizabeth Striedter, dont elle oubliera plus tard, le nom, et qui resurgira sous celui, mythique, d'Anne-Marie Stretter, le nom du fantasme, le nom déclencheur de l'écriture.

Le Mékong, qui traverse la ville, naît tout près de la mer

de Chine, pour se faufiler plus haut, plus loin que la Cochinchine, dans les terres du Cambodge, du Siam, du Laos où va rôder la petite mendiante de Savannakhet. A Vinh Long encore, il y a des quartiers mêlés comme à Saigon, des lieux bâtards et différents, où semblent pulluler et s'affairer des indigènes, des Chinois, des Annamites, des Cambodgiens, des Malais, des vagabonds, et des domestiques, des boys que les « nationaux » d'ici jugent rusés, voleurs et paresseux.

Et d'autres quartiers, presque muets, avec des propriétés qui essaient de reconstituer un air français, mais adapté aux exigences du climat, avec des terrasses, des vérandas, des galeries pour protéger des pluies soudaines, ornées de balustres et de corniches. Dans les jardins où fleurissent tant de plantes exotiques, bougainvillées, frangipaniers, se cachent à l'abri des regards des tennis où l'on entend seulement rebondir les balles. Dans les allées des résidences roulent presque au pas des Léon-Bollée polies et carrossées nickel qui glissent comme « suspendues dans un demi-silence impressionnant ».

A cette époque, Duras a quinze ans environ. Elle a perdu sa silhouette un peu boulotte de l'adolescence, son air ingrat, elle marche moins souvent pieds nus dans les parcs quoiqu'elle ne craigne pas les plantes piquantes ni les scorpions bruns qui grouillent partout ici et vont se glisser subrepticement dans les lits et les livres.

Elle aime observer la société coloniale, elle devine ce qu'elle engendre de hiérarchies immuables : les indigènes d'abord, communément assimilés à la sous-humanité, puis les petits Blancs, méprisés, les gens du commerce et les fonctionnaires, les militaires et les notables, et les commis de l'État, monde des consulats et des ambassades, des administrateurs. Quelquefois des femmes de notables, lascives, bovarysent dans une même mélancolie, dans le même accablement de ce soleil moite, livrées à un ennui mortel que la pâleur de leurs visages semble accroître.

Comme des prostituées d'un autre monde, elles rêvent d'une vie singulière, et dansent comme elles, dans les mêmes odeurs du Manille ou du Long Than. Comme elles encore, elles dévoilent le même affaissement dans les épaules, la même mollesse de port, la même gracilité.

Dans une voiture, justement, passe Elizabeth Striedter, elle promène toujours ainsi ses deux filles, elle est rousse, très pâle ; dans le regard, l'impression de la mort qui la guette ; un impérissable ennui la traverse.

Elle semble lointaine, déjà partie, ailleurs.

Duras, qui rôde toujours, curieuse de tout, connaît aussitôt Elizabeth Striedter. Dans sa transparence diaphane, elle trouve qu'elle ressemble à la mort, à l'amour aussi, mais n'est-ce pas soudain la même chose ? Un peu plus tard, comme dans ce microcosme colonial tout se savait très vite, elle apprit qu'elle « n'avait pas d'amies », mais des amants seulement ; et toujours dans cette langueur, dans sa démarche, cette impression d'être à côté des autres, dans la moiteur de Vinh Long, dans son ennui qui accablait, dans le parfum suave et déjà fané des fleurs qui éclosaient dans les fins d'après-midi.

Cette femme qu'elle suivait dans ses périples, sur laquelle elle fabulait, l'imaginant en princesse de légende, était néanmoins l'objet de toutes les réprobations bourgeoises. Sa mère vociférait contre elle, la jugeait « déplacée » au sens propre du terme, c'est-à-dire non conforme aux usages de la vie coloniale, à ses obligations morales, qui voulaient que les femmes ne fussent pas semblables à ces excentriques des bas quartiers qui buvaient de la bière de riz, ou s'enivraient, dans les salons lambrissés des ambassades, de champagne français qui coulait à flots ici, non pour se souvenir du pays mais surtout pour oublier ce vague à l'âme indéfini, cette envie de rien, cette oisiveté forcée, ce goût de mourir sans mourir vraiment.

Elle apprit qu'un amant venait de se tuer d'amour pour elle. Et soudain, Elizabeth Striedter devenait la dispensatrice de la vie et de la mort, la déesse polype, qui se donnait aux hommes, et se reprenait, feignait de leur appartenir et leur donnait la mort. Terreur et fascination pour Marguerite qui confusément se retrouvait en elle, imaginait que l'amour côtoyait toujours ainsi la mort, qu'il n'y aurait pas d'autre alternative à ce jeu-là que celui de la révélation radicale. En la future Anne-Marie Stretter, l'image archétypale de ses livres, elle découvre comme le secret de la femme, sa mémoire lointaine, immémoriale, son poids millénaire qui la conduisent étrangère aux autres, aux plus illisibles mystères.

Marguerite la regardait, l'épiait à travers les grilles des tennis, le long des avenues, des allées bordées d'arbres où elle se promenait avec ses filles, toujours silencieuse, presque invisible.

Dans *les Lieux*, Duras dira : « Quelquefois je me dis que j'ai écrit à cause d'elle. »

Ce qui la fascinait, c'était ce fantôme de femme, errant, ce qu'elle incarnait, la femme adultère, subissant la carrière de son mari, ses postes dans les capitales asiatiques, ne s'appartenant plus elle-même, en proie au regard des autres, des hommes, des enfants, rejoignant dans son automobile les quartiers des riches Blancs, préservés, réservés, « le bordel magique où la race blanche pouvait se donner, dans une paix sans mélange, le spectacle sacré de sa propre présence ».

Et toujours Duras gardera le reflet de cette apparition. Elle la suit dans tout ce qu'elle écrit, elle est là, derrière elle, dans *le Vice-Consul*, *India Song*, *Son nom de Venise*..., partout, Anne-Marie Stretter, qui déclenche l'écriture, soulève les mots, les presse de dire, de révéler.

Ce qu'elle aimait dans Elizabeth Striedter, c'était aussi son mépris de la vie coloniale, cette existence qu'elle menait dans les marges, cette présence singulière dans les réceptions, et soudain le basculement dans une autre vie, dans l'enfer de ses désirs, dans la jungle de ses sens. Il y avait comme du danger en elle, et c'est pourquoi elle enviait cette mère, cette femme, qui défiait sa classe, cette aristocratie blanche qui donnait le spectacle de sa propre opulence, de sa supériorité.

Elle aussi, la petite fille de l'institutrice, avait trouvé dans ses fugues aux heures moites des siestes, dans l'abandon de la nature, les pieds dans les marécages grouillants de poissons de vase, des raisons de fuir, de transgresser l'ordre colonial, tout entière poreuse aux choses de l'autre race, frémissante du désir de l'autre peuple, dans la répulsion de cet ordre inégal, de la violence qui y était contenue, légalisée, appliquée.

Et elle devenait à son tour millénaire, traversée par les siècles, par toutes les forces de l'univers.

Ce qu'elle a appris du monde jusqu'à présent, c'est l'abandon, les choses qui s'usent et qu'on laisse en l'état, comme à Calcutta ou au Caire, les villes-détritus, qu'on ne peut plus reconstruire et qui, chaque jour, se délabrent sans qu'on y puisse plus rien. La mer de Chine est trop forte, même la mère s'y résigne, les terres du barrage sont offertes au grand passage des eaux, des vents, des tempêtes, le bungalow est inachevé, mais qu'importe, les crabes grignotent les pilotis, défoncent les planchers de lattes.

La mère sait tout cela, le sens absurde de la vie, hier Phnom Penh, maintenant Vinh Long, situé sur un bras du Mékong, le Song Co Chien, puis Sadec, près de Vinh Long, tous ces postes français, avec leurs « rues perpendiculaires et des jardins, des grilles et puis le fleuve, le cercle français, les tennis », avec leurs ports, leurs usines de savonneries qui, le soir, par temps de vent, lâchent des odeurs fades et étranges, leurs scieries.

Elle quitta enfin la plaine, les étendues toujours mouillées des rizières, les fugues au commencement du monde, dans le lieu innocent des jungles, là où tous les parfums de la terre, de l'air et de l'eau se rassemblent, « unis dans une indifférenciation » des origines, la joie sauvage de manger les mangues, et partit pour la ville.

C'était Saigon, la capitale coloniale, au tout début des années 30.

On l'appelait alors « le Paris de l'Extrême-Orient » tant elle voulait frénétiquement en imiter les modes, l'élégance, gommer en quelque sorte la couleur locale. Monde artificiel, factice, qui rassemblait dans sa fameuse rue Catinat le Tout-Saigon, ses élégantes, ses hommes d'affaires, ses puissants fonctionnaires de l'administration coloniale, ses voyous en costume cintré, à la fine moustache, sirotant des Martell-Perrier ou des eaux minérales corses, d'Orezza ou de Pardina, aux terrasses des cafés dans la moiteur des fins d'après-midi et dans les sanglots des pianos-bars qui se souviennent de l'exil et du vide de l'âme. A l'hippodrome, tous les sportsmen se donnent rendez-vous dans leurs tenues blanches coloniales, imposées par les magazines de mode venus de Paris, et légèrement retouchées à cause du climat. Comme à la fin du siècle dernier, la bonne société se rencontre encore au théâtre, où l'on joue toujours Strauss, Offenbach et Franz Lehar, et les opérettes exquises, *la Veuve joyeuse*, des opéras légers comme *Madame Butterfly*, elle se rencontre autour des kiosques, dans les parcs où les sociétés philharmoniques jouent des musiques guillerettes et triomphantes, dans les salles obscures où triomphe *l'Ange bleu*, elle se voit surtout aux bals, très fréquents ici, véritables lieux de passage où coule le temps, dans l'ennui et l'insatisfaction des désirs. Les codes mis en place par la société des années 1900 sont toujours là, donnant au mode de vie de la ville un air immuable, presque cellulaire. Il y a des circuits obligés, en calèches, l'allée des acacias, le tour des lacs, comme des souvenirs de Proust croisant les Verdurin au bois de Boulogne.

Mais ce n'était pas seulement cette ville visible, avec ses coolies tels des figurants étrangers qui se croisaient dans les rues, ce monde bien-pensant fait cependant en grande partie de la lie de la France, venu ici le plus souvent pour faire fortune, piller cette terre, au nom de la prétendue civilisation, il y avait encore, plus bizarre, plus proche de l'idée qu'on devait se faire de l'exotisme, le monde des flambeurs, des tripots, des prostituées, des filles faciles de cafés-concerts, des femmes ruinées et accolées à des restaurateurs de nuit, qui, dans les arrière-salles, ruinaient militaires et fonctionnaires, négociants en import-export, notables.

Et tout autour, l'odeur de la forêt, comme si Saigon vivait dans sa respiration, dans les mélanges débordants de manguiers et de tamariniers, de fougères géantes et de badamiers, portant leurs souffles pleins de miasmes, étouffant la ville, lui donnant aux heures de la sieste cet air d'agonie, cette impression d'anémie, le visage délétère de ce qui se meurt, lentement, comme un impossible défi à résister.

C'est dans ce faux ordre du monde où régnaient le pourrissement et les désordres de l'âme qu'elle reçut sa première formation intellectuelle. Plus que des livres, elle venait de la découverte de cet univers bâtard, divisé entre la morale civique et le mystère des fleuves et des forêts, dans la poix humide des jours.

La mère de Marguerite l'envoya néanmoins passer à Saigon la première partie de son baccalauréat. Hébergée à la pension Lyautey, une pension modeste, dirigée par une amie de sa mère qui était arrivée en Indochine comme elle en 1905, elle ne pouvait, faute de moyens, rejoindre en fin de semaine les siens à Sadec comme les autres jeunes filles de son lycée. Alors elle restait dans la grande ville, apprenait d'autres comportements, observait d'autres usages, se renforçait, se calait dans ses certitudes. A se promener dans la ville blanche, elle enviait le luxe et le méprisait tout à la fois, fascinée par la propreté qui y régnait comme par

la saleté grouillante des quartiers indigènes ou de ceux des
« coloniaux indignes ». Elle devait rêver sûrement de s'installer aux terrasses des grands hôtels tout blancs, dans les
senteurs accrues par le soir des magnolias. Elle devait accorder à ces lieux quelque chose de surnaturel. A cette vie qui
s'était rythmée sur des rites inventés ou importés d'Europe,
elle ne pouvait s'empêcher de trouver du charme, tout
comme elle aurait aimé se glisser dans les ruelles malodo-
rantes des bas quartiers, se couler dans d'autres senteurs,
plus fortes, où dominaient les épices, et l'odeur surtout de
la pauvreté, celle aussi des lieux différents, dans « les pul-
luleux bordels du port ».

Elle n'avait pas de sens moral dans l'acception ordinaire
que la société, surtout coloniale, accordait à ce terme. Trop
archaïque, trop farouche, trop indépendante, elle ne voulait pas subir de loi, civile ou religieuse, et elle portait toujours son nom de famille comme un poids. La violence
contenue en elle, cette colère froide, malgré ses seize ans,
la faisaient plutôt pencher du côté des vaincus, des humbles et des prostituées. Les bordels exerçaient sur elle une
fascination sans égale. A l'opposé de la pudeur bourgeoise,
des convenances, des frustrations engendrées par les religions, le bordel était le haut lieu du désir, de l'impérieux
désir, « le monde fatal, celui de l'espèce considérée comme
fatalité... le monde de l'avenir, lumineux et brûlant, chantant et criant, de beauté difficile, mais à la cruauté duquel,
pour y accéder, on devait se faire ».
  C'est pourquoi elle imaginait les bordels comme d'autres
lieux des jungles, où pouvaient s'épanouir d'aussi illimitées végétations que celles qui proliféraient dans les montagnes, des lieux de liberté, de folie, de déraisonnable
abandon de son corps, et elle rêvait de ces êtres donnés,
dans l'anonymat. C'était là sa religion, son sens du sacré,
dans ce brutal mélange des sens, dans ces retrouvailles naturelles.

A Saigon, elle se rendait au jardin botanique, les dimanches, avec son hôtesse. Le spectacle d'un boa dévorant un poulet vivant attirait les curieux, les amateurs de sensations fortes, de curiosités. La nouvelle inspirée de cette anecdote autobiographique que Duras publia en 1967, *le Boa*, est très révélatrice de la manière dont s'est forgé son imaginaire, nourrie sa problématique. La vue de ce boa dévorateur l'aurait sûrement indignée, écœurée si elle n'avait été immanquablement suivie du rite auquel l'obligeait toujours son accompagnatrice, vieille fille desséchée, à la puanteur virginale, et qui l'obligeait au retour, après le thé, à admirer sa lingerie. Aussi la dévoration cruelle du boa lui donnait-elle paradoxalement envie de vivre, de lutter, d'être hardie, impudique. La bête au moins dévorait le poulet à l'air libre, sous le soleil et son impudeur silencieuse, tranquille, faisait d'elle un être fort, exemplaire, loin de ceux qui toujours se garantissaient, se cachaient.

Dans la contemplation presque fervente du crime, elle se jurait de ressembler à ce boa, oui, elle serait toujours du côté de ces audaces, de ces violences.

Elle pense, fascinée par le spectacle, à son frère, le cadet : elle devait avoir huit ans en 1922, il lui avait demandé de lui montrer son sexe et, devant son refus, il lui avait dit ce qu'elle n'avait pas alors compris et qu'elle comprenait maintenant, à regarder son boa et la vieille hôtelière : le corps devait servir aux autres, à la connaissance des autres, au désir des autres, il devait, généreux, se donner à la contemplation des autres, les féconder. C'était cela, le sens de la vie. Ce don, cette liberté du don, et ce courage de l'offrir, cette force d'accepter, d'être ballotté, rejeté par elle, puis repris dans ses bras.

Y a-t-il le souvenir de cette histoire dans la marche chaotique de sa vie à venir ? Marguerite Donnadieu devenue Duras, la petite mendiante de Savannakhet, au visage ravagé par les rides, mais belle, de cette beauté de la vie, ravie par elle, ayant accepté ses douleurs et ses émerveillements.

Comme elle aimait se fondre dans l'épaisse jungle, revenir inconsciemment par là aux premiers jours du monde, dans la tendresse et la cruauté des débuts, elle rêvait d'aller dans ces cinémas de Saigon, lieux inaccessibles de l'impossible, et de s'abolir dans « la nuit artificielle et démocratique... la nuit où se consolent toutes les hontes, où vont se perdre tous les désespoirs ». Cette plongée dans une salle obscure d'où surgissaient des images mobiles et fluides comme la vie lui aurait donné l'impression de se « laver de l'affreuse crasse d'adolescence », une autre manière de se venger de la misère, de l'injustice. A la devanture des kiosques à journaux, accrochés comme des linges, elle convoitait les *Hollywood Cinéma*, les tremplins du rêve, les ferments du désir.

Tout cet univers factice, ces vies arrangées pour midinettes, ces destins faussement héroïques, entraînés sur des lieux mythiques et obligés, Venise, les îles, les palaces de villégiature, déployait son imagination et l'exaltaient.

La fraternité confuse et muette, tout entière figée dans la même fascination des salles de cinéma, lui donnait la certitude qu'elle s'y noierait, se fondrait dans la grande nuit des fantasmes, s'abolirait un jour dans la part noire et inconnue d'elle-même.

De même garderait-elle secrète l'apparition d'Elizabeth Striedter l'enfouissant dans cette nuit-là, d'où elle la ferait surgir plus tard, dans la violence des livres, obsédante Elizabeth Striedter devenue Anne-Marie Stretter, rattachée à jamais aux pilotis de cette enfance étrange, épique, faite d'exils et de liens affectifs si forts. Pas même sa mère ne saurait son intrusion dans sa vie, cette image de la Femme et de la Mort mêlées, de l'errance dans des villes colonisées, lieux de nulle part, comme elle.

Un jour, près de cinquante ans après, en 1977, elle reçut une lettre de la petite-fille d'Elizabeth Striedter, enfin émergée du fantasme, l'invitant à une causerie que celle-ci allait donner quelques jours plus tard dans sa maison de retraite.

Duras ne s'y rendit pas, et reçut un mois plus tard une autre lettre, d'Elizabeth Striedter cette fois-ci, qui lui disait : « Vous avez raison de rester silencieuse. A travers la jeune femme que j'étais, votre imagination a créé une image fictive et qui garde son charme justement grâce à cet anonymat mystérieux et qu'il peut préserver. J'en suis si profondément convaincue moi-même que je n'ai voulu ni lire votre livre ni voir votre film. Discrétion de souvenirs, d'impressions qui gardent leur valeur à rester dans l'ombre, dans la conscience du réel devenu irréel. » Un an plus tard un faire-part dans *le Monde* annonçait son décès. Il n'y aurait donc plus d'Elizabeth Striedter, mais seulement Anne-Marie Stretter, et le déhanchement de chat, presque irréel, de Delphine Seyrig descendant le grand escalier de la villa Rothschild, au bois de Boulogne, image absolue, archétypale d'*India Song*.

Elle passait ainsi de Vinh Long à Saigon, de la ville étrange et bruissante de cris divers à la sauvagerie de la plaine, des quartiers grouillants ou luxueux de la ville au bungalow inachevé des terres de sa mère, du Cambodge, de la pension de famille où elle résidait, dans « la terrible odeur » de cadavre de sa logeuse, aux libres terres abandonnées du barrage, de la solitude de la ville aux retrouvailles rêvées, fastueuses avec la nature débordante, lieu immoral des « échanges charnels », « des accouplements à la fois orgiaques et tranquilles ». Et le passage entre les deux mondes opposés était le bac, qui la transportait de l'une à l'autre rive, symboliquement, médium anonyme et sans référence, moyen du passage. Le bac faisait la navette d'un imaginaire à un autre imaginaire, et aménageait silencieusement, en glissant sur les eaux plates du fleuve, des rencontres, livrait des secrets, la révélait à elle-même.

Sur le bac justement, elle rencontra le Chinois. Il était « celui qui passait le Mékong ce jour-là en direction de Saigon ». Elle a quitté sa mère, à Sadec, où elle a passé les vacances. Elle rejoint à présent Saigon, le pensionnat. Elle a pris le car à Sadec, le bac va tout transporter, le car, les voyageurs, les automobiles. Elle a toujours peur des secrets mouvements de l'eau, des tourbillons, des courants qui l'entraîneraient dans les gouffres. Elle est descendue du car. Accoudée au bastingage, elle regarde le fleuve, les infinités de fleuves que les bras, les îles façonnent, toujours mouvants. Elle est affublée d'un « feutre couleur bois de rose au large ruban noir », de chaussures lamées or agrémentées de petits strass, elle porte une robe de soie légère, très serrée à la ceinture.

Sur le bac, près d'elle, il y a une Morris Léon-Bollée. Dedans, un Chinois vêtu d'un costume de tussor clair. Il la regarde. Elle sait déjà tout ce qui va se passer, inévitablement.

Ce qu'elle en a raconté dans *l'Amant*, en 1984, de la « grande auto funèbre », de son accoutrement, exquis et singulier, de ce ciel mouvant et jaune comme de l'eau qui s'étire, qu'en faut-il retenir ? Comment déceler le vrai du vraisemblable, ce qui arriva de « ce qui a dû arriver », de cette frange tremblante et mystérieuse où les souvenirs se déploient, sans limites, nourris du temps, de son oubli et du souffle de l'imaginaire ? Et si, d'un fantasme adolescent, tenace et obsédant, Duras avait inventé l'histoire de l'Amant, la réinventant à chaque livre, nourrissant sa légende ?

Elle est donc là — elle y serait —, ce matin de la rencontre, seule sur le bac, et lui, le Chinois, l'observe. Il vient la voir, se présente à elle, dit qu'il vient de finir ses études à Paris, « que sa famille vient de la Chine du Nord, de Fou-Chouen », qu'il habite aussi à Sadec, comme elle, mais sur le fleuve, « la grande maison avec les grandes terrasses aux balustrades de céramique bleue ». Ses parents font partie de « cette minorité financière d'origine chinoise qui tient tout l'immobilier populaire de la colonie ».

Il lui propose de venir la chercher à la sortie du lycée pour la ramener à la pension. Il est fou du désir d'elle, aussitôt. Entre eux, une passion monte, étrangère et clandestine. Elle sait qu'il n'y a pas moyen d'y résister, qu'elle doit accepter. Il vient un jeudi après-midi, celui de la promenade obligatoire, elle quitte la pension, comme autrefois elle s'enfuyait du bungalow pour aller dans la forêt ; dans la vaste voiture, elle découvre le quartier chinois, Cholen, et sa garçonnière sans volets ni fenêtres, mais aux ouvertures tendues de stores, où se profile la rue, par lesquels pénètrent toutes les odeurs de Cholon, sucrées, acidulées.

De la jouissance, elle dit que c'est la mer. Furieuse et étale. Elle vient de découvrir aussi cela. Cette familiarité avec elle, la mer, cette connaissance qu'elle a, de l'eau, des mouvements continus de ses vagues, de leur souplesse, des complicités avec le vent, le ciel, les nuages.

Elle retiendra toujours dans sa mémoire l'histoire du Chinois. Le Chinois, lié profondément à la passion, au désir, au désir du désir. Elle l'a gardée intacte, parce qu'elle la retenait à une autre histoire, à celle d'une découverte d'autres mondes, à la transgression de sa race blanche, à cette liberté dont elle devinait la place en elle, en creux, et prête à l'accueillir. Avec le Chinois, avec la même certitude qu'elle disait détenir déjà à douze ans lorsqu'elle déclarait à sa mère : « J'écrirai », elle rejoignait l'inavouable, des heures dans la contemplation de la nudité, dans les « frottements des corps et de la ville », si près de l'oubli des autres, de la mère, du barrage, si près de la mort. Et toujours la mer, « l'immensité qui se regroupe, s'éloigne, revient ».

Dans *l'Amant*, puis dans *l'Amant de la Chine du Nord*, elle dit ce mouvement. Elle ne sait le dire que lorsque, dans ces traverses de paragraphes, comme des passerelles entre les images, elle utilise ce qu'elle nomme « l'écriture courante ». Comme un bâton de sourcier, le stylo cherche le lieu des origines, trouve des cours d'eau multiples qui irriguent le terrain, la mémoire, et elle puise là ses images. C'est mélangé, il n'y a pas d'apparence cohérente dans ces scènes éparses qu'elle avait laissées, enfouies, dans sa nuit.

Entre le désir de l'amant et le sien circulent l'amour du petit frère et cette haine pour « ma mère, mon amour ». C'est là, dans ces livres, comme des ébauches, ouverts à l'illimité des désignations, à la vastitude des mers, que se trouve la vie de Duras. « Ma vie, dit-elle en 1988, elle est dans les livres. Pas dans l'ordre, mais qu'est-ce que ça fait ? »

C'est surtout sa vie clandestine qui la nomme. Celle des enfouissements, des puits qu'elle affectionne, et où elle trouve des secrets, de la lumière ou de l'enfer, « qu'importe, comme dirait Baudelaire, pourvu que ce soit du nouveau ». Les lieux de sa vie sont des « lieux de détresse, naufragés ». Des terres immergées du barrage au palais Rothschild d'*India Song*, abandonné au temps, à ses ravages, à ses pluies qui ravinent, c'est toujours le même monde qui s'écroule, comme les pilotis de bois qui soutiennent Venise, rongés par les eaux glauques de la lagune, par les mousses, les bactéries, la vermine maritime. Ici, dans le quartier chinois, avec l'Amant, dans cette garçonnière anonyme, tandis que s'engouffrent des parfums de saumure, de nuoc-mâm, de cannelle et de poissons grillés, dans ce lieu abandonné au seul temps de la passion, dans ce corps de désir tendu, quelque chose de neuf se passe quand même, se découvre, s'accomplit dans l'étonnement de l'apparition, l'amour, la passion, elle ne sait pas encore tout à fait, en tout cas l'abandon de soi, dans ce corps béant où ils gémissent tous les deux tandis que l'Amant la pénètre. On devrait dire se noie, se perd dans ses eaux à elle, tant sa jouissance clame, éclatante, commé l'eau, la mer, crie son absolue présence.

Aimer le Chinois de Cholen, c'est aussi se glisser dans Cholen, la ville interdite aux Blancs, la ville « étrangère », comme la casbah d'Alger était à la même époque le lieu clos, arabe, impénétrable aux Français. Elle conçoit sa vie, même très jeune, dans ce franchissement-là, dans cette désobéissance jouissive : découvrir des lieux oblitérés ; en elle, toujours à l'affût, la trahison, le désir violent de traverser le miroir, d'aller au-delà de la clôture.

Cholen, c'est aussi la ville des plaisirs, où la nuit vont s'encanailler des touristes de passage, à leurs risques et périls, dans l'odeur de l'opium, dans les arrière-salles lourdes de fumées, où déambulent des prostituées, tandis que le jour, les rues sont envahies par une foule bruyante que traversent des automobiles, des tricycles, des vélos, dans un flot cacophonique. La rue des Marins, comme la rue Catinat de la sage Saigon, regorge de boutiques, d'échoppes, de bazars, de comptoirs. Tout près d'elle, le long du canal, des jonques lourdes déversent leurs marchandises dans les rizeries et les entrepôts.

Elle croise un autre monde, un peuple différent, de petits marchands vendant à la sauvette avec leurs étals de quatre sous, les coiffeurs, les arracheurs de dents, les restaurateurs ambulants avec leurs fourneaux-comptoirs où ils préparent des nouilles chaudes. Des lanternes vénitiennes allumées déroulent des spectacles sans fin, nonchalants et irréels, à la devanture des boutiques. Elle s'engouffre dans le désir de l'Amant comme elle pénètre dans son monde, ses odeurs, ses rites.

De cette enfance bâtarde et créole, elle apprend tout. Elle y revient constamment, elle n'a jamais écrit qu'un seul livre, celui de cette enfance dans l'odeur des tamariniers et des canneliers. « Le *Barrage contre le Pacifique*, c'est le vrai livre de la mémoire, dit-elle, et j'avais moins de trente ans quand je l'ai écrit. » Et de ces jours élimés par le temps, il reste des images fortes comme des scènes fondamentales, qu'elle reprend et rebrode, tissant la grande tapisserie de la vie, comme une Parque.

Dans cette chaleur moite, où rôdent sans cesse les dangers, dans ce pays de fièvre, quand la lèpre se refilait en palpant des piastres, la terre jaune devient initiatique. Dans la pension de Saigon où sa mère l'a placée il y a aussi celle qu'elle appellera plus tard Hélène Lagonelle. Cette jeune fille de son âge qui la révélera à la splendeur du corps des femmes, à la fermeté de leurs seins et de leur ventre, à cette grâce pleine et lisse de leur peau, à cette offrande qu'elles en font toujours.

Terre d'exil qui suscite néanmoins les émois extrêmes, que la « chaleur culminante » aiguise et violente, qui exténue les esprits, donne l'impression de l'ultime, une terre d'agonie dont la tension ardente, la nervosité et aussi la lassitude, la touffeur passive renvoient inexorablement à la mort, à la fin des amours, des êtres et du temps.

Elle aime vivre ainsi, dans cet état proche du délétère, dans le désespoir, comme s'il était plus apte à faire comprendre les choses, à donner cette intelligence extrême, définitive, et terrible, douloureuse à la fois.

Très tôt, elle est habituée à cela, cette tendresse et cette dureté qui se côtoient, se conjuguent et semblent vivre de concert, dans une proximité dangereuse qui fait vaciller. L'Amant la douche avec « l'eau des jarres », et sa main, douce et sûre, frôle sa peau, et toujours dans le roman, l'eau de ces jarres qui coule sur son corps. Et ses mains, les mains de l'Amant, fines, qui le caressent. Dehors, la cruauté de Saigon, la promiscuité des quartiers misérables et des quartiers blancs, le déshonneur colonial et la fourmilière des indigènes s'activant dans les ruelles innombrables. D'un côté le silence des courts de tennis et de l'autre, la clameur assourdissante du quartier de Cholen. Et chez elle, dans cette famille à la Faulkner, les violences passées et présentes du frère aîné, ces tensions qu'il exerçait sur eux, « les derniers », ce désir de meurtre qu'il contrôlait à peine, ce goût de détruire, les accès de folie de la mère, toute cette oscillation de la vie qu'elle côtoie aussi.

Il y a fatalité à cela. Plus tard, quand elle sera malade, quand l'alcool la submergera de nouveau pour la porter jusqu'aux lisières de la mort, Yann Andréa lui prodiguera les mêmes soins, le même amour. Il la lavera dans la baignoire, il fera couler de l'eau sur son corps enflé, détruit, qui n'a plus rien à voir avec celui qu'elle donnait à caresser au Chinois, et pourtant de l'amour circule quand même, de cette tendresse inouïe, inexorable. Et, cependant, la douleur de ne pas aimer jusqu'au gouffre de la chair, de cet amour auquel Yann Andréa ne peut accéder, qui provoque la terreur, et la souffrance, mais reste de l'amour, cet état fragile et indescriptible, peut-être comparable seulement à de la musique, au miracle de la musique, qui sourd, étonnamment, prodigieuse, aussi fragile et éphémère que l'encens qui brûle à l'heure indécise où tombe la nuit, et se répand en volutes bleuâtres dans les pièces, dans le dortoir de la pension Lyautey comme dans le grand salon *d'India Song*...

Les lieux de Duras respirent toujours cette odeur d'église, d'Asie et de crématoire où se concentre la mémoire, lieux funèbres de la mort, des choses qui ont passé, du souvenir qu'il en reste. Des lieux de mausolée ou de catafalque, où reposent les corps morts d'amour sur des lits comme des bières. Corps de Marguerite Donnadieu où « s'engouffre » le Chinois, corps de porcelaine inattaquée de Delphine Seyrig, dans *India Song*, corps de Duras où s'accroche le coma dans une chambre clandestine de l'hôpital Américain.

Ce sont ces effractions constantes de la vie dans la mort, cette proximité de la mort, le désir qu'elle a tant d'en connaître le secret, par le biais de l'amour absolu, impossible, radical, qui hantent sa vie et ses romans. Partout, où qu'elle ait pu se trouver, les photographies le montrent. Cette présence à sa légende, bâtie livre après livre, et soudain, dans le regard, l'ailleurs, l'inévitable appel de l'ailleurs, ce goût d'en allée, ce regard d'étrangère, de clandestine, de pas à sa place, de plus là, qui bouleverse et la fait aimer par ceux qui la rencontrent, l'étendue de cette certitude, « l'envie de mourir ».

Sa manière de penser, de comprendre le monde, chaotique et parcellaire, puis tout à coup plus ample, comme la mer qui recouvre tout, jusqu'à l'infini, cette écriture des contrastes, des brusques contrepoints, l'avers et l'envers, la vie et la mort qui se télescopent en permanence, elle les porterait déjà dès son enfance, en Asie. L'initiation amoureuse dans les bras d'Hélène Lagonelle, comme dans ceux du Chinois, dans les escapades avec le petit frère, la découverte de la mort qu'elle en tire, de la douleur, de l'abandon, cette prescience de ce qui ne se donnera plus jamais, jamais, de ce temps qui fuit et emporte tout avec lui, et efface les bonheurs présents, se contrebalancent dans son œuvre à tendance autobiographique et dans les entretiens qu'elle a accordés à différents journaux. Il n'existe pas de jeunesse sans les rides, pas de ferveur sans le doute, pas de plénitude sans l'arrachement.

Elle rôde près des bonzeries et scrute, cachée, dans l'épouvante, les défilés de bonzes safran psalmodiant des litanies dans la stridence de leurs crécelles. Et elle est toujours à l'écoute de l'interdit. Ailleurs, elle se souvient de la douceur si rare d'une journée à Sadec, de cet état de vacance, presque béant, où sa mère, profitant des rares moments de loisir que lui laissait son école, se coulait dans le sommeil, sur la terrasse de la véranda, dans les courants d'air, balancée mollement par le rocking-chair. Et c'était comme une grâce, une image arrêtée, fixée dans le temps de la mémoire, tandis qu'autour d'elle, comme oubliés un temps, les cris de la folie, de la misère, de la faim, du frère « voyou »...

C'est scandé par la mère que se vit le temps de *l'Amant*.

Omniprésence de cette femme prophète dans ses propos, aventurière, si peu attentive à elle, noyau ardent de sa problématique. Que comprendre de cette mère, de ses choix d'amour, de cette tendresse qu'elle ne semblait donner qu'à lui, qu'au frère bandit, scélérat, voleur ? Auprès de sa mère, Duras apprenait l'imminence des choses de la vie, la destruction si aisée de ce qui était, le splendide état de décomposition, d'inconfort qui devait régner partout après, tant qu'elle vivrait, et au-delà. C'était aux frontières de la folie et du gouffre qu'elle existait, comme d'être dans les bras de l'homme de Cholen, dans des situations toujours limites, au bord de tomber, « à la crête » des vagues, ballottée, prête à se perdre.

Elle veut lutter contre « les sursauts de folie » de cette mère immense, énorme et terrible. Elle veut écrire. A cela sa mère lui rétorque que c'est une « idée d'enfant ». Toujours en elle, la nostalgie de ce qui n'est pas encore appris, de ce qui n'a pas de référence sociale, de cette vie tout d'une pièce, cruelle et tendre de l'enfance, de ces états premiers dans la forêt, de ce Livre à venir, de ce roman des origines qu'elle veut écrire, de cette plage où enfin se reposer, dans un âge d'or retrouvé. Elle serait là, avec le petit frère, sur les traces des lionnes dans cette jungle opulente, comme aux premiers temps, ou bien encore cette petite fille en âge d'aller encore à l'école, avec ses chaussures lamées, arpentant la ville et sa fureur grouillante, pour rejoindre le corps de l'Amant. Elle serait, oui, cette petite fille libre, comme aux premiers jours du monde, et il n'y aurait pas de scandale à ses yeux à ce qu'ils dévorent leurs corps, avec une violence et une douceur qu'ils n'auraient pas même apprises tous deux.

Est-ce cette enfance dans le désir qui lui donnera cette prétention de la prophétie ? Elle parle et elle est un oracle. Déjà, petite fille, elle savait tout. C'était quelque chose d'irrémédiable, qu'elle ne pouvait pas même contrôler. Elle

savait, ce rien, l'improbable retour du temps, et cette fuite
de tout dans la splendeur intolérable des mondes, des forêts
comme des cathédrales, des palais de bois sculpté, abandonnés, des cités coloniales, blanches et sentant la pourriture, l'inaccessible amour. Et la connaissance de
l'inconsolable, entr'aperçu, qu'elle sait disparu à jamais,
qui fera dire plus tard à Lacan : « Cette femme sait. »

Il y aurait toujours à parler de cette « famille en pierre,
pétrifiée dans une épaisseur sans accès aucun », comme elle
la décrit dans *l'Amant*. Et de l'obscure lumière qui règne
chez elle, la folie de sa mère, la violence sourde du frère
aîné, ressentie malgré son absence, l'innocence blessée du
petit frère, et elle, au confluent de ces ténèbres, de ces excès,
brutale et tendre, rebelle et servile.

Il faudrait toujours en parler parce qu'elle éclaire toute
l'œuvre à venir, la talonne et, au soir de sa vie, Duras en
parle sans cesse, comme si jamais elle ne pouvait épuiser
ces puits sans fond.

Elle mythifie le petit frère ; avec lui, elle a la relation la plus
évidente, la plus simple, la plus essentielle. Elle l'aimait parce
qu'elle le croyait immortel. A l'aîné, elle lui donne aussi une
stature de légende, il est là, au centre de la famille, seigneur
arrogant et « brutal », « assassin sans armes ». Elle lui voue
ses premiers instincts de meurtre, concentre contre lui cette
charge de haine et de colère dont elle est capable, et qu'elle
épanchera plus tard dans le douloureux exutoire de l'écriture.

Le Chinois lui fait connaître le rejet, les marges, le mépris
de ses camarades de classe, mais elle continue à défier. Elle
devient la fable de la ville, de ce milieu de colons à la morale
étriquée et raciste. Elle devient la bâtarde, et l'exil renforce
sa détermination, accroît la violence contenue en elle, toujours. La jouissance du corps, cette joie du don, cette
manière sauvage de braver la solitude, ce refus de s'éco-

nomiser, tout la pousse à célébrer la naissance de ce corps païen, offert comme celui des vestales sacrées, dans la révolte contre toutes les institutions contraignantes. Pour elle, désormais, il s'agirait de dépenser, dans l'urgence d'une vie dont elle avait trop souvent et si tôt observé la fuite, toutes les possibilités qui étaient à découvrir. Elle ne donnerait pas décidément ce corps à ce Dieu fatal et moraliste, mais à ce grand Tout cosmique, brutal et doux à la fois, à toutes les suggestions de ce désir primitif qui parlait en elle et qu'elle voulait exprimer. Alors le corps de désir du Chinois, l'Amant mythique, devenait le moyen de passer, de transgresser, de dire non pêle-mêle à la mère, à toutes les autorités, à toutes les forces du pouvoir.

L'eau encore une fois présidait à ces noces nouvelles, l'eau comme la référence majeure de son univers, l'eau mouvante et moirée qui permet, dans l'infinité de ses nuances, de saisir toute l'immensité du monde. Et sur ce bac qui glissait, l'histoire d'un amour naissait.

A cette époque, l'époque du Chinois, elle est belle, petite, l'air brillant, nerveux et farouche, d'un animal. Il dit qu'il « aime la petite », elle dit que c'est « normal ». Une force sensuelle, intouchée, émane d'elle, la pousse au désir, il y a dans ses yeux, dans toute son allure, quelque chose de déterminé, d'impudent, de rebelle encore et d'intelligent. Dans ce risque du désir, elle jette en vrac tout ce que sa mère a tenté de lui inculquer, l'honneur d'être blanche, supérieure, par le savoir et la colonisation, l'honneur d'être vierge. De l'irrésistible passion circule en elle, elle franchit dans la moiteur des après-midi de Saigon des terres dangereuses, celles-là mêmes que dans toute son œuvre à venir elle ne cessera d'explorer, terres des limites, terres brûlantes du désir, frôlées par la mort. En se donnant au Chinois, elle creuse ses trappes, ses caves, elle épaissit le noir de ses nuits, enfouit des faits inavouables qui la mettraient toujours dans le temps du danger.

Avant la femme d'Hiroshima, elle dit au Chinois : « Tu me tues, tu me fais du bien. » Elle découvre dans ses bras des zones brûlantes, surprise même d'aimer comme ça, dans la violence, sans aimer vraiment d'amour, sans introduire ni sentiments ni psychologismes, d'aimer dans la confusion odorante, exotique de ce pays, avec tout ce qui le compose, mêlé, hissé jusqu'à elle, comme l'encens de l'autel qui monte vers le Dieu qu'on implore, comme la fumée mobile des cônes d'encens qui embaument la photographie d'Anne-Marie Stretter, là, sur le piano à queue dans le salon de Calcutta.

Faire l'amour avec le Chinois, dans cette chambre inconnue, recommencer à le faire, braver pendant des mois les usages et la Loi, vivre dans l'urgence du danger, c'est cette fois-ci se réconcilier avec les forces naturelles, se ranger du côté du boa, du vert exubérant des jungles, se placer dans le scandale qu'elle ne quittera jamais désormais.

C'est aussi se mêler aux parfums et aux senteurs de ce pays bâtard, à ses bruits, à l'âcre poussière que soulèvent les pousse-pousse, balayée par le souffle des jasmins, relayée par les relents des cuisines ambulantes où réchauffent les poissons de vase, les viandes caramélisées, dans le croupi noirâtre des sauces acidulées.

Et dans ces lisières, connaître la jouissance, délivrante, injure à la Loi des pères, passer de l'autre côté, devenir libre, résolument libre.

Dans la jouissance renouvelée, dans le cri proféré, dans cet état de l'accomplissement, c'est découvrir la réalité du désir, compenser les cris de la mère, les rendre muets, mettre un bâillon sur sa bouche de pythie désespérée, pousser les cris de la naissance, et revenir au monde, se préparer à pousser ceux de l'agonie.

C'est tout cela, confusément, qui menait la jeune Marguerite à rejoindre, pendant ces mois à Saigon, le Chinois. Temps d'apprentissage et de formation, coiffée de son petit feutre d'homme de couleur rose et chaussée de ses souliers de bal comme une petite starlette d'*Hollywood Cinéma*, avec dans la tête la chanson *Ramona*, douceâtre et terriblement romanesque, et derrière la chanson, encore plus loin, la plainte interminable de la mendiante, son errance dans la terre de ses ancêtres, sa misère.

Le règne du frère aîné cependant est toujours là, absolu et maléfique. Il vole la mère, les Chinois des fumeries d'opium, il est tout-puissant, porté par cet air malsain des colonies. Le frère et la sœur sont à sa merci, ils subissent son arbitraire, sa haine, sa fascination pour le meurtre. Lui, il passe son temps à ne rien faire ou à jouer, il est sans morale, sauvage.

La mère sait qu'il est perdu, qu'aucune éducation ne pourra le faire changer, qu'il en restera là, dans cet état de barbarie, qu'aucun tuteur ne saura le lui ramener sauvé.

Peu de temps avant leur retour en France, elle demande néanmoins le rapatriement de son fils, dans le déchirement, car elle « ne peut pas vivre sans lui, elle ne peut pas du tout ».

Il ira en France, et ce sera comme un soulagement pour les « petits », qu'elle sent menacés, surtout Paulo, trop fragile, trop « simple », persécuté.

Elle, la sœur, retrouve la vie dans les bras du Chinois de Cholen. Ce n'est plus à la maison qu'elle se trouve, cette force d'être, cette vie qu'elle découvre lorsqu'il « s'engouffre » en elle, que toutes les odeurs de l'Indochine indigène la pénètrent confusément. Aux yeux des autres, qui commencent à savoir, à la pension, auprès des voisines de sa mère, elle est la petite « vicieuse », celle qui couche avec un Chinois, elle est la honte de la colonisation, le déchet de la civilisation. Marie Donnadieu sait et ne veut pas savoir tout à la fois. Elle a des principes, plus forts que tout, mais au fond d'elle-même, quelque chose d'indicible admire sa fille, son courage d'oser, son refus de la morale, de la pensée.

Entre le Chinois et Marguerite, il n'y a pas de ces projets romantiques chers aux premières amours, pas d'ave-

nir. Entre eux deux, c'est une passion dévorante, irréfléchie, inadmissible. Il faut aller au cœur de cette frénésie,
ne rien en comprendre, ne rien en expliquer, laisser pénétrer les fumées d'encens dans les corps ouverts, vivre cela
seulement, se remplir de cette douleur.

Dans quel lieu obscur tapissé d'étoupe, dans quelle
chambre noire toutes ces images vont-elles s'enfouir, s'ense-
velir comme sous une tombe d'oubli ? Comment nommer
ce lieu qu'elle définira plus tard, quand elle s'appellera
Duras, comme « irrespirable, qui côtoie la mort, un lieu
de violence, de douleur, de désespoir, de déshonneur », lieu
de l'écriture, occulté, puis avoué, repris dans d'autres fic-
tions, brodé et rebrodé, de nouveau enfoui, pour enfin se
dire au plein jour ?

C'est dans cette violence quotidienne, dans le pur désespoir de la mère que naît la chance d'écrire, là, dans « cette
histoire commune de ruine et de mort qui était celle de cette
famille ».

Pour l'heure, elle a envie du Chinois qui bat son cœur
et son corps, elle a sur le visage cette beauté lisse de la chair,
sans rides, cette tension impeccable de la peau qui lui donne
toutes les impudences et tous les défis.

Mais la connaissance du désir marquera vite le passage
du temps. Elle le voit passer dans sa jouissance, dans sa
manière de circuler, si mobile, ondoyant comme une moire,
se nouant en elle, tel un nœud de mort, rejoignant les gouffres de tout ce qu'elle a enfoui en elle, et qui la nourriront
désormais.

Dans les reflets de cette moire, il y a encore, en 1932,
la dernière visite de la famille aux terres du barrage. Elle
s'en souvient aujourd'hui, le Siam en face d'eux, sur la
véranda désormais abandonnée, le Siam immense et les forêts
obscures où se tiennent cachées les bêtes sauvages qu'elle
a cependant approchées, et la diaprure de sable du ciel.

Elle se rappelle cet instant de silence, cette heure solennelle où se rassemblent toutes les images, cette ardeur à capter le moindre détail pour l'emmener, là-bas, plus loin. Un peu de vent doit passer, chaud et sec, balancer mollement les plantes qui grimpent autour de la véranda, et ce silence de l'échec et de la ferveur, ce silence du cri intérieur qui clame le jamais plus, l'exil.

Et l'errance donne à toute la famille cet air « d'étrangeté » qui la sépare du monde colonial, si actif, si productif, si entreprenant. Elle, avec le frère, elle n'a « appris rien, qu'à regarder la forêt, à attendre, à pleurer ».

Ainsi, de cette vie de l'enfance, il ne reste que ces images fondatrices, « capitales », arrachées à la mémoire, dites et redites et peut-être évitées d'être dites, inventées encore, et chaque fois qu'elle en parle réinventées. Comment ne pas céder à ce qu'elle appelle « le rituel de l'évocation », aux mots qui spontanément se présentent maintenant, et ne reflètent pas vraiment la vérité du moment mais, filtrés par la mémoire, essaient quand même de recomposer l'histoire, de lui donner une cohérence dans le chaos inévitable.

Trop d'échecs, de blessures intérieures, de difficultés matérielles avaient abîmé la mère. Elle s'était prise elle-même au piège de son énergie, à sa fureur, à sa folie. Elle avait dû vivre trop d'abandons depuis ses illusions de jeune institutrice, avait été victime de trop d'escrocs. Elle était usée, même si sa folie soudain lui rendait des forces brutales, illusoires. Quitter l'Indochine ne répondait pas à un appel de sa terre natale ; là ou ailleurs, qu'importait, à vrai dire. Elle se souciait pour ses enfants, voulait pour Marguerite « le secondaire » et « le supérieur ». Elle sentait en sa fille cette impudence qu'elle-même n'avait pas eu le courage peut-être d'afficher. Elle la reconnaissait comme sienne et puis s'en détachait, violemment. L'argent surtout l'avait toujours préoccupée. Elle avait beaucoup travaillé, économisé pour le fils aîné, qui exigeait chaque jour davantage. Rentrer en France, c'était continuer l'errance, recommencer la vie, retrouver l'aîné aussi. C'était une famille de nomades, de bohémiens, vivant dans le précaire, jamais installée.

Ce n'était pas seulement la jouissance du corps que Marguerite recherchait dans ses rencontres avec le Chinois. Sa condition sociale la fascinait ; il y avait comme un défi à séduire cet homme, jeune, chinois, fils de banquiers de Cholen, une jubilation à le voir transgresser sa race, à se mettre en marge. Quelquefois, lorsque ses frères et sa mère venaient à Saigon, elle demandait au Chinois de les emmener dans les meilleurs restaurants de la ville. Et tous mangeaient les plats les plus chers, ignorant le Chinois, lui renvoyant le secret de cette « communauté invivable » qu'ils formaient tous les quatre, se haïssant, haïssables, et s'aimant d'un amour infini, hors d'âge, inaccessible aux autres.

Avec l'assentiment de la mère, elle extorquera cinq cents piastres au Chinois, « c'est ce qu'il faut pour s'installer à Paris », dira-t-elle dans *l'Amant*.

Le plus dur peut-être, c'était d'abandonner les terres du barrage, de savoir que jamais plus ils ne retourneraient sur les marécages de Prey Nop, sur cette plage qu'ils avaient tous cru pouvoir cultiver. C'était une terre ruinée, donnée aux indigènes, mais elle était encore la leur, celle de la mère surtout, sur laquelle elle avait tant trimé, jusqu'à sentir cette usure, révéler cette béance qui la faisait basculer dans la déraison, dans les cris.

2

Les années de formation

Comme tout ce qui fonde Duras, la mer revient dans sa géographie, cette fois-ci pour la ramener en France. L'histoire du Chinois s'achève, comme de la passion consumée, mêlée à des relents de déni et d'impuissance.

Elle prend un de ces longs paquebots des Messageries maritimes. Sur le quai, au moment où les remorqueurs vont le détacher de la ville, l'entraîner vers la haute mer, elle croit voir la voiture funèbre, noire comme un cercueil, la voiture du Chinois qui, à l'intérieur, la regarde partir.

Le voyage de retour durera longtemps, avec des escales sur des côtes, dans des ports aux noms magiques, qu'on aurait crus inventés, Calcutta, Lahore, Colombo, bordés de palaces comme l'hôtel Prince of Wales. Le paquebot entraîne la jeune Marguerite vers son destin. Quelque chose lui dit qu'elle doit le suivre jusqu'au bout ; « la petite » du Chinois, « l'enfant », va vers d'autres mondes, d'autres terres, bien françaises celles-là. Reverra-t-elle jamais ce pays d'Indochine, comment parviendra-t-elle à ressusciter ses odeurs, ses bruits, à faire revivre les hommes et les femmes de son univers ? Sur la mer, dans cet immense espace incolonisable, sur cette étendue toujours en mouvement, où nul ne peut s'installer et infliger son orgueil, elle passe des jours ; il y a des soirées organisées pour tuer le temps, et des escales aux noms étrangers où elle aperçoit encore des bungalows blancs et l'orée des jungles épaisses.

Elle pourrait rencontrer, à l'heure des dîners, des êtres semblables à Elizabeth Striedter, des êtres différents, mais elle remarque surtout des snobs, et dans les classes inférieures, sur le pont, des petits colons misérables et courbant le dos. Le navire est blanc, il fend la mer, quelquefois elle en a peur, quand elle se penche par-dessus le bord et qu'elle voit les paquets d'eau s'engloutir les uns dans les autres, renouveler en permanence leur pelage mouvant. La mer cogne contre la coque, elle a peur de ce lieu de nulle part, épouvantée comme la mère voyant surgir les marées, là-bas sur les terres du barrage. Elle se penche à la main courante, et l'eau la renvoie à l'oubli, comme si tout s'enfonçait dans cette nuit millénaire, se réduisait en milliards de particules, inconnues, sans lien entre elles. Sur le navire encore, elle apprend dans l'épouvante qu'un jeune homme s'est jeté par-dessus bord. Suicidé. Rejoignant le Grand Tout de l'océan, ses mélanges confus, toujours agités, recommencés.

Elle dit aussi que c'est le corps du Chinois qui s'en va comme cela, disparu à jamais, qu'elle ne le retrouvera jamais plus. Elle scrute les fonds, elle voudrait savoir ce qu'il y a en eux, ce qu'ils recèlent derrière l'écume ; au-dessous des vagues, toute une histoire secrète, mouvementée, bruissante, le rien et le tout mélangés.

Elle ne sait pas encore tout à fait, elle sait seulement que quelque chose de noir avance, vers la France, son pays, lui dit-on, sa race, sa culture, elle ne comprend pas. En elle, il y a d'autres connaissances, le parfum des jasmins et des lauriers-roses et l'étrange senteur de la lèpre qui se colle à elle, des rizières glauques où elle pataugeait, des enfants qui claquent comme des bulles en pétillant, et le désir absolu qu'elle a du Chinois, logé au fond du ventre.

Dans l'ombre du bateau blanc, il y a cependant le Navire-Night, l'ombre noire des images recelées dans l'enfance, la vie, l'amour et la mort surtout, et comment les dire : dans les trappes, les trous de mots qu'elle devine dans ces gouffres d'eau que font les vagues, dans la fente énorme, gloutonne d'écume que trace le sillage du paquebot. Elle ne sait pas encore où il va, ce navire, mais il avance, « sur la mer d'encre noire ». Elle sait qu'elle a un savoir particulier dans cette disponibilité, cette porosité qu'elle a fortifiées en elle, sur ces terres lointaines, exotiques, propices au jeu des lisières. Désormais les images de sa chambre noire emportées avec elle dans les cales du Navire-Night vont entreprendre leurs dérives, comme la mendiante de Vinh Long, à travers des territoires inconnus, et les livres devenir des escales pour tenter de comprendre la marche du temps et de sa vie.

Plus jamais, donc, elle ne reviendra sur cette terre. La France coloniale l'a quittée. Désertés ces palaces blancs aux toits festonnés de dentelles de bois et de zinc, évanouis ces airs de musique mélancoliques joués dans les pianos-bars, ces tangos de douleur, comme des sanglots. Et sur les ruines de l'Indo blanche, d'autres guerres, d'autres batailles sanglantes, fratricides, d'autres pouvoirs colonialistes, lui rendront ses terres désertifiées, napalmisées, où jamais plus elle ne pourrait retrouver le vert éblouissant de sa jungle, l'éclosion en un soir seulement des jasmins dans le bordel blanc des hauts quartiers.

Ne lui en restera que le noir, seulement le noir qui tombe sur cette terre de naissance et fait d'elle une née de nulle part ; seulement ce qu'elle a inventé de Vinh Long, du Cambodge ; ce qui lui en reste, fragmentaire, tissu de ses jours et de ses nuits soudain illuminés, sublimés par l'arrivée de la mendiante, par le passage silencieux de la rousse Elizabeth Striedter, par les cris des enfants et les plaintes des mères. Seulement l'histoire légendaire, mille fois reconstruite, retissée, retendue par la grâce de la mémoire, le ressac de cette houle, et portée là, dans l'écriture, dans le champ incertain des mots, dans tout ce méli-mélo de terres où l'on circule de Saigon à Calcutta, de Lahore à Vancouver, indifféremment puisque de toute

manière l'histoire est la même partout, partout recommencée. Réinventée.

C'est comme un fardeau qu'elle porte, qu'elle doit tôt ou
tard mettre à jour, dans la grande et douloureuse parturition de l'écriture, la mère haïe, injuste, redoutée et vénérée,
le petit frère au regard annamite, l'aîné, le voyou, le
« dévoyé » ; et la lente procession des sampans noirs glissant
vers quelle destination, pour quelle raison, sur le Mékong.

Mais cette enfance, c'est aussi sa chance, celle qui auto-
rise l'écriture à naître, à vivre et à ne supporter l'indicible
souffrance d'exister que grâce à elle. Une nuit de 1977, alors
qu'on donne au théâtre d'Orsay *l'Éden Cinéma*, comme
si tous les fantômes de l'enfance resurgissaient, elle fait
un rêve étrange qu'elle rapporte dans *les Yeux verts*. Elle
raconte qu'elle entre dans une maison à colonnades devant
laquelle avancent des vérandas. Et toujours le même air
nostalgique des valses, des tangos de l'époque coloniale,
la musique de Carlos d'Alessio, et la mère au fond, « déjà
prise par la mort », prétendant que c'est elle qui joue.
« Mais comment est-ce possible ? Tu étais morte. » Elle m'a
dit : « Je te l'ai fait croire pour te permettre d'écrire tout
ça. »

La mère inévitable hante ses rêves et l'œuvre noire. Elle
sait déjà dans la fraîcheur des nuits en pleine mer, dans
ce paquebot qui fend l'obscur, que cette mère, « l'écorchée
vive de la misère », sera son encre, sa source d'encre
illimitée.

Elle est donc là appuyée au bastingage, elle quitte ces
terres de l'exotisme, ces ruissellements de lumière autre,
ces végétations uniques, ces grouillements de vies multiples et inconnues, et elle sent dans le glouton bouillonnement du sillage, dans les cahots de son Navire-Night,
« l'immense marée des appels ». Elle sait qu'elle ne sait rien
et tout à la fois, comme si ce tout-là avait été joué d'avance,
le savoir du visible et de l'invisible surtout, dans son étin-
cellement noir, dans ces soutes de l'esprit où tout se che-
vauche et harcèle. « Ce que je veux, c'est ça, écrire. »

Elle retourne en France ; sa mère voudrait sûrement qu'elle revienne au pays du Nord, là où elle-même est née, dans ces grandes plaines céréalières, ou bien, elle ne sait pas, faire des études pour avoir un métier stable. Mais elle rêvait, Marie Legrand, la boursière studieuse, la petite paysanne des Flandres, « butée, folle », elle ne comprenait pas ce qui agitait présentement Marguerite, sa fille, dans ce « corps mince, presque chétif », et pourtant quelle ardeur, quelle circulation de désirs, de violence et de barbarie !

Dans les bouillons d'écume, là, en bas, dans ces paquets de mer épaisse, noire, il y a comme la métaphore de l'écriture, l'appel des gouffres, écrire, ce doit être cela, se fondre dans le vide, y entendre les clameurs incertaines, bruyantes, sauvages, et être comme maintenant, dans cette nuit de la mer, seule, à personne et à tout à la fois, poreux aux choses qui traversent, à tous ces mélanges indicibles, qui font perdre le sens, « au bout du monde, au bout de soi ».

Quelque chose qui ne peut encore être dit ni écrit, mais senti intuitivement, presque dans cet instinct de la vie et de la mort, et appelle le large. Comme autrefois il y avait le large dans les jungles épaisses avec le petit frère de désir, et dans les bras du Chinois, là où elle devenait la putain de Cholen, coupée, rejetée des autres pour cette même raison. Et là, dans l'infini de la mer, avec à l'horizon encore la mer, et la nuit, elle sent « le large de la littérature », ce lieu mystérieux qu'elle soupçonne qu'il l'attend, où soufflent d'autres forces, où se comprennent autrement les sens de la vie, où s'expliquent d'une autre façon Dieu, les dieux, ces mots qui « appellent », où s'explique ce qui échappe au sens ordinaire, aux réalités visibles.

C'est dans le flux de ces eaux tranchées par la coque du navire qu'elle comprend la nature de l'acte d'écrire, dans ce gouffre qu'il provoque inlassablement, toujours renouvelé lui aussi et qui l'emporte.

Elle a le vertige, mais pas de cette houle qui fait tanguer le plancher du pont, de ce ciel mouvant qui semble se déro-

ber, et refuse les points fixes des étoiles, mais de ce que
ce gouffre découvre comme ténèbres, comme puissances
invisibles, comme secrets, comme épaisseurs, cette brutalité des eaux à tout recouvrir et à tout découvrir presque
dans le même temps et qui force à savoir, à chercher.

Elle serait, oui, elle en a l'intuition, cette chercheuse du
sens, cette quêteuse d'absolu, et pour ça elle en accepte-
rait tous les dangers, elle risquerait sa vie, à tous les jeux,
à tous les divertissements qui pourraient lui donner des pistes, des indications sur le sens. Elle sent cela, confusément,
elle s'y sent prête.

En fait, y aurait-il tant de temps passé, tant d'années
de distance, le temps aurait-il été si usé entre la petite de
Saigon qui courait se jeter dans les bras clandestins du Chinois et cette femme d'hier, d'aujourd'hui, alcoolique,
pathétique, cette femme cassée, détruite, brûlée, dont plus
même la voix n'est sauvegardée, à cause de cette maudite
canule qui troua sa gorge, et en trahit l'inimitable scansion, cette musique de l'âme, venue de très loin ; entre cette
petite sur le paquebot sous les étoiles innombrables, en
pleine mer, et cette mendiante de maintenant, voûtée,
accrochée au bras de Yann Andréa, l'unique amour, le plus
grand, le plus vaste, et pourtant vierge ?

Y a-t-il tant de temps écoulé entre le paquebot des colonies, ce tout début des années 30, et ces jours présents,
1991 ? Soixante années qui séparent les deux rives, de vie,
d'amour, de luttes, de combats de toutes sortes, à venir,
rejetés, assumés, revendiqués, et haïs, cette route de nouveau à bord du Navire-Night, qui l'emmène là où elle a
toujours cherché à aller ?

Déjà tout était su, là. Appris confusément dans ce noir
de la nuit. Et d'abord sur cette terre sauvage où la mère
les avait fait naître, eux, « les gnos », où ni l'art ni les raf-
finements de la vie n'entraient en compte, seuls le travail,
l'obstiné travail, « le manger et le sommeil ». Et c'était peut-

être là qu'elle était, sa force, à Marguerite Donnadieu : « cette mère désespérée » qui lui avait donné l'intuition du malheur, dont elle porterait désormais la plainte, comme la mendiante porte son balluchon de lèpre, ce bébé à mourir, sur son dos squelettique, courbé comme le sien.

Elle transcrira ce temps fort de sa vie dans *l'Amant* et dans *l'Amant de la Chine du Nord*, où peut le mieux se comprendre le noyau de l'écriture comme transcription du passé. Ce qu'elle contestera dans l'approche de Jean-Jacques Annaud, en 1991, qui tournera *l'Amant*, c'est justement cette confusion qu'elle prétend qu'il a faite entre biographie et « traduction ». Entre ce qui s'est passé réellement sur ce paquebot et ce qu'elle en a rapporté, c'est tout le passage de la vie dans l'écriture, toute l'histoire, le fonctionnement de la littérature, secret et obscur.

Sa vie se comprend à des scènes archétypales : le jeune homme suicidé, les remous du navire, la nuit étincelante, et la musique de la rue qui s'échappe du salon de musique, « à la mode des jeunes en ce moment..., qui dit le bonheur fou du premier amour et la peine immodérée, inconsolable de l'avoir perdu ». La vie de Duras est comme concentrée là, dans cet espace sans référence, entre deux terres, lieu étranger, exilé.

De cette France mythique dont la mère avait tant parlé, elle ne connaissait rien, pas même cette maison paternelle, dans le Lot-et-Garonne, près de la petite ville de Duras, dominant la vallée de Marmande. C'était une maison vaste, en pierres du pays, avec des airs de petit castelet comme il y en a tant dans la région. Pays de vallons, aux villages éparpillés, loin des grandes agglomérations, pays solitaire et rustre malgré la grâce des maisons et des collines.

L'Europe n'a pas cette violence de l'Asie ni cette brutalité des sens, ce mélange de tous les parfums, de la misère et des fleurs mêlées, de l'âcreté des terres meubles et des relents d'épices qui s'échappent des ruelles de Saigon. Y

règne, peut-être invisible mais captable déjà, un air d'agonie et de terreur.

Sa mère voulait qu'elle entreprît des études de mathématiques afin de se présenter plus tard à l'agrégation. Rien
n'était trop prestigieux pour sa fille, « la petite » ; elle
devrait aller dans les pas du père, porter son nom là où
lui-même avait brillé. Mais Marguerite ne voulait pas,
comme si les études ne l'intéressaient guère, attachée à
découvrir autrement le monde. Qu'au moins elle fasse quelque chose, criait sa mère, « du méritant », qui fût « du travail », et pas une blague comme cette envie d'écrire qui
l'avait prise depuis l'âge de quinze ans et demi et qui ne
la nourrirait pas, la ferait manquer de tout, ne la ferait
pas prendre au sérieux, la rejetterait de la société. Car
c'était de reconnaissance sociale qu'elle rêvait, de tout ce
qu'elle n'avait pu acquérir malgré tant de labeur, « assas-
sinée » par la société.

Néanmoins, elle savait qu'elle ne resterait pas en France,
qu'elle n'y trouverait pas sa place, qu'une insondable
mélancolie la prenait sur ce qui n'était plus sa terre. Possédée par l'Indochine, elle décida d'y retourner, laissant
le fils chéri et Marguerite, ramenant avec elle le petit frère.
Elle y restera de 1932 à 1949, date à laquelle elle reviendra
pour toujours en France. Elle vivrait désormais non pas
pour elle, détruite, reniée, — elle n'existait pas de toute
manière — mais farouche, déterminée à gagner de l'argent,
pour en envoyer à ses petits de Paris, des mandats, toujours plus, pour le fils aîné qui vivait d'expédients, de petits
travaux, de combines louches, de femmes même, comme
le laisse entendre Duras dans *l'Amant*.

Marguerite, munie d'une bourse, commence des études
supérieures, de 1933 à 1936, d'abord à la faculté de droit
de Paris, où elle obtiendra une licence, puis à l'École libre
des sciences politiques ; elle veut entreprendre des études
de mathématiques, mais, dotée de cette nature trop rebelle
entretenue sur les terres du barrage, elle ne parvient pas
à se couler dans une filière bien définie, à envisager un avenir

bourgeois, installé. Elle avoue elle-même avoir fait des
« études très... vagues. Sauf pour les maths ». « Et encore
ce n'était pas en raison d'un goût bien précis mais d'une
mécanique. »

A cette période, elle vit encore dans la proximité du frère
aîné. Sa présence « malfaisante » lui inspire toujours cette
sorte de terreur, d'effroi abstrait. Il traîne, attachés à lui,
le mensonge, le vol, l'indifférence, la force. Quelque chose
d'obscur, d'indéfinissable qui voulait dominer, contraindre, une énergie sombre et farouche, des desseins furieux,
toujours.

Sur cette époque, Duras restera très avare de renseignements. Époque de transition, d'installation sur une terre
d'exil, d'intégration de ce statut de bâtarde, d'étrangère,
née nulle part. Elle prétend alors vouloir tout enfouir, ne
plus se souvenir de cette enfance, du racket colonial, des
panthères noires, des crocodiles et des sampans, de tout
cet imaginaire contrasté et odoriférant qui voulait quand
même se dire. Cette absence d'identité, cet anonymat lui
plaisaient néanmoins, renforçaient sa liberté. Elle n'avait
pas encore conscience de la force de cette enfance, de la
persistante litanie de la petite mendiante, de l'inoubliable
moiteur du climat et de son corps de désir entre les bras
du Chinois. Elle ne savait pas encore que le pays natal « se
vengerait », comme elle le dirait. Le Mékong, la chaleur
culminant aux heures de sieste, les explorations dans les
forêts épaisses : tout reviendrait et elle aurait là l'unique
matériau de son écriture ; ce serait là qu'elle aurait à piocher, à travailler, à s'abîmer dans le labeur du livre pendant des années, puis avec l'incroyable légèreté des derniers
livres.

Était-ce déjà par expérience vécue, intuitive, imaginaire
qu'elle vivait alors comme détachée du désir de s'installer, de posséder, d'être dans la société, jouet manipulé ?

En elle restait toujours l'image de ces bateaux se profilant là-bas, près de l'embouchure, dans l'horizon de la mer, puis se dérobant à tous les regards, et s'enfonçant dans l'infini, désormais invisibles, comme la représentation même de la vie, cette notion du départ et du retour impossible, cette succession d'escales et ce dépouillement nécessaire pour repartir, cette croyance absurde dans l'immortalité des choses que le temps vient sans cesse confondre et détruire, la laissant toujours plus démunie, mais tenace, redressant l'injure.

A Paris, elle reste la petite « créole », celle qui avait vécu dans l'Asie coloniale, « l'extradée », dit-elle. Elle n'a plus de mémoire, elle s'adapte. Elle cache au fond d'elle tout un terreau d'images qui vont pousser, elle le sait, il y aura l'hôtel Prince of Wales à Colombo, qu'elle a aperçu à l'escale du retour, et l'odeur de la lèpre partout mêlée au sucre des lauriers-roses. Et surtout la mère et le frère aîné, et le petit frère, la victime, qui va mourir, elle le sait bien, de ce « martyre », de cet amour insensé, atroce de la mère pour le grand frère, à cause, oui, de la préférence maternelle.

Elle apparaît sur les photographies de l'époque toujours souriante, mais de ce sourire énigmatique qui ne croit pas à la joie ou au bonheur qu'il tente d'exprimer. Elle a conservé ce regard qui transperce, « vaguement oriental, dit Claude Roy dans *Nous*, (...) comme distraitement hypnotisant, levé vers l'arrivant toujours plus grand qu'elle », cette sorte d'ennui sur elle, le poids de cette honte, celle « de principe d'avoir à vivre la vie ».

Elle a comme une application à sourire, à mimer des situations heureuses, normales, familiales, auprès de son frère, dans des jardins, elle a l'air d'une petite vendeuse, d'une petite modiste avec ses robes de coton légères, ses ceintures bien serrées à la taille, son sac qu'elle tient bien sagement à son bras. Mais ce ne sont que des illusions, « la vraie vie est ailleurs », comme disait le poète, dans cette inlassable interrogation du monde, dans ce bourdonnement des choses qui donne le vertige jusqu'au malaise et qu'elle aura le don de transcrire.

C'est à cette écriture peuplée du passé qu'elle assigne le droit unique de raconter sa vie. Elle assure que rien n'est en réalité plus faux, plus superflu, plus « apparent » que cet alignement de faits dans lequel on croit déceler une cohérence. Tout se passerait plutôt dans la houle chaotique des images qui restent, dans le chant fragile et discontinu de leur musique, dans l'acceptation de l'oubli. Comprendre que ce n'est que dans les traces des événements restitués que se trouve cette vie, qu'elle ne se déroule pas « comme une route entre deux bornes, début et fin ». Ce n'est certes pas en collectant les faits, les dates, et en les ajustant comme des pièces d'une mécanique que l'être se livre davantage, mais en observant les traces qu'ils ont laissées dans le fond de soi-même, dans les zones les plus reculées de ce qu'elle appelle « l'ombre interne », là où se situent « les archives du soi ».

Aussi, qu'importe lorsque plus tard elle refusera de s'embarrasser de dates, car à ses yeux la restitution de la mémoire ne passe pas par là : « Ce qu'il y a dans les livres, dit-elle, est plus véritable que l'auteur qui les écrit... Les histoires qu'a racontées Shakespeare témoignent plus de Shakespeare que sa vie. » Elle est sûre que c'est dans l'écriture que se trouvent son histoire, sa vie, dans les creux et dans les trous, dans les trappes obscures, dans les mots, dans les rizières et les gués profonds de l'Indochine que les secrets se trouvent, sans cesse lavés, remués, submergés par la mer de Chine.

Très vite, elle a su cette solitude au cœur d'elle-même, cette manie de n'être jamais contente de rien, comme le déplorait sa mère, cette insatisfaction permanente, cette envie de mourir qui la faisait pleurer, elle ne savait pas pourquoi au juste, mais si présente en elle, cette mélancolie qui n'empêchait pas la joie de rire, l'ironie, la jouissance de tout, d'aimer, d'admirer, d'apprendre, de boire, de fumer.

Aussi les livres à venir sont-ils sa seule certitude. Etre sûre de trouver là, dans ces pages noircies, lentement, dans l'insondable nécessité de l'écriture, dans sa douloureuse jouissance, dans ce qu'elle appellera « le malheur merveilleux », la vie vraie, et si épouvantablement friable, à recoudre, à comprendre.

En Indochine elle n'avait jamais lu que des romans d'aventures, les livres de prix, toute la littérature des bons sentiments, propre aux bibliothèques coloniales — Pierre Benoit, Pierre Loti, Claude Farrère, Roland Dorgelès —, les pièces de boulevard de *la Petite Illustration théâtrale* : « Je lisais tous les numéros, on n'avait que ça. C'était surtout du boulevard », confiera-t-elle plus tard à Gilles Costaz, critique théâtral du *Matin*. A présent à Paris, elle pouvait aller voir de la peinture, se rendre au théâtre, lire des romans, découvrir des auteurs.

Si elle avait beaucoup ri aux répliques boulevardières de Caillavet lorsqu'elle était adolescente, elle eut la révélation du théâtre avec les Pitoëff. Abonnée aux Mathurins où était ancrée la compagnie, elle ne rata pas une seule de leurs représentations. « C'est ma première école théâtrale, raconte-t-elle, toujours à Costaz. On était quinze dans la salle, mais je revenais toujours. A la longue les Pitoëff me connaissaient et me disaient bonjour. J'avais dix-huit ans. J'ai vu *Maison de poupée*, *l'Échange*, *la Mouette*. »

Déjà ses choix s'affirment, spontanément. La Comédie-Française ne lui plaît pas, « à cause de la diction, de la versification », pas plus que Jean Giraudoux qu'*Amphitryon 38* avait révélé au grand public ; ni Marchel Achard, ni Sacha Guitry, ni Jacques Deval ne l'intéressent ; elle se sent de la famille des Pitoëff parce qu'ils ont cette âme slave et romanesque, cette *musica* qu'ils vont puiser aux grands textes russes, scandinaves, anglo-saxons. Plus encore que les innovations du surréalisme, elle lit les classiques du temps, Malraux, Mauriac, Carco, Céline. Quand ils seront traduits en France, elle se reconnaîtra dans leur écriture : Hemingway, Faulkner, Virginia Woolf, tous ceux qui entendent les voix sauvages de l'intérieur, les cris étouffés dans les ventres comme au fond des mares, les appels de l'âme, à peine perceptibles.

Le Paris des années 30 est à la fois gai et sombre, pressentant le cataclysme et refusant d'y croire, s'enivrant de bruits et de création. Les fastes de l'Exposition coloniale sont à peine achevés mais certains déjà croient peu aux chances de la France de conserver son empire. Ce ne sont plus les « années folles », mais d'autres qui s'annoncent plus inquiétantes, plus menaçantes. Duras, perméable à tous les mouvements des êtres et du monde, sensuellement, capte cette interrogation, ce malaise. Même si elle ne partage pas leurs choix d'écriture, elle vit dans une ville où Roger Martin du Gard, Aragon, Jules Romains, Giraudoux, Nizan, Emmanuel Berl, André Breton écrivent leurs œuvres les plus fortes, donnant aux écrivains un statut nouveau, plus engagé, plus politique. C'est l'époque du militantisme naissant, qui commence à attirer au parti communiste comme à l'Action française des étudiants qu'elle côtoie et fréquente.

Elle traîne néanmoins avec elle, toujours, cette impression d'abandon où l'avait placée sa mère, cette solitude profonde qui nourrissaient sa haine et sa jalousie à l'égard de son frère aîné. Elle voulait comprendre cet attachement qu'ils se portaient tous deux, la mère et le fils, tout savoir de cette relation, la part d'abus et d'amour qui la constituait. Mais c'était là, par-dessus tout, son écharde, sa douleur. Comme elle se souvient de cette soirée sur la véranda au barrage, juste avant de partir, quand sa mère lui a dit « ma petite » ! C'était bien la première fois qu'elle l'appelait ainsi, qu'elle la voyait vraiment. Et c'était de l'amour qui flottait partout, jusqu'au Siam, là-bas, en face, au-delà des montagnes.

Cette souffrance est si grande qu'elle lui consacrera ses trois premiers livres, fascinée par les déchirures, attachée à comprendre les mécanismes, le fonctionnement de cette passion. Elle éprouve envers ce frère cette terreur-là qui toujours l'assaillira, dans une conversation, au cours d'une promenade, dans un bar, dans un jardin : une panique incontrôlable, violente et meurtrière. Il y a des photographies de sa collection personnelle qui la montrent avec lui ; il a un visage terrible, des cheveux plaqués en arrière, gominés, un regard froid et perçant, il porte un costume croisé, on dirait un gigolo de cinéma ; et elle, assise contre lui, avec cette bridure dans les yeux qui lui donne l'air annamite, l'air d'être une erreur dans sa famille ; et en elle, sur elle, cette sorte d'achèvement du corps abandonné déjà, comme si tout était accompli, irrémédiablement, de longue date.

Même si elle prétend qu'elle a de la force pour lutter contre lui, comme autrefois quand elle se refusait à plier et qu'elle le défiait, que sa mère la battait parce qu'elle « allait avec le Chinois », et que lui, à la porte, soufflait sur la fureur de la mère, jouissait de ses coups ; même si un jour il voulut la prostituer à un client de la Coupole, elle sait qu'entre eux, c'est quelque chose qui doit se rompre, se détruire, même s'ils vivent tous deux dans ces lieux où rôdent la violence et le deuil.

Ce Paris de l'avant-guerre la forme intellectuellement et la fait grandir. Elle vit, comme le dira plus tard Dionys Mascolo, le futur père de son fils, « dans une absence de loi », dans le défi d'elle-même, comme autrefois elle arpentait les rues de Cholen dans la réprobation coloniale. Elle se sent totalement libre, libre d'aimer, de sentir, de tout connaître.

Elle aimera des hommes, des étudiants, comme ce jeune Juif dont elle se souviendra surtout qu'il lui lisait des pages de la Bible, de l'Ancien Testament, d'où surgissaient, grandioses, les rois d'Israël, de Jérusalem. Peut-être est-ce grâce à lui qu'elle garde mémoire du sacré, de tout ce que la Bible déploie comme images indéchiffrables, comme territoires immenses découverts dans le « marécage divin ». Peut-être encore prit-elle alors conscience, pareille à l'Ernesto de *la Pluie d'été* qu'elle publiera en 1990, de ce savoir secret que nulle faculté, nul enseignement ne pourra lui apporter et dont elle soupçonne les passages, les croisements, les énigmes.

Elle a toujours aimé les hommes, eu du désir pour eux, besoin d'eux, y revenant même aux beaux jours de la revue *Sorcières* et du M.L.F., lorsqu'elle semblait n'être entourée que de femmes qui le plus souvent n'aimaient pas les hommes. Elle cherche auprès d'eux la *musica* secrète, les histoires cachées, sacrées qu'ils conservent des choses du passé, de leur mère et qui les rendent violents, barbares, et doux, et tendres comme le Chinois quand il la rinçait avec l'eau des jarres.

C'est pendant ces années passées à la faculté de droit qu'elle va rencontrer Robert Antelme, étudiant comme elle, originaire de Sartène en Corse, de trois ans son cadet. Après une enfance assez errante du fait de la situation de son père, sous-préfet en poste à Oloron-Sainte-Marie, puis à Vienne dans l'Isère et à Bayonne, il s'était inscrit après son baccalauréat à Paris en droit.

D'origine bourgeoise et de formation chrétienne, il forma avec Duras un couple tout entier tourné vers les spéculations de l'esprit, mais aussi présent dans le monde, pressentant les grands mouvements obscurs.

La jeunesse d'Antelme fut néanmoins comme avalée, à l'image de toute sa génération, par le spectre de la guerre. De 1937 jusqu'en 1939 il fit son service militaire, pour être aussitôt mobilisé de 1939 à 1940, jusqu'au jour funeste de juin 1944 où il fut arrêté par la Gestapo, et où l'engrenage tragique l'aspira pour le marquer à jamais.

Auprès d'Antelme, Duras allait cependant vivre les derniers moments solaires, heureux, avant que ne s'étende la chape de plomb sur l'Europe puis sur Paris. Avec Antelme, elle retrouvait comme une certaine paix, une sorte d'équilibre qu'il possédait en lui-même, une grande maîtrise de caractère. Bien plus tard, sur son lit d'hôpital à Neuilly, n'aura-t-elle pas cette réponse devant Yann Andréa lui rapportant que R. lui a téléphoné, qu'il l'embrasse, qu'il voudrait *la voir apaisée, c'est le mot qu'il a utilisé* : « Quelle histoire ! Lui, il voudrait me voir tout le temps apaisée, ça dure depuis trente ans. C'est son genre » ?

De ce monde en perdition, livré à la haine, aux violences, elle pressent néanmoins les signes, elle voit les temps se convulser, se répandre sur eux cette frénésie de mensonges, se préciser les premières persécutions juives, la parole se faire bâillonner. Instinctive, elle sent venir la barbarie.

Elle l'avait somme toute déjà prédite dans cet univers mental qu'elle avait nourri des images de la destruction, de la folie, de la mort et de la dissolution. Elle avait déjà foulé sous ses pieds la terre de la concession, spongieuse et glauque, et traîné derrière elle tout ce cortège de malheurs et de peurs. Elle avait déjà découvert à dix-huit ans l'image arrêtée, celle de « la séparation irrémédiable entre les gens », et la certitude inchangée, obsédante, que rien ne peut modifier ces « données abominables », et considéré par là qu'elle en avait fini d'apprendre, de grandir, qu'elle était comme morte, à dix-huit ans, avec ce savoir qui ruinait ses espérances. Son visage même lui donnait cette gravité de bouddha, cette vieillesse. Oui, c'était ainsi que tout s'était passé ; il aurait pu y avoir cette photographie d'elle à dix-huit ans, avec son bibi de feutre posé sur le côté, ce sourire gouailleur et cependant tout entier parti vers ailleurs, englouti dans une autre voie. Et en même temps, c'était à cause de ce visage détruit pour la jeunesse qu'elle avait décidé d'écrire, de raconter cela : la violence de la mer, qui renversait tout, détruisait les barrages, inondait les terres, et les engloutissait sur son passage. Écrire ce qu'il lui avait été donné de découvrir, car, dit-elle, « on n'écrit rien en dehors de soi, ça n'existe pas ».

Ayant postulé au début de l'année 1937 un emploi administratif au ministère des Colonies, reproduisant inconsciemment en cela les mêmes gestes que sa mère autrefois, elle est recrutée le 9 juin au Service intercolonial de l'information et de la documentation. Ambiguïté de l'être qui participe au maintien du système colonial et en même temps le renie viscéralement, en connaît tous les rouages, toutes les roueries ! Le 1ᵉʳ septembre 1938, elle est même nommée au Comité de propagande de la banane française. Ses services sont appréciés puisqu'elle va bénéficier en moins de deux ans de deux augmentations de salaire, en novembre 1938 et en mars 1939.

Mais cela ne veut pas dire pour autant qu'elle fasse partie du lobby colonial. Avec Duras, les trappes sont obscures et profondes ; dans ce choix professionnel, il y a aussi du défi et de la douleur d'exil, des appels de reconnaissance parentale, de la matière équivoque sur laquelle plus tard elle travaillera en romancière.

3

« Les foyers de douleur* »

* Interview, *les Inrockuptibles*, 1990, p. 115.

Elle se marie en 1939, civilement et religieusement, avec Robert Antelme, comme si elle cherchait par là à conjurer cette menace de guerre imminente, par cette association à retenir un peu de cette authenticité qui les avait liés, cette manière de vivre, sans références, s'unissant pour mieux refuser le statut bourgeois du mariage, ses contraintes, ses enlisements, ses mesquineries. Avec Antelme, elle voulait vivre une autre signification du mariage utopique, elle imaginait peut-être préserver cette solitude à laquelle elle tenait déjà comme le seul moyen d'accès à l'écriture, empêcher que le désir, sa circulation vaste et foudroyante ne se fige dans l'habitude, la routine, échapper à l'idée pour elle abominable du couple chrétien, avec sa fidélité, ses trahisons inconscientes, ses désirs refoulés. Ce qu'elle voulait, c'était tenter de prolonger « le temps de l'amour », résister à son érosion fatale, se faire plus forte que cette destruction rampante, honteuse. Encore une fois, elle choisissait la route la plus dure, l'épreuve la plus terrible, dans une exigence cruelle et vigilante.

Ils louèrent, grâce à l'écrivain Ramón Fernández, un appartement au 5 de la rue Saint-Benoît, dans le VIᵉ arrondissement. Un appartement assez grand au charme provincial et bourgeois, dans un immeuble de peu d'étages, à l'abri des rues Bonaparte et Jacob et de la place Saint-Germain-des-Prés, plus mouvementées et pittoresques. Ils habitaient donc au cœur de ce quartier réputé intellectuel, près des universités, et aussi de la Seine, de ses quais, où se jette aux heures crépusculaires le soleil de Paris, répandant sur les pierres des immeubles et sur leurs toits d'ardoise ou de zinc des lueurs ocrées, à la Vermeer, à la Baudelaire.

Elle aime toujours cette rue, « de quatre cents mètres de long », avec ses commerçants venus du Rouergue surtout, bien décidés à rester là, dans ce petit enclos de vie à l'abri de la ville, sous l'ombre de son église massive. Elle aime parler avec eux, le coiffeur arménien, la brocanteuse du numéro 3, les vieilles dames de l'hospice. Elle apprécie leur sédentarité, leur air d'être là depuis toujours, et qui rassure. Elle croit ce quartier inattaquable, une sorte de barrage contre les envahisseurs, les spéculateurs, les nantis.

Elle s'est trompée, hélas : depuis vingt ans déjà, la rue se transforme, les restaurants se multiplient, s'échangent leurs spécialités, des marchands de « fringues » se sont enrichis, des hôtels maintenant éclairent les trottoirs de leurs enseignes lumineuses arrogantes. Peut-être seulement, au petit matin, Yann Andréa, ne parvenant pas à dormir tandis qu'il la savait, elle, Duras, là-bas, enfouie dans son coma profond, à Neuilly, pouvait-il entendre la cloche grêle de Saint-Germain-des-Prés, les claquements d'ailes des pigeons passer par-dessus les toits gris de zinc, s'engouffrer dans sa chambre. Le reste du temps, la rue est aux dealers, à cette foule disparate, perdue, détruite, à ces voitures qui pétaradent toujours.

C'est étrange, cette perte des choses, cette immersion du malheur dans la ville, Broadway dans la rue Saint-Benoît, comme là-bas, dans l'hôtel des Roches Noires, à Trouville, à droite de la mer, quand on la regarde des hautes fenêtres, on ne voit plus que la ville nouvelle d'Antifer, avec ses fûts de pétrole et ses panaches de fumée envahir le ciel, chasser l'odeur de la mer.

C'est une disparition lente, quelque chose qui ronge, auquel on se résout quand même, comme par une antique habitude de voir tout s'en aller, et s'effacer. Mais pour l'heure, elle trouve à cette rue des grâces inhabituelles, une manière à elle de ressembler à une île, flanquée un peu plus loin de son fleuve qui donne à la ville cette grandeur et cette beauté inconsolables.

Inconsolée, elle devait l'être, intérieurement, charnellement, de cette terre de l'enfance, l'Indochine, car comment comprendre autrement ce livre obscur publié en collaboration avec Philippe Roques en mai 1940 chez Gallimard, intitulé *l'Empire français* et signé sous le nom de Marguerite Donnadieu, absent de toute bibliographie, sinon comme le dernier appel crié au Père, la dernière concession au nom renié ? Oui, comment interpréter autrement cet hymne à la « mère patrie », à la « douce France », à la gloire colonisatrice, aux « trésors de bonté et d'intelligence de la France », cet hommage à Mendel, Bugeaud, au colonel Mangin, aux maréchaux Lyautey et Joffre, à Gallieni encore, sinon comme l'ultime pardon avant l'ensevelissement du Père ?

Pourtant, dans le chapitre consacré à l'Indochine, elle laisse parler son imaginaire à venir : le Mékong avec ses quatre mille cinq cents kilomètres de long, qui contourne l'Indochine française depuis le haut Laos jusqu'aux confins du Cambodge, « le Souverain des Eaux à cause de la majesté de son cours et de son ampleur », les joncs et les palétuviers, et Saigon, la ville-port, et Cholon, le lieu de *l'Amant*, avec ses immeubles, ses restaurants, ses magasins de soie et de jade, « le tintamarre de ses rues et de ses fêtes nocturnes », et surtout le Petit et le Grand Lac de Hanoi, avec ses somptueux couchers de soleil et ses pagodes longeant les berges.

Mais l'écrivain ne le sera vraiment que lorsqu'elle abandonnera ce nom du père, Donnadieu, auquel elle remet sa copie colonisatrice, comme une bonne élève qui aurait bien appris le cours d'éducation civique qu'il devait aussi enseigner après les leçons de mathématiques. Il n'y aurait de vrai écrivain que lorsqu'elle s'appellerait Duras, Duras faite pour dénoncer, venger, porter loin et autrement le secret de sa terre natale et d'exil.

Au début de la guerre, elle s'attelle déjà à ce roman familial qu'elle porte en elle, premier roman, avec ses inévitables tentatives pour régler l'enfance, les tensions familiales, les conflits de jeunesse. Elle écrit, fidèle à cette promesse qu'elle s'était toujours faite, depuis l'Indochine, mais aussi, avoue-t-elle, par ennui. « L'ennui est à la base de toute écriture. » Ce roman, elle l'appelle *la Famille Taneran*. Raymond Queneau auquel elle apporte chez Gallimard le manuscrit en admire déjà la patte, décèle dans ce premier essai romanesque une atmosphère propre à l'auteur, un ton particulier, une alternance détachée entre la violence sauvage qui règne dans la famille et un abandon à la chaleur de l'été, au vent, aux terres étagées du haut Quercy.

La formidable culture de Raymond Queneau, sa curiosité protéiforme le douaient d'une sympathie infinie et d'une grande écoute pour les jeunes écrivains. A la fois collaborateur de la *N.R.F.*, référence absolue de la littérature de l'entre-deux-guerres, philosophe, linguiste, mathématicien, poète, jongleur des mots et des idées, il s'intéresse vivement à Duras qui sait déjà mêler avec une nouveauté prometteuse art des dialogues, faculté d'imagination et maîtrise de l'écriture, autant de qualités qu'il recherche.

D'une disponibilité rare dans ce milieu, il est de tout Gallimard celui qui est le plus au fait de la jeune littérature, déniche dans un manuscrit l'auteur à venir, détecte le trait neuf, un imaginaire riche.

Dans ce roman de passions qui s'entrecroisent, où toute son histoire est déjà contenue, il sent bien tout ce qu'elle a hérité de Mauriac. Leurs mondes sont les mêmes, âpres et conflictuels, sur des terres riches et solitaires tout à la fois. Spontanément, il leur trouve en commun ce réseau de tensions rentrées, contradictoires, brutales, mais il admire aussi tout ce qui provient seulement d'elle, la peinture du temps, de sa fuite, de son écoulement pesant et fluide à la fois, la présence des bruits « isolés et familiers » qui hantent la campagne et qui sont là comme fixés dans l'éternité, devenus presque silencieux à force d'être là, comme « la rumeur de la mer », inlassable et oubliée.

Quelque chose de profondément lyrique se déployait là, mais d'un lyrisme s'apparentant à celui des écrivains du début du siècle, tout en cherchant aussi à trouver sa voie propre, un chant qui s'élevait, personnel déjà par l'obsession des notations, par la présence sourde des choses.

Cependant, malgré les évidentes qualités de style de l'auteur, Gallimard refusa le roman. Or, comme Duras et Antelme entretenaient des rapports très amicaux avec deux lecteurs des éditions Plon, Faure-Biguet et Dominique Arban, Antelme songea à leur porter le manuscrit de Duras.

Dominique Arban, dans son livre de souvenirs, raconte l'anecdote de manière pittoresque. Il faut imaginer Antelme surgissant dans l'appartement de la lectrice de Plon, à huit heures du matin, l'entreprenant au saut du lit sur le manuscrit de Duras :

« Je vous préviens... si vous ne lui dites pas qu'elle est un écrivain, elle se tuera. »

Devant la surprise de Dominique Arban, Antelme résiste :

« Je n'ai rien d'autre à dire. Elle se tuera. »

C'est l'été. Elle lit le roman. Se laisse prendre au jeu dramatique. Reconnaît bien çà et là l'influence obligée de Mauriac, de Hemingway, mais elle est sûre de lire un écrivain. Enthousiaste, elle le propose à la lecture de Faure-Biguet, à celle de Bourdel, le directeur de Plon. Le livre est accepté. Il sera publié en 1943 sous le titre *les Impudents*. « Marguerite Duras était née. »

Impudente, elle l'était elle-même en décrétant ne plus

s'appeler Donnadieu, du nom de ce père absent qu'elle n'avait guère connu, de cet héritage inconscient et fatal qu'il leur avait laissé par son nom même, par cet exil auquel il les avait condamnés, elle et son petit frère, en les laissant entre les mains de cette mère tout entière vouée à son fils aîné, les délaissant, leur refusant cet amour qu'ils réclamaient tant.

Elle s'appellerait dorénavant Duras, Marguerite Duras. De ce nom elle était sûre, de cette même certitude qu'affichait sa mère quand elle se mettait à prophétiser, à leur annoncer en des tirades effrayantes et prémonitoires des événements à venir, des malheurs qui allaient s'abattre sur eux.

Elle était sûre qu'il deviendrait un nom d'écrivain, qu'elle le porterait très loin. Duras pour dire ce lieu familial de l'enfance, cette maison de campagne que possédait le père, cette petite bourgade du Lot-et-Garonne, juchée sur un mont, et fière avec son château fort délabré et alentour toute la plaine de Marmande, vaste, jusqu'aux Pyrénées et jusqu'à la mer. *Duras :* pour échapper à ce Dieu auquel elle n'avait jamais voulu croire, même petite fille, malgré les leçons de catéchisme que leur mère leur avait infligées, alors qu'elle était seulement perméable au génie de cette terre asiatique, à ces mélanges de rites étranges et luxuriants, prodigues de senteurs et de couleurs, et à cette liberté de tous les instants à laquelle depuis les fugues dans la forêt elle se vouait et qui lui avaient donné cet air farouche, indomptable, ce goût du défi.

Elle adopterait ce nouveau nom, pour être hors la loi, sans identité légale, un nom qu'elle seule assumerait, modifierait au besoin, prise uniquement dans l'aventure nocturne de l'écriture, dans laquelle elle irait jusqu'à se détruire, se diluer, se glisser dans la fracture du monde, hors des états civils, dans des espaces inconnus, où elle serait désormais M.D. par exemple, sans référent aucun. *M.D.*, un écrivain, c'est tout, avec cette vie-là, propre aux écrivains. « Oui, M.D. », écrirait-elle. « C'est ça. C'est ça et rien d'autre. »

Cette certitude de l'écriture qui viendrait à elle, c'est la même que celle des petites mystiques de la foi chrétienne qui dès les premiers âges décident avec cette ténacité qui fait peur de se donner à Dieu. A-t-elle la conscience de la difficulté d'être, au point de concevoir dès à présent qu'elle se vouera entièrement au labeur de l'écriture ? Comme elle dira plus tard d'Anne-Marie Stretter, elle est elle aussi « crucifiée de l'intérieur par l'intolérable du monde ». Il s'agira de se diluer dans l'œuvre, de se fondre dans la grande matrice du livre, de le labourer de sa propre douleur, de s'évacuer en elle, de la livrer comme elle vient, sauvagement, sans faire attention à soi, sans écouter les rumeurs même contradictoires de sa psychologie, mais en donnant des échos de ce qu'elle, Duras, voit et renvoie, comme répercutés par sa mémoire et ses oublis. « C'est à force de ne pas exister moi que cela [le livre] existe tant », dit-elle. Dès lors, éliminés les petits faits de sa vie courante, les actes subalternes à l'écriture. Seuls comptent ces puits de silence, noirs et profonds, où il s'agit de plonger pour en entendre les vibrations. Ses lectures mêmes du temps l'entraînent dans ces gouffres obscurs qu'elle tentera d'éclairer : Kafka, Gide, Stendhal.

L'entrée en guerre, l'occupation allemande, les difficultés de vivre ne l'avaient encore liée à aucune activité politique précise ; elle était de ces êtres réfractaires, habités par « un esprit d'insoumission, de contestation », comme l'expliquera plus tard Dionys Mascolo.

Cette puissance subversive, Duras ne pouvait la dissimuler. Tout son être révélait cette tension de l'âme, cette intelligence doublée d'une puissance brutale, instinctive qui finissait par faire peur et paraître dangereuse.

Son recrutement est rapporté par Vichy, le 30 septembre 1940. Elle quitte donc le ministère des Colonies, son administration. Elle n'aurait plus désormais d'autre lien avec la terre d'Indochine que par l'écriture qui couvait en elle, donnerait bientôt le chant épique et lyrique du *Barrage contre le Pacifique.*

On la retrouve au Cercle de la Librairie où elle travaille désormais, chargée de fonctions plus administratives que littéraires. Son rôle à la fin de la guerre et pendant l'Occupation va cependant grandir dans cette maison. Si elle y voyait défiler tous les écrivains, les éditeurs, si elle s'initiait ainsi aux méandres du milieu littéraire, elle découvrait aussi les conditions infamantes imposées par l'occupant nazi, du poste même qu'elle occupait désormais au service d'attribution du papier.

En effet, par décret, Pétain avait instauré une commission de contrôle du papier destiné à l'édition. Dès 1942, les maisons d'édition furent donc soumises à des publications restreintes qui empêchaient toute véritable création, et devaient privilégier les choix de la Propagandastaffel à laquelle tous les manuscrits étaient soumis après avoir été sélectionnés par le Cercle de la Librairie puis retenus par la commission. La quantité de papier attribuée à l'édition fut considérablement abaissée : on passa de trente-six mille à deux cent quarante tonnes. Cela faisait peu, compte tenu que la majorité du papier allait aux écrivains collusionnistes, sinon franchement collaborateurs, comme Drieu la Rochelle et ses amis de la *N.R.F.*, et aux écrivains nazis. L'arbitraire régnait en général, et il n'était pas rare de rencontrer dans les bureaux de la Propagandastaffel des éditeurs venus se compromettre pour obtenir des publications. « Que d'agenouillements et de reniements dans le monde des lettres françaises en 1941 ! » s'écriait Jean Zay, ministre de l'Éducation sous Léon Blum et à l'époque emprisonné dans les geôles vichystes puis assassiné par les fascistes.

Aussi des auteurs tentaient-ils leur chance auprès des services du Cercle de la Librairie, pensant infléchir le sort, attendrir l'intransigeance de la loi. Ainsi Claude Roy rapporta dans *Nous* les circonstances de la publication d'un de ses recueils de poèmes que son éditeur ne parvenait pas à faire paraître. Se rendant lui-même dans les locaux du Cercle, il plaida sa cause, implora qu'on lui attribuât le papier nécessaire. Ce fut Marguerite Duras qui le reçut. Elle lui demanda la teneur du manuscrit. Claude Roy lui dit qu'il s'agissait de poèmes d'amour. Elle lui répondit qu'elle ferait de son mieux, qu'elle saurait intervenir en sa faveur. Très vite, Claude Roy obtint satisfaction, Duras lui ayant délivré le papier demandé. C'est dans ces anecdotes-là que se révèle Duras, dans ces générosités fulgurantes, dans ces rencontres insolites, dans ces situations romanesques où l'amour a toujours sa place, et l'utopie.

De son côté, Robert Antelme, après avoir été démobilisé, est employé comme rédacteur au ministère de l'Intérieur, où il restera de 1940 à 1944.

La dualité de Duras est tout entière là, s'affirme même dans les courants mêlés de cette époque trouble. Elle est encore bâtarde, métisse, créole, fascinée par cette violence qui s'écrase sur la ville comme sur le monde.

Elle n'a pas encore pris totalement parti, elle n'est pas encore « politique », comme elle le dira bien plus tard ; les juifs affublés de l'étoile jaune qu'elle croise dans les rues ne la provoquent pas au point de lui arracher le cri d'horreur, de désespoir, de solitude du vice-consul de Lahore qui traversera ses romans futurs. « Nous avons vécu dans cette inconscience, cette insensibilité toute une partie de l'Occupation », confie Dionys Mascolo. Est-ce pour cette raison qu'elle clame cette douleur incessamment depuis la révélation de l'holocauste jusqu'aux plus récents entretiens, comme l'aveu d'une immense culpabilité qu'elle ne parvient pas à expulser d'elle-même ?

Toute pénétrée de solipsisme, elle ne s'était pas encore colletée à la barbarie, à la misère des petits, à la brutalité des ennemis, à ces Chasseurs qui avaient aussi fait du jour la nuit et qui, lâchés dans les rues comme des loups, tuaient en toute impunité.

Pire, elle était comme aimantée par ce qui se passait dans cette ville, par le statut particulier qui lui était infligé, par cette anormalité. Comme elle le dira dans *l'Été 80*, les bruits de la guerre ressemblent aux bruits de la mer et du vent, le bruit des convois déploie les mêmes plaintes que celles des vagues. Comment échapper à leur atroce séduction ?

L'impudence des occupants la fascinait, elle qui n'était pas encore une « juive », mais jouissait de cette « sécurité relative dont jouissent ceux qui ne sont pas menacés dans leur essence », selon le mot de Mascolo.

Pire encore, elle pouvait comprendre déjà ces « désordres de l'âme », comme elle dit dans *Hiroshima mon amour*, qui font qu'une femme peut n'avoir « plus de patrie que l'amour même », « dépossédée » d'elle-même au point d'aimer l'ennemi comme la Riva de Nevers.

Elle aurait pu le concevoir, cet amour « étranger », à cause de l'ennui de la guerre, de cette indifférence qu'elle provoque au bout d'un certain temps, et fait même qu'on s'habitue à elle, à la monotonie de sa violence, de ses rafales de mitraillette, de ses obus, de ses bombardements, de ses descentes nocturnes dans les caves salpêtrées. « Dans cet ennui, dit-elle, des femmes derrière des volets regardent l'ennemi qui marche sur la place. Ici l'aventure se limite au patriotisme. L'autre aventure doit être étranglée. On regarde, n'empêche. Rien à faire contre le regard. »

Elle est là, l'impudence de Duras, dans cet aveu du regard ambigu, dans ce désir qui se faufile sournoisement, derrière les phrases obligées du patriotisme, attentive surtout aux résonances intérieures, aux appels d'autres logiques.

Pendant cette période obscure et malfaisante, des événements majeurs, personnels, mais qui la renverront à la dimension du monde et de l'univers, ensemenceront sa vie et son imaginaire. En 1942, elle perd son premier enfant à la naissance, par la faute d'un médecin qui tarde à venir. La douleur renaît, l'impression du vide, d'avoir donné la mort, d'avoir été porteuse de ce qui est devenu la mort. Elle redevient la petite mendiante de Savannakhet, elle a fait escale là pour mettre au jour l'enfant mort, et elle va repartir, forte de cette douleur logée toujours au fond d'elle-même, ce lot qu'elle pensera toujours être celui des femmes, « toutes instruites de la douleur », différentes en cela des hommes dérivant leur souffrance, leur mal d'être dans les guerres, la cruauté, les rites. Les femmes, dont la douleur est partout, dans le ventre, dans la tête, dans cette inconsolable connaissance du monde qu'elles ont acquise depuis des millénaires et qui, biologiquement, continue de se répandre. De mère en fille, « toutes instruites » de la maladie de la mort.

Ce jour-là de mai 1942, la lumière est blanche, au-dehors elle voit une allée d'acacias aux fleurs rassemblées en parasols, blancs eux aussi, et elle mesure toute l'étendue de ce désastre, son enfant mort, et ce vide « terrible ».

Elle voudrait le voir, mais tous s'y opposent. Antelme, les religieuses. Mais savoir ce qu'il va advenir de lui, de ce corps, ce cadavre, qui lui ressemble, comme on le lui dit. Puisqu'elle insiste, on lui avoue qu'on va le brûler. Son ventre est « un chiffon usé... un drap mortuaire ». Trente-quatre ans après, cet amour est en elle, rivé, et la douleur horrible, la conscience du vide, elle les raconte dans la revue *Sorcières*.

Ce qu'elle vit, toujours, la ramène à l'absence, à l'abandon, à cette compagnie cruelle, omniprésente de la mort, à la nécessité d'imaginer. La turbulence de mai, la sève qui parcourt la ville, malgré l'oppressante présence allemande, crève le silence de la chambre. Le cours du temps, indifférent, oublie déjà l'accroc mortel, « votre enfant est mort », lui a-t-on dit. D'autres événements se préparent. Il n'y a que des traces pour se rappeler.

Ce même printemps 1942, au cœur de la ville occupée, elle rencontra Dionys Mascolo.

Lecteur chez Gallimard, son travail consistait aussi à obtenir pour les manuscrits que son éditeur envisageait de publier l'« imprimatur » du Cercle de la Librairie, chargé, en scrupuleuse officine de l'Occupation, de distribuer le papier et de faire respecter les lois nouvelles sur l'édition. A plusieurs reprises Mascolo rencontra à ce titre Duras qui lui confia des travaux de lecteur pour le service exclusif du Cercle. Ainsi des rapports étroits s'établirent.

La nature de Mascolo, d'une typologie plutôt « sèche », à la fois agressif et nerveux, doué de ce mélange de violence et de tendresse qu'il conserve encore aujourd'hui, lui ressemblait d'ailleurs davantage que celle d'Antelme. Aussi Duras en fut-elle rapidement follement éprise.

Les rapports qu'elle sut cependant instaurer entre lui et son mari, Robert Antelme, Mascolo les évoquera plus tard avec cette pudeur et cette retenue qui lui sont propres, cet effacement aussi. Était-ce le besoin de ce triangle d'amour toujours inscrit dans ses romans qu'elle voulait là réaliser ? Elle veut qu'entre Antelme et Mascolo naisse une amitié, que s'abolissent même ces séparations absurdes entre amour et amitié, mais qu'elles se confondent plutôt dans cette mise en scène de l'amour qu'elle dirige. Elle aime Mascolo dans l'amour d'Antelme et réciproquement, et eux deux s'aiment dans l'amour d'elle, comme le vice-consul aimera Anne-Marie Stretter « dans l'amour de Michael Richardson ». Elle veut que se réduisent les pesanteurs du couple qui rejoindra forcément la solitude à laquelle il voulait échapper, que s'invente le couple, qu'il se ressource afin que se « dévide cette merveille, le temps de l'amour ».

Elle cherche à ce que s'accomplisse, comme dit Mascolo, « l'œuvre de l'amitié » entre lui et Antelme, et pour cela elle favorise leurs rencontres, s'absente même pour qu'ils se retrouvent. Cette complicité, ils la vivront par-delà le divorce de Duras d'avec Antelme en 1946, par-delà la séparation d'avec Mascolo en 1957, jusqu'à présent, malgré la mort d'Antelme et son enfermement avec Yann Andréa.

Ce que Duras apportait dans cette étrange relation, comme si elle voulait accomplir un fantasme, une utopie, c'était tout le poids de sa féminité : exalter chez ces deux hommes qu'elle aimait tout à la fois la part du féminin qui était en eux, éradiquer en leur sein même cette brutalité qui siège en tout homme, ce « para qui sommeille » chez tous les hommes.

Elle les faisait entrer dans le domaine des femmes, dans leurs gestes, leurs coutumes, leurs forêts où les violences des hommes légendairement les ont acculées. Ce que Mascolo appelle « la féminie », c'est-à-dire cette singulière compréhension des choses et du monde qui n'appartient qu'aux femmes, dans le biologique de leurs œuvres, de leur parole. Elle les acceptait tous deux dans sa sphère de femme, d'où tout homme est d'ordinaire exclu comme de l'entendement de ce que rapportent les femmes, de ce chant qui est en elles, venu comme la douleur « de partout, du fond du monde ». Avant même que son engagement pour les femmes ne soit public, à une époque où son talent d'écrivain n'est pas encore assuré, tiraillé par des influences trop visibles, elle sait déjà que les femmes sont « plus proches que les hommes de toutes les transgressions », qu'il y a en elles des capacités d'accès au silence, à la folie, au non-savoir des enfants, à l'innocence auxquelles jamais n'accédera aucun homme. En installant ce triangle amoureux, elle s'en faisait la dramaturge, en dirigeait le cours, donnait des impulsions nouvelles, pour que circule une autre idée de l'amour, se renouvelle une autre force.

Cette manière de vivre, comme vivifiée par son impudence et le défi qu'elle représentait, nourrissait des savoirs nouveaux, évitait l'idéologie, les dogmes théoriques, faisait naître des risques. Là où ils auraient pu sombrer dans un nihilisme brutal, car ils se définissaient surtout « contre », la musique, qui chantait toujours chez Duras et qu'elle entendait leur insuffler, les rangeait du côté de la poésie, dans la dissidence, dans les marges.

C'est cette tendance au subversif qui alimentera toujours son esthétique. Cela se passe comme si tout devait partir vers un ailleurs, prendre des chemins de traverse, emprunter des passerelles précaires et dangereuses, pour que ce tout-là se donne mieux, explore les trous et les creux.

Dans ce triangle amoureux et intellectuel Duras est donc la source. Au point qu'elle conduit l'histoire, la leur, en donne le ton. Encore aujourd'hui Mascolo porte hommage à leurs relations, développe les mêmes idées qu'elle, tant la symbiose entre eux semble totale. Sa langue même emprunte comme par mimétisme à cette musique qui attrape les choses en leur naissance, propre à Duras, à son fonds mythique où circulent le désir, la mort, « l'aveugle lucidité », la féminité, la fascination de l'enfance, l'esprit libertaire.

Dans sa vie, dans son œuvre à venir, c'est un perpétuel va-et-vient, la reprise d'une douleur ancienne, ou plus récente, dans une autre douleur, tout un réseau de malheurs qui composent l'épaisseur sédimentaire de ses textes.

A la fin de 1942 elle apprendra la mort du petit frère par télégramme, petit frère « rappelé à Dieu ». Le nom du père, Donnadieu, fatal, qu'il avait continué à porter comme un stigmate, vérifiait maintenant sa prédiction.

Il était mort à Saigon, d'une broncho-pneumonie foudroyante, pendant l'occupation japonaise, par manque de médicaments.

La douleur de l'enfant mort à la naissance se rallume,

se fond dans le corps du petit frère mort, loin, à des milliers de kilomètres, en Indochine encore, où il était reparti. Cela vient de très loin, cette folie, cette terreur qui s'emparent d'elle, ce bouleversement de tout son être, cette évidence du malheur, dont elle n'arrive pas à comprendre la portée et l'intensité. Le petit frère est mort et dans le reflet brillant de ce noir, la mort de son propre fils qui étincelle, et ce scandale de Dieu qui ravissait la lumière, niait l'immortalité.

C'est dans cette succession de chaos et d'espoirs qu'elle vit, ce balancement des contraires, dans une sorte de turbulence d'ordre mystique où le jour alterne avec la nuit, l'état cruel du noir avec l'éblouissement du blanc, dans leurs superpositions aveuglantes, comme la neige.

Même s'ils ne s'écrivaient jamais, le petit frère lui semblait immortel, comme s'il était resté là-bas pour retenir la part secrète de leur enfance.

La mère, auprès de lui, avait encore recommencé sa vie, fondé un établissement scolaire, la Nouvelle École française. Son expérience passée lui avait donné une certaine autorité. Avec sa violence habituelle, sa détermination, elle économisait pour ses enfants de France, voulait préserver l'avenir de son fils aîné, ignorer ses frasques.

La mort du petit frère renvoyait soudain Duras à cette famille terrible dont elle se sentait à la fois si éloignée et si proche, si haineuse et si aimante.

Elle en parlera dans *l'Amant*, surtout, dans une assomption de l'événement, lyrique, obsessionnelle. Elle en a aussi parlé dans des entretiens, mais jamais avec la même intensité, la même force que dans *l'Amant*, comme si le temps avait mûri la douleur. Il y a des zones enfouies qu'elle tente délibérément dans ce livre de faire sortir, et le jaillissement fait tout déborder, la pudeur, les mots, la syntaxe. Ce sont des mouvements contraires qui la dirigent, elle fait surgir la douleur et elle aspire au gouffre, à se perdre dans l'obscur. La mort du petit frère déclenche en elle quelque chose qu'elle ignore, plus fort que la mort de son propre fils, l'idée d'un parjure de Dieu, d'un scandale ignoble qu'il aurait perpétré. Sur lui, sur le corps fragile du petit frère, sur sa peau si douce qui glissait comme glissait l'eau des jarres sur sa peau à elle quand le Chinois l'en inondait.

Jamais elle n'avait imaginé que ce corps du petit frère, c'était aussi le sien et que lui mort, elle devait aussi mourir. Elle se perd en chantant cette mort dans une consomption. Le monde peut bien continuer, elle n'existe plus, elle est morte, « il m'a tirée à lui et je suis morte ».

La tension frénétique qui la possède la surprend, lui fait peur, comme si, le petit frère mort, elle était ouverte, béante à la folie, à cette inclination naturelle qu'elle avait toujours soupçonnée dans sa famille, chez sa mère surtout. Il était encore une sorte de rempart contre ça, la destruction, la mort. Elle n'entretenait pas de correspondance particulière avec lui, mais il était celui qui l'avait protégée. Sans lui, elle comprenait désormais qu'il y avait des risques, des dangers auxquels elle devrait s'habituer, l'imminence du rien, du vide.

Lui mort, le champ était libre au frère aîné, à son « règne », et la guerre devenait totale, universelle. Le petit frère, même exilé, la sauvait momentanément des entreprises de l'aîné, du « voyou » ; elle a maintenant l'impression qu'il rôde, qu'il se glisse partout, dans les esprits, dans les maisons, dans les rues, dans les couloirs, dans les lettres, dans leur mère. Qu'il jouit de ce pouvoir qu'il a sur elle, sur eux, malgré tout.

Des images traversent sa douleur, celles de l'enfance, toujours, des images de deuil, de mort, et l'ombre obscure du frère aîné, pesant sur eux deux, que la mère n'avait semblait-il jamais remarquée, et qui semait la peur, plus grande que les escapades dans la jungle à ruser avec les panthères noires, à agacer les petits crocodiles dans l'eau tumultueuse des *racs*.

C'est dans ces abîmes-là que s'explique sa vie, que se comprend mieux l'œuvre. Ce ne sont pas les faits eux-mêmes qui importent, mais les traces qu'ils ont laissées, les empreintes qui, quelquefois inattendues, remontent du cours chaotique du temps. Et ce qu'elle peut en dire, ce n'est que le tâtonnement, l'hésitante quête, et c'est dans cette fragilité-là du témoignage que se fait le livre.

De puissants projecteurs soudain éclairent la scène comme une arène, troublent l'ordre provisoire, la jettent dans l'anarchie de la douleur et du désespoir, la ravagent. Il faut qu'elle se fasse à cela, cette vie n'a d'intérêt que dans l'écho des choses qui ont passé, que l'oubli a réinventées, le reste des jours s'enlise comme ceux des autres dans les boues jaunes du temps, les photographies s'altèrent et se grisaillent, se rouillent et se fendent comme du verre, mais la turbulence de certaines images qu'elle croyait ensevelies est terrible. Ainsi le Mékong solennel et superbe, ainsi le petit frère au visage annamite, au cœur simple, à se rompre, ainsi les cris de la mère, ainsi la blancheur atrocement noire de la neige qui recouvre les camps de concentration et dont la lueur blafarde bientôt apparaîtra.

C'est en 1943, date de la parution des *Impudents*, que Duras, Antelme et Mascolo entrent dans la Résistance. Deux Duras coexistent, l'une rivée à ce travail d'écriture qu'elle ressent si profondément en elle, presque fatalement, et l'autre lancée dans l'aventure clandestine, avec cet instinct farouche qui la porte sur l'arène mortelle.

Ce même instinct, insoucieux et impudent, cet art de défier avec élégance, elle les retrouve chez François Mitterrand qui, en août 1942, a organisé son propre réseau de résistance pour retrouver les évadés, comme il le dira dans son petit ouvrage publié après la libération de Paris,

Prisonniers de guerre devant la politique, créer pour eux des filières de dépannage, et les regrouper en unités de combat « afin de les faire participer à toutes les formes de la lutte contre l'ennemi ».

Très vite, le réseau avait prospéré au point que les chefs de la Résistance avaient établi des contacts serrés avec lui. Il est vrai que dès 1943, François Mitterrand alias Morland avait communiqué des renseignements de la plus haute importance, comme le souligne Pierre Guillain de Bénouville, en déclarant : « Grâce aux prisonniers de guerre, nous avons pu prendre connaissance d'informations, parfois décisives, sur ce qui se passait derrière les frontières. »

En effet son réseau, le Mouvement national des prisonniers de guerre et déportés, avait même essaimé dans les camps en Allemagne d'où lui parvenaient des renseignements de premier ordre.

La personnalité de Mitterrand, homme « ténébreux mais efficace », « furieusement romantique », comme le dessinent Jacques Baumel en 1943 et Philippe Dechartre, ne pouvait que séduire Duras, toujours fascinée par des êtres hors du commun, sûrs de leur destin, sauvages comme elle, intransigeants, farouches.

Elle raconte en romancière leur entrée dans le réseau de résistance. Ce qu'elle en dit au président de la République en 1986 n'est pas décrit de manière réaliste, ni frontale mais de biais, sous un angle parallèle, presque cinématographique. Mitterrand rejoint Antelme, Mascolo, Duras chez eux, rue Saint-Benoît. Il y a un poêle devant la cheminée du salon, « de ceux qui étaient faits avec de vieux barils à huile et dans lesquels on mettait du papier journal compressé en boulets ». Les trois hommes parlent à l'écart. « Et tout à coup », Mitterrand se met à fumer. La fumée envahit la pièce, comme une réminiscence, elle détecte « l'odeur de la cigarette anglaise », oubliée depuis des années. « J'ai crié : *Mais vous fumez une cigarette anglaise !* Vous avez

dit : *Oh ! pardon...* Vous avez pris votre paquet et la cigarette que vous fumiez, et vous avez tout jeté dans le feu.
Immédiatement vous avez parlé d'autre chose tous les trois.
Le soir j'ai demandé à Mascolo si c'était bien ce que je
pensais, Londres, il a dit qu'il ne savait pas. Je n'ai jamais
eu d'explication sur l'origine de la cigarette anglaise. Mais
j'ai compris ce soir-là que nous étions entrés dans la Résistance, que c'était fait. »

Le récit se déroule comme un film qui quarante-trois ans
après passe dans sa mémoire, retrouvant les lieux, les
odeurs, dans cette sorte d'impressionnisme sensuel qui lui
fait remonter le temps, réunir les détails, les situations.

Mais était-elle si impatiente pour risquer de publier en
1943, sous l'occupation allemande ? Sa détermination politique n'était pas encore totale. Au regard des atrocités dont
elle sera plus tard témoin, au regard de la captivité
d'Antelme et de l'infinie douleur qui en naîtra, elle n'était
pas encore pleine de cette honte que lui inspirera alors la
littérature. Elle accepta la publication des *Impudents* dans
Paris occupé, mais elle n'était pas seule, il y avait Gide,
Sartre et Beauvoir, et même Paulhan, Mauriac, Éluard et
Aragon. Pour Duras, dont c'était le premier vrai livre, il
y avait une nécessité, un violent désir de reconnaissance,
elle n'avait pas encore rejoint le lieu des caves, des puits
et des souterrains, la vie obscure des clandestins, la rage
de tuer les Allemands, de gagner sur eux, toute cette colère
qui allait s'emparer d'elle : tout cela elle ne le vivait pas,
elle sentait néanmoins le frémissement de l'écriture en elle,
et les fulgurances obscures, lumineuses qui s'en échappe-
raient.

Ces mêmes traversées dans l'inconnu, elle commençait
à les rencontrer avec Henri Michaux qui venait lui rendre
visite dans son appartement. Déjà Michaux avait écrit beau-

coup de ses grands textes : *Qui je fus*, en 1927, *La nuit remue* en 1934, et à ce moment de l'Occupation, *Exorcismes*. Elle était en complète familiarité avec son œuvre parce qu'elle décelait en elle sa propre quête d'ailleurs, ce même goût des voyages « au pays de la magie ». Elle aimait l'écouter ou surprendre son silence de sphinx parce qu'elle entendait des voix de ce qu'il appelait « l'autre côté », loin de ce monde « étranglé, ventre froid ! ».

Peut-être paraîtra-t-il surprenant que l'engagement de Duras, Antelme et Mascolo ait été si tardif. D'ailleurs à quoi répondait-il réellement ? Animés du goût de l'aventure individuelle, il dut leur sembler que cette clandestinité nouvelle leur donnerait une part du danger, un sens à cette entreprise, les rapprocherait des autres, comme si une conscience de la fraternité s'éveillait en eux. Leur entrée dans le réseau de résistance correspondait à une assomption, à une compréhension du monde nouvelle et irrévocable.

Toujours au cœur de ces paradoxes, et des dangers qui traversent sa vie, elle fait néanmoins de leur appartement de la rue Saint-Benoît un lieu clandestin où passent des résistants, où se cachent des juifs quand au-dessus de chez eux vivent Ramón Fernández, conseiller culturel du Parti populaire français (P.P.F.) d'obédience fasciste de Jacques Doriot, et sa femme Betty. Haut lieu de la collaboration, leur appartement accueille Drieu La Rochelle qui publie par ailleurs dans la *N.R.F.* les textes de Fernández, et surtout Gerhard Heller, représentant de la Propagandastaffel qui avait alors toute autorité sur les lettres françaises.

Malgré l'Occupation et leurs engagements opposés, Duras fréquentait Fernandez qui lui avait trouvé cet appartement, et si chacun n'ignorait pas les activités de l'autre, comme un muet et tacite silence les reliait. Duras se rendit même quelquefois à des invitations des Fernandez, et c'était encore dans cette proximité du risque, dans la promiscuité de la corrida mortelle qu'elle aimait à se trouver, là, petite et seule, mais farouche, et forte, sûre d'elle, de son autorité, parmi tous les fascistes, les collaborateurs, ses ennemis mortels.

Devait-elle éprouver pour cet étrange cercle une réelle fascination ? Auprès de Mascolo, d'Antelme, des siens, de sa famille, elle trouvait de la fraternité, presque du bonheur au combat qu'ils menaient tous, mais auprès des autres, de leurs voisins, elle ressentait de la curiosité, comme si la romancière trouvait là matière à exercer sa curiosité immense, à capter entre les êtres des compréhensions nouvelles, extraordinaires que jamais plus en d'autres temps elle ne pourrait retrouver, comme si le moment était trop exceptionnel pour le rejeter.

C'était ce monde d'agonie, d'ennui qui lui plaisait, et la violence des sentiments qui en émanait, ce flirt constant avec la mort, l'injustice, ce goût de la trahison, comme lorsque plus tard elle rechercherait les assassins et les maudits, les violeurs et les exclus pour la matière de ses interviews.

Plus elle observait ce monde, et plus elle avait envie de se plonger, comme aurait dit Drieu La Rochelle, dans « le troupeau suant de peur et de haine », de se sentir solidaire de lui, d'être avec lui, d'empêcher qu'il aille à l'abattoir. Ce troupeau, fait de juifs et de communistes, des sacrifiés et des martyrs, c'était justement celui que Drieu et ses amis voulaient fuir, et renier, ressentant avec arrogance la joie des *happy few*, des élus. Plus elle analysait leurs réactions, et plus elle serait à l'inverse des choix de Drieu, « dans la foule », avec elle, submergée par un immense amour qui dépasserait les sentiments personnels, mais un amour vaste, illimité pour les hommes, les anonymes, les capturés sans noms, les parqués, désarmés comme des enfants.

Ce qu'elle devait aussi pressentir, c'était cet abîme qui s'ouvrait devant cette société de traîtres. La peur aussi, l'immense fatigue qu'elle décelait en eux, à l'opposé de leur propre énergie, de l'euphorie clandestine, une autre peur, pas celle des agonies, des vendredis saints, mais celle que les envies de vivre suscitaient. Deux mondes se faisaient front dans ce petit immeuble que jadis Sainte-Beuve avait habité : la guerre somme toute réunie en deux étages. Chez Duras, il y avait l'amour des hommes et la force de la vie, chez les autres, comme disait Sartré, « la haine de soi — et la haine de l'homme qu'elle engendre ».

Cette vie de taupe, ces réseaux souterrains dans lesquels Duras évoluait désormais convenaient bien à sa nature, secrète, farouche, imprévisible, attentive aux silences, aux rumeurs confuses de ce qui est caché, celé. Nouvellement nommée Duras, par « horreur » pour son vrai nom, Donnadieu, nom « imprononçable », s'en inventant un autre, s'appropriant par là la force du père, elle pouvait maintenant se couler dans l'anonymat de l'ombre, réduite seulement à sa silhouette petite et hâtive, courant à pied dans un Paris déserté par les voitures, peuplé de vélos, dans ce Paris gris et piétonnier où chacun s'épiait, se soupçonnait et se donnait. Elle raconte dans son entretien avec François Mitterrand, quarante-trois ans après, avec une fraîcheur de souvenirs bouleversante, ce que fut leur vie d'alors, les pièges à éviter, les ruses à observer, la peur, l'angoisse, « la peur d'être abattu, chaque jour, chaque nuit ».

« Je crois, dit-elle, que les gens ne peuvent se rendre compte, eux, de ce qu'était notre vie. On ne pouvait pas aller chez des amis, ça n'existait plus, on devait se téléphoner et se rencontrer dehors dans des endroits insoupçonnables, pour pouvoir échanger trois informations, ça prenait des heures. »

Est-ce à cause de la guerre et des dangers qu'elle courait que le roman qu'elle écrivit en 1942-1943 et publia en 1944, *la Vie tranquille*, prit un tour plus âpre, plus vio-

lent que le précédent ? Certes, il y avait encore cette même
structure familiale, et jusqu'à la même terre du Périgord,
la même demeure délabrée, mais le roman faisait davantage penser aux rudesses de Faulkner et de Steinbeck qu'aux
tensions psychologiques des romans de Mauriac, s'inspirait plutôt de l'air du temps, de l'existentialisme naissant et singulièrement de *l'Étranger*, paru en 1942 chez
Gallimard.

Le manuscrit fut cette fois accepté par Gallimard ; Queneau, toujours fidèle à Duras, y voyait la confirmation de
ses intuitions, la certitude d'avoir en face de lui un Camus
féminin, tant il est vrai qu'avec ce roman Duras inaugu-
rait un ton nouveau, comme portée par l'urgence de vivre,
le bonheur soudain offert dans le cours absurde du temps.

Était-elle Francine cette fois-ci, l'héroïne de *la Vie tranquille* ? Assurément, elle s'y était glissée, endossant ses
espoirs, refusant cet enlisement mortel que toute la famille
subissait comme une fatalité, reconnaissant son corps
libéré, étouffant dans le huis-clos familial. Et la mer, encore
une fois, répondait à l'appel. C'est à son contact qu'elle
découvre la fragilité de la vie ; il y a cette barre dont la crête
est écumeuse non loin du rivage cependant, et mortelle à
transgresser, et il y a cette eau qui la porte, dont elle goûte
« alors comme une gourmande le bruit de son cœur qui
bat ». La mer, c'est la vie et la mort à la fois, le plaisir
et le danger, « on est présent à ce présent », et quelquefois
elle donne la mort. C'est dans ce perpétuel va-et-vient
qu'elle découvre sa vraie nature, sauvage, avide, émanci-
pée. Elle est dans Paris occupé, elle côtoie dans les rues
les Allemands, chaque Français est suspecté, de résistance,
de collaboration. En elle quelque chose d'ardent frémit,
brûle d'avancer ; comme son héroïne, elle voudrait dire :
« J'ai vécu... de leurs attentes, tellement, que c'est moi qui
ai fini de crever de l'ongle la peau de cette outre à son-
ges. » Ce pourrait être cela, son entrée dans la Résistance,
cette patience qui s'est excédée, décidée à agir.

« Maintenant, dit-elle dans le roman, le temps est

vieux. » Oui, il l'était, il fallait retrouver la jeunesse, tâcher d'arracher cette chape de plomb qui écrasait la ville, retrouver, en en jouissant enfin, le goût du soleil sur la peau, l'odeur de la mer aussi, redécouvrir la joie et la ferveur. Comme Francine, elle ne voulait plus être « avare » de sa vie.

Sa langue même avait d'un livre à l'autre et en si peu de temps évolué. C'était un souffle plus nerveux qui l'animait, un lyrisme moins pesant, et qui essayait d'exprimer des sensations rapidement, apportant aux mots la vivacité de l'ellipse.

C'était déjà un être qui refusait la fixité des choses, des autres, leur absence de mobilité, d'ambiguïté, car elle croyait que la vérité ne s'atteignait que dans ce perpétuel mouvement de la vie, dans ces paradoxes qui la rendaient insaisissable, déconcertante. Son travail dans l'édition, les premières réactions après la sortie des *Impudents*, la certitude qu'une voix nouvelle, singulière, était apparue, avec laquelle il faudrait désormais compter, le magnétisme même de sa personnalité la rendirent très vite « à la mode ». On la vit alors dès 1943 dans des réceptions mondaines, dans les beaux quartiers, du côté du Trocadéro, chez des femmes riches ou qui l'avaient été, et qui faisaient encore salon. On la voyait à côté de Drieu La Rochelle, des Fernandez, et on parlait de Balzac, de Mallarmé, de littérature toujours. Des terrasses où l'on déjeunait aux beaux jours, où l'on prenait l'air quand il était trop enfumé à l'intérieur, on pouvait voir Paris, faiblement éclairé, la Seine aux eaux tremblotantes et bleutées, des phares jaunes balayer les rues, vides, étrangères.

C'était déjà comme quelque chose d'*India Song* qui flottait dans l'air. Au piano à queue, sûrement, un invité devait jouer une mélodie, lente, qui faisait penser irrésistiblement à l'exil ; des jardins en bas montaient des senteurs de catalpas, et des femmes glissaient entre les meubles, exquises, fines, comme cette silhouette oubliée d'Elizabeth Striedter.

Oui, ce devait être cela, un lieu de l'oubli. Un lieu d'innocence encore, de jeunesse préservée, à l'abri du temps, court, de « la mise en pleine lumière du Crime ». Les jours bientôt tomberaient plus vite ; de la nuit s'abattrait soudain.

Elle se plaisait là aussi, dans ces lieux pas faits pour elle, elle dont la violence était au cœur, elle, née nulle part, étrangère comme ces femmes qui la recevaient, Betty Fernandez, Marie-Claude Carpenter.

Elle regretta plus tard de n'avoir pu rencontrer vraiment Drieu La Rochelle qui avait repris la *N.R.F.* après la démission de Jean Paulhan, et dont l'outrance antisémite et la collaboration finissaient par devenir fascinantes. Elle aurait aimé traquer en lui, avec son flair inimitable, la souffrance et la folie qui devaient le retenir dans ces zones troubles.

Il est vrai que l'atmosphère de la *N.R.F.* sentait l'agonie, et tout autour de Drieu rôdait ce suicide qui le hantait. Les violentes tensions mortifères qui animaient la revue, le pacte même que la société d'édition Gallimard avait conclu avec les Allemands, le prix qu'elle avait dû payer pour qu'elle puisse continuer à publier la plupart de ses auteurs, de Salacrou à Éluard, de Michaux à Camus, de Ponge à Claudel, de Joyce à Queneau, et même jusqu'à Aragon prêt à tant de concessions, le refus de publier néanmoins les auteurs juifs, et l'abandon de la revue à Drieu en échange, tout ce contexte paradoxal, ambigu, n'était pas pour déplaire à Duras, toujours attirée par les pulsions contraires, par les choses singulières qui rendaient plus épaisses encore la nuit des êtres, leurs comportements équivoques.

Ainsi Drieu était-il l'homme ignoble, « l'homme aux petites colères... et aux crises de nerfs », comme le portraiturait méchamment Sartre, et sublime à la fois par sa solitude, sa fierté, ce que Duras avait capté de lui chez les Fernandez : « Il parlait peu pour ne pas condescendre, d'une voix doublée, dans une langue comme traduite, malaisée. » Il semblait acculé, dans la peur, comme il l'avouait dans son *Journal*, et sa longue silhouette fichée « d'un crâne énorme et bosselé », selon Sartre encore, se traînait dans les salons, comme celle d'un homme fini, lâché, englué dans un « ennui » mortel, métaphysiquement insupportable.

Vint le mois de juin 1944. Il y avait déjà eu cette douleur à subir, le petit frère, puis cette crainte de mourir à son tour, permanente, d'être tuée, mais toujours cette force de résister, dans Paris occupé, cette rage de risquer quand même, parce qu'après tout, c'était encore cela, écrire. Risquer sa vie, la mettre dans l'arène vivante, comme dans la corrida, « introduire l'ombre d'une corne de taureau » dans cette existence de tous les dangers, comme l'écrivait son ami et voisin de quartier, Michel Leiris. Il ne s'agissait plus seulement d'écrire, d'être complaisant envers l'écriture, dans ce Paris gris et noir, où, le soir, glissaient les silhouettes imprécises de la Gestapo, se faufilant dans les cours des immeubles, tambourinant aux portes et repartant avec leur proie. Comment alors penser à écrire ? L'acte même d'écrire se transformait, se muait en cette sorte de solidarité qui consistait à ruser avec l'ennemi, à lui tendre des pièges invisibles, à sauver des gens, anonymes, innocents. Il y avait chez Duras à cette époque une générosité gratuite, une spontanéité qui la portaient vers les autres, une fraîcheur du cœur qui lui donnait envie de risquer, d'oublier la peur. Mais elle était quand même là, cette sorte de terreur antique, enfouie, pas pour soi, mais abstraite, qui ne parvenait pas à se préciser, comme le destin qui pesait sur Antigone, sous l'accablante torpeur de Thèbes.

« Non, on ne pouvait rien faire », disait-elle, sinon se battre, s'oublier dans cette communauté fraternelle des vaincus, des exilés, défier l'occupant, se faire taupe, pour combattre, apprendre d'autres techniques de lutte, opposer à la rumeur si caractéristique des bottes, la nuit, l'ardeur d'un autre chant, nouer toujours plus serrés des fils avec l'homme, avec les preuves qu'il en est bien un, réimposer l'amour.

Dans la ville occupée par l'ennemi, la vie suit son cours, presque indifférente aux oriflammes allemandes, aux « grands drapeaux théâtraux à croix gammée », comme disait Claude Roy, accrochés aux façades des hôtels et des ministères.

Autour de Saint-Germain-des-Prés toute l'activité du quartier autrefois si vivant s'est comme ramassée dans les cafés, « seul endroit où l'on puisse manger, boire, recevoir, travailler ». Le Flore, les Deux Magots ne désemplissent pas, et l'on peut y côtoyer Beauvoir et Adamov, Sartre et Mouloudji, le chanteur kabyle des nostalgies, Audiberti. Certains avaient décidé de quitter la capitale, Sartre, Beauvoir par exemple, mais y étaient revenus, poussés par la proximité du risque où devait être l'intellectuel. Étrange village de Saint-Germain où s'affairent en voisins collaborateurs et résistants, comme dans les locaux de Gallimard où les amis de Drieu La Rochelle mettent au point le dernier numéro de la *N.R.F.*, tandis que dans le petit bureau de Jean Paulhan, rapporte Dominique Aury, « il y avait toujours foule et l'on était serré comme des harengs ». Éluard et des membres du Comité national des écrivains y grimpent, profils bas, craignant de rencontrer dans les couloirs Drieu.

Plus intense est encore l'activité souterraine, celle des résistants, contrastant avec l'arrogance des collaborateurs, qui s'échangent en sous-main des documents, des manuscrits, des tracts. Cette vie de taupes alterne avec les fêtes aux excès surréalistes comme si elles voulaient par là défier l'occupant, apaiser la peur, la colère et l'humiliation, apaiser ces instincts de meurtre qui circulent partout. Chez les Leiris qui reçoivent surtout peintres et écrivains, on peut voir Picasso, Camus, Sartre et Jean-Louis Barrault, Lacan

et Bataille, Beauvoir et Braque jouer des pièces, boire la
nuit entière, attendre dans une sorte de frénésie, que Beauvoir décrit dans ses *Mémoires* en détail, les premières heures du jour, après la fin du couvre-feu.

De l'histoire des Taneran, de cette famille d'impudents,
de ces conflits de famille, elle ne voulait désormais plus
rien savoir, prise qu'elle était dans cette situation de guerre,
qui lui faisait connaître des choses d'elle-même qu'elle avait
encore ensevelies et qui maintenant resurgissaient : cet
amour pour les hommes pris indissolublement dans ce
grand maelström où ils étaient détruits, internés, assassi-
nés. Et puis aussi la désobéissance, le refus des chefs
momentanément vainqueurs, triomphants, obscènes.

Que restait-il de l'écriture, sinon d'être dérisoire, car
c'était de savoir qu'il s'agissait, de se maintenir dans cette
tension même de la vie. Tout cela, c'était écrire aussi, surtout cela, comme si la guerre et l'Occupation avaient rendu
à l'écriture sa vraie définition.

Mais était-ce encore du même ordre, la même douleur,
le même désarroi que de savoir des résistants, des juifs,
parqués dans des lieux d'internement puis partir vers des
camps dont on savait si peu encore, et d'apprendre que
cet homme, son mari, Robert Antelme, venait d'être arrêté
ce 1er juin 1944 chez sa sœur, Marie-Louise, qui mourrait
dans quelques mois des suites de Ravensbrück ?

Était-ce le même malheur, cette impossibilité à concevoir l'absence, de le savoir ailleurs, dans cet absolu de la
souffrance et de la solitude, en proie aux barbares ?
Resterait-elle indemne de ce départ ?

C'est donc le premier jour de ce mois de juin 1944. Au
5 de la rue Dupin, chez Marie-Louise Antelme, dans
l'appartement des parents, partis en Corse. La rue, toute
petite, donne sur la rue de Sèvres et celle du Cherche-
Midi. Juste au-dessus de la poste, c'est l'appartement.
François Mitterrand, dans l'entretien du 26 février 1986,

raconte à Duras les circonstances de l'arrestation. « Quand la Gestapo est entrée, il y avait Jean Munier, Robert, Marie-Louise, Paul Philippe et sa femme et puis je ne sais plus qui... Munier a eu le réflexe d'entrer dans les gens, il a enfoncé la garde, il a dévalé l'escalier et il s'est retrouvé rue Dupin, libre. » François Mitterrand lui aussi devait se rendre au rendez-vous rue Dupin. Comme il le faisait toujours, il téléphona auparavant à Marie-Louise qui lui répondit : « N'insistez pas, monsieur, puisqu'on vous dit que c'est une erreur. » Comprenant que la Gestapo était dans l'appartement, il prit soin avec un calme extrême de téléphoner à Duras, de lui dire qu'il y avait « le feu là où elle était, qu'il se propageait très vite, et qu'il fallait qu'elle parte dans les dix minutes » de la rue Saint-Benoît. Comme la police n'avait pas encore bouclé la rue, il put sortir de la poste puis de la rue Dupin, rejoindre la rue Saint-Benoît en toute hâte, se mettre au milieu de la rue pour signifier de loin à Duras le chemin qu'elle devait prendre. C'est dans cette clandestinité-là, quand le danger est à fleur de soi, que se puise la vraie vie de Duras, traversant l'arène avec son impudence coutumière, et sa rage au ventre.

Là-bas, cependant, en Normandie, en juin 1944 les Alliés débarquent. Des villages, des routes, des bourgs, des villes sont arrachés mètre après mètre aux envahisseurs. C'est peut-être déjà l'espoir. Rue Saint-Benoît, aucune nouvelle que celle-ci : Antelme est à Fresnes, puis à Compiègne, puis à Buchenwald. Perdu, oublié, livré à la déportation, vers l'imprévisible, se souvient-il de ce qu'il avait écrit quelques mois plus tôt et qui vient à peine d'être publié dans la revue *Littérature*, de ce poème intitulé *Train* et qui, comme une prémonition, chante la nuit de l'errance, le déroulement sans fin des jours et des semaines :

Le bruit du train use la nuit,
La terre doucement gémit sous le voyage,

Sur les visages le bruit
Plaque le bleu de l'agonie.
Cette rumeur,
C'est le vent,
Sur les chemins qui fuient l'ombre des cathédrales.
Le train se roule dans la nuit
Où se tait tout le blé.
Et nous sommes les voyageurs :
Sous les paupières de l'homme écrasé en face,
Sous le pli gonflé de nos fraternités
Et dans ce carrefour de nos stupidités,
Cette rumeur,
C'est le cri des voisinages
Et des noms effacés.
Le train prie en hurlant
Pour ses abandonnés ;
Le bruit dans sa furie,
Contre toute maison,
Garde ses égarés.

Maintenant c'est le silence, le noir et le doute. « Il n'y a pas de raison pour qu'il revienne. Il est possible qu'il revienne. »

Dans Paris, les rumeurs les plus folles circulent. La Seine, impassible, continue à charrier son eau sombre, dans les rues, sur les ponts, des gens marchent vite, on dit que les villes tombent aux mains des Alliés l'une après l'autre, qu'advient-il des derniers déportés ? S'ils entraînaient, les barbares, toutes leurs proies dans leur défaite ?

Pour apaiser l'épouvante, tempérer cette ardeur qui gagne, là, dans le ventre, et court, court en elle, Duras s'active, cherche à savoir. A cette époque, elle est maigre, pâle, « sèche comme de la pierre », dit-elle. Une énergie folle, désespérée l'habite. Mais par cycles, la douleur alterne avec l'activisme, qui anesthésie tout, ferait presque tout oublier, du danger comme de l'amour.

Elle ne saura rien, rien pendant des mois de Robert Antelme, son mari, sinon ce qui s'échappe de ses cauche-

mars, quelquefois comme des trous, des fosses où elle tré-
buche, et le rejoint dans l'oubli des camps, dans ce lieu
clos où la vie, la mort se chevauchent en des temps rituels,
comme une autre forme de l'arène mortelle où toujours
elle semble avoir vécu.

L'engagement de Duras est alors intense, comme redou-
blé par l'absence d'Antelme, galvanisé même. Elle crée un
service de recherche dans le cadre du journal *Libres*, organe
du Mouvement national des prisonniers de guerre, auquel
on a ajouté depuis peu « et des déportés » : le
M.N.P.D.G.D. Le service a pour objet de faire la lumière
sur les mouvements de déportation, de transmettre des
témoignages d'évadés, de servir de lien entre les familles.
Le petit groupe de la rue Saint-Benoît en cet automne 1944
est effervescent, bourdonne comme une ruche, s'active tant
qu'il paraît plus renseigné que tous les cabinets des
ministères.

Une sorte de rage archaïque, brutale, anime en ces temps-
là Duras. Elle se livre à cette cause avec une ardeur où elle
s'oublie elle-même, animée par ce que Mascolo appelle « un
travail de dévouement amoureux ».

De toute manière, il n'y a plus qu'à avancer, à ne plus
même réfléchir, mais à tenter de survivre, et savoir, savoir
jusqu'au bout ce qu'elle soupçonne, ce dont les témoignages, épars, multiples, font déjà état : l'horreur, la perte
de l'humain. Mais elle sait cela depuis longtemps en vérité.
Depuis l'enfance, elle sait cette mort qui passe. Vivante,
brutale, primitive.

Dans *la Douleur*, qu'elle écrira en septembre 1985, elle
raconte cette horreur de la nuit des temps, sauvage, qui
est lovée depuis toujours dans sa nuit noire. Elle met des
pommes de terre à cuire, elle est dans la cuisine, et c'est
le creux de la nuit, le noyau noir de la nuit, elle le sent,
elle crie. C'est le cri, l'écriture du moment. C'est cela,
écrire, ce cri qui déchire l'instant, le cri, comme les seuls
mots possibles.

C'est toujours en elle ce balancement continu, déchirant,

qui fait mal, et la ballotte d'un lieu à un autre, c'est là
qu'elle va chercher cette énergie terrible qu'elle garde en
elle et qui la fait continuer.

Elle vit dans ces ruptures du temps, dans ses chaos, elle
ne sait pas faire autre chose que de vivre ainsi, résignée
sur le cours des choses, révoltée, indifférente et passion-
née tout à la fois, douce et violente. Quelquefois elle a
encore des nouvelles du frère aîné. Depuis la mort du petit
frère, il n'existe pourtant plus dans son esprit, comme rayé,
gommé de sa vie, de son imaginaire, mais il revient sans
cesse, ailleurs, métaphoriquement, comme la guerre qui
se poursuit, capable du pire, « peut-être a-t-il donné des
gens, des juifs, tout est possible ». Il lui rend visite pendant l'Occupation, il vient comme un voyou, réclamer de
l'argent, elle laisse faire, elle n'a pas cette force qu'il faudrait pour le « tuer ». Elle le laisse dans la maison, rue
Saint-Benoît, pour aller aux nouvelles d'Antelme, elle sait
qu'il fouille partout, dans les armoires, dans les tiroirs, au
cas où il y aurait des choses à rafler, elle a l'impression
d'avoir introduit chez elle un collaborateur, un de ces fouil-
leurs de mémoire ignobles, sales sur eux, dans leur tête.
Et il rafle tout ce qu'il trouve, des provisions, des économies, des bijoux. Elle demande à François Mitterrand, le
chef de son réseau, de lui prêter pendant son absence le
petit studio qu'il a place des Victoires. « C'était juste une
pièce, au rez-de-chaussée, très jolie, dit François Mitterrand. Quand je suis revenu, il n'y avait plus rien dedans,
c'était vidé complètement. »
    Mais elle ne veut pas même savoir ce qu'il fait, s'il est
un collabo ou non, elle préfère le silence, il est mort pour
elle. Depuis la mort du petit frère, il est mort. Il reste seulement les relents de sa pestilence, et cette haine qui s'est
transformée en indifférence.

Il n'y a donc pas d'autre alternative que celle-là, agir, dans la « générosité insouciante » dont la gratifie Mascolo et la solitude aride de son cri, comme si elle, l'écrivain, ne voyait pas d'autre application que dans cette geste-là. Tout autre acte, toute autre tentative serait subalterne, dérisoire, misérable même. Au regard de cette absence, de cette immense solitude collective, de cet embrasement du monde, de ces morts par millions qui croupissent dans la boue des fossés, sous le ciel indifférent. « La littérature m'a fait honte », avoue-t-elle dans *la Douleur*.

Il y a cela de persistant chez elle, cette constante mobilité pour dire les choses et témoigner. Le cinéma, le livre, l'interview, le débat, le silence, le cri, pas un genre, pas un état qui n'institutionnalise le moment, qui ne choisisse quand il le faut la meilleure expression. Au lieu le plus juste de la douleur, de la détresse.

Elle qui fait croire à celui qu'elle appelle Rabier, l'agent de la Gestapo qui a fait arrêter Antelme, qu'elle « écrit des livres, que rien d'autre ne l'intéresse », est en réalité frénétiquement engagée. Elle vit dans une urgence dans laquelle la littérature ne trouve plus lieu d'être. Trop de prodromes inquiétants se manifestent, il y va de la liberté de l'homme, de sa responsabilité d'être homme, de sa dignité. Cette période remet en cause les postulats de la littérature vis-à-vis desquels elle était déjà soupçonneuse. Sartre, Malraux, Camus voulaient plier la littérature à l'engagement de la pensée, mais rien ne serait plus dorénavant comme par le passé. Résistante, elle abandonne l'écriture parce qu'elle ignore où est Antelme, qu'elle veut le sauver, et par-delà lui prendre sa part du danger, briser par la ruse, l'imagination, la haine, le terrorisme, la Milice, les ennemis honteux.

Elle prend des notes cependant sur cette époque, des notes qu'elle rendra au chant de l'écriture plus tard, à la suite de *la Douleur*, en 1985. Il y a de la souffrance dans ce qu'elle dit, ce qu'elle vit et aussi une infinie facilité à se porter dans le camp de la mort, à se placer dans l'arène, au cœur du risque, avec Rabier le milicien, qu'elle apprivoise maintenant, engagée dans sa partie, à double titre, celui d'agent de liaison occupé à soutirer des renseignements et celui de femme d'Antelme. Elle l'approche lentement, avec cette cruauté qu'elle détient depuis longtemps, découverte, apprise là-bas, en Asie, au contact d'un monde si dur. Lui il est fasciné par les artistes, les écrivains, elle, elle est déterminée à lui arracher des informations, à comprendre aussi le mobile de son engagement à lui, toujours fascinée par les comportements atypiques, par ces instincts de meurtre qui traversent certains êtres, les détournent de l'amour.

Elle est dans cette saison-là de l'Occupation, dans ces premiers jours de juin 1944, l'héroïne tragique, désarmée et forte tout à la fois, sur « le propre terrain » de Rabier, « la mort ». Elle dépèce son homme, elle l'observe, elle le trouve lâche, misérable et il la fascine, mais c'est lui qui a encore le pouvoir momentanément. Il faut du temps, de la patience pour apprendre un détail, une information, et à son contact se créent une étrange intimité, une ambiguë proximité. Elle le voit dans les bars, et comme elle habite tout près, ils se voient au café de Flore, c'est un couple curieux, attablé là, dans le fief de l'existentialisme, dans ce lieu où soufflait alors la contestation. Peu à peu, Duras tient son homme, elle l'écoute, elle feint de s'intéresser à lui, elle sait que bientôt, il sera « entre ses mains », bientôt « elle le condamnera à mort », elle le donnera quand viendra son tour d'être vaincu.

Elle a cette force en elle qui lui donne tous les courages, elle côtoie un de ces alliés des Allemands, « les Huns, les loups, les criminels, mais surtout les psychotiques du crime », elle sait qu'il a leur écoute, qu'il est à leurs ordres, qu'il suffirait d'un rien, d'une imprudence de sa part, d'un mot lâché inconsidérément pour qu'il la dénonce, la fasse arrêter, mais elle conduit cette histoire froidement, avec une lucidité terrible, implacable, engagée qu'elle est dans ce bras de fer inévitable, comme le destin.

Dans cette mise à mort dont elle ne sait pas encore qui est le bourreau ou la victime, elle ne défaille pas, « dans l'audience... inlassable » de Rabier.

La nuit, dans son appartement de Saint-Germain-des-Prés, elle se prend à avoir peur, à grelotter, à sentir le poids d'une immense solitude, pas la sienne propre, mais celle de l'Homme, de l'humaine condition, de l'homme absurde, l'expérience du Roquentin de *la Nausée*. Quelquefois aussi elle sait la joie de Sisyphe, cette joie qui submerge comme la mer, ces bouffées de bonheur, ces montées suprêmes de ferveur qu'elle sait exister, comme celle qu'elle partagera quand même, malgré l'absence d'Antelme, celle de Paris libéré, la rumeur carillonnante qui monte des églises et, comme un jour autre, qui lave la ville de toute cette noirceur, les ombres grises des miliciens, les véhicules des S.S. comme un outrage, dans les rues et les vitres des fenêtres peinturlurées de bleu foncé pour se protéger de l'aviation.

Elle vit toujours ces situations extrêmes, cherche des moments limites où l'homme est comme acculé, livré à des forces mystiques, elle hait et méprise Rabier, et en même temps elle voudrait savoir comment il fonctionne, comment « ça » marche un milicien, quelqu'un de traître à ce point. Elle ne juge pas Rabier, elle explore son âme, ses comportements, elle essaie de saisir tous les ressorts qui l'animent, et c'est à ce moment-là qu'elle se sent le plus écrivain. Elle écrira plus tard l'histoire de Rabier, mais elle sait qu'elle ne peut se borner à l'énoncé des faits. Il y a des obscurités à comprendre, des noyaux secrets à saisir chez lui, et même quand elle reviendra au tribunal, pendant l'hiver 44-45, pour apporter quelques précisions sur son comportement — car il avait également sauvé deux femmes juives qu'il avait fait passer en zone libre —, elle rencontrera l'hostilité du procureur général, elle embrouillera une situation apparemment claire, elle irritera le tribunal. C'est dans cette inlassable dialectique qu'elle existe, dans la haine et

l'amour, dans le sens le plus aigu de la justice, dans l'atti⌐
rance pour celui qu'elle nomme Ter le milicien, cet autre
traître au corps de désir, et dans sa cruauté qui le fait livrer
à la prison, dans cette sympathie, au sens le plus étymolo-
gique du terme, pour l'espèce humaine.

Une agitation fiévreuse parcourt Paris en ce mois d'août
1944 livré à toutes les rumeurs, à tous les dangers, à l'aube
de sa libération. Le libraire Galtier-Boissière raconte
l'euphorie de la ville dans son *Journal pendant l'Occupation*, la confusion, les « remous d'émeute et les rigolades
de fêtes foraines ».

Des obus, des rafales butent sur les murs des édifices
publics, le Grand Palais brûle, la retraite allemande s'organise sous les huées, des barricades s'érigent et des miliciens
tirent depuis les toits. Drieu La Rochelle réchappe de jus-
tesse d'une première tentative de suicide, et les tanks du
maréchal Leclerc défilent rue Saint-Jacques. C'est le
25 août, il fait chaud, et le peuple exulte, dans la rue, porte
à bout de bras des enfants ahuris, et le Sénat est encore
aux mains des SS. Indescriptible spectacle où rien n'est
encore joué, où la guerre et la paix, les vainqueurs et les
présumés vaincus sont tout proches l'un de l'autre.

Des affiches sont collées aux murs, aux troncs des arbres,
partout, elles en appellent aux femmes, aux Parisiennes.

« Femmes, disent-elles, vous êtes magnifiques de courage. Des femmes du XIIIe vont à l'assaut d'un camion
allemand, dans le XIVe une militante de l'U.F.F. tue un
boche à coups de revolver ; boulevard Raspail, une autre
est tuée en collant une affiche du Front national :

« Tuez vous aussi des boches. Continuez d'aider à construire des barricades.

« L'Union des femmes françaises. »

C'est dans ces moments extrêmes que Duras aime aussi
Paris, dans cette brutalité baroque, sauvage, où les clo-
ches de Notre-Dame sonnent à la volée en faisant écho aux

rafales des miliciens, où les balles traçantes de la D.C.A.
traversent le ciel, la nuit, dans le hurlement des sirènes ;
c'est dans le paroxysme des temps, quand tout s'embrase,
comme s'il fallait passer par ces incendies, ces furies, ces
détresses pour remonter au jour, qu'elle se sent comme
« appelée ».

Quelque chose se passait qui transformait Duras et Mascolo, auquel le départ d'Antelme n'était pas étranger : sortir de cette paralysie, de cette espèce d'acceptation qui leur
avaient fait tolérer malgré tout l'étoile jaune, les rafles,
les airs conquérants des occupants, s'éloigner de cette utopie, de ce romantisme qui les tenaient dans la solitude de
leur moi et les empêchaient de franchir le pas, de s'engager davantage encore. C'est à ce moment-là que Duras
s'inscrivit au parti communiste, « dès avant la fin de la
guerre », comme le souligne Mascolo, à l'automne 44. La
notion même de parti ne l'avait jusqu'alors guère effleu-
rée. Trop indépendante d'esprit, trop frondeuse, trop fon-
damentalement désobéissante, tout en elle répugnait au
groupe, à la doctrine, au dogme. Mais entrer au Parti prenait soudain une autre signification, c'était comme tenter
de retrouver Antelme, d'être auprès de lui, de poursuivre
sa trace, de faire la guerre pour le sauver. Y adhérer, c'était
comme une autre forme de la Rédemption, sortir de ce huis-
clos où l'avait enfermée sa nature, instinctive, sauvage,
rebelle. Dans le mot même de communisme, c'était une
manière d'être encore parmi les hommes, de lutter pour
eux, pour l'espèce, de freiner la gangrène noire. C'était
dans cette urgence-là qu'elle vivait, dans cette impulsion
qui lui faisait toujours sentir les choses plus qu'elle ne les
conceptualisait, tout entière accrochée à cette « vie matérielle » où somme toute elle vivait, criait, pleurait, accom-
plissait ce cycle de la vie.
Quand elle entra au Parti, ce fut comme une euphorie
d'elle-même, soudain les choses prenaient un sens, il n'y

avait plus cette solitude et en face d'elle, seulement, la terreur brutale, le meurtre.

Adhérer au P.C. relevait alors d'une mystique, semblait être comme le seul choix possible. Puisque, selon les mots d'Edgar Morin, «accepter l'hégémonie allemande était, non plus accepter le réel», mais opter pour le nazisme.

Duras s'y sentit poussée comme par une nécessité, c'était une manière de contraindre la barbarie, de «communier avec l'humanité dans son épreuve de vie et de mort». La fascination de Duras pour les situations extrêmes, les conflits tragiques, les lieux où se resserrait l'histoire et où soufflaient les tempêtes attisait sa propre violence, la trouvait familière. Toute une génération d'intellectuels se jeta dans l'aventure communiste, acculée par «l'alternative planétaire».

Être au P.C., c'était se colleter vraiment avec l'humanité, retrouver sa vraie famille, connaître les bonheurs de la fraternité. Être, comme on le disait à l'époque, «du côté de ceux qu'on jette dans les chaudières des locomotives» renvoyait au risque et au danger héroïque, donnait un sens à sa vie, permettait d'apporter sa contribution à l'avènement de la liberté, portait l'utopie à la claire réalité.

C'était risquer le martyre, l'accepter pour cette «vieille idée de la révolution mondiale», pour ce mythe internationaliste de la fraternité universelle.

C'était encore éprouver les mêmes frissons que ceux des héros des grands romans russes, profiter de la situation exceptionnelle pour vivre pleinement ce concept d'engagement que l'histoire n'avait pas encore permis de vivre.

Connaissait-elle réellement l'ampleur des camps? L'élimination systématique de l'espèce humaine, juive, cette intelligence à tuer, à rayer un peuple, imaginait-elle même le parcours de ces trains qui menaient à Ravensbrück, à

Dachau, à Treblinka, ces rails qui les conduisaient implacablement, de toutes les gares de cette Europe détruite, aux chambres à gaz?

Ici devrait commencer physiquement la douleur. Ici Duras devient juive. Juive pour dire l'exclusion, juive pour dire sa solidarité, son camp, elle, la petite de Saigon, déjà juive dans les bras du Chinois, déjà juive dans les jungles opulentes, déjà juive parce que exilée de toujours, errante, juive comme la petite mendiante de Savannakhet.

Ici devrait commencer le vertige d'une œuvre. L'univers mauriacien des *Impudents*, les traces qui encore demeurent dans *la Vie tranquille* devraient s'effacer avec cette révélation. Être désormais dans le danger, dans l'insécurité, dans le nomadisme de la vie, juive, elle, Donnadieu, Duras.

A ce moment précis de l'histoire s'opère un basculement qui la retranche dans les lisières, dans l'aventure.

Antelme n'est pas encore rentré. Reviendra-t-il même jamais? L'activité militante la laisse debout, la force à être vivante. Des sentiments très mêlés, de vengeance et de colère, l'agitent et la font avancer, ce sont toujours des traces qu'elle cherche.

On la voit, à cette époque, avec ces petites robes de la guerre; dans le VIe arrondissement, elle mène une activité politique constante, dans la jeunesse de sa révolte, avec une euphorie froide, vissée au ventre, au cœur. Se rendant à sa cellule clandestine elle ressemble à Antigone par sa fièvre, sa frénésie, l'urgence de dire, le courage de crier; à Piaf aussi, qui chante sa douleur, arpente la ville, petite, insignifiante, mais avec une telle lueur dans le regard, une telle mobilité qu'elle-même semble se dérober à celui des autres. Ses yeux, trop criants de vrai, dangereux, suspects, comme une étoile jaune, la trahissent et gênent le mensonge.

Elle entre dans la tragédie, elle ne sait pas encore tout

à fait. D'être femme lui donne cette lueur, cette violence aiguisée, cette énergie qui semblent implacables. Parce qu'elle est femme justement, elle a ce courage qui ose, défie, risque en permanence. Elle vit dans une insécurité de tous les jours. Quelque chose de romantique, d'absolument romantique quand ce mot-là rejoint l'imprudence d'Antigone, la force farouche de dire non. Elle commence à apprendre. C'est Antelme qui lui donne, malgré l'absence, cette force. Et cette mère, logée au fin fond d'elle-même, cet atavisme de la mère, son opiniâtreté, son obstinée folie. Elle est au Parti, et c'est un barrage contre une autre lèpre, une autre peste.

De cette clôture en « féminie » dont parlait Mascolo, de ce triangle d'amour, Duras-Antelme-Mascolo, il ne reste que la déchirure. C'est comme ça que travaille l'écriture, à bruits feutrés, sur l'imprévisible route du voyage. Des « foyers de douleur », comme elle dit, s'allument, puis couvent pour ne plus jamais s'éteindre. Jamais. Antelme, c'est sa douleur qu'elle porte, fichée vivante en elle, qu'il lui fait porter, chaque jour, et jusqu'à ces jours de novembre, quand rôdent les morts, vers la Toussaint, jusqu'à cette année 1990 où il s'éteint, à l'hôpital des Invalides. Toujours elle a pleuré pour lui, pour ce retour, ces maladies, ces jours d'entre la vie et la mort où il se trouvait, où elle faisait apparaître la Douleur comme une allégorie vivante, ce texte qu'elle avait égaré : « Je l'avais laissé dans l'armoire de Neauphle, et donné à Xavière Gauthier, pour *Sorcières*, eh bien c'est moi qui l'ai écrit, Garance, la comédienne peut maintenant le dire. C'est moi, pour témoigner de l'horreur fondamentale de notre temps », pour l'amour d'Antelme aussi.

C'est dans ces foyers de souffrance que doit se construire la *Vie* de Duras, dans la marche chaotique de son Navire-Night, c'est là seulement qu'il y a quelque moyen de la rejoindre, de comprendre, de donner par là tout le sens d'une vie, tout ce qui se cache dans ce qui « couve », comme elle dit.

Les repères brûlent, il n'est question que de ces braises, de ces douleurs horribles, de ces nœuds de malheur aux reflets rouges et noirs, comme dans les poèmes de Rimbaud. Rimbaud auquel sa marche ressemble, ivre, libre, utopique.

Mais d'Antelme, toujours rien. Les Alliés gagnent les villes allemandes, les occupent, l'empire noir se désagrège, et d'Antelme rien. Grâce au service de recherche qu'elle a mis en place dans *Libres*, elle tente de savoir, d'imaginer. Elle découvre toute l'ampleur de la guerre, l'horreur. Des évadés commencent à parler, elle échafaude des hypothèses, trace des parcours, quelqu'un manque rue Saint-Benoît, lui, Antelme, sur les routes de la débâcle, ballotté dans des wagons, Betterfeld, la Tchécoslovaquie, Dachau, enfin, Buchenwald, peut-être. Seul dans la nuit, dans ces voyages sans fin, dans ces trains sales, où le ciel, les étoiles, l'air frais donnent encore des raisons d'espérer, quand ils sont entr'aperçus, des raisons de croire qu'il est bien vivant, que cela va continuer, le souffle, la faim, et surtout l'envie de « pisser » dont il parle tant dans *l'Espèce humaine*, devenue la fonction primordiale de la vie, ce par quoi il est encore vivant, qui prouve que ça peut encore fonctionner, ce corps qui se détruit, devient violet de froid. Enfin la neige tombe dans le camp. Elle feutre tout, étouffe le pas des kapos, des S.S., des prisonniers. Assourdit les bruits et les voix, les coups des pioches, des outils qui viennent des ateliers, répandent du ballast. Antelme ne peut pas écrire ce qu'il voit. Il n'y a pas de place ici pour l'écriture. Dans sa mémoire, il note quand même : « Il n'y a pas d'horizon pour personne. »

A Paris, on commence cependant à découvrir. Duras sait des choses. L'horreur est si grande qu'elle a peine à y croire. Il faudrait des photographies, des témoignages, des faits

racontés par ceux-là mêmes qui pourront en revenir et dire.
Elle fait des cauchemars. Elle ne tient que par cette activité farouche du P.C., et celle, souterraine, de la Résistance, cette colère qu'elle porte en elle. Antelme, lui, attend
la nuit pour s'abîmer dans ce sommeil si lourd ; quelquefois, à travers les fenêtres des stalags, des lumières comme
des phares jaillissent des miradors, jettent des lueurs intermittentes sur la neige ; les pas des chiens, des soldats allemands deviennent sourds, épais.

Quelque chose d'autre est en train de naître en Duras :
« C'est comme si j'avais dormi trente ans, dit-elle en 1986,
et qu'au bout de trente ans je me réveille et qu'on tue les
juifs et que ma vie commence. »

Elle est prise d'un acharnement sans bornes, d'une
volonté de tout savoir, de tout découvrir, jusqu'au bout,
de cette nuit de la guerre, et de retrouver Antelme, l'enlever à cette absence, le ramener ici, avec elle, avec Mascolo
qu'elle aime aussi. Il faut qu'elle redonne la vie à Antelme.

Avril 1945. Elle se souvient. Printemps singulier où
vacille l'Europe dans la victoire enfin assurée, dans cette
joie douloureuse et amère.

Chaque jour des informations nouvelles donnent des
indications sur les évadés des camps. Dans cette fuite pathétique, y aura-t-il Antelme ? On retrouve sa trace le 4 puis
le 12 et le silence encore retombe. Le nouveau sous-
secrétaire d'État aux Réfugiés, Prisonniers et Déportés,
François Mitterrand, l'ex-Morland du réseau de résistance,
promet d'aider Duras, Mascolo dans cette quête impossible. Le Navire-Night continue d'avancer sans pilote sur la
mer houleuse. Quelquefois, comme pour briser l'attente,
la douleur, Mascolo se met au piano. Comme toujours,
quand il veut retrouver des harmonies avec le monde, se
mettre en accord avec lui, avec les forces les plus secrètes,
les plus lointaines du monde, il joue. De l'appartement de
Saint-Germain-des-Prés montent des sonates, des airs

comme des sanglots, des variations fluides de Bach, de Brahms, comme des courants marins.

Depuis ce mois terrible d'avril 1945 où toute l'horreur des camps s'est révélée, abrupte, où toute la sauvagerie des hommes a débarqué sur les quais de la gare d'Orsay, il y a quelque chose qui échappe à tous. Personne ne s'appartient plus vraiment. Une débâcle de douleur, loin, si loin des jours glorieux que clame pourtant de Gaulle. Duras vit dans cet état panique qui lui donne toujours cette énergie de vivre, cette rage, cette cruauté de savoir, d'aller jusqu'au bout. Elle balance en ces moments entre la folie et la haine, « terrible, et bonne, consolante ». On lui dit qu'il faut qu'elle cesse de se faire du mal, qu'elle se préserve. Mais elle ne sait pas se taire. Elle s'en souvient encore dans une interview qu'elle donne au moment de *l'Amant* : « Je n'ai jamais pris soin de moi. »

La douleur d'avril lui redonne la force d'écrire. Mais pas pour publier, pour témoigner plutôt, dans le secret de ses cahiers bleus qu'elle abandonnera plus tard, comme des archives oubliées dans la maison de Neauphle, livrée à l'humidité, aux pluies, au mépris du temps.

Elle écrit sur ces cahiers cet état de la panique, cet être parcellaire, détruit qu'elle est devenue. Elle écrit dans l'ellipse de la douleur, et ses mots se confondent avec la stridence du téléphone qui ne cesse d'appeler, et auquel elle est suspendue — si jamais c'était Antelme qui revenait, il doit revenir, il doit être parmi ces colonnes de déportés qui arrivent, « coagulés » comme elle dit, apeurés, collés les uns aux autres, comme s'ils ne voulaient pas encore se compromettre avec les autres, les vivants, pas encore se mêler comme autrefois à la foule vivante, ne pas sentir sur leurs regards la compassion, la curiosité. Jamais l'écriture de Duras ne fut alors plus criante, comme si elle avait trouvé son ton. Sa langue, c'est ce cri jusqu'au silence, cette bouche ouverte qui n'en peut plus de clamer la douleur, elle a la foi de la haine, pas de ce Dieu qui a permis ça, cet équilibre des classes vaincues et des classes victorieuses. Elle se met à genoux, elle prie cette haine, elle la clame, elle devient folle. Elle le sait, elle connaît cette capacité qu'elle a depuis longtemps déjà d'entrer dans la folie, de se glisser en elle, de sentir tout vaciller en elle, et qui lui rend cette parole du plus vrai d'elle-même. Celle de la femme de Vinh Long qui criait et la poursuivait, petite fille.

La fièvre augmente tous les jours, il faut du corydrane, beaucoup de corydrane pour tenir, que lui prodigue le bon docteur Génon-Catalot, l'ami fidèle, le médecin du quartier le plus aimé, homme de culture et d'écoute ; mais elle n'est plus Duras. Elle est avec lui, Antelme, dans les fosses de ce stalag inconnu où il doit croupir, maintenant, mort, abandonné. D'autres, plus forts que lui, ont dû sûrement l'écraser, passer sur son corps lamentable, d'où ne sortent que des liquides fétides, sales, marron, comme ce qui sort d'elle aussi, là, dans son appartement de la rue Saint-Benoît, ces eaux souillées, verdâtres, ces vomissements, ces diarrhées, pareils aux liquides inconnus qui s'échappaient du ventre des enfants de Saigon, de ce qui éclatait de la lèpre.

Elle a trente ans à peine et elle est déjà la mendiante, l'errante de Cochinchine, abandonnée, sale, perdue, inconnue aux autres, à elle-même. Il y a chez elle une manière d'aller au bout, sans retenue, sans maîtrise, tenace, dans sa détresse comme dans son écriture.

Elle rôde sans cesse, telle la mendiante de Savannakhet autour des cuisines des quartiers blancs, autour de la gare. Il n'y a pas de raison qu'Antelme ne soit pas là, parmi eux, les déportés, dans ce cortège interminable de survivants, dans ce défilé de spectres qui sont pourtant des hommes. Quand il y a, dit-elle, un groupe plus important, on joue de la musique. Elle arrive, plaquée contre les murs, mais inconsolable. Il n'y a plus de jour de fête, de fanfare. Il n'y en aura plus. Cette détresse seulement, cet abandon de soi, cette étrangeté à soi-même, cette manière de ne plus même se reconnaître, mais seulement la volonté de le retrouver, de se faufiler dans la foule, chercher, forcer les barrages, mentir pour passer les contrôles, insister, implorer les agents de l'administration.

Elle s'insurge contre de Gaulle. « C'est un officier d'active, dit-elle dans *la Douleur*. Autour de moi au bout de trois mois on le juge, on le rejette, pour toujours. On le hait aussi, les femmes. »

Non, les jours de pleurs ne sont pas passés. Ils sont là. C'est maintenant au contraire que commence le chant plaintif, la déploration comme aux temps antiques, à jamais le deuil, pour ces terrils de cendres juives, abandonnées là, mêlées à la terre d'Auchwitz, de Ravensbrück, de Dachau. Ces tonnes de cendres juives retournées à la terre. C'est cette plainte qui sort d'elle. Il n'y a pas d'autre issue que de pleurer, que de connaître cette horreur jusqu'à la lie, les quartiers à dentiers, à cheveux, à bijoux, à dents d'or, « dans leur fraîcheur », conservés dans des bacs, comme des fruits sur des étals, pas d'autre réveil que celui-là, mais dans l'épouvante.

La musique qu'elle entend maintenant, c'est cette plainte continue des femmes, cherchant leurs fils, leurs frères, leurs maris. Mais de cela même elle est exclue. Il n'y a plus même de compréhension possible des autres, d'infiltration dans les autres. C'est cette absorption de soi dans la douleur qui demeure. Et Antelme qui s'enfonce avec elle dans cette absence.

Il est là-bas, sur une autre route, mais si faible qu'il ne peut plus bouger, plus avancer, que pleurer.

Il arrive à Dachau. Ses yeux le font souffrir, trop habitués au noir, à la nuit des wagons. Et pourtant il voit bien, là, un peu plus loin, des femmes, courbées, qui « cueillent de l'herbe, formes mauves sur le vert ». Des sourires s'esquissent, peut-être l'espoir de revenir.

A Dachau, au bout de la route, de l'errance, de l'impré-

visible voyage, malgré les signes de débâcle, il n'y a plus
rien à espérer de quoi que ce soit, comme si l'être avait
été cassé. Gît quelque part au fond d'Antelme la certitude
du passé seulement, Duras, Mascolo, l'ami si cher, rentrer, rentrer enfin. Mais que faire de ces êtres « sans prise »
et néanmoins hommes, comme les S.S. aussi qui en sont
et qui, jamais, ne parviendront à résoudre leurs proies en
sous-hommes, à en faire des mutants, des représentants
d'une autre espèce génétique, mais implacablement hommes, comme eux ? Oui, qu'en faire ? Il n'est que de vivre
heure par heure, sentir encore la chaleur de son urine, le
fumet de ses propres déjections, s'émerveiller encore devant
le miracle de ces eaux souillées, mais chaudes comme la
tendresse d'un bol de lait, savoir par là qu'on est homme,
pour toujours.

Les temps s'accélèrent cependant, ne peuvent rester dans
cette déploration, dans cette fièvre. En mai 1945, François Mitterrand est envoyé en mission à Dachau. Il arpente
les stalags, prend réellement conscience de l'horreur, réalise mieux encore le sens du vertige, du gouffre. Mais il
faut aller plus loin encore dans cette horreur, dans l'enfer.
Avec le père Riquet et Jean Munier, alias Rodin (c'est
Duras qui raconte), Mitterrand va dans le baraquement où
sont entreposés les morts et les agonisants. Et là, dans
l'odeur de la décomposition, dans la morgue où halètent
encore quelques vies, Antelme, Robert, balbutiant : « François... François... », reconnu grâce à ses dents de devant
séparées. Oui, l'inconcevable, quelque chose du miracle,
de l'impossible, vite, ils l'enroulent dans une couverture,
le posent contre un mur, près des derniers survivants. Le
typhus, invisible, se répand dans le camp. On abandonne
les morts à peine morts, les cadavres déjà avancés, les agonisants au souffle tiède, aux os apparents qui saillent et
crèvent la peau, et toujours au-dessus d'eux, la clarté sûre
et bleue du ciel, la certitude de la vie indifférente, cruelle,

pas très loin ; dans les villages voisins, des paysans qu'Antelme décrira dans *l'Espèce humaine* se livrent aux travaux des champs, ils courbent l'échine, feignent de ne pas comprendre, de ne pas savoir. La forêt épaisse qui entoure Dachau étouffe les bruits, les plaintes, les cris des mourants, elle a étouffé aussi les rafales de mitraillette, les coups sur les corps chancelants, ceux que les mêmes mourants devaient faire pour casser la caillasse sur les routes.

Elle vient peut-être de là, cette peur de la forêt chez Duras. Cette forêt sombre où rôdent les chiens et les soldats, où le gel fait « éclater les bêtes », ou « les étangs sont pris jusqu'au fond ». Cette forêt d'*Abhan Sabana David* qu'elle décrivit plus tard, en 1970, comme si jamais elle n'avait pu oublier l'enclos d'arbres profonds qui bâillonnait les plaintes des juifs. Rien à voir avec la jungle de son enfance, ce monde de lianes et de racines, dans la chaîne de l'Éléphant, qui tenait tout à la fois du féerique et du fantastique, ces « lianes qui s'étaient agglomérées pendant des siècles... et qui formaient des bassins suspendus entre les arbres ». Et dans ces vasques végétales, des poissons vivaient, frétillaient, parmi les oiseaux. Et cette forêt-là ne faisait pas peur, elle était même protectrice, préservait les enfants intrépides, sauvages comme elle. Jamais les tigres, les singes, les panthères ne les attaquaient, c'était naturel, leur présence...

François Mitterrand facilita le rapatriement d'Antelme, fit établir des laissez-passer pour Mascolo et son ami Beauchamps. Ils y allèrent, franchirent les barrages, roulèrent d'une traite, seul Beauchamps conduisait et leur voyage prenait l'air d'une épopée, il s'agissait de sauver Antelme, et au-delà de retrouver la vie, de s'arracher à ce malheur, de se couler peut-être dans ce jour renouvelé de bleu. Quand ils arrivèrent à Dachau, ils découvrirent l'alignement des corps, des morts, des malades, l'indifférence de tous, hébétés dans une survie inconnue d'eux, dans une ignorance de leur état, comme imbéciles. Le long des murs, comme des bûchettes bien rangées, dans des couvertures, des hommes et encore des hommes, et l'extraordinaire odeur de la mort, cette odeur de la lèpre, de la misère que leur racontait Duras, avant. Et puis comme une plainte, un souffle à peine déchiffrable, ce pouvait être bien autre chose qu'un mot, autre chose qu'un balbutiement, une brise, le passage d'un insecte, mais c'était un appel, comme un sanglot. La pudeur de Mascolo, son effacement toujours si immense, cette sorte de modestie de l'intelligence lui ont fait raconter ce moment dans *Autour d'un effort de mémoire*. Il ne dit presque rien, c'est sa force. Il laisse des mots, courts, des mots très simples parler, et l'émotion passe, et la conscience s'affermit. Ils s'enfuient, quittent le camp comme des évadés, malgré leurs laissez-passer. Antelme est dans la terreur d'être repris. Toujours il se souviendra de cela. C'est inscrit dans sa tête. Il n'en parlera presque jamais, à son retour, enfouira tout, après l'avoir écrit dans *l'Espèce humaine*.

Mais pour l'instant il y a comme une ivresse de la parole. Antelme parle, débite tout ce qu'il a vu, subi, et sa mémoire pleine, se dévide comme un écheveau. Mascolo « n'a pas à le questionner », c'est cette parole qui se donne comme les eaux d'une naissance et déferle, casse le silence, laisse béant. La mort peut-être derrière qui rôde, la conscience de la mort, ce souffle encore précaire qui trouve — où ? — cette force de dire, et qui, dans le halètement de la voiture qui roule, roule, traverse les villes allemandes, Stuttgart, Wissembourg, se presse vers la frontière, est en train d'inventer ce que Duras plus tard appellera la parole « courante ». Oui, Antelme fait ici naître Duras, Duras d'aujourd'hui, avec sa langue forée de trous, de redites, ces frémissements de l'âme, ces tremblements mystérieux, cette coulée de musique chantée. Là, dans la lueur intermittente de ces nuits de route, quand les phares des autres voitures envoient leurs jets jaunâtres, rappelant les projecteurs des camps, la parole se déroule, et « l'inimaginable » se découvre.

Du sacré se révèle, un temps, qui déchire son voile, et saisit. C'est un moment étrange, pris comme au bout des temps, aux frontières dernières de l'homme, à la fin de quelque chose et au début d'un inconnu à naître, car jamais rien ne serait comme avant, pétri de cette douleur, marqué du meurtre des juifs, et le jour avancerait, la nuit lui succéderait sans que rien, jamais, fasse oublier cela, cette lumière qui, toujours, réfracterait l'indicible souffrance des camps.

Car il ne s'agissait pas seulement d'oublier, une fois sorti, de se croire libre pour l'être. Il resterait au fond de soi cette terreur inexprimable, cette expérience suprême de l'être, cette plaie jamais close. Marie-Louise Antelme, la petite « minette », comme l'appelait son frère, la cadette au courage exemplaire, libre après la libération du camp de Ravensbrück, est transportée par avion au Danemark pour y être soignée. Elle était, dit Monique Antelme, « dans un état d'épuisement total (au camp, elle donnait son pain) et y est morte peu après ». Dominique Arban, qui fut cachée par Marie-Louise dans l'appartement de ses parents, s'en souvient aujourd'hui encore avec émotion : « Grands yeux, grosses joues enfantines, fraîche malgré sa pâleur... Cette poupée avait été créée pour une tragédie majeure... Quelles tenailles ont arraché sa virginité, de quel enfer fut-elle le jouet ? »

C'est dans cet univers tragique que Duras forgeait son écriture, dans ces lits de braises où gît la vie, ardente, sans cesse travaillée par la mort.

En face d'elle, le cri. Ce cri qui parcourt comme une onde la vie de Duras, le cri au cœur de l'œuvre, dernier recours, dernière parole, absolue, sauvage, de ce mal de vivre, de

cette incompréhension obscure du monde, le cri qui déchire
les terres du barrage, quand la mère impuissante voit les
digues s'effondrer, et le cri d'elle maintenant quand elle
devine Robert Antelme, son mari, lui, et cependant un
autre, inconnu, ce « déchet », se traîner dans l'appartement,
presque « gêné » de tant de malheur, d'être l'objet de tant
de compassion. Alors il reste le cri, pour abolir cette fureur
de la guerre, la barbarie des camps, le cri pour atteindre
le silence, cette espèce de vibration soutenue comme le
bourdon d'une cloche, qui anesthésie tout, arrête ce travail du temps qu'elle ne veut pas voir. Lui redécouvre les
choses, la chair renflée des cerises, là, sur cette coupe, veut
en manger, comme pendant le voyage du retour il voulait
des truites. Et c'était surtout leur agilité qu'il enviait, leur
adresse à se faufiler, à se mouvoir en frétillant dans les
cours d'eau, comme ces cerises maintenant, pleines du
soleil, rougies de sa lumière.

Corps tragique de Duras, corps de Phèdre, corps de douleur, corps furieux, antique, en proie à la pointe du malheur, à son poids fatal, « intangible » ! Elle doit réapprendre
à vivre maintenant, dans cette nouvelle naissance
d'Antelme, dans cette innocence renouvelée, et sûre d'une
chose, qu'elle serait, son œuvre à venir, cette écriture
qu'elle porte en elle, comme scellée de ce signe de la douleur, de cet écho jamais étouffé de la barbarie.

Vingt-deux années après, Mascolo, l'ami, se souvient,
tente plutôt l'effort de se rappeler, et malgré le peu de
détails qu'il livre, l'émotion jaillit, justement de ce rien de
la parole, dans ces trous de silence où l'horreur stagne
encore, où les mots ne peuvent pas trouver corps, mais
s'abstiennent, tremblent, semblent dans le vide. Il restera
des images, Duras « enfouie dans l'obscurité, derrière des
couches de vêtements... dans la pièce la plus reculée », et
immense, plus présente, infiniment plus indélébile, la vision
de cet Ecce Homo, sculpture des temps modernes,

« l'Homme réduit à son essence irréductible », sculpture vivante de Giacometti. Car c'était bien cela qu'Antelme donnait à voir, la plus secrète fibre de ce qui compose l'homme, le mystère de sa souffrance, l'indicible agencement de ce qui le fait, cette chose, la vie, quand même, sous la chair transparente, l'âme ainsi nommée par impuissance des mots, et tenace, au fonctionnement inexpliqué, miraculeux.

C'est à cette époque que commença pour Duras et les siens ce « complexe de judaïsation ». Bien avant le fameux slogan de 68 « nous sommes tous des Juifs allemands », ils expérimentaient cette identification qui devenait, à leurs yeux, inévitable. Oui, elle, Duras, était une juive, juive à l'exemple de tous ceux qui furent détruits dans le plan de la Shoah, juive comme le sera son futur personnage, Aurélia Steiner, juive comme tous ces gazés — « il y a des mots si difficiles à dire » —, juive pour dire ça, l'extermination du peuple juif, pensée, planifiée, et au-delà de lui, juive pour dire l'exclusion, l'autre toujours rejeté, juive pour le pauvre, l'exilé, l'exploité, le fou, l'écrivain, le maudit.

Déjà, elle avait fait cette expérience, petite fille, dans l'Indochine coloniale. Secrètement annamite, elle se sentait parmi les siens juive, comme si le mot, poétiquement, métaphoriquement, prenait une signification soudain universelle, multipliait à l'infini et jusque dans la nuit des temps le peuple juif aux stigmates fatals, à la douleur antique.

Dans un numéro de la revue *Sorcières* consacré à la nourriture, daté de 1976, elle décrit comme d'habitude, inlassablement, Pénélope tissant et détissant sa toile, revenant toujours ainsi à la trame, à l'essentiel de ses jours, les jours sauvages, passés dans « les manguiers géants », avec le petit frère, et elle dit encore cela : « Comment est-elle notre mère, comment est-ce possible, mère de nous, si maigres, de peau jaune, que le soleil ignore, nous, juifs ? »

Juifs, pour elle, c'est donc métissés, rebelles aux familles, désobéissants. Cela remonte de très loin, cette judaïté, cette malédiction endossée, tant et tant de fois reprise, faisant d'elle un objet de scandale permanent, resituant autrement même le statut de l'écrivain, lui redonnant par là sa fonction biblique, sacrée.

Combien de jours, de semaines fallut-il pour faire remonter à la lumière Robert Antelme ? Quelle patience, quel amour fallut-il pour expérimenter, accepter la lenteur de ce temps où le sevrage prescrit par le docteur Genon-Catalot tentait de faire reprendre chair à celui qu'elle compara à une « écharde », à ce qu'il en était réduit, cœur prêt à tout moment à se rompre, et « qui battait dans le vide » ?

Elle écrivait néanmoins, sur ses cahiers d'écolier, cette douleur, la même que celle de l'attente à la gare d'Orsay, maintenant déportée ici, avec toujours devant elle le spectre de la Shoah, car Antelme, dans ses eaux verdâtres, comparables à celles boueuses du Mékong, qui s'échappaient de lui, incontrôlables, fétides, dans cette « merde » comme elle écrivait, furieusement envahissante, ravageant tout sur son passage, comme les eaux de la mer de Chine détruisaient les barrages, autrefois, Antelme devenait le juif immense, universel, l'exemplaire souffrance de l'Homme juif, le signe vivant de sa malédiction.

Et la main de Duras déjà se faisait inconsciemment « courante », le style trouvait sous l'effet de cette douleur, à l'image de sa respiration, les allées et venues irrégulières, chaotiques de cette lutte, de ces assauts de la mort.

Elle trouve soudain des accents prophétiques, quelque chose se passe en elle, qui lui donne ce droit d'affirmer, de dire avec cette force, ce sens de l'ellipse qui font d'elle une visionnaire. Il n'est pas rare de trouver sous sa plume, dans ses entretiens, cette expression obligée des mystiques, « je vois ». Elle dit « je vois », et se déroulent alors ses phrases d'aspect presque incantatoire, pythique, et simples cependant. Maintenant, c'est Auschwitz qui l'appelle, lui donne à travers cet homme, son mari, l'intelligence, le vrai savoir. « Et je vois, dit-elle, et j'entends... Je vois qu'on tue les juifs, que c'est des juifs qu'on tue, je vois que je ne comprends pas et j'en suis toujours là. » C'est dans cette interrogation du monde, d'elle-même, des injustices, des blessures du corps et de l'âme, qu'elle se surprend sans cesse, appelée.

Dans *la Douleur* qu'elle écrit dans la clandestinité d'elle-même, dans ce journal houleux, haineux, dans ce quotidien sauvage, déjà elle dénonce, prend acte publiquement de son devoir d'écrivain, mais dans cette fougue, cette barbarie que ne pouvaient posséder ni Sartre, ni même Malraux. Antigaulliste, elle dénonce la conception aristocratique du général, son silence sur les camps, cette idée supérieure de la patrie quand ses fils mêmes avaient été envoyés à la mort, les funérailles nationales décidées pour Roosevelt mais le deuil absent, ignoré pour les juifs. Alors en elle se déclenche comme une rage, une colère froide, brutale qui la rendent encore une fois différente des autres, et cette pulsion du meurtre, de la violence tragique s'empare d'elle. A Paris, c'est justement l'heure des règlements de compte. L'heure où, comme dans les tragédies antiques, c'est de nouveau le temps d'expier, de réveiller la machine infernale. L'épuration commence. Et comme une cathare avec cette foi en elle, en sa logique, en ce qu'elle croit sa pureté, avec son intransigeance coutumière, Duras commence sa guerre à elle. Rue Saint-Benoît, il y a le spectre des camps, la vengeance à assouvir, ce cri qui monte en elle, puissamment, et qui dit à ceux qui tabassent le collabo, défoncent son corps de lâche, de donneur de juifs, de tant d'autres Robert Antelme, « c'est pas encore assez », et quelque chose d'infernal se met en marche, elle veut qu'il parle, il faudra bien qu'il parle, qu'il reconnaisse sa honte, sa faute. Et déjà, dans les deux cahiers abandonnés à Neauphle-le-Château qui feront plus tard *la Douleur*, elle est cet être divisé d'elle-même, de son propre moi, qui ne dit plus je mais elle. Elle incarne désormais la justice de ce pays, « elle est petite, elle n'a envie de rien. Elle est calme, et sent une colère calme en elle...

« Elle est la justice comme il n'y en a pas eu depuis cent cinquante ans sur ce sol. »

Après la guerre, c'est encore la guerre. Il pleut des coups, des poings, des matraques, du sang coule dans les arrière-salles des cafés, des écoles communales, des cellules de quartier, et elle prend part à cette vengeance populaire, en elle une force sourde lui dicte de continuer le combat. Dehors, dans son quartier de Saint-Germain-des-Prés, il y en a qui veulent que ça change. Les boîtes de nuit, le Tabou, le club Saint-Germain, les modes nouvelles, les chansons mélancoliques mais qui peu à peu reprennent goût à la vie, et les poumons de Boris Vian qui s'essoufflent dans sa trompette de jazz, et la langueur noire de sirène, d'infante boudeuse de Juliette Gréco, qu'on appelle ici Jujube, et qui chante Queneau, se coule avec cette affectation un peu sotte de petite fille perverse sur les moleskines des Deux Magots.

La célébration de la victoire se poursuit à Saint-Germain-des-Prés nuit et jour, une euphorie semble posséder le quartier, dans une « débauche de fraternité », comme disait Simone de Beauvoir. Les cafés ne désemplissent pas, le Royal Saint-Germain, le Flore, le Montana où les collaborateurs des *Temps modernes* venaient travailler, le Pont-Royal, fief de Sartre contraint par sa notoriété à s'établir ici, fuyant le Flore où sa présence tournait à l'exhibition, Lipp enfin, au style plus aristocratique. Saint-Germain-des-Prés n'est plus, comme disait Roy, « le village des années 40, gros bourg sous son clocher carré, avec ses cours résonnant des outils d'artisans, son petit peuple de petits métiers », qu'aimait tant Duras, il est devenu le siège d'une activité hybride, presque surréelle où se côtoient des clans, des clubs, des fractions opposées, des élans fraternels, une sorte de romantisme effervescent où les jeunes croisent les anciens, Artaud, Breton, Queneau, Martin du Gard, où une fièvre créatrice parcourt les terrasses, les ateliers, les bureaux des maisons d'édition, des revues, *les Temps modernes*, *Esprit*, le Seuil, Gallimard.

Qu'en est-il pour Duras ? Si elle aime à fréquenter le café Bonaparte plutôt que les Deux Magots, c'est parce que l'atmosphère y est plus libre, plus déliée, moins à la mode, moins convenue donc. On la voit aussi au Petit Saint-Benoît, un restaurant singulier à la carte familiale où s'agglutinent tous les artistes, les créateurs du quartier, dans une promiscuité fraternelle qui lui convient mieux.

Mais des occupations plus cruelles, plus vengeresses la requièrent.

Dans Paris libéré, « avoir vingt ou vingt-cinq ans, écrivait Simone de Beauvoir, cela paraissait une énorme chance : tous les chemins s'ouvraient ». Une fébrilité s'installe dans la ville à laquelle Duras et ses amis participent, tous décidés à « venger l'innocent », comme le clamait Paul Éluard, dans *les Lettres françaises*. Si la politique d'épuration ne rassemble pas tous les intellectuels, ceux du Comité national des écrivains, ceux du journal *Combat* menés par Albert Camus en sont les plus farouches partisans. Il s'agit de venger les victimes, de ne pas être du côté des Paulhan et des Mauriac qui préfèrent « pardonner et oublier ».

Indomptable Duras acharnée à poursuivre, à mettre au jour la réalité des bassesses, les lâchetés des jours plombés !

Ce jugement dont elle est sûre, cette portée fatale qu'elle donne alors à ses actes sont sa nécessité, son exigence. Elle se sent comme responsable de cette horreur, de cette douleur, responsable de la vengeance. Et en elle, à la fois la haine et la cruauté implacable, les mêmes armes que ses ennemis, et la détresse, l'amour, les pleurs qui montent dans ses yeux, ce trop-plein du malheur, sourdement consciente du message de Robert Antelme, celui qu'il porte en lui : qu'entre les Allemands et eux-mêmes, il n'y a pas de différence, c'est toujours de l'espèce humaine qu'il s'agit. Et quand Antelme leur racontait sa déportation, qu'il leur disait que quoi qu'il pût arriver, quoi qu'on les fît devenir, des loques, des résidus d'hommes, des déchets, il affirmait toujours que jamais ils ne pourraient « devenir ni la bête ni l'arbre », car « il n'y a qu'une espèce humaine ». Le bourreau peut « tuer un homme, mais il ne peut pas le changer en autre chose ».

Elle se rappelait cela quand, épuisée, elle faisait cesser les tortures, demander qu'on arrêtât de frapper le milicien, et elle pleurait. Car comment concilier ce qu'il y avait en elle, cette haine et cet amour ? Comme toujours en elle vivait le conflit de cette mère aimée et haïe tout à la fois, et comment ne pas comprendre que ce n'était que dans cette « folie » qu'elle pourrait exister, dans cet excès de sentiments, dans ce vivier de rancunes, de passions, de quêtes d'amour ? « Dégueulasse », elle se sentait dégueulasse, comme le disait une femme à son encontre, pas une collabo pourtant, dégueulasse, voilà ce qu'elle était. Mais comment non plus ne pas l'être ? Chez elle, il y avait une ambiguïté de comportement qui toujours déciderait de sa course, de sa marche dans le siècle.

Elle était la justicière cruelle, implacable, et des failles cependant se faisaient jour. Elle semblait tout d'une pièce aux autres et pourtant, quelle liberté elle exprimait ! Paradoxale, elle pouvait se comporter en militante communiste brutale et obéissante, et en même temps révéler des failles qui la rendaient suspecte, là aussi, dangereuse. Elle pouvait tout aussi bien dire au « bourreau » : « Encore », et trouver de la noblesse, de la grâce à la « victime », se sentir plus près d'elle que de ses amis politiques, éprouver auprès d'elle « comme une parenté ».

Près de Ter le milicien, sa proie, elle capte son goût de

la vie, comme elle il a cette sensualité du monde, cet état d'enfance qui le retiennent encore. Et elle est fascinée par son désir de vivre, son amour du jeu, des femmes, des autos. Elle est aussi ce mélange, bourreau et aussi amoureuse de sa victime, elle aime tout ce qui exprime le pouvoir de la vie, la différence, la violence, la conquête, la jeunesse.

Qu'importe si la confusion s'installe, c'est dans ce mouvement constant, dans cette course aveugle du Navire-Night, obscure, irrégulière et imprévisible, acceptant ses escales, ses virées de bord, qu'elle est tout entière. C'est un vertige proche de celui qu'elle éprouve pour le frère « voyou », brutal et cynique ; elle voudrait l'exclure de son enfance, et il devient la matière de son imaginaire, elle donne Ter le Milicien aux F.F.I. et elle a du désir pour lui.

Quand elle relate ces événements sur ses cahiers qu'elle donnera bien plus tard à lire, c'est pour elle seule. Le lecteur, le témoin-voyeur n'y entre pas. Elle les abandonnera pendant des dizaines d'années dans sa maison de Neauphle, et ils seront comme des braises qui couvent toujours. Elle finira même par les oublier, prise dans d'autres activités, mais les récits égarés au fond de leurs armoires bleues ressemblent à des veilleurs. Elle dit au lecteur : « Apprenez à lire : ce sont des textes sacrés. » Dans la formulation même, elle affirme le rôle qu'elle assigne dès lors à la littérature : initiatique, porteur de secrets à découvrir, de lumière dans la nuit. Sur ces cahiers-là, du religieux se déroule, non pas obéissant à quelque catéchisme, mais quelque chose qui a trait à la mystique, à cette tension du mental et du sentiment qui se dit au lieu le plus resserré de l'écriture, dans sa nudité'

C'est tout un pan d'elle qui échappe à ce qu'elle appellera, en 1985, « le voisinage nauséabond du P.C. », auquel pourtant elle appartient encore mais par rapport auquel inconsciemment elle « prend le large ». L'écriture est rebelle au dogme, elle fuit sans qu'elle s'en rende même compte dans des zones limites du dit, comme si elle ne pouvait exister que là, dans ces secrets à enfouir, dans ces armoires obscures où s'archivent les désirs, les malheurs, les douleurs.

Comment faire encore l'aveu du désir pour Ter le milicien ? Comment célébrer à voix haute son désir de vengeance ? En douce, hors de la ville, dans cet espace réduit et sombre où l'écriture se donne, elle franchit l'interdit, la parole communautaire, la simplification dogmatique.

L'écriture est désormais l'endroit de la transgression, de l'ambigu désir, du tout est possible, de l'inconvenant, du désobéissant à toutes les lois, à la Loi. En elle, quelque chose d'indicible se préserve et se méfie des embrigadements, des discours tout faits, des écoles de pensée. Elle voudrait, elle le sent déjà, que le livre se conçoive, comme ça, dans sa tempête, dans ces mouvements imprévisibles de la mer, où alternent le calme et la vague, dans ce tangage où l'âme est contrainte et forcée d'avancer.

De cette histoire de Robert Antelme, jamais elle ne se remettra vraiment. Son énergie à venir, ses dépenses immenses de travail, de défi, c'est peut-être à cause de Robert Antelme. Ces silences dans l'œuvre qui monte, ces trous béants, ces précipices que soudain les mots ne peuvent plus franchir et qui donnent le vertige à la page laissée comme ça, avec ses creux et ses fosses, c'est peut-être encore à cause de Robert Antelme. A cause des camps, du silence des camps, des nuits froides dans les forêts alentour, à cause des pieds gelés de sa sœur Marie-Louise Antelme, morte de l'Allemagne, à cause d'Antelme, de cette mémoire des sévices qu'il portera toujours avec lui, même plus tard, quand il sera si modeste, à travailler chez Gallimard, traduisant, adaptant mais muet sur l'enfer, cherchant à apaiser, à pacifier Duras, à tempérer sa violence sauvage.

Entre elle et lui, c'est comme le nœud d'une passion que rien ne parvient à défaire. Parler d'Antelme, c'est toujours revenir à la douleur, à ce qu'il lui a été donné de connaître, à cette épouvante-là jamais enfouie. Elle s'en souvient encore quand pendant le mois des morts, en novembre 1990, elle apprend de Dionys Mascolo son décès survenu aux Invalides. Toujours Antelme portera cette réverbération de la douleur, cet écho d'une souffrance, peut-être l'éclat même de son œuvre à elle, aux reflets obscurs et tragiques.

Antelme est mort, il a réchappé des camps de la mort, mais il est là, maintenant, enseveli sous la terre du cimetière Montparnasse, et elle, a-t-elle jamais cessé de l'aimer vraiment ?

Il faut croire à l'admirable présence d'Antelme, à cet homme que Claude Roy croit être d'une autre espèce, « exceptionnel », tant tous ceux qui l'ont approché et aimé ont subi sa fascination et ressenti ce qu'il faudra peut-être appeler sa sainteté. Par son silence, au retour des camps, il a continué à témoigner, à être un modèle, comparable à *l'Idiot* de Dostoïevski, révélateur de tous les autres êtres, forçant chacun « à être au pied du mur ».

Sa vie fut une longue leçon de militantisme, car aux camps, militer, c'était « lutter raisonnablement contre la mort », militer, c'était encore fouiner « comme un chien dans les épluchures pourries », sans que cela soit une bassesse ou « entame aucune intégrité ». Militer, c'était encore être communiste, croire au Parti (auquel il adhéra avec Mascolo en mai 1947) qui prétendait lutter contre l'exploitation de l'homme par l'homme, et c'était, malgré la brisure de l'exclusion, croire encore, comme disait Roy, « à l'idée de Marx que l'héritage doit tomber dans les mains... des plus déshérités », militer, c'était aussi rester communiste dans son acception la plus sacrée, la plus authentiquement prophétique.

Militer, c'était enfin prouver qu'il agissait quand même malgré ce silence auquel il s'était rendu et qui était devenu le message le plus parlant, le plus essentiel.

Et pourtant Duras sait aller jusqu'au bout de son désir :
elle veut vivre désormais avec Mascolo, avoir un enfant
de lui. Éprouve-t-elle une confuse culpabilité en annonçant
cela à Antelme ? Malgré le danger psychologique que cela
pourrait représenter dans son état, elle lui confirme son
intention. Antelme accuse le coup, enfouit cette douleur,
demande s'il est possible « qu'un jour on se retrouve ». Elle
dit que non, que c'est définitif. C'est dans cette
intransigeance-là, sans compromission qu'elle vit, dans
cette farouche liberté, dans cet absolu exigeant et cruel,
sans pitié.

Août 1945. Elle accompagne Antelme en Savoie dans
une maison de repos pour déportés. Il n'a pas encore récu-
péré. Il a en lui ce silence, ces absences, cette espèce
d'impossible accomplissement qui l'empêchent d'être avec
les autres, de parler, et le coupent soudain de toute
conversation, et son regard soudain se détache, vacille et
part très loin.
    Dans le ciel d'Hiroshima s'élève un champignon
d'épaisse mousse blanche. Shoah, deuxième.
    L'horreur s'écrit en toutes lettres aux manchettes des
journaux. On parle de deux cent mille Japonais morts. « Ce
jour-là, dit-elle, je me suis mise à pleurer C'était un événement personnel. Il n'y a rien d'aussi violent, d'aussi horrible. Un paroxysme ressenti de manière collective et
immédiate. » La douleur se dépose aussi comme des sédi-
ments dans ces cuvettes silencieuses de la mémoire. Beaucoup aussi de cette douleur se dissoudra, s'évaporera dans
l'oubli, dans la répétition des jours et des nuits, dans le
renouvellement des désirs, dans le cours mélancolique des
amours.

Il faut de ces fractures-là pour devenir écrivain, de ces pleurs nécessaires pour avancer sur la route. Pour Antelme, ne plus parler de la nuit allemande, c'est en raconter le froid, l'hiver retors qui prend aux mains, aux pieds nus, la faim, la crasse des *blocks*, des vestes rayées, la solitude, l'oubli. Il écrit ce livre, *l'Espèce humaine*, peut-être le seul vrai chef-d'œuvre que les camps aient inspiré à la littérature. Écriture en rafales, qui se souvient dans une énergie sacrée du moindre détail, du plus insignifiant moment du jour, du rien de cette vie limite, d'un regard vers le ciel, de la chaleur tiède et douce de son urine dans ses mains, de la cruauté de l'espèce, de toute l'espèce, S.S., kapos, détenus, tous réunis dans cette clôture où ne se jouent, comme dans l'arène, comme dans les huis-clos de tragédie, que la vie et la mort, leur lutte acharnée pour gagner, la vie sans besoin, sans désir, et la mort aussi, où ne se déploie, comme dirait Maurice Blanchot, que « l'égoïsme sans ego », et où l'obstination à vivre n'est qu'un « besoin vide et neutre ». Effroyable manuscrit qu'il livre à Duras et Mascolo pour le publier dans la petite maison d'édition qu'ils viennent de fonder et qui porte le nom de La Cité universelle et dont Duras et Antelme sont les directeurs. La création de cette maison n'avait pas nécessité de grandes mises de fond, car Duras avait bénéficié de l'aide d'un petit imprimeur, directeur lui-même des éditions Nicéa, qui avait publié des « romans de gare » de Duras sous un pseudonyme pendant la guerre. De plus, les structures de la maison étaient extrêmement modestes puisque Duras, Antelme et Mascolo en assuraient à la fois le secrétariat et les tâches d'édition. Publier *l'Espèce humaine*, c'était aussi publier, révéler le rythme, la scansion, le souffle de cette douleur, l'impitoyable lucidité qui animaient alors aussi bien Duras et Mascolo qu'Antelme. La phrase d'Antelme a ceci de bouleversant qu'elle n'intervient pas sur le psychologique, le spectaculaire, mais, précise, haletante dans ses images, finit par devenir pathétique, dans ce lieu de l'immobilité qu'était le camp : mutisme du temps, réduit aux mêmes

gestes, malgré les déportations, les routes, les voyages
plombés, mutisme d'une vie qui n'avait plus d'avenir, et
s'enkystait là, dans ce périmètre ceint de barbelés, balayé
par de puissants projecteurs, soumis aux bourreaux.

4

« Militante de l'antimilitantisme* »

* Entretien avec Alain Vircondelet in *Marguerite Duras*, Seghers, 1972.

Ils continuèrent à se retrouver, tous, amis de Duras, Mascolo, Antelme, dans cet appartement de la rue Saint-Benoît, livré aux conversations, au libre jeu de la parole, dans une ferveur quasi romantique. « Judaïsés, communisés », selon les mots de Mascolo. Il y avait en eux une liberté retrouvée, une sorte d'impatience, d'effervescence intellectuelle qui, confusément encore, les éloignait de ce communisme orthodoxe auquel pourtant ils s'étaient attachés. Ils avaient alors, comme dit Mascolo, « de l'avance sur la révolution ». La nature farouche, révoltée de Duras, cette vision sacrée de l'écrivain qui naissait en elle sourdement, tenait davantage de l'aventure d'un Mozart ou d'un Rimbaud que de celle des militants purs et durs.

Des personnalités aussi éloignées de l'esprit stalinien que celles d'Edgar Morin alors âgé de vingt-quatre ans, à l'esprit franc-tireur, effervescent comme un romantique de 1830, et Maurice Blanchot, déjà secrètement engagé dans les dédales obscurs de l'écriture, participaient à ces rencontres informelles, dans cette maison de passage qu'était devenu l'appartement de la rue Saint-Benoît.

Des vents violents, contradictoires, des paroles suspicieuses sur Moscou circulaient ; là encore, le Navire-Night s'avançait dans des zones turbulentes, ne pouvait se frayer une route balisée, qu'aucune carte n'indiquait.

De tous les lieux de rencontre qui naquirent après la Libération, ou de ceux qui sortirent de leur clandestinité, c'était
à coup sûr celui de la rue Saint-Benoît qui était un des plus
puissants d'imagination, des plus riches en idées, des plus
libres peut-être. Une vie fantasque, déliée y circulait, où
se côtoyaient fraternellement Clara Malraux, Merleau-
Ponty, Ponge, André Ulmann. L'esprit de contestation y
régnait, dans l'odeur âcre du café, tous ceux qui participaient à ces rendez-vous « ne voulaient pas ''aller au peuple'', seulement être avec lui ». C'était dans ces conflits
de conscience, entre leur appartenance au Parti et leur désir
de liberté qu'ils se frottaient au renouveau du siècle. Duras,
telle que la décrit Claude Roy qui fréquentait le lieu, avec
son mélange habituel de férocité et de tendresse, de non-
chalance et de violence soudain détonante, avait la passion de la religieuse portugaise et la fragilité abrupte et
tendue d'Édith Piaf, sa dureté de diamant noir. Quelquefois, « des aigrettes de folie » jaillissaient d'elle, et elle partait en guerre avec « sa brutalité de chèvre ».

En elle, des forces mêlées, contraires, révélaient ces gise-
ments profonds où elle irait plus tard piocher la matière
vive de ses romans.

Et toujours au cœur des conversations, la même interrogation : comment rester communiste en acceptant les
compromissions du Parti, en légitimant par un silence
approbateur ses dérives ? Comment rester fidèle à cet idéal
de jeunesse qui avait fait croire que seul le Parti pouvait
défendre les opprimés, et que sous sa protection, le monde
pouvait changer ?

Comment ne pas douter de cet homme nouveau que le
Parti avait promis et auquel tous avaient cru angéli-
quement ?

A cela, Antelme qui revenait de l'horreur, avec cette
intelligence paysanne à la fois bourrue et ironique, laissait tomber : « Oui, le Parti a créé un con de type
nouveau. »

Il y avait de l'enthousiasme mais une certaine gravité aussi, comme dans le temps des tragédies, c'était un temps lourd de tous les autres jours passés, et de l'inconcevable. Edgar Morin publia en 1946 à La Cité universelle *l'An zéro de l'Allemagne* et Mascolo les œuvres de Saint-Just. Duras, forte et pesante de l'holocauste, du massacre d'Hiroshima, commençait elle aussi une nouvelle vie, au regard dessillé, et marquée à jamais de la souffrance aveugle et muette d'Antelme.

Néanmoins il ne faut pas imaginer Duras à cette époque uniquement comme une héroïne de tragédie. Être à facettes multiples, elle peut aussi donner d'elle une image gaie, heureuse, que le pathétique de son existence consent quelquefois à laisser voir. C'est dans cette mobilité de tous les instants qu'elle peut le mieux se définir, dans cette lucidité cruelle du monde et d'elle-même, et dans cette sorte d'euphorie intellectuelle, sûre aussi et déjà de la fascination qu'elle exerce sur les autres. Capable de saisir d'un trait, d'un regard une situation, un être, elle a cette intelligence suprême, cette capacité de percer au-delà, et de rire.

Elle aussi réapprend à vivre après la guerre ; sensuelle, elle a besoin de retrouver les senteurs de la nature, de se replonger dans la mer, sans la peur, atroce, qui adhérait à sa peau, de remonter ses jupes et de sentir l'eau des vagues sur son corps, le vent de la Riviera à Bocca di Magre courir doucement sur son cou. En elle se conjuguent ces deux violences, la lutte et la contemplation, la rage des lendemains et l'immobilité de la vacance.

En 1946, comme elle l'avait décidé, elle divorce d'avec Robert Antelme. Elle veut un enfant de Mascolo qu'elle aura un an plus tard, un garçon, Jean. Antelme est toujours près d'eux, comme s'ils avaient encore besoin l'un de l'autre, de la douceur, des secrets, de la présence inconsolable de l'amour passé. *L'Espèce humaine* est enfin publiée en 1947 à la suite des ouvrages de Morin et de Mascolo. Le livre fait une forte impression, comme porté par l'immense souffle et la frénésie retenue comme un caillou dans l'écriture. Antelme y devient le choreute de la tragédie, et l'errance mortelle prend, comme dirait Duras, « le large de la littérature ». C'est la vie vraie d'Antelme pourtant, et c'est l'au-delà de la vie, l'autre versant, l'inimaginable d'elle et son sublime, c'est-à-dire ce qui l'entraîne très haut, dans les régions les plus élevées de l'âme. Comment, après *l'Espèce humaine*, écrire un autre livre ? Comment retrouver cette hauteur de la pensée, comment le moindre écrit de sa part ne ferait-il pas désormais « honte à la littérature » ?

En compétition avec *la Part du feu* de Maurice Blanchot, *l'Espèce humaine* se verra attribuer le prix de la Côte d'Amour en juin 1949 quand il sera réédité par Robert Marin. Le jury est composé de neuf femmes, parmi lesquelles Gala Barbizan, la fondatrice du futur prix Médicis, Odette Joyeux, Dominique Rolin, Claude-Edmonde Magny, Annette Vaillant, Nicole Védrès. Le livre, lentement, connaîtra une reconnaissance absolue, mais dans ce silence et cette distance propres aux livres sacrés, porteurs de vérités terribles, religieuses.

De la vie, Duras voulait tout connaître. Curieuse, enfreignant les règles, elle possédait au plus haut degré cette soif de savoir, de percer des secrets. Avoir un enfant, c'était au-delà de cette preuve de l'amour, comme l'accomplissement d'une partie de son être, une connaissance supérieure, un manque qu'elle voulait combler et dont elle pensait que toutes les femmes devaient avoir l'expérience. Son esprit libertaire, malgré son adhésion au P.C., balayait toutes les idées reçues ; contestataire, elle était plus proche du nihilisme que de l'idéologie communiste ; hostile à toutes les institutions, elle voulait néanmoins réaliser ce qui lui paraissait essentiel à la femme, ce miracle de la vie à donner. Lourde de cette hérédité de femme, elle voulait de nouveau voir se révéler de l'intérieur la mystérieuse alchimie de la vie, la rumeur sourde venue d'elle et d'ailleurs à la fois.

Son œuvre à venir se nourrira de ce savoir vécu, pétrie de cette annonciation que relaieront tous ses livres. Elle dira tous les mouvements internes de la vie, ces passages inconnus où l'être dérape, ne comprend pas, reprend sa marche, aveuglément.

Ce désir de découvrir, d'aller au plus loin de soi et jusqu'à ce silence, ce blanc, lui fera très vite comprendre que jamais le parti communiste ne pourra en être pour elle une des voies d'accès. Douée de cette impatience, de cette fougue, de cette « mobilité » dont parle Mascolo, elle tient à faire de son appartement de la rue Saint-Benoît le lieu où circule l'Esprit, bouillonnant d'idées, rendant à l'intellectuel la parole et son rôle de provocateur, de tremplin d'idées, glorifiant le soupçon.

Alors que Sartre, dans le petit appartement où il s'était installé tout près de la rue Saint-Benoît, à l'angle de la rue Bonaparte, recevait ses amis pour de mémorables soirées que Beauvoir racontera dans ses *Mémoires*, au cours desquelles les discussions philosophiques ou politiques dégénéraient souvent en débauche, le lieu de Duras revêtait un autre style. Très vite elle soupçonna Sartre de ne pas servir la même cause révolutionnaire qu'elle, d'être, comme dira Mascolo, « un gâcheur de chances ». Elle réfuta ce rôle de médium qu'il endossa non sans complaisance, lui déniant une certaine authenticité. S'ils devaient se retrouver souvent signataires des mêmes pétitions, leur engagement était différent, celui de Duras, plus absolu, plus violent, moins « rassurant » enfin que ne l'était l'attitude de Sartre. C'est pourquoi ils ne faisaient pas partie de

« la même bande », n'avaient pas les mêmes lieux de rencontres. Ce soupçon envers Sartre se poursuivit même très
longtemps puisqu'en 1984, lors de l'émission «Apostrophes », elle lui refusa le terme d'écrivain. C'était en fait
là que leur séparation se jouait, dans cette conception sacrée
de la littérature que Sartre refusait. La sécheresse idéologique de Sartre ne pouvait pas comprendre la sensualité
si mobile, si aléatoire de Duras. Le désir ne circulait pas
dans les ouvrages du philosophe, elle sentait déjà en elle
les déplacements de la langue, sa fluctuance, ses remue-
ments de vague, les mêmes que ceux qu'elle attribuerait
aux violences des passions, à leurs assauts imprévisibles.

L'engagement communiste de la plupart de ses invités
contribuait cependant à donner aux réunions de la rue
Saint-Benoît un style plus intellectuel. Selon le témoignage
de Claude Roy, l'atmosphère de la maison ressemblait à
celle qui régnait « dans les romans russes des temps de
l'intelligentsia, où entrent et sortent, à chaque instant, trois
idées, cinq amis, vingt journaux, trois indignations, deux
plaisanteries, dix livres et un samovar d'eau bouillante ».
Duras en était l'âme, avec son « esprit abrupt », sa « véhémence baroque et souvent cocasse, une ressource infinie
de fureur, d'appétit, de chaleur et d'étonnement ».

Au cours de ces soirées, qui se prolongeaient très tard
et où les invités pouvaient même dormir, se rencontraient,
outre Mascolo, Antelme et Duras, Edgar Morin, Jean-
Toussaint Desanti, Jorge Semprun, Maurice Merleau-
Ponty, Clara Malraux, Francis Ponge, Simon Nora, Jean
Duvignaud, quelquefois Bataille et Blanchot. Une activité
subversive, véhémente, fiévreuse, encouragée par Duras
elle-même, faisait de son appartement un endroit suspect,
« fractionnel » ; une liberté de ton circulait qui était complètement étrangère à la parole proférée dans les réunions
de cellule où ils se rendaient presque tous néanmoins, déchirés très vite, après la guerre, entre leur appartenance viscérale, presque mystique au communisme et la révélation
des petitesses, des mesquineries, des mensonges, des paroles

murées dans leur idéologie, comme celle d'Aragon qui devint très vite une cible pour eux. Ce qu'il croyait être au départ une force, cette double appartenance, comme disait Edgar Morin, « au parti d'une part, à l'intelligentsia de gauche d'autre part », devenait en réalité un crime. Eux qui croyaient « modifier la politique culturelle » entraient dans le temps du soupçon : « Tout se décidait très haut et très loin de nous, même pas chez Casanova, même pas chez Thorez, mais là-bas, dans le grand Nord. La politique culturelle devenait donc elle aussi une fatalité qu'il fallait subir. »

S'il est une constante dans sa vie et dans son œuvre, c'est bien celle de la parole proprement révolutionnaire, subversive, transgressive. Une peur panique de se scléroser, de s'assagir la hante toujours. Confusément, elle se sent plus proche de Michel Leiris, d'Elio Vittorini et de Raymond Queneau que des apparatchiks, Aragon, Kanapa, Casanova. De même, Mascolo, Antelme qui avaient adhéré au printemps 1947 au P.C. sentent, eux aussi, cette incompatibilité et à peine cinq ans après la guerre comme Duras ils devront quitter le Parti. Duras adopte le plus souvent le même discours qu'Antelme et Mascolo, prône une disponibilité de la parole peu conforme à la dialectique stéréotypée du Parti, dresse un portrait de l'intellectuel indigne de l'image pieuse du bon stalinien qui était alors véhiculée dans les milieux officiels. Rue Saint-Benoît, le « couvent » intellectuel, pour reprendre le mot de Mascolo, s'agrandit et une fracture sensible se dessine avec le « groupe d'études marxistes ». Constitué autour de Mascolo, Morin et Vittorini, le G.E.M. ne laisse pas d'être critique à l'égard du Parti, menace de devenir « fractionnel ». La personnalité de Duras incitait aussi à cette subversion. Elle était l'âme de ces réunions, une sorte de précieuse révolutionnaire animant les débats, aimant à rassembler, à présenter, à compter chez elle la pointe avant-gardiste de l'intelligentsia de l'époque.

Rester néanmoins communiste sans l'aval du Parti, c'était pour elle tenter l'impossible réconciliation. C'était une sorte de fidélité qui la maintenait encore là, dans le sein de cette « famille ». Fidélité à la guerre, à ce combat qu'ils avaient tous mené, les libéraux, les résistants. Fidélité à certains idéaux que chantait alors le Parti, la lutte contre l'oppression capitaliste, l'égoïsme, l'injustice. Autant de termes abstraits en lesquels, avec une certaine forme de romantisme et de naïveté, celle qui était devenue la petite secrétaire de cellule de la rue Visconti croyait encore. Mais elle ne pouvait nier ce dont elle serait bientôt victime : le dirigisme inacceptable, la parole publique muselée, le discours officiel archaïque. Elle voyait la police s'infiltrer perfidement au détour des regards et des motions.

Esprit sauvage et profondément rebelle à toute forme de loi, elle manifesta toujours une aversion épidermique pour la police, porteuse de tous les vices, de toutes les trahisons. L'image brutale de la Gestapo lui est comme à jamais restée attachée. La police, les chiens, les fils barbelés, l'enclos des camps et la forêt complice sont les emblèmes funèbres et fatals de la tragédie du monde qu'elle écrit.

Il devait aussi y avoir comme une fidélité à Antelme dans son appartenance fraternelle au Parti, par rapport aux camps, à la part que la Russie avait prise dans le combat contre les Allemands. Mais comment retenir sa colère, sa violence souterraine, nourries de sa haine des entraves et des mensonges, comment bâillonner plus longtemps cette pureté utopique à laquelle elle finissait par croire, cette innocence grave ? Peu à peu la rupture s'affirmait. Le goût des destructions, des solutions radicales l'appelait à quitter le P.C. Elle lui reprochait surtout ce « nivellement de l'intelligence, ce déplacement horrible de la personne à son cadavre ». Car ce qu'elle voyait se profiler, là, dans ces rapports du Comité central qu'elle lisait dans ses réunions à la cellule de la rue Visconti, c'était le même embrigadement, le même catéchisme laïc, la même sacralité morbide et mortifère qu'elle avait dénoncés chez les Allemands comme chez les catholiques. Elle se sentait douée d'une jeunesse renouvelée, que l'intelligence ressourçait en permanence, dans la pratique de la critique, dans les remises en question des dogmes, dans ce perpétuel mouvement des idées auquel elle se soumettait.

Son individualisme l'obligeait à un défi solitaire, à des affrontements moins idéologiques, mais à une provocation constante d'elle-même. C'est à ce titre qu'elle se savait surtout écrivain. Communiste accessoirement, militante pour plus très longtemps. Elle soupçonnait que l'écriture ne pouvait trouver sa source là, dans cette langue masquée, dans ces modèles de plomb qu'on lui proposait, dans ces cadres rigides, brutaux.

Non, l'écrivain ne pouvait être communiste comme pouvaient le prétendre Elsa Triolet et Laurent Casanova qui affirmaient sans ciller qu'un écrivain « anticommuniste » ne pouvait avoir de talent. « Par contre, semblait-il, raconte Edgar Morin, le talent le plus exquis authentifiait toute œuvre d'édification stalinienne. Le génie commençait à se mesurer à l'approbation du Bureau politique. »

Sous l'impulsion d'Andreï Jdanov, membre du Bureau politique du parti soviétique et chargé de veiller au dépôt de l'orthodoxie stalinienne, les intellectuels communistes subissaient une étroite surveillance. Pour Moscou, il n'y avait que deux blocs : les États-Unis et l'Union soviétique que tout opposait, et la lutte devait aussi se placer sur le terrain culturel. Tous ceux qui exprimaient des nuances, comme Vittorini par exemple qui avait fondé à Milan le journal *il Politecnico*, prenant quelque distance avec le bureau central, admirant Faulkner, Hemingway, Joyce, furent lâchés par le Parti, traités de déviationnistes.

C'était pour ces mêmes raisons qu'elle aimait justement Elio Vittorini, le Sicilien de Syracuse, l'aristocrate de la pensée, « un de ces paysans auxquels les princes et les grands devraient être fiers de ressembler », comme le définissait Claude Roy.

Intransigeant comme elle sur la liberté de la culture, il déniait au politique le droit de s'y ingérer, parce qu'il le jugeait du « domaine de la nécessité, donc de la ruse, du mensonge inévitable ».

La suspicion du P.C. à l'égard de Mascolo et, partant, de Duras avait commencé en réalité très tôt, après l'adhésion de Mascolo au P.C. Les prises de position de Vittorini, auquel Mascolo et Morin avaient prêté leur aide complaisamment en l'interviewant dans *les Lettres françaises* du 27 juin 1947 — soit un mois à peine après son entrée —, les avaient fait traiter par Casanova de « vittoriniens ». En effet dans ce long article, Vittorini proférait une parole neuve, pleinement révolutionnaire, qui sembla aussitôt déviationniste au Comité central. « Je crois, disait-il, que toute philosophie doit être complétée. Elle n'exprime jamais la vérité entière d'une époque. Ce sont les forces rationnelles et les forces de poésie qui produisent les œuvres dont l'ensemble exprime la vérité de cette époque. » Mascolo, sous le nom de Jean Gratien, sollicitait la réflexion de Vittorini dans une direction inacceptable pour le Parti : « L'écrivain, disait-il, le poète sont donc des porte-parole essentiels de la vérité ? » « C'est l'écrivain qui "donne à voir", comme dit Éluard », rétorquait Vittorini.

L'article enfin resituait le communisme dans une voie révolutionnaire, toujours ouverte, toujours plus libre : « C'est dans l'action révolutionnaire seule que la moralité commence à exister réellement, déclarait-il. Le communiste ne veut pas construire une âme collective. Il veut réaliser une société où les fausses différences soient liquidées. Et ces fausses différences liquidées, ouvrir toutes leurs possibilités aux vraies... On va au communisme par amour de la liberté complète de l'homme, par désir de réaliser l'idéal de l'homme complet. »

La colère de Casanova fut grande : « Nous n'avons pas à recevoir de leçons d'un Italien », déclara-t-il avec quelque relent xénophobe. La déclaration à laquelle Mascolo avait poussé Vittorini : « Le principe "la fin justifie les moyens" ne saurait être d'aucune manière un principe communiste ? — Non, d'aucune manière », sonna le glas de la confiance entre Mascolo et ses amis Morin, Duras, Antelme, et la direction centrale. Désignés comme des intellectuels inadaptés dans la classe ouvrière, ils furent aussitôt suspectés d'agitation et d'incitation à la déviation de la ligne du Parti. En septembre 1948, Casanova dans un rapport qui fut publié dans *les Cahiers du communisme* revint à la charge. Les intéressés comprirent alors que leur présence était indésirable. Le rapport de Casanova était en effet lourd de menaces malgré les précautions oratoires d'usage, comme la conclusion pouvait y faire croire : « Aider ceux des intellectuels communistes qui le doivent encore à rallier définitivement les positions idéologiques et politiques de la classe ouvrière, les aider à se lier corps et âme au prolétariat, cette tâche n'est pas hors de mesure avec les possibilités actuelles du Parti. Le Parti s'y efforcera patiemment car il a grand besoin d'eux. »

Mais le rapport, s'il s'achevait sur de bonnes intentions feintes, avait commencé de manière très polémique : « Le secrétaire général du Parti constatait qu'un certain nombre d'intellectuels communistes n'avaient pas encore rejoint entièrement les positions idéologiques et politiques de la classe ouvrière. Cette constatation avait la valeur d'une mise en garde très sérieuse puisque le secrétaire général du Parti indiquait en outre que la discussion avec les camarades qui se trompent devait se poursuivre. »

Le rapport, construit autour de quatre articulations (l'intellectuel communiste devant la culture populaire, l'intellectuel communiste et la direction du mouvement révolutionnaire, les rapports entre la politique et l'idéologie, les dangers de la survie persistante des routines et des préjugés intellectuels), revenait à donner une leçon de fidélité et d'allégeance au Parti. Craignant que ces intellectuels ne fissent ainsi le jeu de l'adversaire en engendrant une crise de démoralisation, tâchant d'en expliquer les raisons, Casanova y maniait à la fois le sarcasme (« La venue des intellectuels au prolétariat implique pour eux un travail parfois pénible de critique des valeurs jusqu'alors admises »), la fausse compassion (« Il peut en résulter pour un temps des incommodités très vraies dans les positions personnelles ») et l'attaque frontale (« Certains sont conduits à rechercher les accommodements, à inventer les approximations idéologiques et politiques qui faciliteront, croient-ils, le passage »).

Désormais montrés du doigt, Mascolo, Duras, quoique n'ayant pas pris part directement au débat, devinrent sinon des exclus et des pestiférés, ce qu'ils furent trois ans plus tard, du moins des militants insidieusement marginalisés, épiés, différents.

A Paris, tous les déviants sont aussitôt fichés, suivis, poussés au désespoir ; « le stalinisme de la seconde glaciation », selon le mot de Morin, se mettait en place, jusqu'à l'accomplissement au début des années 50 de l'isolement : « Le petit monde des intellectuels communistes s'est refermé sur lui-même, uniquement ravitaillé par un pont mystique avec Moscou. »

Certains mis au pas, comme Garaudy, le peintre Fougeron, Aragon acceptèrent tout, Budapest, Prague, les hommages à Staline, les hymnes épiques aux masses populaires, les odes incantatoires à la Grande Union. Duras se savait maintenant seule, prise d'une nausée devant tant de désillusions, de tristesse.

Elle en prenait souverainement conscience, le P.C. laminait l'écrivain, en faisait comme Aragon « un héros de poubelle ». Pour elle, déjà, l'écrivain ne pouvait exister que dans la provocation du lecteur, dans cette dialectique chantée du désir et de la passion, du cri et du silence, dans ces multiples contrepoints du livre. L'écrivain naissait là, dans le ballottage incessant du navire, toujours en mer, bateau ivre des « ciels nouveaux ».

Séparé de Duras, Antelme ne quitta néanmoins la rue Saint-Benoît qu'en 1948, date à laquelle Mascolo vint définitivement s'installer, démentant par là les rumeurs de vie dissolue que le P.C. entretenait complaisamment. Antelme rencontra la même année une jeune communiste, Monique, inscrite au Parti depuis 1943, avec laquelle il eut une liaison et qu'il épouserait en 1953.

Il travailla alors au 10 rue Leroux, dans une officine du Parti, la Fédération des déportés, internés, résistants et patriotes ; avec lui, Edgar Morin et d'autres compagnons de route.

Au cœur de son histoire resta cependant accrochée la mémoire des camps, comme en témoigne cette longue analyse qu'il donna en 1949 à la revue *Jeunesse de l'Église*, éditée par des chrétiens progressistes de 1942 à 1949, et qu'il intitula « Pauvre, prolétaire, déporté ». Toute la dialectique déjà exprimée dans *l'Espèce humaine* se déployait, s'affirmait dans cette étude, pour étendre l'épreuve de la déportation à celle du combat politique qui se poursuivait, chaque jour, au-delà de la guerre. « Il n'y a pas de différence, affirmait-il, entre le régime ''normal'' d'exploitation de l'homme et celui des camps... Le camp est simplement l'image nette de l'enfer plus ou moins voilé, dans lequel vivent encore tant de peuples... A partir de là, on ne pourra recevoir comme telles aucune morale, ni aucune valeur si elles ne sont pas concrètement universalisables, c'est-à-dire si l'on n'implique pas d'abord que les conditions de l'exploitation de l'homme par l'homme doivent disparaître. »

Mais cette parole libre à laquelle tendaient avec tant d'opiniâtreté Antelme, Mascolo et Duras ne pouvait se satisfaire de celle dictée par les bréviaires du Parti. Trop lucide, trop indépendante, trop avertie sur la force des mensonges et des reniements, ne pouvant se taire sans se renier, Duras fut conduite à démissionner du P.C. en janvier 1950, qui l'en exclut définitivement le 8 mars de la même année, sur les rapports de la section 722 du VIe arrondissement, rue du Cherche-Midi, et plus particulièrement sur l'avis insistant de Jacques et Colette Martinet, militants actifs et influents de la cellule. Avec elle, dans la même charrette, Antelme, Mascolo...

C'est Mascolo le premier qui, le 11 janvier 1950, envoya sa lettre de démission à la secrétaire du Parti, Lucienne Savarin. Sa lettre voulut éviter toute polémique ; apparemment neutre, elle apparut encore plus scandaleuse, plus « insolente », pour reprendre un mot du Parti :

> *Ma chère Lucienne,*
>
> *Je te confirme que, comme je te l'ai dit il y a quinze jours, et pour des raisons tout à fait personnelles, que j'espère provisoires, mais qui sont malheureusement très impératives, je ne peux pas reprendre ma carte du Parti.*
>
> *Je tiens à te dire, en te demandant de le communiquer aux camarades, que je suis entièrement d'accord avec la ligne politique du Parti, je sais que certains ont prétendu le contraire. C'est faux...*
>
> *Encore une fois, mes raisons sont exclusivement personnelles, mais tout à fait insurmontables pour le moment.*
>
> *Je te prie donc de dire aux camarades qu'en les quittant, je tiens à affirmer que ma fidélité au Parti reste la même, et que j'ai les mêmes raisons d'être communiste que lorsque je me suis inscrit. Ceux qui me connaissent bien savent que mes raisons sont sérieuses.*
>
> *Fraternellement,*
>
> *Dionys Mascolo.*

Duras, à son tour, enfonça le clou moins d'une semaine après la démission de Mascolo. Sa lettre, à l'opposé, fut virulente, et polémique. Elle révélait à elle seule tout son tempérament provocateur, sa violence, sa haine implacable quand elle se sent trahie, son ironie caustique, décapante. Certains traits de sa lettre annonçaient même déjà l'humour de ses comédies futures, *le Shaga, Yes, peut-être* :

> *Chers camarades,*
>
> *Je vous confirme ce que j'ai dit le 27.12 à Lucienne [Savarin] lorsqu'elle est venue m'apporter mes timbres 49 : je ne reprends pas ma carte du Parti.*
>
> *C'est parce que je ne me considérais plus comme membre du Parti que je ne suis pas venue à la réunion de mercredi dernier. Si j'y étais allée, ç'aurait été en tant qu'ancien membre du Parti et pour tenter de faire respecter la vérité sur la réunion de jeudi dont il a été question. Mais je vous avoue que je n'ai pu surmonter le sentiment de dégoût et, je dois le dire, de ridicule, que j'éprouvais à l'idée d'avoir à affronter une fois de plus les sordides et risibles machinations des pauvres petits excités de ce qu'on aurait pu aussi bien appeler « la fraction Martinet », puisqu'on abuse du mot fraction.*
>
> *Mes raisons de quitter le Parti ne sont pas celles de Dionys Mascolo. Je ne suis sous l'influence de personne. J'ai pris cette décision seule et bien avant Mascolo. Je reste communiste, profondément, organiquement. Il y a six ans que je suis inscrite et je sais que je ne pourrai jamais être autrement que communiste. Les raisons que j'ai de quitter le Parti, je les aurais volontiers exprimées si je ne savais pas certains camarades décidés à déformer la vérité la plus élémentaire par tous les moyens. Soyez tranquilles. Ces raisons, faute de pouvoir les dire devant vous, je ne les dirai devant personne d'autre au monde.*
>
> *Ma confiance dans le Parti reste entière. Je suis même sûre que le temps aidant, le Parti arrivera à rejeter loin de lui les Martinet. Je veux dire ceux qui, par le biais d'une soi-disant vigilance en réalité vicieuse, ne peuvent que satis-*

faire et faire fructifier leurs petites aigreurs et leurs petites haines personnelles. Je crois que les Martinet se sont en réalité trompés sur leur vocation. Ce n'est pas au P.C. qu'ils auraient dû rentrer : c'est, ou bien chez les Sapeurs-Pompiers (où, en plus du prestige de l'uniforme, ils auraient eu des chances de recevoir quelques douches salutaires), ou chez les curés où ils se seraient régalés des délices du confessionnal. Mais le Parti, j'en suis sûre, saura les remettre dans le droit chemin. Vous voyez jusqu'où va ma confiance et combien est grand mon optimisme.

Bien fraternellement à vous,

Marguerite Duras.

P.-S. Je ne confonds pas le P.C. avec les Martinet.

Antelme et sa compagne Monique furent à leur tour, au cours d'une réunion de cellule, dénoncés par la section. Lors de cette séance mémorable, l'exclusion fut prononcée contre Antelme, on demanda à Monique de ne plus revoir Antelme si elle souhaitait rester au P.C., ce qu'évidemment elle refusa, et elle aussi en fut exclue. Pour faire bonne mesure, l'ex-compagnon de Monique, Bernard, père de son premier fils, fut sommé lui aussi de choisir et, à son tour, subit l'excommunication.

Le 8 mars 1950, après enquête et amples discussions, le Parti écrivit la même lettre à Duras et à Mascolo :

La cellule Saint-Germain-des-Prés vous informe

1° qu'après avoir examiné votre attitude politique en général qui montre un désaccord profond avec la ligne politique du Parti, en particulier en ce qui concerne la littérature et les arts, ainsi que les procès Kostov et Rajk,

2° qu'après de longues discussions dans la cellule au cours des réunions du mercredi et du lundi où vous avez refusé de venir vous expliquer,

3° qu'après la lecture et une large discussion sur vos lettres insolentes vis-à-vis du Parti et des directions élues démocratiquement, et n'apportant aucun argument politique, la majorité des membres présents (onze voix sur dix-neuf) a décidé de vous exclure immédiatement des rangs du Parti. Sept camarades, tout en condamnant énergiquement les termes de votre lettre, désirant vous entendre, malgré votre refus catégorique, avant de se prononcer.

Motifs :

1° Tentative de sabotage du Parti par la désorganisation de la cellule et l'attaque permanente contre le Comité de section en usant en particulier de l'insulte et de la calomnie, et en utilisant des prétextes qui cachent un désaccord profond avec la ligne politique du Parti.

2° Fréquentation des trotskystes tels que David Rousset et autres ennemis de la classe ouvrière et de l'Union soviétique (en particulier un ex-attaché d'ambassade yougoslave actuellement rédacteur en chef de Borba).

3° Fréquentation des boîtes de nuit du quartier Saint-Germain-des-Prés où règne la corruption politique, intellectuelle et morale, que condamnent vigoureusement et à juste titre la population laborieuse et les intellectuels honnêtes de l'arrondissement. La proposition d'exclusion a été ratifiée à l'unanimité par le Comité de section du 16 février 1950.

Suivant l'article 35 des statuts du Parti, vous êtes suspendu(e) du Parti en attendant que le Comité fédéral se soit prononcé sur la proposition de la cellule et du Comité de section.

Cet article vous donne le droit de faire appel à la décision.

La secrétaire, pour la cellule,

A. Vanveers.

Des quatre, seuls Antelme et sa compagne Monique feront appel. Un an après, d'ailleurs, le secrétaire de cellule leur annoncera leur réintégration qu'ils refuseront.

Sur un mode lyrique et pythique, comme une héroïne tragique, ou bien ces êtres mythologiques que la colère sacrée renvoie à l'incantation et à la déploration, Duras ne cessera alors de dénoncer l'aveugle nuit du P.C., ses massacres, ses camps, ses mensonges, ses guerres de conquête, les bâillons qu'il met sur la bouche des hommes. Leitmotiv des interviews, de certains de ses livres, c'est sa blessure qu'elle chante là, sa colère d'avoir été trompée et, comme elle ne vit que dans cet excès-là, celui de la passion, sa parole est démesurée, barbare et terrible. « C'est de la merde, c'est complètement de la merde, c'est le mot, tout ce qu'on peut vivre avec ces gens », dit-elle en 1990. Ces gens, comme elle dit encore, sont des autistes, des morts, fixés dans leur « silence enfermé ». Elle, elle vit toujours, elle avance malgré la houle, elle se trompe, et elle recule, et elle avance encore, mais plus loin, elle s'emporte et elle pleure, elle boit et elle va jusqu'au bout de son ivresse, elle aime et elle pénètre jusqu'au plus secret de son amour ; ce pourrait être sur la mer, mais dans les déserts aussi, parce qu'ils sont illimités, et se changent en se moirant sous l'intensité des vents contraires.

Avec Antelme et Mascolo, ils forment à eux trois quelque chose qui pourrait ressembler aux exclus de Port-Royal. Une aristocratie de type janséniste les habite, leur interdit d'être broyés par les formalismes petits-bourgeois communistes et les mises au pas que tente de leur imposer le Parti.

Quand elle apprend son exclusion, que la cellule de Saint-Germain l'a « immolée », comme dit Edgar Morin, elle n'en éprouve aucune amertume, aucun désespoir. Tout au plus de la colère, de la haine qui va se nourrir, se sécréter et fonder cette ample profération anticommuniste qui va alimenter jusqu'à aujourd'hui encore sa dialectique. Sûrement, comme Morin, exclu lui aussi quelques mois plus tard, elle éprouve quelques instants de désorientation. Comment se réjouir de cette privation de la citoyenneté communiste à laquelle elle avait adhéré, pleine d'espoir, membre d'une famille qu'elle croyait, naïvement, désormais la sienne, et à jamais ? Comment accepter cette sorte d'errance qui l'éloignait des autres, qui tous « étaient au chaud, dans les foyers, dans les meetings » ? Comment feindre de ne rien entendre, les injures (« Duras est une Messaline », ragotait Jorge Semprun, comme le raconte Mascolo), les mensonges colportés, les arguments de mauvaise foi ?

Elle vient de perdre la foi, dans cette fraternité dont elle voyait bien cependant les limites, et puis les jours passent. Dotée de sa formidable puissance vitale, de son énergie meurtrière, elle se retrouve libre, mais comme Morin le clame encore, « communiste, toujours, pour toujours, mais libre, enfin moi-même, responsable de moi-même ».

L'écriture lui apprend aussi à surmonter l'épreuve, car ce qu'elle veut écrire, ce sont surtout les pièges de l'être, les fragilités des âmes absolues, les fils qu'elles se tendent les unes les autres pour essayer de comprendre l'indicible secret des choses, et l'histoire muette de ceux qui tentent de comprendre. Si son désarroi est momentané, il n'en va pas de même pour Antelme et Mascolo, Antelme surtout, dont la blessure fut immense, irréparable. Après *l'Espèce humaine*, après l'exclusion, il se trouve de nouveau « défroqué, *heimatlos*, cosmopolite, exclu ».

Son intransigeance farouche, digne de celle de Pascal abjurant les jansénistes à ne pas signer le formulaire de la reddition, de l'autocritique, le cloue à la croix du martyre. L'hystérie tout autour de lui est totale. Sa désobéissance est intolérable, il est de ces sorcières que l'on chasse dans tous les régimes totalitaires. Pierre Daix, dans l'hommage qu'il lui rendra à sa mort dans *le Figaro* le 30 octobre 1990, se souviendra de ce moment tragique : « Je n'oublierai jamais, écrit-il, le visage bouleversé d'Antelme le jour où il vint m'annoncer que sa cellule l'avait exclu. Je lui ai tendu la main pour lui signifier que cela ne changerait rien entre nous. Il hésita avant de la prendre. " A quoi bon, c'est fini... " Aucune parole ne convenait plus en cet instant en regard de ce qui nous avait rapprochés. Il s'est engouffré dans l'ascenseur, plus voûté, plus massif. »

A partir de ce jour, il se voue au silence de l'écriture. Après les camps, après l'infamie de l'exclusion, il rejoint le silence de Blanchot, les secrets de l'écriture blanche, l'espace où tout se fait, muet et plein des rumeurs de l'ailleurs, protégé par ce silence même.

En revanche, Duras parle pour deux. Elle assaille d'injures, dans cette frénésie comparable à celle de sa mère, hurlant, comme elle, dans les rédactions, couvre d'injures le Parti qui la prétend membre de l'Intelligence Service, à la solde de l'ennemi idéologique.

Le retour constant vers cette époque, dans ses interviews comme dans ses articles, la façon qu'elle a de s'en croire débarrassée montrent cependant à l'évidence la plaie vive de son échec, peut-être même sa douleur.

Elle parle du déshonneur dans lequel le P.C. jette ses exclus : « Vous connaissez six cents personnes dans le coin. Du jour au lendemain, tout le monde a eu la consigne de ne plus vous voir, de ne pas vous serrer la main. »

C'est cette perte-là qu'elle va garder en elle, cette colère, impuissante pour l'heure, qu'elle va convertir en écriture, en anticommunisme ravageur, plus tard, célébrant avec une joie non dissimulée la décomposition du P.C., ses revers historiques. Le Parti devient alors objet et support de haine, entretient tout le discours social de Duras, nourrit cette vengeance qui porte sa parole, explique le cours de l'histoire, contribue à la méditation à venir sur « le sort inconcevable d'exister ».

Bien des années après, dans *les Yeux verts*, en 1980, la haine n'est pas morte, il n'y a pas pour elle d'assouvissement possible à cette colère ; quand elle en parle, elle trouve des rythmes incantatoires, des violences subites, des paroles de prophétesse : « Je souhaite leur mort », clame-t-elle. Alors, elle part sans cesse, comme un Don Quichotte, contre cette félonie, ce qu'elle nomme encore « la trahison du peuple ». Elle reprend la fable de Michelet selon laquelle les hommes autrefois persécutaient les femmes qui parlaient aux arbres, aux animaux, entretenaient avec la nature des rapports magiques, et en faisaient des sorcières, pour la renvoyer aux communistes. Eux aussi traquent les désobéissants, les indisciplinés, les libertaires. De sorte que condamner les communistes, c'est pour elle réhabiliter sans cesse la parole libérée et l'écriture. L'écrivain devient à ses yeux le malfaiteur, celui qui dénonce dans le désert, et doué de cette féminité inhérente à sa nature, double et suspecte, veut « déjouer la pureté de la règle générale, celle de l'hygiène mentale décrétée ».

A l'étroit dans cette fausse communauté fraternelle, dans cette camaraderie institutionnelle, dans cette égalité de façade, dans cette étendue illimitée du mensonge, elle ne se reconnaît plus désormais que dans l'acte d'écrire. Écrire comme acte solitaire, seule voie de connaissance, sans possibilité de retour, entraînée dans les lisières impossibles, inconnues, sans vouloir témoigner à tout prix de ce qu'on aperçoit du secret des choses et du monde, de la douleur, du mystère des eaux, du lieu où elles sont pleines, inaccessibles, du vaste silence bruissant des espaces.

Écrire devient l'acte le plus anticommuniste qui soit, parce que délibérément solitaire, détaché des sollicitations des appareils, et celui qui en accepte l'enjeu se trouve « son propre objet de folie », sans en devenir fou. Entreprise ardente comme la passion, errante et individuelle, sublime et mortelle.

5

L'entrée dans
« le malheur merveilleux » d'écrire

Fallait-il que le deuil de cette enfance, de ce petit frère, de ce pays où s'étalent des rizières comme des dunes dans les déserts, le deuil de cet amour déçu pour la mère, fussent puissants pour qu'elle s'attelât dans les années 49-50 à la rédaction d'*Un barrage contre le Pacifique*!

Il y avait bien sûr l'influence des écrivains américains, ceux de la «lost generation», et leur goût des grandes sagas, âpres et cruelles, cette écriture ample qui se déployait dans le roman, ce rythme épique qu'elle aimait tant chez Steinbeck, Hemingway et Dos Passos. Mais ce n'était pas suffisant, il y avait autre chose à approfondir, pas encore de la littérature, mais qui la regardait intimement. La tension familiale qu'elle avait traduite dans ses deux derniers romans, *les Impudents* et *la Vie tranquille*, si elle empruntait beaucoup à Mauriac, à la violence des rapports humains, à leur dureté, se retrouvait encore une fois. Mais là, dans ce roman qu'elle bâtissait comme une épopée, plus précisément, émergeaient ses souvenirs, se levait le ciel de l'Indochine, «gris fer», et les profils massifs des buffles immobiles dans les rizières.

Et puis il fallait aussi assouvir cette vengeance, élever au rang mythique la mère trahie, niée, méprisée par la «filouterie coloniale», tâcher de faire sentir son odeur putride, cette société agonisante, délétère qui l'avait ruinée.

Et il y avait encore son histoire du petit frère, auquel

elle dédie le roman, le compagnon de ses jeux d'enfance, quand aux heures de la sieste elle allait avec lui tuer les singes dans la forêt, et entendre les piaillements des oiseaux dévorés par les tigres. Son frère disait : « Écoute, écoute le tigre », et son regard traquait les craquements des bêtes broyées, avalées.

Elle écrit *Un barrage*, elle fait silence en elle, et de même elle écoute les bruits de l'enfance, les odeurs, les rumeurs, le flux lourd des eaux du Mékong, et de celles, boueuses, des rizières où pataugeaient les paysans, qu'elle ne connaissait que courbés, invisibles sous leurs grands chapeaux de paille pointus.

Elle écrit là le livre fondateur. Celui que sans cesse elle va réécrire, comme si l'écrivain en réalité n'écrivait jamais qu'un seul livre, obsessionnellement, et retravaillait les mêmes motifs, descendait loin, très loin, creusait des mines souterraines pour mieux comprendre ce besoin d'écrire, cette impudeur extraordinaire, cette parturition inlassable. Elle écrit ce livre-là, et il revient toujours dans l'œuvre à venir, il ne cesse pas d'appeler, comme la sirène du Navire-Night qui signale son errance, dans l'obscure nuit de la mémoire, et crie.

L'écriture se fait lyrique, déploie ses haines et ses passions. Quand elle écrit, c'est à peine la fin de la guerre. Elle en entend encore les échos, mais Antelme revient à la vie doucement, avec ses cauchemars qu'il ne dit pas. Elle connaît mieux encore la peur qu'avant, elle l'a vécue dans les rues, dans son appartement, dans ses activités clandestines. Le livre se fait, et l'écriture opère sa magie. L'embouchure du Mékong, l'Asie entière et ses habitants déferlent sur les pages blanches, mais elle y met encore de l'ordre, elle organise le temps passé, parce qu'on lui dit chez Gallimard qu'il est nécessaire qu'un roman ait cette allure, ce temps, cette cohérence.

En elle, quelque chose de plus grouillant aurait besoin

de se dire mais elle n'a pas atteint encore cette assurance, celle de l'incohérence, des déchirures à laisser là, sans organisation apparente pourtant, au plus près de son histoire. C'est pour cela que le *Barrage*, malgré sa facture achevée de grand roman classique, est paradoxalement le roman inépuisable, le canevas des autres romans, la trame essentielle qu'elle va lacérer et détruire, creuset où s'exprime la vie, toute la vie, son souffle élémentaire. Roman des origines, pour lequel elle éprouve de la « tendresse », et si près d'elle. Mais pour cela même, cette réinterprétation de l'autobiographie, des mythes de l'enfance, de la mère et de la mort, pas encore entier dans le champ de la littérature, et cependant source à venir, intarissable, comme le fleuve Mékong ou la mer de Chine, retrouvés, toujours chantés jusqu'à *la Pluie d'été* (« les enfants, ce qu'ils savaient... c'était qu'en bas de leur ville il y avait l'autoroute, et aussi les trains. Qu'après les trains, il y avait le fleuve. Que les trains longeaient le fleuve, et que l'autoroute longeait le chemin des trains. Et comme ça, s'il y avait eu une inondation, l'autoroute aurait fait un fleuve de plus »), jusqu'à *l'Amant de la Chine du Nord*.

L'interlocuteur privilégié qu'elle avait chez Gallimard, Raymond Queneau, logé dans sa petite mansarde de la rue Sébastien-Bottin, entre ses piles de livres et ses manuscrits, avait d'emblée manifesté un bonheur absolu à la lecture du *Barrage*. Il fallait connaître Queneau, ses enthousiasmes et son exigence, pour bien comprendre ce que cela signifiait. Lui qui avait affirmé sans ambages à Duras : « Vous êtes un écrivain » dès *les Impudents* voyait sa conviction se vérifier. Avec *Un barrage*, Duras avait déployé cet imaginaire riche et fort qui laissait présager la suite, l'ampleur de son inspiration, ce mystère qui fait l'écrivain, allant chercher dans sa nuit, ailleurs, des secrets d'âme.

La première semaine de mise en vente, en septembre 1950,

fut particulièrement heureuse : cinq mille exemplaires vendus. Devant le succès, on réimprima. La critique fut unanimement élogieuse, plutôt étonnée par l'ampleur du souffle épique et « viril » de l'auteur, croyant tenir là un Hemingway français, par la luxuriance du récit, percevant bien cet « art nourri d'humanité », cette apparente facilité de raconter.

Sitôt sorti, le roman fut inscrit sur les listes de sélection du prix Goncourt mais ne passa pas la barre de la dernière sélection, dont le vainqueur sera finalement Paul Colin pour *les Jeux sauvages*, publié aux mêmes éditions Gallimard. Étrange destin de Duras qui, trente années plus tard, le recevrait quand même au soir de sa vie !

L'échec au Goncourt conforta Duras dans cette position extrémiste, révolutionnaire qu'elle avait déjà adoptée. Elle se persuada qu'elle avait été éliminée parce qu'elle était une femme et communiste dissidente de surcroît, que le machisme ambiant de l'Académie l'avait sanctionnée pour ces deux transgressions-là. Elle en garda toujours un certain ressentiment qui alimenterait une révolte sourde contre ceux qu'elle assimilait à des policiers, à des censeurs, à des violeurs, à des « mecs ». « Il s'agit de certains romanciers et critiques à qui les femmes donnent envie de tuer. Vous voyez », dit-elle à un journaliste de *France-Soir* à l'occasion de la sortie de *la Pluie d'été*, en septembre 1990. « Ce sont des hommes qui ne peuvent pas avoir raison du poids des siècles passés qui faisaient d'eux des "patrons" des femmes. Ils sont rigoureusement les mêmes que ceux qui battent encore les femmes. »

La violence de sa parole, jamais elle ne s'en séparera. Quelque chose en elle correspond à la précision des portraits des grands moralistes, capte toujours le trait cruel, qu'elle décrit avec cette colère froide qui la caractérise.

Elle entrait cependant dans sa légende, écrivain déjà accompli, paré de toute la mythologie d'une mémoire étrangère, possédant le sens de la narration, de la construction, vraie romancière, redoutée et respectée, déjà aimée. Après tout, ce « prix de mecs », comme elle disait, et qu'elle n'avait pas eu, lui avait servi à irriguer sa violence, à avancer.

Elle vécut ce succès avec beaucoup d'indifférence et de vanité tout à la fois. Sûre d'elle, elle n'accorde que très peu de poids à la critique négative, poursuivant sa route avec mépris, surmontant la souffrance momentanée de n'être pas toujours perçue comme elle l'aurait voulu. Elle est un mélange complexe et ambigu comme ses héros, impudents et fragiles, violents et taciturnes. Elle aspire au fond d'elle-même à la gloire, accepte les éloges avec complaisance, et, néanmoins, un profond désespoir l'entame chaque jour davantage, comme si toute la comédie du sérail littéraire ne la concernait pas.

De fait l'écriture court, incessante, elle ne la lâchera plus. Pratiquement au rythme d'un livre par an, elle va poursuivre ce noyau obscur qui cache ses secrets, cette chose toute simple, si inaccessible, cette connaissance, cette quête qui la porte dans la métaphysique, dans la nuit pour mieux comprendre le jour. Le Navire-Night est pris dans les tempêtes, l'obscurité est totale, il n'y a souvent pas d'étoiles, et le ciel écrase. La voie est mystique, incompréhensible aux colporteurs d'idées, aux raconteurs d'histoires. Elle est exigeante et brutale. A-t-elle admiré elle aussi comme le personnage du nouveau roman qu'elle vient de publier en 1952, *le Marin de Gibraltar*, *l'Annonciation* de Fra Angelico dans ce couvent de moines à Florence où le peintre se retira ?

Avec elle, c'est toujours cette passion de la révélation, du secret, de la merveille qui se donneraient à elle, une assomption de la vérité des choses et des êtres, et elle se sait capable de percer ces mystères, ne serait-ce que grâce à sa condition de femme, capable de porter ce don de la vie, apte un jour où l'autre à accueillir elle aussi l'Annonciation.

Son œil s'exerce le plus souvent dans le quotidien. Comme Proust, elle est curieuse de tout, des moindres détails pour les couler ensuite dans la compréhension spirituelle de son roman, pour en nourrir la matrice.

Avec Ginetta et Elio Vittorini, elle passe des vacances dans ce tout début des années 50 sur la côte ligure, entre Livourne et La Spezia. Elle aime ce petit coin de plage, entre mer et montagne, sous le soleil excédé, elle aime le jus des citrons qui coule dans sa bouche, et les plongées dans la mer qui ne parviennent pas même à la rafraîchir. Elle aime encore l'animation des *trattorie*, les bals populaires, l'odeur des grillades mêlée aux senteurs sucrées des lauriers-roses. Elle réapprend à vivre, à se sentir libre, elle écoute les gens, sa passion, les petites gens de préférence, les ouvriers agricoles, les chauffeurs. Elle a cet instinct-là de l'écoute. Est-ce à cause de cela qu'elle raconte en plaisantant, dans un article consacré à Delphine Seyrig dans *Vogue* en 1969, qu'elle aimerait « gérer une station-service sur une route nationale pleine d'autos » ? C'est son aptitude à pénétrer toutes les classes sociales, à parler des nuits entières avec les plus grands intellectuels de l'époque comme avec un criminel évadé, une femme de ménage, un représentant de commerce, qui la raconte le mieux.

Elle rôde autour des ports, elle aime les situations clandestines, les liens singuliers qui s'y tissent, les aventures qui s'y préparent. Elle nourrit *le Marin de Gibraltar* publié en 1952 de cette expérience italienne, de cette canicule qui sévit et plombe la plage. Ce soleil qui brûle reviendra encore dans *les Petits Chevaux de Tarquinia* en 1953. La pression qu'il exerce sur les êtres fait d'eux des héros de tragédie, accablés par le destin comme sous la chaleur implacable de l'arène. Chaleur qui paralyse les estivants, leur donne l'impression de s'asphyxier.

La richesse symbolique du marin recherché sur tous les rivages révèle sa fascination pour les marges, les êtres qui se risquent et n'acceptent pas le cours du monde, les rites sociaux et les routines. L'allégresse qui habite le marin traduit sa liberté, il est un hors-la-loi, repousse toujours plus loin les limites des frontières, aime la mer, parce qu'elle est changeante et jamais asservie : « Comme il faisait honneur au monde ! » s'exclame Anna.

Avec *le Marin de Gibraltar*, Duras ouvre de nouvelles voies au romanesque. Elle ne craint pas d'emprunter aux plus flamboyants des romans d'aventures, d'y glisser ses propres lectures, de Roussel à Leiris, de Gide à Conrad en passant par Segalen. Le roman cabote sur tous les rivages de Tanger à Porto-Novo, de Sète aux Caraïbes, dans une sorte d'errance en quête de la vie, sans limites ni contraintes, petit frère de *Moby Dick*. Mais le temps est présent, et menace. Jamais son poids n'en sera méprisé. C'est dans cette lutte et cette lucidité qu'il faut lire Duras et la comprendre.

Comme Anna, elle aime l'alcool. Elle a en elle « la place de ça », dit-elle dans *l'Amant*. Boire, inconsidérément, parce qu'elle aime cela d'abord, parce qu'elle coupe ensuite les ponts avec les installés, parce que l'alcool ouvre des espaces inconnus. Il joue le rôle de Dieu, abolit les censures, rend plus libre. Elle aime l'alcool, tous les alcools, le whisky, le bitter campari, le vin rouge, même le plus mauvais. Elle en parle avec défi, provocation, abruptement.

Il y a une douleur en elle comme dans tous les êtres vivants, ce qu'elle appelle « la silencieuse indifférence » (des planètes) « à l'endroit de votre douleur ». L'alcool renvoie à la solitude des mondes infinis, à la rumeur aveugle des étoiles, au silence bruissant du cosmos auquel on n'a pas accès, dont on ne comprend pas le sens ni le roulis, à cette absurde vacuité de la condition humaine, à son incontournable existence. L'alcool aide à oublier cette solitude-là, cette détresse qu'elle ressent, lovée, impossible à déloger.

Elle a commencé à boire dans ce milieu de son âge, de plus en plus, jusqu'à pouvoir presque saisir la mort au passage. Elle lui va bien, cette promiscuité constante avec elle, quitte à se détruire, à en accepter l'enjeu. La mort, et l'amour aussi, que l'alcool exalte, rapprochent de ce noir étincelant où rôde le désir et se déploie la jouissance.

Les maisons qu'elle aime ont toutes connu la solitude de l'alcool. A Neauphle, qu'elle possède depuis 1958, quand elle était seule avec lui, l'alcool, elle finissait par n'avoir plus besoin d'autre chose, elle comblait le vide, le rien, l'absence terrible de Dieu. Elle n'allait même plus au jardin, ni près du grand étang, mais elle aimait cela, le silence de la maison et la vibration de l'alcool en elle, autour d'elle. Trois fois, elle est allée au bord. De la mort, de l'éclatement du foie, de la paralysie, du coma, de l'embolie cérébrale, de la folie. Elle a recommencé pendant des années, le vermouth, le calvados, elle grossissait, elle enflait, mais elle continuait à boire, même le matin, à jeun, elle vomissait et elle rebuvait. Autour d'elle, on se faisait du souci, on voyait sa peau se plomber, se noircir, ce corps qui s'affalait, sa silhouette se ratatiner, mais rien n'y faisait. A cause de l'hôpital Américain, où elle séjourna, Neuilly, pour elle, est maintenant le lieu de la mort ; c'est là, dans la petite ville aux airs de province, qu'elle a fait vraiment l'expérience du Passage.

Jamais pourtant l'écriture ne s'arrête. Quand elle dort, elle est encore un écrivain, elle retient de la nuit des échos, des traces, des passages, des fulgurances, et quand elle boit, dans ce sommeil éthylique, elle reste encore un écrivain. De la cure de 1982, terrible, elle garde des images, des traversées. Elle en fait des livres, des textes, elle donne l'envie à d'autres d'en écrire aussi, Michèle Manceaux, Yann Andréa. Elle est la première femme écrivain qui ose vraiment dire son alcoolisme. Elle raconte cette folie, boire, parce qu'elle fait partie de la douleur, de sa détresse de femme, de ce manque, qu'elle ne sait combler que comme ça, dans l'écriture. Quand elle écrit, elle ne boit pas, c'est après que le risque intervient. Ce qu'elle appelle « l'état dangereux », ces moments fragiles où tout peut de nouveau basculer, dans la rechute, rien qu'un bonbon au rhum, une goutte de vin, et le désir revient.

L'alcool lui donne cette lucidité, le goût de tout oser, comme Anne Desbaresde dans *Moderato cantabile* qu'elle publiera en 1958, l'audace d'affronter la bêtise, les imbéciles, le courage de parler à l'inconnu, la force du scandale qui fait avancer.

Elle boit aussi avec les hommes qu'elle aime, comme si l'alcool les faisait se rapprocher de ce noyau obscur qu'elle traque sans cesse, davantage, les portait ailleurs, jusqu'à l'anonymat, jusqu'à cette destruction du nom, vers quelque chose qui allège et alourdit néanmoins le corps, le corps troué, imbibé comme une éponge, qui n'en peut mais, et le Navire-Night dérive sous les ciels épais de noir, et file, file vers ce qui l'appelle toujours : l'absolu.

Il y eut des jours affreux, où elle délirait, où la folie s'emparait d'elle, où elle disait voir ce qu'elle appelait des « lami », de petites bêtes qui grouillaient partout sous son lit et la persécutaient. Les jours se sont précipités comme dans les tragédies, et elle en a parlé plus facilement encore, surtout dans les années 80, où elle a approché si près de la mort, et en est revenue, d'une pirouette, à l'étonnement de tous. C'était d'abord le délire à cause de l'alcool, et puis après la cure, le délire qui reprenait, sans lui, comme si des lésions irréparables s'étaient produites, qui auraient altéré à jamais son esprit. Michèle Manceaux raconte son errance dans ses *Brèves*, ses promenades avec elle, rapporte ses paroles qui basculent, surréalistes, font craindre le pire : « Il y a un équateur qui traverse l'Ile-de-France » ; elle boit une Badoit et elle dit : « C'est de la Badoit d'occasion. »

Avec Yann Andréa, elle boit la nuit, le jour, ils sont reclus, dans l'arène tragique. Ils sont seuls dans le grand palace déserté des Roches Noires ; la mer, quand vient le soir, que les voitures le long de la route sont moins nombreuses, amplifie sa rumeur, son roulis, ils sont dans la cuisine, et ils boivent. C'était ainsi au début de l'été 80, quand a commencé la saison, et puis après la saison jusqu'au début de l'automne 82, jusqu'à la cure d'octobre, la plus dure, celle d'où elle aurait pu ne jamais revenir. C'est l'alcool qui a scellé leur amour, cette complicité qui les relie, elle et Yann Andréa, comme après, quand il a continué de la protéger et qu'elle aussi veillait sur lui et qu'ils s'envahissaient l'un l'autre au point de ne concevoir l'écriture que dans cette présence d'eux, mutuelle, ardente, inaltérable.

L'alcool pouvait la détruire, elle a converti sa passion en écriture, elle en a fait des livres, l'alcool a magnifié, amplifié le chant qui court partout, de *l'Été 80* à *la Pluie d'été*, la rendant au secret de la musique.

Étrange histoire, qui joue sur les mêmes accords de la folie et du malheur depuis l'enfance, se perd dans cette résille d'îles, la mémoire, dans cette géographie intérieure, et pioche toujours plus profond dans ce que l'oubli n'a pu dérober, comme ces épaves que la mer, en se retirant, laisse dans le sable boueux et gluant.

Juste après *le Marin de Gibraltar*, en 1953, elle publie *les Petits Chevaux de Tarquinia*. Toujours l'Italie, l'été, dans la chaleur oppressante qui provoque des incendies, rend l'air irrespirable, donne à ce petit village un air cellulaire.

Avec ce nouveau roman, Duras fonde son esthétique, elle n'en changera pas ; partout, l'incontournable atmosphère durassienne, la petite musique du temps immobile, sans signification, s'écoulant imperturbablement comme l'eau courante des fleuves, ou le sable des déserts, le temps délétère, révélant dans son cours absurde l'intolérable condition humaine.

C'est toujours de ce côté-ci de la vie qu'elle rôde dans cette situation d'attente, pendant laquelle les êtres, les choses, l'amour s'épuisent cependant. C'est dans le travail de sape de la mort, dans ses sourdes entreprises qu'elle veut pénétrer, en essayant de comprendre.

Les livres qu'elle a écrits, écrit et écrira disent tous le même constat d'échec : la vie est un huis-clos, comme la petite scène de Beckett, où les personnages attendent, qui, quoi, dans l'indifférence du temps sans prise. L'amour surtout n'y résiste pas, il subit la lente érosion du temps, altère le désir du couple, rend précaire sa durée. Dehors le feu brûle les forêts alentour, encercle dangereusement la petite station balnéaire, il y a encore la mer, avec son souffle, son pelage doux et tiède, « l'envers du monde », avec ses buissons d'algues, ses bancs de petits poissons. Mais la mer aussi est menaçante, car au-delà des premiers fonds, il y a le vide, le silence où ne se hasardent ni les poissons ni les algues, mais qui laissent deviner « des gouffres nus et vides », menaçants, métaphores mêmes de la mort. La mort est donc partout, dans la lente décomposition du cadavre qui n'est pas encore enterré et croupit sous le soleil, dans ces bois de pins qui se détruisent, dans les amants qui s'abîment. L'image du gouffre hante l'imaginaire de Duras, traverse son écriture, et c'est le sexe du Chinois qui s'engouffre dans son corps, comme l'alcool qui l'entraîne dans la nuit sans étoiles.

C'est pourquoi la force même du roman tend vers le resserrement, tout doit ramasser l'action, donner l'impression de l'étouffement et de la monotonie, traduire cette vie de malaise, l'impossibilité du bonheur.

Depuis *Un barrage contre le Pacifique*, sa notoriété de romancière grandit à chaque livre. Son talent cependant n'est pas unanimement reconnu : d'emblée elle a provoqué ces réactions violentes de fascination et de rejet, comme si ce qu'elle disait était insupportable ou si vrai que ses lecteurs devaient ou bien en subir la vérité absolue ou la refuser par l'effet d'une incompréhensible révolte. Au mois de novembre 1953, la presse entière rend compte de son roman *les Petits Chevaux*. Jean-Louis Bory dans *Samedi Soir* est d'emblée acquis à son œuvre : « La réalité devient le signe d'autre chose. Elle se charge de sens », comprenant en cela la dimension réelle de son écriture, cette émergence d'une voix intérieure, solidaire des secrets, de l'inconnu. *France-Observateur* déclare : « Un des meilleurs romans de l'année », *l'Express*, tout en étant critique sur ce qui lui apparaît être des négligences de style, la place au premier rang de la littérature contemporaine : elle « a cru nécessaire de faire parler ses personnages petit nègre et penser bébête. C'est dommage. Surtout parce qu'elle est un des rares romanciers à essayer de rendre le ton qui s'établit désormais entre les membres des sociétés modernes. C'est pourquoi même raté, son livre est à lire ». Mais comme elle en sera désormais victime, une certaine presse s'emploiera à la détruire, à nier le projet de son travail, à affecter de n'en rien comprendre. Des critiques aussi fins que Luc Estang ou Kléber Haedens passent à côté de ses intentions ; le premier, dans *la Croix*, déclare : « Après quatre romans, il faut en prendre son parti, Madame Duras ne veut écrire le français qu'en américain. » Le second, dans *Paris-Presse*, conseille : « Il est amical de lui dire qu'elle se trompe, qu'elle a du talent, de la vie, de la couleur et qu'elle vaut mieux que ses personnages veules et clignotants que l'on n'a pas du tout envie de fréquenter. » *Le Figaro*, qui par tradition ne l'a jamais aimée, ironise en écrivant : « C'est un roman à lire fin décembre, dans un bain glacé. » Quant au *Canard enchaîné*, au-delà de la critique satirique propre au genre du journal, il révèle un aspect de Duras que beaucoup de journalistes reprendront à leur tour, à savoir sa virilité. La cruauté de ses romans, l'impudence cynique de ses personnages, le défi aux lois ont toujours paru à certains comme relevant uniquement de la masculinité. C'est pourquoi Duras a si souvent gêné : n'écrivant pas selon des critères supposés féminins, elle dérange et inquiète. « Cette dame joue les dures et possède un vocabulaire concis. Bougre ! Quelle virilité ! Elle n'est que façade, car dans le bavardage, Marguerite Duras retrouve toute sa féminité. Ça jacasse ! Ça blablate ! Pérore ! Roucoule ! Et patati et patata. Et patatras ! On mentionne parfois la langue d'un écrivain. Celle de Marguerite Duras est pour le moins taillée dans la bavette ! »

Cette misogynie assassine, on la retrouve sous la plume

d'un journaliste de *la Gazette de Lausanne* : « Le talent de Marguerite Duras apparaît essentiellement viril et l'on comprend mal qu'une femme ait pu concevoir et agencer dans une forme aussi intensément cynique et péremptoire. »

Quoi qu'il en soit, comme on le voit à ces réactions, *les Petits Chevaux* ne laissent pas indifférent. Duras affirme roman après roman un ton auquel désormais il faudra prêter attention, car ce dont elle parle, sur le ton de la mélopée, n'est rien d'autre que la lancinante douleur de l'être, ses souffrances à exister, ses contradictions.

De son côté, Mascolo publie cette même année 1953 *le Communisme*, chez Gallimard, un épais volume de plus de cinq cents pages sous-titré *Révolution et communication ou la dialectique des valeurs et des besoins*.

Travail scrupuleux pour tâcher de concilier à la fois les exigences marxistes et l'indépendance de l'intellectuel et résoudre, malgré l'exclusion, la contradiction fondamentale à laquelle Duras non plus ne parvient pas à répondre : « Il n'y a pas d'intellectuel communiste. Mais il n'y a pas d'intellectuel non communiste possible. » La presse du Parti se déchaîne de nouveau contre celui qui avait été l'objet de tant de débats et avait semé le trouble dans ses rangs. Comme il ne faut pas prendre le risque de laisser s'infiltrer encore une fois une pensée subversive, les ténors du P.C. dénoncent l'ouvrage et « les Mascolo ».

« Un nouveau révisionnisme à l'usage des intellectuels », titre Jean Kanapa dans *l'Humanité* du 23 février 1954 ; « Des thèses comme celles de Mascolo, poursuit-il, cherchent à prétendre disqualifier les intellectuels communistes, à prétendre contradictoire la qualité d'intellectuel et celle de communiste. Dans la mesure où la calomnie retient effectivement certains intellectuels, pourtant honnêtes, de prendre leur part de lutte en commun avec les communistes, qui ne voit qu'il convient de la combattre comme une diversion malfaisante ? (...) Nous jugeons de notre responsabilité d'apporter à la détruire une vigilance persévérante. » L'ouvrage, très remarqué, suscite débats et controverses ; Nadeau, Sartre y participent, provoqués par les questions d'un « enfant du siècle », ainsi qu'un journaliste suisse définit Mascolo. Ce qui ressort surtout de l'ouvrage, c'est ce travail d'élucidation permanent auquel les amis de la rue Saint-Benoît se sont toujours livrés, bousculant leurs propres convictions, se remettant sans cesse en question, se renouvelant, irrésistiblement subversifs.

L'effervescence intellectuelle de leur environnement les jetait toujours dans des expériences mobiles, inédites. Duras soupçonnait-elle déjà par la technique nouvelle du roman qu'elle mettait en place le rôle qu'elle jouerait quelques années plus tard dans le théâtre contemporain ? Rétrécissant de plus en plus le champ de l'action, accordant une place privilégiée au dialogue, réduisant quasiment toutes les descriptions, elle ouvrait ainsi de nouvelles perspectives à l'écriture, la faisant jouer sur tous les registres, poétique, dramatique, romanesque. C'est surtout à cette époque que le tournant s'accomplit. Après, elle n'aura plus qu'à laisser se dérouler toute seule cette voie qu'elle avait ouverte, cette écoute du temps qui passe et en retenir ses échos, la muette détresse des hommes, leur passage sous l'aplomb cruel et indifférent du temps.

Elle a le goût des naufrages, du bateau ivre et fou qui a perdu les côtes de vue et s'enfonce dans la nuit. Elle aime ces périls-là parce qu'ils révèlent des choses enfouies, inavouables, exagérées au regard de ceux qui sont à terre, à l'abri.

Dès lors, l'écriture devient son « labeur ». Elle écrit avec une conscience de moine, quotidiennement, comme d'autres « vont au bureau ». Mais le travail n'est pas routinier, elle explore, elle ouvre des chantiers, se livre à des opérations de terrassement. Elle s'y engage avec cette fièvre propre aux obsessionnels, elle sait désormais qu'elle est faite pour écrire, que tout ce qu'elle voit et entr'aperçoit est la matière même de son travail, et qu'elle ne doit pas faillir à cette histoire qui lui est donnée, sa vie.

Mais il faudra attendre 1958 et *Moderato cantabile* pour qu'elle trouve dans les chantiers d'avant la vraie piste, la vraie trace du secret. Après, avec le cycle de L.V. Stein, elle sera au fond du puits qu'elle cherchait, et elle en tirera, ravie, les merveilles. Ces premiers livres, elle ne les renie pas tout à fait, mais ils correspondent à une période de sa vie qu'elle va abandonner dès 1958, la vie mondaine, les cocktails, les soirées avec des millionnaires, avec la faune parisienne qui entoure d'ordinaire les écrivains à la mode. Elle a cette « vulgarité-là », dit-elle, celle de perdre son temps, de le laisser s'écouler sans en être maîtresse, à sa manière comme les personnages de ses romans, oisifs et errants. Elle boit beaucoup à cette époque, se laisse porter par la mode, écrivant dans l'air du temps, comme une autre Sagan ; et si déjà les personnages semblent séparés de l'extérieur, par le soleil, la boisson, la conscience même fugitive du danger, le goût de s'enfuir, il y a encore trop de psychologie, de situations romanesques, conventionnelles. Oui, elle dit dans *les Parleuses* qu'elle « faisait ces livres-là, qu'elle en avait la facilité presque écœurante », qu'elle pourrait en écrire un comme cela en deux semaines, comme autrefois quand elle écrivait à l'école de petits récits, avec une rapidité déconcertante, une imagination et une invention surprenantes. Elle sait cependant qu'elle ne peut en rester là, ses personnages eux-mêmes l'appellent vers ailleurs, vers une « sincérité » plus vraie, plus juste ; déjà en attente, en sursis d'un à venir, prêts à s'arracher à l'histoire pour aller vers les terres improbables où s'avance le Navire-Night.

Ce qui la requiert en secret et totalement, c'est son besoin d'écrire, ardent, absolu, frénétique. Elle écrit non pas pour les autres, mais pour suivre, livre après livre, les traces de sa quête, les repères toujours plus profonds de ce nœud initial qui fonde son œuvre, où se côtoient toujours les traumas de l'enfance, la terre natale, et les reflets de la mort sur l'amour, sur le film du temps.

Elle retient ce que *les Petits Chevaux de Tarquinia* lui ont appris : l'ellipse, la concentration nerveuse des situations, le rejet de plus en plus sûr de la description et de la psychologie. Avec les quatre nouvelles qui composent *Des journées entières dans les arbres*, le livre à venir, publié en 1954, pour lequel elle obtiendra le prix Jean-Cocteau, elle revient rôder autour de l'enfance, éclairer certains aspects de cette vie d'autrefois, tâcher de comprendre.

Sa mère, en 1950, était rentrée en France, définitivement cette fois-ci. Si elle était retournée là-bas, en Indochine, comme si sa vie n'avait pu qu'être dans ce pays, se lançant dans des projets ambitieux, comme cette école de jeunes filles qu'elle avait créée, avec la même énergie acharnée qu'elle avait mise à barrer sa route à la mer de Chine, si elle était restée dans cet exil volontaire qui peu à peu était devenu nécessaire, c'était surtout à cause du « petit frère » « près de la tombe » duquel elle voulait rester à cause du grand frère aussi auquel elle continuait à envoyer de l'argent. Et puis la guerre aidant, lasse de tout, elle avait décidé de revenir sur sa terre natale, dans ce faux château Louis XV acheté avec les économies de l'école, château délabré, fin de siècle, « folie » dont personne ne voulait.

Elle était attachée à l'Indochine comme par un sortilège, semblable à ces colons qui ne pouvaient plus quitter cette terre, marqués à vie par son étrangeté et ses magies.

Durant son second séjour indochinois elle avait changé, comme si elle aussi avait subi l'imprégnation de cette culture, s'enracinant peu à peu dans ses façons de vivre, ses usages, ses paysages. La présence auprès d'elle d'indigènes plutôt que de colons prouvait son attachement à cette terre. Elle était non pas comme ces colons fortunés et citadins, grands possédants, nantis de privilèges et des meilleures terres, mais comme ces coureurs de brousse, ces aventuriers des jungles épaisses, ces missionnaires qui vivaient au contact des légendes et du peuple annamites, peu à peu imprégnés des rites et de la sagesse de celui-ci.

Pendant ces années du dernier retour, de 1932 à 1949, si elle avait toujours eu cette foi dans les valeurs coloniales, le sens civique développé, elle s'était laissé cependant davantage pénétrer par cette Asie étrangère, et néanmoins moins étrangère que la vieille Europe dans laquelle elle ne voulait plus vivre ; à son langage se greffaient des expressions chinoises annamites, elle pouvait parler un sabir pittoresque et se couler avec une sorte de familiarité dans l'esprit de cette terre, ses religions, son goût pour le surnaturel qui la reposaient de l'activisme colonial, des embourgeoisements propulsés jusqu'ici, sur les rives du Mékong, majestueux et indolent.

Aussi sa présence en faisait-elle comme une Française d'Indochine à part, hors des normes et des principes ; elle appartenait davantage à l'aventurière, poétique et un peu sorcière, forte d'avoir tenu tête aux poussées de la mer de Chine, à toutes les spoliations dont elle avait été victime. Elle avait ramené en France, avec elle, Dô, une petite Vietnamienne et elle vivait seule dans cette grande demeure, en proie à des peurs, à des sursauts de folie, à des bouffées d'énergie, qui lui faisaient tout oser, tout imaginer. Dans *l'Amant*, Duras raconte ses dernières inventions, l'achat de couveuses électriques où elle avait tenté d'élever six cents poussins, mais incompétente, les avait tous fait mourir de faim. Le grand salon où elle les avait installés était surréaliste dans le pépiement des bêtes puis dans l'odeur de décomposition.

Cette folie-là, cette puissance de vie singulière qui l'habitaient, Duras n'y avait pas totalement accès mais elle pressentait en elle les mêmes aptitudes à l'imprévisible, à l'irrationnel.

La bohème de sa mère, le choix de son frère qu'elle avait fait malgré ses frasques, bien qu'il l'eût ruinée, dépossédée, bien qu'il eût vendu les bois de sa propriété d'Amboise, comme ça, en une seule nuit, pour jouer, l'excentricité de cet être lui étaient étrangers et familiers tout à la fois. Mais depuis la mort du petit frère, cette mère n'existait plus, elle aussi était morte pour elle, comme le frère aîné.

Elle l'avait revue cependant en 1950, exactement à son retour d'Indochine. Elle lui avait présenté son fils, Jean, mais il n'y avait plus rien entre elles deux. La mère ne devait plus avoir que ce fils aîné tant aimé, que cet amour exclusif, unique, dont elle, Duras, était exclue. Dans l'un de ses rares aveux autobiographiques, Duras raconte comment le silence s'est effectivement installé entre elles. Ce texte s'appelle *Mothers* et il est publié dans le deuxième volume de la *Collection/Cinéma* qui lui est consacré : « J'ai essayé de lui exprimer que la préférence qu'on avait d'un enfant pouvait se traduire par des détails à peine perceptibles, infinitésimaux, et que même si la mère n'en était en rien responsable, cette différence dans l'amour était subie comme un malheur par les enfants moins bien aimés. » L'incompréhension était enfin tombée, irrémédiablement, achevée.

Et pourtant la mère oubliée, rejetée, morte était encore là. Elle revenait dans le premier récit des *Journées entières dans les arbres*, comme si Duras subissait la fascination de cette femme et de son amour intolérable pour le fils ; comme si de l'avoir fait mourir dans *Un barrage contre le Pacifique* n'avait pas suffi à rompre toute mémoire d'elle, à brûler tous les liens ténus, secrets qui la retenaient à elle malgré tout, sa mère, son amour, sa haine.

Néanmoins, elle reprenait dans le premier récit des *Journées*, en la rebrodant, l'histoire de ce conflit familial, mais de manière plus libérée, dans une tension moins passionnelle. Le fils voleur n'est pas seulement le dévoyé qu'elle a condamné, il est aussi le rebelle, le sauvage doté de cette énergie du non qu'elle a toujours célébrée ; il est à sa manière le libérateur, celui qui s'est défait de l'aliénation de la mère.

Sa mère n'y est plus seulement l'abusive, mais la mère indigne, à la bohème scandaleuse, vivant dans l'absence des préjugés. Les deux personnages de la nouvelle deviennent sympathiques, Duras les regarde d'un œil tendre, amusé, quelquefois ironique. De ce frère veule, elle essaie de comprendre ce qui la sépare, cherche des circonstances atténuantes à ses actes, à ses malfaisances, elle lui accorde sa compassion, lui rend cet honneur de vouloir se sentir libre, « nu comme un ver, adulte, enfin, rendu, cette nuit-là, à la fatigue des hommes ».

C'est cette complexité des êtres qu'elle aime à saisir, à surprendre, de même qu'à la Libération elle compliquait le procès de Rabier en livrant des informations contradictoires, prouvant que décidément rien n'est simple, que tout est ambigu, épais.

Ce qu'elle cherche, c'est aider au dévoilement de cette image primitive, la mère, le frère, à la faire surgir, à la reprendre dans les livres à venir, à la cerner, par toutes les faces, à ôter et puis à rajouter, à la livrer sur la scène, la glisser dans des comédiens, la rendre illimitée.

Dans *Vogue*, en 1966, au moment des répétitions des *Journées* qu'elle venait d'adapter pour le théâtre, elle raconte le génie de Madeleine Renaud, la Dame des Arbres, la mère des *Journées*. Elle rapporte comment la comédienne s'est emparée du rôle, le portant encore plus loin, dans cette clairvoyance sauvage, l'éclairant, elle, Duras, sur des zones qu'elle n'avait pas explorées de sa mère et que les mots, les siens, et le souffle des autres avaient fait émerger. L'histoire primitive dure depuis près de cinquante ans, et c'est toujours ce qui la fait écrire, *Savannah Bay* et *l'Éden Cinéma* plus tard encore.

C'est très simple et très compliqué à la fois, il n'y a pas

de mots pour raconter·cela ; quand Madeleine Renaud lui demande des précisions, elle est peu loquace ; l'histoire se nourrit de quelques phrases sèches, mais entre elles, c'est le silence, épais, plein de rumeurs dont se nourrissent les livres, plus riche d'informations.

« Vieille, elle était devenue amère, elle voulait ignorer qu'elle avait formé nombre d'autres capitaines qui se battaient pour la liberté de leur pays, elle ne voulait plus se souvenir, elle voulait son désespoir parfait.

— Quoi encore ?

— Elle était maigre.

— Quoi encore ?

— Des trois enfants qu'elle avait eus, elle préférait l'aîné, un fils superbe, tendre et dévoyé.

— Ah bon, je vois. Toujours elle l'a préféré ?

— Toujours. »

De cette préférence, elle a fait le support de son œuvre où se jouent sans cesse des crimes et des sacrifices. Comme dans l'histoire du *Boa*, la deuxième nouvelle des *Journées* où elle raconte ses promenades au jardin botanique de Saigon en compagnie de son hôtesse. Oui, elle était, plus de vingt-six ans après l'événement, encore de l'avis de l'adolescente qu'elle était alors. A voir le boa dévorer le poulet rituellement à quatre heures de l'après-midi, elle prenait un plaisir vif, sensuel, nouant comme un pacte avec la nature, sa violence, sa barbarie. Elle acceptait ce perpétuel mouvement de vie et de mort, de bon et de mauvais, toujours persuadée qu'il fallait vivre dans cette proximité-là, de la civilisation et du sauvage.

Son exclusion du P.C. renforça sa colère souveraine et superbe, mais elle n'a pas pour autant perdu la conviction que le marxisme-léninisme pouvait être une solution aux problèmes de la société. Seul le communisme stalinien lui répugnait, ses diktats, ses forfaitures.

Néanmoins elle contribua en tant que militante du P.C.

jusqu'en 1950 à l'offensive que le Parti mena contre « la sale guerre » en Indochine. Le discours communiste d'alors, amplifié par les vastes campagnes qu'il dirigeait contre les « atrocités » commises par le corps expéditionnaire, exécutions de civils, représailles, viols, pillages, tortures, ne pouvait qu'être cautionné par Duras, d'autant plus touchée par le conflit qu'elle se trouvait par une partie d'elle-même comme liée à ce peuple opprimé avec lequel elle se sentait tant de racines communes. Mais son militantisme le plus actif, dans ces derniers mois où elle était si préoccupée par les différends qui la séparaient chaque jour davantage du Parti, était encore dans l'écriture. Écrivant *Un barrage contre le Pacifique*, elle montrait à sa manière la corruption, le vol institutionnalisé, la violence coloniale avec une efficacité sûrement plus grande encore que les déchaînements auxquels se livrait le Parti pour dénoncer « les méthodes de la pacification ».

C'était donc la littérature qui, à ses yeux, et comme l'avait déjà proclamé Vittorini, exaltait le mieux les conflits, les portait plus sensiblement au public, possédait mieux que tout autre langage la force de révéler, d'attaquer. Le *Barrage* vaudrait assurément à lui seul toutes les campagnes de presse organisées par le Parti, en cette fin d'année 1949, plus que toutes les campagnes de signatures.

Elle affirmait ainsi la vérité de l'écriture, comme moyen d'accéder à la réalité politique, à la prise de conscience, au véritable engagement.

De 1950 jusqu'au désastre de Diên Biên Phu en 1954, elle ne prendra guère parti dans la guerre. Exclue du P.C., livrée à une certaine forme d'anonymat politique, sans structure d'appareil précise, elle sera étrangement absente du débat engagé. Dionys Mascolo dira que c'est « par humilité et surtout par impuissance » que s'explique leur silence à eux deux. Faute d'audience, voués à une certaine solitude, à cet isolement propre aux intellectuels, qui peuvent difficilement intervenir dans la chose publique lorsqu'ils parlent en leur nom propre, Duras comme Mascolo furent seulement contraints à observer.

Ce ne sera qu'en 1955, avec la guerre d'Algérie, qu'ils trouveront des raisons d'agir, de s'engager, de défier plus spectaculairement, dans un romantisme héroïque qui les rapprochait de l'état de résistance de l'Occupation.

De surcroît, la guerre d'Indochine dut soulever des sentiments mêlés dans l'esprit de Duras : déchirée dès l'enfance entre son statut de colon et cet élan spontané qui la rapprocha toujours des indigènes, en conflit par son métissage affectif inconscient, rebelle à l'esprit colonial et en même temps élevée (malgré tout) par sa mère dans cet esprit-là, violemment duelle, rebelle et entravée, elle ne pouvait pas se livrer à une analyse politique totalement lucide et radicale. Hors des prises de position de principe, restait la nostalgie de cette terre d'enfance, comme une douleur logée en elle, impossible à « liquider ».

Quoique les réunions de la rue Saint-Benoît fussent plus d'ordre littéraire que politique, que les personnalités qui s'y rencontraient fussent davantage des écrivains que des politiques, Bataille, Roy, Blanchot, Leiris, sa pensée allait toujours aux plus humbles, aux démunis, aux laissés-pour-compte, aux rejetés, avouant en même temps sa fascination pour les assassins et les prostituées. Tous ceux enfin qui avaient franchi une barrière, avaient été peu ou prou hors de la loi.

Dans la troisième nouvelle des *Journées*, *Madame Dodin*, elle montre de l'affection et de la complicité pour cette concierge, de la rue Saint-Benoît sans aucun doute, peut-être même la sienne, et Georges le balayeur. Là encore, c'est une autre aliénation qu'elle décrit, provoquée par la société de consommation, la souffrance de ces deux êtres humiliés, comparables aux ordures que leur métier oblige à ramasser, solitaires et niés. Le texte cherche une solution, un remède à cette injustice, repousse l'issue « chrétienne » du communisme, la révolution à préparer, provoque au nihilisme. Du danger farouche, imminent parcourt et menace le récit malgré son écriture cocasse ; justicière, Duras prend parti pour cette violence souterraine, elle a choisi son camp.

Bien plus tard encore, en 1987, dans un film que TF1 réalisera sur elle, elle voudra montrer l'aube de Paris, quand des armées d'Africains nettoient les rues, les grands boulevards, dans le silence crissant des balais ramassant les bouteilles de plastique, de verre et de fer, les papiers, les mégots et cette brume de poussière que l'aube ne lavera jamais. Elle trouvera l'œil pour filmer ce ballet d'exclus, saisir leur solitude, le cri d'un dialecte, inspirer la honte d'une société, faire élever un chant, celui de la misère et de l'humiliation. Et sa caméra rendra des accents graves et monotones, comme une sonate pour violoncelle, répétitive et obsédante.

C'est ainsi qu'elle juge une société traître à son prolétariat, qu'elle condamne implicitement ceux qui devaient être là pour le défendre, par ces images, en noir et blanc, sans dialogue, muettes comme la solitude, par la voix poétique.

Sûrement, il avait fallu passer par les tâtonnements des premiers romans, l'errance exubérante du *Marin de Gibraltar*, l'histoire de la saga familiale d'*Un barrage* pour que se fondent les grands principes de l'esthétique durassienne qu'elle ne cessera ensuite d'explorer, tournant autour de ce foyer ardent dont elle sait qu'il recèle le Secret et le Signe.

Le dernier et court récit des *Journées, les Chantiers*, est à sa manière peut-être le plus important des textes qu'elle ait écrits dans cette décennie. Jamais elle n'avait autant exploré la muette activité de la rencontre amoureuse, le lent et patient écoulement du temps, écartelé par les événements, pour laisser nue l'attente de la passion, son émergence, jamais elle n'avait autant resserré l'action pour que s'exprime dans sa plénitude ultime, la rencontre des deux êtres inconnus.

Avec cette nouvelle, à la recherche de cette alchimie secrète, obscure et fascinante, celle qui faisait que les futurs amants se rencontraient enfin, après toute une série de passes rituelles et silencieuses, où entraient en jeu des règles inconnues et étrangères, jamais codées, Duras ouvrait un espace romanesque nouveau à la littérature. Elle aimait observer chez l'homme des *Chantiers* cette façon qu'il avait de « s'obscurcir », de « s'enfoncer lentement, chaque jour plus avant dans les forêts rouges de l'illusion », de « ne plus voir dans les choses que des signes ». Elle découvrait une nouvelle dimension du temps qui ne se soumettait plus aux accrocs des événements, au fil des mots, aux accidents des choses, mais s'étalait dans « une sorte de durée océanique », plus vaste, sans limites.

Le roman durassien désormais emprunterait ces voies-là de la connaissance, une recherche secrète de l'amour, où le corps joue sa part majeure qu'il restitue ensuite à l'âme, et où tout ne s'explique que dans le parcours silencieux des signes et cette circulation du désir, fondant ainsi une véritable métaphysique de l'amour.

Cette fonction du silence et du désir errant dans l'obscur, ce refus de la parole au bénéfice de l'analyse intérieure, au cours imprévisible des choses, étaient néanmoins dans l'air du temps. Les romanciers du « nouveau roman », comme on les appelait alors, affirmaient eux aussi le refus de la littérature classique, les clefs habituelles de l'analyse héritée du XIXe siècle et les abus du psychologique. Une approche neuve, plus audacieuse, plus hermétique aussi s'imaginait dans les laboratoires des Éditions du Seuil et de Minuit. Et pourtant Duras, de nature méfiante, ne voulait pas semble-t-il y adhérer, sûre d'y voir des risques de stérilité et de trahir sa voix singulière.

La distance prudente qu'elle instaura entre elle et les écrivains du « nouveau roman » — « des hommes d'affaires », dit-elle — montre à l'évidence son souci d'originalité au sens propre du terme. Hostile à tout embrigadement, à toute école, elle a comme une répulsion viscérale pour tout ce qui se trouve lié à des principes, à des techniques de groupe.

Néanmoins le fait que tous les « laborantins » du « nouveau roman » publient aux Éditions de Minuit, c'est-à-dire dans la maison d'édition la plus intellectuelle de Paris, la conduit à les rencontrer. Elle noue certes des relations avec Robbe-Grillet, Butor, qui sont plus proches de sa conception narrative que la littérature « bourgeoise », mais reste toujours en retrait, comme si elle voulait sauvegarder en toutes circonstances, politiques, sociales, affectives, familiales, intellectuelles une absolue indépendance. Dans cette situation, elle révèle une faculté de voyance certaine, prévoyant les événements à venir, qui montreraient qu'elle avait eu raison d'éviter les pièges qui se présentaient à elle. Ainsi, avant tous les écrivains du « nouveau roman », elle craint la répétition, la stérilité, la sclérose. Elle est la première du groupe à prendre ses distances, suivie, mais bien plus tard, par Robbe-Grillet, Sarraute, Sollers qui attendront dans les années 80 pour opérer un retour à une certaine forme traditionnelle du roman. Cependant, l'attitude de Duras est toujours la même : elle puise dans l'histoire des idées, des êtres, la sève même de son être. Elle exploite certaines trouvailles du « nouveau roman », comme cette conception de l'aléatoire des choses et du monde, permettant ainsi d'ouvrir des trappes inconnues aux mots, mais prend soin de rester dans les marges de tout mouvement, fût-il lui-même marginal.

Cette certitude qu'elle a toujours eue de détenir une part du Grand Secret, d'être davantage du côté des exilés de l'art que des écrivains patentés, universitaires et intellectuels, plutôt du côté de Pascal, de Rimbaud et de Bataille que de Robbe-Grillet et de Butor, cette relation si fervente, si essentielle et sensuelle avec la littérature la vouaient d'emblée à ne plus se sentir liée au « nouveau roman ». Seule peut-être, et sans qu'une solidarité de femme en soit la raison, Nathalie Sarraute, parce qu'elle est la romancière des réactions élémentaires, des tropismes les plus microscopiques, et qu'elle traque sans cesse « l'à peine visible » et « l'anodin », sembla trouver grâce à ses yeux. Elle accordera toujours un intérêt majeur à son œuvre, ayant pour elle une tendresse particulière, allant voir son théâtre, lisant ses livres, elle qui lit si peu ses contemporains.

L'aventure littéraire de Duras est soumise à de trop grands écarts de conduite, à des attitudes trop irresponsables au sens où Rimbaud et les surréalistes entendaient ce droit au scandale, à l'inattendu, à une mystique de l'écriture désavouée *a priori* par les tenants de la nouvelle école, pour se reconnaître dans ses principes. Quelque chose de l'ordre de l'intuitif, de l'immédiat, de la passion, l'en éloigne irréductiblement même si parfois elle peut trouver dans « l'école du regard », dans sa manière d'observer les choses, une autre piste possible pour l'écriture. Quand elle écrit, du pulsionnel, de la chair et du sang, de l'instinct traversent la page. L'œuvre naît de cela, de ce cri qui jaillit d'elle, ancien, de ces échos que renvoient tous les cris qui la hantent, des imprécations maternelles du *Barrage* aux chants psalmodiés de la mendiante, de l'enfant expulsé du ventre de la mère à la seule parole possible, le cri, qu'elle ne pût jamais tant proférer qu'à la vue de Robert Antelme, mourant, alors qu'elle s'était réfugiée, horrifiée, dans un placard. C'est dans cette chambre sonore et noire que se fonde et se construit l'œuvre, dans une genèse presque inconnue, de l'ordre du mystère, dans une nuit indécelable. Comment alors se reconnaître dans les règles définies par Robbe-Grillet, dans son souci d'élaborer une technique préétablie ? Intuitivement, Duras comprend ces choses. Elle est, dans ces années 50, attentive à ces bouleversements, à ce qui est en train de se mettre en place, et elle sait en même temps les dangers d'une telle aventure :

la stérilité, l'épaisseur des choses et des êtres prompte à se rétrécir, une parole stéréotypée, une froideur qui est à l'opposé de son tempérament rebelle et bouillonnant, la sophistication de la théorie, des préoccupations esthétiques, théoriques plus que métaphysiques, et la perte aussi de ce sacré de la littérature qu'elle quête, bien qu'athée, sûre d'y trouver d'autres clés à ses mystères.

Elle sait que ceux qu'elle admire, Diderot, Rousseau, Proust, les grands Russes, et Cervantès, et Bach, et Vermeer ne se sont pas occupés d'abord de la technique, n'ont pas cherché à entreprendre une théorie de leur art, mais qu'ils se sont plongés dans cette nuit épaisse qui s'offrait devant eux et dont ils ramenaient quelques traces d'un autre jour. Intimement, elle devine que là est sa marche, là son chemin. Le sillage sans cesse tranché et recouvert du Navire-Night, c'est à lui qu'il faut être seulement attentif, comme aux gouffres qu'il laisse voir peu de temps, à la tentative de percer l'inconnu. Hors de cela, elle sent bien que ce ne sont que vaines spéculations, paroles abstraites, étrangères à sa recherche.

Obstinément, elle se veut simple, comme lorsque, petite fille, elle écrivait des poèmes « sur la vie quotidienne » avec cet instinct si naturel qu'elle porterait plus tard jusqu'à ses lecteurs. Ainsi s'annonce *le Square*, publié en 1955, récit auquel elle se consacre maintenant après le succès des précédents romans et qui commence une autre période de Duras, tant il est vrai que chacun de ses livres est une sorte de destruction du précédent, ou tout au moins une surprise, une autre manière de voir et de dire.

Avant même que Sarraute n'écrive son célèbre essai, *l'Ère du soupçon*, Duras expérimente dans le texte, dans la matière vive de l'écriture, dans cette chair des mots et dans ses couches les plus profondes, les moins accessibles, le secret de ce qu'ils signifient, l'arrière-boutique de la mémoire, les pilotis profonds de la conversation, la

Venise engloutie, obscure et secrète des mots, cet espace apparemment silencieux qu'il y a entre eux, et qu'elle entend, elle, murmurer, sourdre, crier. Toute la rumeur du non-dit qu'avec son instinct brutal et sauvage elle veut arriver à saisir, dans la musique, au passage, au vol, pourrait-elle dire.

Peut-être est-ce l'expérience terrible d'Antelme qui lui a ouvert la voie encore une fois. Après *l'Espèce humaine* et ce silence auquel il s'est désormais rendu, il reste quand même, vivants, tout le cortège des déportés, et les râles des mourants, les cris des oiseaux rôdant en rond au-dessus du camp, le bruit lourd des défécations dans les baraques ouvertes à tout vent ; après sa propre découverte de l'horreur, les lentes processions des prisonniers débarquant à la gare d'Orsay, le blanc silence des gazés d'Hiroshima ; elle a découvert grâce à lui les trous béants de la parole, l'inutilité des mots, des conversations, la vanité des livres et leur rumeur, persistante cependant, et sûrement quelque chose de plus vrai, de plus neuf, donc de plus naissant, de plus près du début, son ambition.

Une croyance tenace dans la préhistoire des mots et des actes la fait avancer, une foi même dans ce qui ne se dit plus mais s'entend quand même derrière, là, caché, et parle et révèle ses ombres.

De sa chambre de l'hôpital Américain, en 1982, elle profère des cris, elle veut casser tout ce qu'il y a sur la table de chevet, à côté d'elle, elle se jette par terre, elle déchire ses vêtements, et s'endort ainsi, livrée à sa nuit. Dans ses cahots délirants, dans ses accès éthyliques même, elle sait qu'il y a quelque chose à aller chercher, d'inaccessible ; elle redoute, elle est terrifiée, elle comprend qu'elle peut mourir, qu'elle va sûrement approcher de cela, de la nuit, froide, du rien de la conscience, elle qui a toujours l'esprit qui échafaude, palpite, que c'en est une douleur, une fatigue immense, elle est certaine que Neuilly est le lieu de la mort, mais elle va quand même dans cet inconnu, dans ce noir qui l'appelle.

C'est ce bout des choses, ce tunnel où ne s'engagent jamais les beaux parleurs du nouveau roman qu'elle franchit. Et de ces gouffres, elle ramène des silences, de toutes petites phrases, et des cris et des murmures, des choses sans identité, anonymes, exilées et qui, mises bout à bout, tissent la trame de son œuvre, pleines d'épaisseurs, tranchées, explorées, blessées, douloureuses.

Dans *le Square*, Duras tente d'être à l'écoute de la petite bonne à tout faire et du colporteur, de leurs soucis et de leur malheur, de cette infinie solitude qui les occupe et dont ils sont comme le lieu, du « silence commun à tous les opprimés ». La situation d'attente et de sursis qu'elle avait déjà décrite dans ses précédents romans revient ici avec cette nudité, cette non-révolte, seulement le constat terrible du « nous sommes abandonnés ». Elle, la petite bonne, « elle ne dit rien et elle fait », lui, il « se rase, tous les matins en chantant... Que voulez-vous de plus ? ».

Pas de violence, pas de projet, pas de regret, mais la vie qui s'use, passe et glisse dans l'indifférence générale des autres et de l'univers. Même si Duras peut se rattacher à l'imaginaire de Beckett — comme lui, elle met en scène des êtres assoiffés de paroles, et qui attendent —, il y a une originalité particulière, ce qu'on va appeler et pour toujours la petite musique durassienne, qui l'apparente au phrasé délié d'une sonate, la plus défaite de toute fioriture, nue, limpide, comme celles de Bach, de Beethoven, de Diabelli.

Est-ce sa féminité qui lui fait don de cette écoute si particulière, de cette capacité inlassable à écouter avec générosité, comme elle le fera bientôt, de 1955 à 1958 surtout, en se rendant indifféremment auprès des assassins, des prisonniers, des stars de cinéma, des petits commerçants ? Elle dira dans ces entretiens qu'elle est convaincue de la spécificité de l'écoute féminine, sans acculer son discours dans une impasse féministe et militante. Ce qu'une femme peut entendre et comprendre du « général », c'est-à-dire des vibrations du monde, des mystères les plus reculés de l'univers, est absolu et entier : elle voit, elle perçoit, elle reçoit là où les hommes se paient de mots et de rodomontades, de conquêtes et de bruits. Elle amorce avec *le Square* une écriture tout issue des précédents romans mais qui, tout en ayant eu besoin d'eux, s'est élargie et donnée à toutes les forces de la vie, abandonnée aux écoutes du monde, à ses cris de solitude, à ses désespoirs, à ces « derniers des derniers ». Une synthèse très subtile s'est établie, qui fait d'elle le défenseur des opprimés d'une société, l'oreille attentive de leurs souffrances et des abîmes de silence où eux-mêmes s'enferment, la traductrice de ces envies enfouies, bâillonnées.

Alors elle leur donne la parole, et elle coule, occupe tout l'espace narratif, parce qu'elle est la seule manière de combler la souffrance, de limiter un temps les ravages du désespoir. Ils parlent, ils ne font que parler, ils ne sont que cela, le temps du livre, une parole qui court, ne cherchant pas même à écouter l'autre, mais s'étalant, parce que « cela fait du bien ».

Comprend-elle qu'avec ce court récit, Duras est en train d'ouvrir son œuvre au théâtre ? L'illimité de l'écriture, cette notion dont elle fera bientôt son principe romanesque, l'éclatement d'un genre à tous les autres, au film, et presque à la poésie commencent ici, avec *le Square*, dans ce fleuve de la parole, où le dialogue devient la profération du malheur, la meilleure transcription de l'écoulement douloureux du temps, de son cours indéterminé, incompréhensible et absurde.

Le roman dès lors peut se transporter sur une scène de théâtre, se voir sur un écran, mieux encore, quelquefois devenir musique, coulée de notes, chant pris et repris, fait et défait.

Elle en fera plus tard une méthode, comme si l'écriture

devenait le plus sûr moyen, une fois retissée, de compréhension du monde. Elle reprend l'œuvre première et la réinvente, lui ouvre des fenêtres dont l'absence la rendait aveugle, muette à des prolongements de l'être, aux échos des mots, aux réverbérations du langage.

Il faudra bien « sortir » des genres, tenter leurs passages dans d'autres espaces à inventer, déplacer des zones, rôder autour des pôles obscurs, des noyaux ardents, indécelables bien souvent, faire œuvre d'inventeur, de chercheur d'or, de spéléologue téméraire, tenter le voyage solitaire d'Orphée, ne pas hésiter à descendre pour recommencer l'œuvre, la prolonger là où elle ne demande qu'à aller, sur ce chemin que Proust avait déjà tracé, libre. Après *la Musica*, il y aura *la Musica Deuxième*, après *India Song*, il y aura *India Song* au cinéma, après *Abahn, Sabana, David*, il y aura *Jaune le Soleil*, après *l'Amant*, *l'Amant de la Chine du Nord* et ainsi de suite jusqu'à toucher le fond de ces mers inconnues que traverse le Navire-Night.

Écrit pour la scène avec la collaboration de Claude Martin, *le Square* sera créé le 17 septembre 1956 au Studio des Champs-Élysées par Ketty Albertini et R.-J. Chauffard. Mais son théâtre engendre des critiques tout aussi passionnées que ses romans. Duras est toujours ce scandale éclaté, qui ravit ou exaspère. Dès le 19 septembre, la presse se déchaîne contre la pièce. Max Favalelli de *Paris-Presse* traite *le Square* de « strip-tease psychologique » ; le redouté Jean-Jacques Gautier du *Figaro* devient virulent : « C'est l'âme des simples, vue par la *N.R.F.* », « Maeterlinck du pauvre » ou « En attendant dodo ! » *Le Monde* ironise : « Un moyen infaillible de précipiter la crise du théâtre, de le conduire aux derniers spasmes… Deux héroïques comédiens ont appris par cœur le texte fluide, délicatement invertébré, un style quotidien, ah ! qu'il est quotidien ! Mon éminent confrère M. Blanchot le voit abstrait, impersonnel et d'autant plus émouvant. Car enfin *le Square* est peut-être un chef-d'œuvre. Un chef-d'œuvre de prétention, de fausse simplicité et de philosophie laineuse. » Guy Verdot, de *Franc-Tireur,* croit soupçonner que Jean-Paul Sartre aurait « pénétré dans les offices ». Mais d'autres voix se font aussi entendre, moins sectaires, plus attentives à la musique monotone de Duras. Ainsi Jacques Lemarchand du *Figaro littéraire,* admirateur des premiers jours, célèbre « l'art extraordinaire qu'a l'auteur de faire parler ses gens comme ils parleraient s'ils osaient une bonne fois parler », loue la pudeur des dialogues, « le chant alterné, le chant à deux voix qui cherchent à s'accorder » ; Gustave Joly de *l'Aurore* décèle dans la pièce une « âpreté fugitive » qui évoque, selon lui, *les Bonnes* de Genet. A la reprise en mai 1958, au Nouveau Théâtre de poche, Claude Olivier, des *Lettres françaises*, déclare qu'une « telle pièce est aussi du théâtre ».

Le public parisien était donc en train de découvrir un nouvel auteur dramatique, mais original, singulier, qui ne faisait aucune concession, écoutant seulement les silences des êtres, « le malheur ordinaire » qui peut, comme elle dit, « se dialoguer ».

D'ailleurs, aux autres reprises, en 1960, aux Mathurins, en 1965 au théâtre Daniel-Sorano, la pièce sera comme assimilée par le public, prouvant en cela la réelle qualité prophétique de Duras, son avance sur le temps et l'histoire. Mieux encore, *le Square* deviendra un classique, atteindra une grâce d'équilibre que la transparence des dialogues et l'unité dramatique contribueront à renforcer.

Au temps de l'*Amant*, en 1930, elle se souvient encore du suicide de ce jeune homme qui s'était jeté en pleine nuit du bateau qui la ramenait en France, du paquebot tout blanc, un de ces arpenteurs des mers, un long-courrier, qui s'était immobilisé dans le noir, avait tenté de retrouver le corps et puis était reparti avec l'aube, sans jamais le récupérer. Elle est comme ce jeune homme, abîmée dans le suicide de l'écriture, que personne ne viendra repêcher, qui reste au fond des mers, dans la plus obscure terreur, dans la solitude des grands fonds, « cette pure et indécelable profondeur, aussi probante sans doute de la vie que le spectacle même de la mort ».

C'est qu'un texte avec elle n'a pas cette immobilité à laquelle vise l'académisme. Mobile, il « oblique », se tord, appelle à sortir des mots, à s'échanger. Elle appelle cela « déterrer les forces du texte », leur insuffler de nouvelles vies, des énergies puissantes, toujours plus profondes, comme le secret.

Cette manière de « forcer » le texte, de lui extorquer ses pires limites, les plus retranchées, fait de son travail du labeur, de la douleur ramassée, sourde, présente, toujours. C'est grâce à ce ressassement, à cette refonte constante, à cette vie réinsufflée, réactivée, qu'elle échappe aux pièges stérilisés du nouveau roman. La théorie dont elle a horreur, la spéculation intellectuelle, le discours analytique ou théorique ne la concernent pas. Elle préfère se colleter avec les êtres, leurs vies, leurs morts, et leur arracher, par cette intolérable curiosité qui la possède comme en était animé Proust, des mystères qu'elle remonte de la nuit.

Est-ce un signe, la publication de *l'Espace littéraire*, de Maurice Blanchot, la même année que *le Square*? En est-ce encore un autre, l'article que Blanchot écrira dans la *N.R.F.*, révélant cette complicité intellectuelle, cette familiarité avec son œuvre qui vont le mener quelques années plus tard à être un des familiers de la rue Saint-Benoît?

A lire *l'Espace littéraire*, il semblerait que toute l'œuvre de Duras s'y soit déjà nourrie, tant les fulgurances de Blanchot rejoignent la marche de Duras, sa longue errance qu'elle a entamée. Blanchot rappelle le vers fameux de Rilke : « Nous, nous infiniment risqués », l'applique à l'écrivain, à son labeur d'exilé, « sans la protection du jour commun », « hors de lui-même, hors de son lieu natal ». Toute sa démonstration ramène à ce « fond d'obscurité », à ce « fond élémentaire », vers lequel Duras lentement s'achemine et dont Blanchot commence à deviner les traces, les premiers bruissements qui plus tard se déploieront dans le cycle de L.V. Stein.

Une même identité de vues les rassemble dans la houle des mouvements antagonistes, dans ce perpétuel va-et-vient entre lumière de l'œuvre qui « brille sur l'obscur » et engloutissement dans « l'absolument obscur », dans la quête d'Orphée, à l'orée du gouffre immense et sombre, aspiré par lui, partagé, déchiré.

Ce livre, Duras le lit comme une œuvre fondamentale, éclairante, nécessaire. Il lui découvre toute la route, ce chemin dans lequel elle est en train de s'engager. Il lui explique ce qu'elle n'a formulé que dans l'opacité de ses récits, dans l'en deçà des mots, intuitivement, dans cette prescience des choses et du monde qu'elle a toujours eue et qui fera dire bientôt à Lacan que le *Ravissement de Lol V. Stein* révèle une connaissance originelle des troubles de l'aliénation et relate mieux que tous les rapports psychiatriques « un délire cliniquement parfait ».

Comme Blanchot, elle croit à ce ce coup de dés lancé forcément à minuit que sont le travail de l'écrivain et l'émergence de l'écriture, elle croit à cette nuit obligée, à la construction de ce « terrier » qui « ouvre la nuit à l'autre nuit », toute de rumeurs et d'imprévus, de danger et d'inconnu, et fait de cet écrivain l'être anonyme, « entré dans l'indistinct ».

Dehors, loin des cales obscures de l'écriture, dans « l'outside » plein de fureurs, l'empire colonial se fissure de tous côtés. A Diên Biên Phu, les soldats français sont morts dans la cuvette boueuse comme des rats. Ce désastre encourage les révoltes nationalistes dans les protectorats ; en Algérie, le 1ᵉʳ novembre 1954, six mois seulement après la défaite en Indochine, la guerre de libération commence. Une armée famélique, sans armes, composée d'hommes qu'on avait toujours contraints à se taire et réduits à la misère, à l'état de sous-hommes, se révoltent, prennent eux aussi le chemin de l'ombre. Elle a aussitôt de la sympathie pour ceux qu'on appelle les « fellaghas », qui, la nuit, se cachent eux aussi dans des terriers et des grottes, à l'écoute de l'autre nuit, attentifs à « l'écoulement de sable du silence », comme dit Blanchot. S'engager dans cette guerre, c'est pour elle de la même essence que l'écriture, « l'essence du danger ». Entre les maquis de Kabylie et ceux qu'elle prend en écrivant, il y a peu de distance, une même insécurité, la même proximité de la mort.

Avec Dionys Mascolo, Robert Antelme et d'autres amis, elle entre dans une nouvelle clandestinité ; elle va aider les rebelles parce qu'elle voit là une raison d'exercer enfin son sens de la fraternité, une autre manière de se risquer dans l'arène.

6

« Le Jeu de Minuit »

De plus en plus sa voix veut prendre part aux combats, aux luttes des hommes, comme si elle se sentait porteuse de leurs causes, et voulait les partager. La virulence du groupe, un an après l'insurrection jusqu'à l'indépendance de l'Algérie, les conduit aux lisières de l'extrême gauche, à une sorte d'anarchisme singulier où leur parole se radicalise, et les fait considérer comme des terroristes en puissance, de dangereux subversifs. De fait ils aident la résistance algérienne, deviennent des citoyens français de la honte, ceux qu'on appellera des « porteurs de valises ». La guerre est sur leur terrain, elle aiguise leur dialectique, leur permet de vivre, d'actualiser ces concepts d'insoumission, de désertion, de subversion : des mots que Duras porte bien, toujours appelée dans ces zones de la désobéissance, interdites, où se joue cependant selon Blanchot « le Jeu de Minuit », la partie serrée qui s'accomplit jusqu'à la mort entre le Jour et la Nuit.

Dans une interview récente qu'il a accordée en juin 1990 au *Magazine littéraire*, Mascolo explique bien ce qui a poussé le petit groupe dans la lutte : « Il s'agissait de l'affirmation d'un droit, d'un droit non encore reconnu : celui de ne pas obéir à l'État qui contraignait à devenir des oppresseurs. » Les témoignages qui parvenaient à Paris, les questions que commençaient à poser des intellectuels sur la torture, la réverbération de celles endurées par Robert

Antelme, devenaient aux yeux de Duras l'objet d'une nouvelle douleur, insupportable. Toute sa vie, elle portera le poids de ces accès de souffrance sporadiques, qui l'emportent comme le ferait une tempête, toujours elle connaîtra ces moments de vide, d'horreur intolérable qui lui donnent l'impression d'être soudain engloutie dans une mer hostile et brutale.

A l'automne 1955, le groupe de la rue Saint-Benoît, sous l'impulsion de Robert Antelme, Dionys Mascolo, Louis-René des Forêts, Edgar Morin et André Mandouze, fonde le Comité des intellectuels contre la poursuite de la guerre d'Algérie.

« C'était l'époque où une lame de fond semblait vouloir se former dans le pays, raconte Edgar Morin dans son *Autocritique*. Nous voulions nous élever contre le principe même de la guerre coloniale et pour le principe même du droit des peuples. » Bien que le Comité soit créé à l'initiative d'anciens exclus du P.C., beaucoup d'intellectuels de gauche y adhèrent. Des communistes même s'y joignent, « déçus par la mollesse tacticienne du Parti », mais aussi François Mauriac, André Breton, Jean-Paul Sartre, Jean Cocteau, Jean-Louis Barrault, l'abbé Pierre, Jean Cassou, Roger Martin du Gard, Georges Bataille, Claude Lévi-Strauss, des universitaires renommés, tous réunis le 5 novembre au matin, salle des Horticulteurs à Paris, pour réclamer « la cessation de la répression », l'interdiction de toute « discrimination raciale outre-mer et dans la métropole », et « l'ouverture des négociations ».

La création du Comité fait l'effet d'une bombe, et surtout d'une « étrange nouveauté », comme disait Cassou dans sa présentation inaugurale. Dans son numéro du 7 novembre, *l'Express* relève aussi ce « caractère consensuel du Comité », notoire pour la première fois, « depuis 1935 et les comités de vigilance antifascistes ».

L'hétérogénéité des signataires, justifiée par la teneur éthique du manifeste, est préservée plus d'un an, jusqu'à ce que des réticences commencent à se faire jour de la part

de communistes et d'intellectuels plus réservés que le radicalisme de Sartre et consorts effraie. Le 27 janvier 1956,
Sartre ne déclarait-il pas : « Le colonialisme est notre honte,
il se moque de nos lois ou les caricature ; il nous infecte
de son racisme. (...) Notre rôle, c'est de l'aider à mourir.
(...) La seule chose que nous puissions faire et devrions
tenter, (...) c'est de lutter aux côtés [des Algériens] pour
délivrer à la fois les Algériens et les Français de la tyrannie coloniale. » Si Duras n'apparaît pas en première ligne
dans l'élaboration du Comité, elle l'est souterrainement
comme l'instigatrice inconsciente, comme une voix intérieure qui souffle les mots. Les fondateurs essentiels sont
les hommes qui ont le plus compté dans sa vie, ils vivent
quasiment tous les trois ou ont vécu sous le même toit, vécu
les mêmes angoisses, soutenu les mêmes luttes. Comment
imaginer qu'elle en soit absente, elle que Claude Roy décrit
si bien dans *Nous*, douée de cette « ressource infinie de
fureur... (et) de l'intrépidité d'un petit soldat solitaire perdu
en avant-garde ou flanc droit » ?

Chaque jour davantage, elle se dresse contre l'État, le
pouvoir, les institutions ; jamais ce concept de juif qu'elle
avait formulé après la guerre, dans la douleur du retour
des rescapés des camps, n'a tant trouvé là sa justification
vivante. Dans ce conflit, elle est « le juif », comme l'étaient
à leur manière les rebelles eux-mêmes ; juifs pour désigner
les bannis, les traqués, les exclus de cette terre qui était
pourtant la leur, juifs pour dire non à ces caves où l'on
torturait des hommes, dégradait ce mot d'homme, à son
tour elle était juive, arabe, fellagha, c'était bien la même
chose.

Une solidarité intuitive avec les Algériens lui faisait
découvrir des situations qu'en un autre temps elle n'aurait
peut-être pas vécues, la lutte qu'elle menait la conduisait
à une acuité plus grande, elle décelait le racisme dans les
regards, le débusquait. Dès cette époque, elle est sollicitée

par des journaux pour écrire des articles, des chroniques. *France-Observateur* surtout l'emploiera régulièrement, décelant vite chez elle ce don de saisir l'insolite de l'événement, de surprendre dans le fait divers même sa grandeur cachée, de croquer en quelques lignes, grâce à ses qualités de sympathie, le portrait d'une princesse comme d'un assassin, avec le même naturel, la même aisance. Elle inaugure avec le journalisme un style qu'elle peaufinera jusqu'à lui donner ce ton si particulier, à l'écoute menue du temps qui passe. Elle sort de chez elle, elle voit un jeune Algérien vendant à la sauvette quelques fleurs, traînant sa carriole vers le carrefour de la rue Jacob et de la rue Bonaparte. Elle observe la scène qui va suivre ; des hommes en civil renversent la charrette, « le carrefour s'inonde des premières fleurs du printemps ». Elle saisit au vol, comme Dos Passos ou Hemingway savent le faire (« at the curb », dirait Dos Passos), des attitudes, des paroles, des silences, « une femme qui félicite les civils : Bravo, messieurs ! Si on faisait ça chaque fois, on serait vite débarrassé de cette racaille » ; d'autres femmes, sans parler, ramassent les fleurs et paient le petit Algérien. C'est cette perception nouvelle du monde qu'elle donne à ses lecteurs, redéfinissant le journalisme, lui rendant sa morale, en croquant de petits tableaux, dans l'éclair de l'événement, le non-vu des rues, de la foule, le regard elliptique qui s'accroche en une seconde sur une scène et la fouille, s'en empare et la dit, comme ça, dans cette crudité de l'écriture déjà « courante », vision dont elle déplore qu'Eisenstein n'ait pu la capter, avec sa fulgurance et la nudité sauvage de son œil.

C'est cette parole-là qu'elle ne va pas cesser de dire, comme si elle devenait l'écho de son travail de romancière, travaillant sur ces routes parallèles de la Nuit où elle navigue et de ce Jour dont elle révèle pourtant l'obscurité tragique, injuste.

Une autre fois, toujours dans *France-Observateur*, en 1961, elle confronte la parole d'une survivante du ghetto de Varsovie à celle de deux ouvriers algériens de Paris. Elle les fait parler de la peur, de leur solitude terrible, de la haine qui les entoure, elle parvient à leur tirer un aveu qui lui fait honte d'être française : « Je ne mets plus de cache-col ni de cravate. Comme ça, je ne suis pas étranglé. Il faut sortir sans cravate, sans sa montre, sans alliance. Tous maintenant, nous faisons comme ça. »

Elle conduit ses entretiens sans pathétisme, cherche à extraire la parole brute, la plus essentielle. Elle interroge, et ses questions n'ont aucune familiarité de ton, aucune démagogie. Sèches et même impersonnelles, elles vont au cœur du problème, sans appel.

Quand elle pose des questions, on croit entendre sa diction, à la fois douce et fracturée, directe et sinueuse.

Toujours elle cherche à recueillir chez les autres ce qui est aussi au cœur d'elle-même : la peur, la solitude, le risque, les situations extrêmes, le bonheur simple, quêté, impossible, et pour lequel il faut quand même lutter.

Sa vie arpente sans cesse ces zones antagonistes du dedans et du dehors, de « l'outside » comme elle dit et de « l'inside ». Elle traque la périphérie du silence, la région tremblante du désir et ces lieux extrêmes où tout se joue, et en même temps, surtout dans ces années qui préludent au cycle de Lol V. Stein, elle s'intéresse beaucoup aux mouvements du monde, des rues et des gens, à là rumeur des villes, des prisons, des couvents, des théâtres, des stades, des commerces, des vieux quartiers de Paris, les Halles, le Marais, Saint-Germain-des-Prés, à l'insolite tragédie des faits divers. Elle vit dans ces alternatives-là, tantôt dehors, solidaire et généreuse, tantôt dedans, dans la lueur de braise du noyau de l'âme.

C'est dans la récupération de tous ces souffles, dans cette participation confuse de ce qui l'entoure, dans cette multitude des espaces et des temps comme absorbés et retraités au filtre de l'imaginaire qu'elle conçoit sa vie. C'est là, dans la réanimation des bruits et des gestes, dans l'intérêt suraigu qu'elle leur accorde, dans ce sens profond qu'elle leur attribue, qu'elle fait sa vie, animée par eux, pouvant ainsi dire que « l'histoire de votre vie, ma vie, elle n'existe pas... Le roman de ma vie, de nos vies, oui, mais pas l'histoire ».

Tout se passe comme si l'écriture l'avait dévorée, lui avait donné la seule réponse possible aux questions de la vie, comme si le sens du « général », comme elle dit, se trouvait là, caché, derrière l'agencement des mots, entre les mots, dans le miracle de leurs associations, dans cela même qui leur échappe, anonymement, sans plus aucune mémoire littéraire, grammaticale.

Elle aime pour cela Bataille, qu'elle fréquentera à cette époque, sur lequel elle écrira, car ce qu'il écrit lui-même, ne relevant plus d'aucun code ni repère, est comme lancé dans une nuit inconnue qu'aucune critique ne pourra plus expliquer. Elle découvre en Bataille la force de ce langage coupé de ses liens traditionnels, usuels mais « émancipé, guéri de ses mauvaises fréquentations », dérivant « dans ses ténèbres propres ». Bataille lui semble un écrivain exemplaire des temps modernes parce qu'il abandonne aussi l'intelligence, plus assez compétente pour rendre compte du sens, et qu'il lui adjoint les « qualités du corps » et « ses inconnues », et « ses plaies ». Plus tard, elle ne reconnaîtra pas pour ces raisons-là Sartre comme un vrai écrivain, mais plutôt comme un théoricien, un lanceur d'idées, un idéologue le plus souvent, et à cause de cela même, exclu du chant et des échos du corps, de ses révélations, de la connaissance de ses terres d'exil.

Écrivant sur Bataille, elle écrit en même temps sur elle. Elle a le savoir intuitif de la quête de Bataille, car elle emprunte les mêmes déserts, les mêmes chemins de traverse. Tout ce qu'elle dit sur les autres est le reflet de ses choix de vie, d'écriture, tant son narcissisme est grand, puisant en toutes choses la sève de son histoire.

Elle a la certitude de ses intuitions, de ce savoir intérieur, qui lui vient du temps, elle a une absolue confiance en elle.

Consciente de la séduction qu'elle exerce sur les autres, de cette fascination que sa « musica » fait surgir, elle en joue. Son puissant ego ravage les autres et sa curiosité du monde est l'immense outil de sa création : elle aspire, elle pompe de manière presque vampirique les autres et elle renvoie leur suc, leur substance vitale dans les livres, dans cet inimitable chant de l'être qu'elle compose.

Ce qui l'attire, c'est cette langue du corps dont elle cherche à pénétrer la profondeur, attraper l'écho de ses cris, de ses défaillances, et de ses jouissances. C'est ce mélange inimitable de sensualité et de rigueur, de distance et de saisie brutale qui la sépare des terres glacées du « nouveau roman ». Dans cette période qui précède les années 60, elle perfectionne sa technique de l'entretien, car il approfondit sa quête qui va se déployer si intensément à partir de 1964 avec *le Ravissement de Lol V. Stein*. Parce qu'elle a l'intuition de leur solitude, de leur désespoir, elle arrive à tisser des liens de vérité avec ses interlocuteurs, ceux qu'elle interviewe pour des journaux à grand tirage. Dans l'entretien conduit en 1957 pour *France-Observateur* avec un ex-détenu de droit commun, elle révèle encore une fois sa fascination pour « les voyous sans repentir », pour ces hors-la-loi qui n'ont pas peur des mots, revendiquent leurs actes, et dont elle sait débusquer au détour d'une question la solitude, la misère sexuelle, faire exploser la révolte, surgir la détresse. Elle aime ces êtres-là, d'exception, héros des bas-fonds ou de la Résistance, elle aime révéler chez eux les paradoxes, les mélanges, comme ici, chez ce « voyou », sa tendresse pour un chat qui, dans la centrale, l'avait adopté, et sa violence envers la société, inaltérable, inviolée, que des années de prison ne peuvent apaiser.

Cependant la guerre en Algérie s'amplifie, la résistance en France aussi ; ce qui n'était au début qu'une révolte de fellaghas partie du fin fond des Aurès, ce qu'on a interprété comme un de ces soulèvements sporadiques que la France coloniale avait connus, pendant son histoire, prend l'allure d'une vraie guerre contre un ennemi à la fois invisible sur le terrain et avec lequel il va falloir néanmoins négocier tôt ou tard. La France elle-même se partage, divisée entre ses derniers accès de colonialisme, l'envie de mater dans le sang la révolte, et la douleur de voir partir ses fils au front, dans un combat sans merci. La guerre s'étend à la métropole, risque de basculer en guerre civile. Dans ces fractures de l'histoire, Duras ne peut qu'être à son aise, comme si son être entier ne trouvait de réelle signification que dans ces temps de passion, de tension, où l'homme se révèle à lui-même, dans le danger et le risque, contraint aux choix, acculé à prendre parti. Elle aime ces situations extrêmes où son engagement est entier, où la tragédie revient sur le théâtre du monde, où elle redevient, comme par spasmes, la petite héroïne d'Antigone, comparable encore à cette figure de Jeanne d'Arc pour laquelle elle éprouve une grande fascination, « sublime », dit-elle, dans *les Parleuses*.

Dans ces moments, elle n'a jamais peur, comme si l'enjeu la galvanisait, elle ose affronter l'État, tout l'appareil politique, arguant de valeurs oubliées, de la morale.

Elle héberge des agents du F.L.N., leur procure des caches ; là où elle peut, dans des meetings, des interviews, elle dénonce l'arbitraire, la torture, la mauvaise foi coloniale. Son discours est radical, violent, sans nuances.

Avec Simone de Beauvoir, mais sur un mode à la fois plus subversif et provocateur, elle est de ces rares femmes créatrices à prendre la parole dans cette guerre, à oser défier le pouvoir établi, à le trahir, à pactiser avec l'ennemi. Elle est le Navire-Night qui, toutes lumières éteintes, pilote dans la nuit épaisse et tourmentée.

Indochine, 1918. Sur la balustrade, Marguerite Donnadieu entre ses deux frères. Assis, leurs parents, entourés des professeurs et élèves de l'école qu'ils dirigent. (Coll. J. Mascolo.)

Indochine, 1920. Photo de famille. De gauche à droite : le frère aîné, Marguerite, la mère, Marie Donnadieu et le « petit frère ». (Sygma-coll. J. Mascolo.)

Vers 1928,
Marguerite Donnadieu
vêtue à l'indochinoise.

(Sygma-coll. J. Mascolo.)

Avec son chien
en peluche.
Indochine, 1930.

(Sygma - coll. J. Mascolo.)

Avec sa mère, vers 1932.
(Sygma - coll. J. Mascolo.)

Saigon,
à l'époque de
l'Amant, 1930-1932.
(Coll. J. Mascolo.)

Entre son frère aîné à droite et son « petit frère » à l'extrême gauche, vers 1932. (Sygma - coll. J. Mascolo.)

Avec le frère « voyou », au retour en France.

(Sygma - coll J. Mascolo.)

Dans les années 1940, avec un ami, Jean Lagrelet. (Sygma - coll J. Mascolo.)

1946.
Entre son mari, Robert Antelme,
à sa gauche, et Dionys Mascolo.

(Sygma - coll. J. Mascolo.)

Vers 1942.

(Sygma - coll. J. Mascolo.)

1952. Marguerite Duras entre Monique et Robert Antelme.
(Sygma - coll. J. Mascolo.)

Marguerite Duras entourée des comédiens jouant sa pièce, *le Square*.
Studio des Champs-Elysées, septembre 1956. (Agence de presse Bernand.)

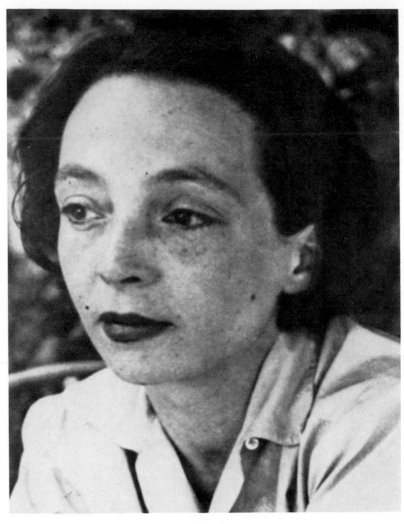

A l'époque du *Marin de Gibraltar* en 1952. (© Harlingue-Viollet.)

En 1955, dans son appartement de la rue Saint-Benoît.

(© Lipnitzki-Viollet.)

Trouville,
début des années 60.
Avec son fils,
Jean Mascolo.

(Coll. J. Mascolo.)

Été 1967, voyage à Cuba. Debout, à doite, Dionys Mascolo.
Assis, de gauche à droite, Huguette Schuster, Marguerite Duras,
Michel Leiris, Wifredo Lam. (Coll. J. Mascolo. D.R.)

En 1964.

1978, Neauphle-le-Château, dans le jardin de sa maison. (© Elizabeth Lennard.)

1965. Marguerite Duras, chez elle, rue Saint-Benoît. (© Barbey - Magnum.)

Janvier 1968. Entre Claire Deluca et Marie-Ange Dutheil, au cours d'une répétition du *Shaga*, théâtre Grammont. (Agence de presse Bernand.)

1975, l'équipe d'*India Song*. A la gauche de Marguerite Duras, Delphine Seyrig et Michael Lonsdale. (© Erika Lennart.)

1976, l'équipe de *Baxter, Véra Baxter*, avec Delphine Seyrig.
(Photo J. Mascolo.)

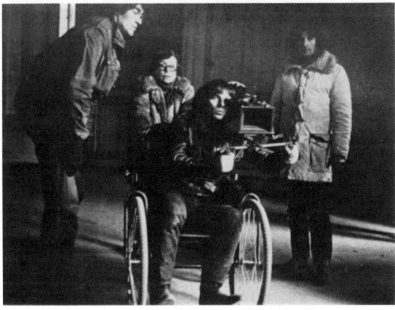

Tournage de *Son nom de Venise dans Calcutta désert*, en 1976, au château Rothschild à Saint-Cloud. Marguerite Duras avec Bruno Nuytten à la caméra. (© Elizabeth Lennard.)

1977, pendant le tournage de *Jaune le soleil*.

1981. Marguerite Duras avec Jack Lang. (R. Depardon - Magnum.)

Le Havre, 1981.
Marguerite Duras
avec Yann Andréa.
(Photo J. Mascolo.)

Pendant le tournage du *Dialogue de Rome*, en 1982.

En 1983.

Théâtre du Rond-Point, septembre 1983. Répétition de *Savannah Bay*, avec Bulle Ogier. (© Lipnitzki-Viollet.)

1984. Dans le salon de maquillage, avant l'émission « Apostrophes ». (© Schachmes - Sygma.)

Madeleine Renaud et Gérard Depardieu venus féliciter Marguerite Duras à l'issue de la première de *la Musica Deuxième*, 1985.

(Th. Orban - Sygma.)

Marguerite Duras et François Mitterrand au palais de l'Élysée en 1986.
(M.-L. de Decker - Gamma.)

Marguerite Duras à Deauville en 1986. (J. Mascolo - Sygma.)

Chez elle, en compagnie de Jérôme Beaujour, lors des entretiens pour *la Vie Matérielle*, 1987. (J. Mascolo-Sygma.)

A la terrasse des Roches Noires, Trouville, 1988. (© John Foley.)

En 1990. (J. Mascolo-Sygma.)

Recherche iconographique : Françoise Borin.

Elle sait aussi qu'on bâillonne, emprisonne, torture encore des femmes comme elle, des femmes qui ne veulent pas rester dans leur statut de femmes soumises, elle sait qu'on les appelle des « sorcières » parce qu'elles osent contrer l'ordre établi, et qu'elles ne se taisent pas. Elle est alors à côté de ceux qui les défendent, luttent activement, Mᵉ Gisèle Halimi par exemple, Simone de Beauvoir...

Elle utilise comme vaste métaphore de la condition féminine la nouvelle de Michelet, *la Sorcière*, exemplaire fable où les femmes laissées seules par leurs maris partis aux croisades parlent dans la forêt aux oiseaux, aux arbres, aux animaux, inventent d'autres discours, d'autres rapports, créant ainsi le désordre et la confusion.

En 1957, le Comité des intellectuels que le petit groupe de la rue Saint-Benoît avait créé est dissous à son initiative même. Certains militants communistes hésitant, comme le souligne Mascolo, à « se déclarer sur le principe du droit des peuples à disposer d'eux-mêmes », du fait de l'invasion soviétique à Budapest, le Comité préféra se saborder. Plus les temps avançaient, plus la parole des fondateurs de l'ex-groupe se radicalisait. Les divergences au sein du Comité s'étaient accrues rapidement, tant l'esprit de provocation y soufflait. « Les communistes et les progressistes, confie Morin, étaient pragmatistes et tacticiens ; ils répugnaient au langage radical, toujours trop moraliste et idéaliste à leurs yeux. » Des conflits internes avaient même fissuré la confiance des fondateurs entre eux. Morin se trouva ainsi désavoué par Antelme et Mascolo au sujet de l'affaire Messali Hadj, chef du Mouvement national algérien (M.N.A.) et opposant au F.L.N. qui semblait en triompher. Les sartriens suivis d'Antelme et de Mascolo s'opposèrent à la défense de Messali Hadj orchestrée par Morin, et des séances « hystériques » s'ensuivirent qui altéraient la crédibilité du Comité et l'éparpillaient loin de la vraie lutte. Ébranlé de partout, « le Comité s'enlisa. Il avait rapidement cessé d'être un comité d'intellectuels pour subir les tabous politiques. Il avait perdu, aux yeux de Morin, sa morale. Il sombrait dans la médiocrité des motions et communiqués de circonstance ».

Duras, elle, réchappa de toutes ces tempêtes. Elle a toujours possédé cette force de pouvoir être dedans et dehors tout à la fois. Capable de s'insérer dans un groupe tout en sachant conserver sa liberté, son sens tragique de l'individualité. Capable de crier avec les autres, mais aussi dans cette solitude où elle se sent peut-être plus efficace.

C'est pourquoi la profondeur de son engagement dans le monde, ses tentatives d'intervention contre l'insupportable furent et sont encore diversement appréciées. Certains observateurs incrédules estiment que ses prises de position l'ont aidée, au mieux à forger son « image », à utiliser en quelque sorte les événements pour mieux servir l'œuvre, au pire à s'autocélébrer. D'autres voient en elle une femme dans le monde, livrée à sa cruauté, étrangère à lui et pourtant toujours présente pour lui rappeler ses devoirs. Il reste sûrement que son principal engagement se situe dans l'œuvre d'écrire. C'est là qu'elle se jette, dans ce « militantisme » atroce et douloureux, dans cette mission inévitable, barbare.

A cette époque encore, en 1957, elle se sépare de Dionys Mascolo. Mais cette rupture n'en est pas une totalement, elle a besoin des hommes qu'elle a aimés profondément ; comme Antelme, Mascolo ne pourra jamais s'éloigner de ses activités, de cette étrange complicité qui les relie. Ainsi, l'appartement de la rue Saint-Benoît est toujours celui de Mascolo. Préservé de la ville et néanmoins dans la ville, le lieu qui connut tant de rencontres, de discussions, de passions est « habité » aussi par Mascolo ; il y restera jusqu'en 1964.

Toujours préoccupé par le rôle de l'intellectuel dans le monde, par la manière de s'y engager, Mascolo publie aux Éditions de Minuit en décembre 1957 un petit ouvrage d'une centaine de pages intitulé *Lettre polonaise sur la misère intellectuelle en France* à la suite d'un voyage fait avec d'autres intellectuels en Pologne.

La véhémence de son argumentation est très proche de celle de Duras, tant ils vivent à cette époque-là à l'unisson de leurs idées. Si le récit commence à la façon d'un reportage — une visite à Auschwitz, « capitale de la douleur universelle », au ghetto de Varsovie, des entretiens avec des Polonais —, le cœur du livre porte sur la critique des intellectuels français, « en état de diaspora ».

Dans une interview à un journal de jeunes, *la Ciguë*, Mascolo exprime mieux encore, parce que la parole y est plus déliée, l'attitude qu'il prône. Il part de l'expérience polonaise : les Polonais ont subi, dit-il, « le stalinisme et à l'intérieur du stalinisme se sont découverts socialistes ». Le « mouvement révolutionnaire, écrit-il dans sa *Lettre*, s'en trouve renouvelé dans sa définition et rajeuni dans sa pratique ».

La Lettre veut donc exposer la praxis nouvelle qui définit à ses yeux l'intellectuel. Il revendique toujours un idéal de morale révolutionnaire, « obéissance à ce qui est nécessaire et l'application de ce qui est nécessaire AUJOURD'HUI MÊME au but révolutionnaire, et le but révolutionnaire c'est l'égalité ». Il en vient à cerner ainsi un libéralisme de type communiste : « Grâce aux expériences hongroise et polonaise, on peut concevoir de passer directement d'une société bourgeoise à une société communiste libérale. »

L'important est de ne jamais se couper de « l'humanité porteuse de révolution, en fait la classe ouvrière. Il faut tout faire pour rester en contact avec le peuple qui, de toute façon, a plus de génie que tous les génies rassemblés ».

Cette dialectique est aussi celle de Duras à l'époque : comment rester communiste, marxiste-léniniste hors du

P.C., comment concilier ce communisme libéral avec les errements staliniens? On le voit, Duras, Mascolo vivent dans la même proximité d'idées, dans le même idéalisme, dans la même quête qui les sépare de l'inactivité et de la trahison des intellectuels français qui «ne font rien, ne pensent rien. Rien de sérieux. C'est à pleurer», comme dit Mascolo dans sa *Lettre*.

La guerre d'Algérie, la déliquescence de la IVe République comme ce qu'ils qualifient «le putsch de 58» du général de Gaulle, la révolution de Mai 68 leur donneront les moyens de mettre en pratique leurs dogmes. Mais deux Duras veillent toujours en elle. Statue de Janus, elle passe de l'une à l'autre avec cette mobilité déconcertante. Quand Mascolo en reste à la théorie, à l'analyse pure et dure, et qu'elle l'approuve, elle s'évade dans le roman, dans ce chant de la littérature où sourdent d'autres désirs, moins contraignants, plus passionnés, qui quelquefois même déroutent l'approche politique, la rendent incompatible. Comme la tondue de Nevers, Duras franchit des zones interdites où le désir inconnu vient troubler la conscience révolutionnaire, même contestataire, la menant dans l'imprévisible, dans la trahison.

Une tentative fugace de réorganiser avec Leiris, Bataille, Duvignaud, Morin le comité dissous sous le nom de Comité des intellectuels révolutionnaires avorta après quelques mois. Est-ce à partir de ce moment que commença à se cristalliser autour de Duras plus qu'autour de Mascolo ou de Morin, pourtant plus activistes, cette violence, cette haine publiques? L'opinion jusqu'alors n'avait peut-être pas assez remarqué sa capacité de subversion, le danger qu'elle représentait, les risques que son discours engageait. Duras de son côté ne ménageait pas ses lecteurs. Moins tactique que Beauvoir, plus frontale, plus sauvage, moins aristocratique, elle faisait peur, elle dérangeait, et dès lors seront toujours attachés à elle cette colère, ce soupçon d'être traître à son pays, à sa morale, à ses usages, à la loi des pères.

Ses aveux particulièrement explicites dans les interviews à venir, comme *les Parleuses*, choquent ; ne se prétend-elle pas justement d'aucun pays, apparentée à aucune terre sinon à celle de sa mémoire, étrangère, juive étrangère, libre ?

Considérant l'arrivée au pouvoir du général de Gaulle comme un coup d'État, le soupçonnant depuis la Libération d'indifférence et de mépris à l'égard du peuple, d'encourager à son profit le culte de la personnalité, le jugeant au fait de n'avoir eu guère de compassion pour le peuple juif exterminé, elle se range aux côtés de Mascolo et de Jean Schuster dans la résistance antigaulliste et participe au journal que le groupe créera dès 1958 sous le titre *le 14 Juillet*.

C'est grâce aux dons de certains amis, et particulièrement de Giacometti et du peintre surréaliste Matta qui offrent des œuvres, que le journal peut être lancé. Journal de résistance déclarée au général de Gaulle, il réunit des collaborateurs exceptionnels : Robert Antelme, André Breton, Jean Duvignaud, Louis-René des Forêts, Edgar Morin, Maurice Nadeau, Brice Parain, Benjamin Péret, Jean-François Revel, Elio Vittorini, etc.

« Il ne s'agit pas, déclarent les rédacteurs en chef dans leur éditorial, de chercher à savoir ce que cet homme (de Gaulle) peut bien penser de la république, de la liberté, de l'égalité et de la fraternité. (...) Pour nous, il s'agit de reconnaître dans cet étrange pouvoir, à plus ou moins brève échéance, la nuit qui tombe sur l'esprit, le glas de la mort de la liberté. »

Tous ceux qui interviennent dans le premier numéro, sur un mode presque litanique et prophétique, crient leur indignation et leur révolte, assurent de venger, comme le disait Mauriac, le « massacre des pauvres » en Algérie, dénoncent la dictature en marche, se placent eux-mêmes dans un statut de clandestins, de « juifs », de « fellaghas », d'exclus volontaires de la société française qui « ment et tue ». Robert Antelme dans son article, « Les principes à l'épreuve », traduit bien ce sentiment d'impuissance et de révolte mêlées : « Le parti d'Alger, dit-il, inspire l'horreur. Le parti communiste inspire l'horreur. Et que dire de l'insondable marais. Ce jumelage provoque un sentiment d'épouvante. Ce sentiment, bien particulier, fait mesurer l'étendue de la menace. Ce ne sont pas des forces minces ni innocentes qui nous encerclent. Quelle multitude, quelle lucidité, quel acharnement pour avoir raison d'elles ! »

Dans ce fond de désarroi que révèle la revue, dans ce que Mascolo trente ans après nomme « la spontanéité de l'intuition », Duras n'est pas la dernière à s'exprimer. Sa parole y est outrancière, radicale et brutale. C'est l'autre versant de Duras, toujours livré aux instincts terroristes et meurtriers. Elle redevient la Duras de la Libération, l'intraitable Thérèse d'*Albert des capitales*, le récit qu'elle inclura plus tard dans *la Douleur*. Son verbe, prédicateur, prend des tours épiques, ressemble par ses envolées lyriques aux diatribes enflammées de Saint-Just pour lequel d'ailleurs le petit groupe de la rue Saint-Benoît a la plus grande admiration.

L'invasion de Budapest en 1956 par les Soviétiques a libéré une haine implacable en elle, l'article qu'elle confie au *14 Juillet*, « Assassins de Budapest », est incendiaire, incantatoire, au style exclamatif et oratoire. Toutes les figures de rhétorique propres au discours révolutionnaire sont requises : anaphores, imprécations, ellipses, interjections, déluge d'images et style polémiste, livré au flux de sa colère. Comme toujours, elle s'assimile aux peuples opprimés, comme elle défend la cause hongroise, elle devient hongroise, elle est une petite insurgée bâillonnée dans les caves où des assassins la torturent, comme elle était petite juive du ghetto de Varsovie, affamée puis fusillée, comme elle est le fellagha que des Français font rouler dans la cail-

lasse des maquis kabyles, car c'est partout la même histoire qui se répète, les mêmes brutalités pour soumettre
l'autre, soi-même, dans les caves de Nevers, dans les caves
des commissariats de police de Varsovie, des villas blanches d'Alger, et d'ailleurs encore.

Les mains nues, elle crie sa révolte à tous les tortionnai-
res du monde : « Il y a longtemps que nous sommes res-
suscités de nos cendres, écrit-elle. N'espérez plus rien. Vous
n'êtes plus que les porte-parole de votre propre histoire,
courte, celle-ci, et funèbre désormais. Vos voies sont péné-
trables. Votre histoire se referme sur elle-même. Regardez-
vous les uns les autres. Vous jouez à être vivants, mais votre
agonie a commencé. »

Malgré le déluge des mots et la colère rivée au corps,
malgré cet état d'insoumission auquel elle fera toujours
référence comme la preuve ultime de sa condition humaine,
elle se rend à des bonheurs plus doux, à des moments de
paix que seule une maison peut donner. Une vraie maison, à la campagne, qu'elle achète, cette même année 58,
grâce en grande partie à ses droits d'auteur, à Neauphle-
le-Château. Elle a besoin d'ancrer à l'abri des autres le
Navire-Night, de lui trouver une escale tranquille, cachée
de murs, dans cet alignement de maisons qui forment la
sienne.

Elle est fidèle aux lieux qu'elle a choisis : la rue Saint-
Benoît bien sûr, où on peut la croiser aujourd'hui au bras
de Yann Andréa, silhouette fragile et usée, courbée comme
ces petites vieilles des quartiers populaires allant au mar-
ché, avec ses cheveux qu'on devine fins et légèrement fri-
sés, sans souci d'élégance, et puis Trouville aussi, ou plutôt
les Roches Noires, lieu mythique par excellence, comme
sorti de ses propres films ou de la *Recherche*.

A Neauphle-le-Château, les maisons serrées les unes
contre les autres forment un long mur qui longe la route,
et du côté du parc, il y a un étang. Ce sont des maisons

en pierre meulière, comme toutes celles de ce côté-ci de l'ancienne Seine-et-Oise, avec des petites fenêtres à carreaux. Elle a meublé les pièces sans souci d'achèvement, de vestiges du passé, avec des odeurs fanées, des couleurs aussi, des cotons, des soies, des broderies qui ne sont pas plus vieilles que le siècle, des bouquets d'hortensias fanés, des meubles 1900, des dessertes, des tables en bois fruitier avec des pieds moulurés, des meubles de rotin, comme elle en a le souvenir des terrasses de Vinh Long, quand, en se balançant sur son rocking-chair, sa mère contemplait le ciel, les montagnes, le Mékong...

Il y a encore des lits, dans les grandes pièces, avec des tissus, de larges châles de cachemire jetés négligemment et des pièces mansardées avec des dessus-de-lit en toile de Jouy, aux couleurs rose éteint, et des tapis enfin, élimés qui durent être d'Orient. Sur des sellettes reposent des plantes vertes, mourantes, jamais très vivaces, et sur de petites consoles de bois peint, des bouquets fanés encore, sur les meubles, les tables, les buffets, des objets insolites, des traces des promenades ramenées là, des fruits séchés, des coloquintes, des cailloux, contre un mur en pierres apparentes, une colonne de bois torsadé d'époque Louis XVI, étrange, mais presque nécessaire.

Elle sait parler des maisons comme personne. Elle aime raconter les enfouissements des souvenirs qui, depuis des siècles, se sont accumulés là, dans l'obscur mystère des lieux.

Cette maison, c'est infiniment la sienne. Elle en connaît tous les détails, toutes les sources. Elle capte son silence, en tire les voix, les histoires de ceux qui y ont vécu, les femmes surtout, toutes les femmes qui peuplent son imaginaire.

Lieu de femmes, lieu des désirs ensevelis, lieu chargé, clos de murs, aux rumeurs confuses et incertaines.

Elle accorde aux femmes de connaître mieux que quiconque les maisons. Ce sont elles qui y ont déposé les désirs cachés, interdits, bâillonnés, et les maisons à leur tour parlent dans leur silence de murs et de pierres, dans la tranquillité apparente des jardins, dans les cycles studieux de l'herbe, dans la paix de plomb de l'étang qui jouxte le parc. Oui, elles parlent de tout le refoulé des femmes, du nié, du battu, de leur solitude, de ce dont elles sont le plus près, de l'amour et de la mort, de tout ce qui, ardent et passionné, ne veut ou n'ose encore se dire : entre les femmes et les maisons, c'est une complicité vivante comme lorsqu'elle se trouvera toute seule à Neauphle, buvant tant et plus, seule jusqu'à la fin de la semaine. Et dans ces jours de solitude, elle écrit, aidée par la boisson, jusque très tard dans la nuit, elle écoute la « musica » du jardin, des arbres, la ronde des étoiles.

Vers quatre heures elle entend le pas des enfants qui rentrent de l'école, sinon rien, pas de bruit, pas d'agitation, le village semble mort, à peine le bar-tabac avec son billard et son juke-box, ses lumières au néon, et des paumés, des oisifs qui boivent du vin accoudés au zinc. Le reste de la population est enfermée chez elle. Duras aussi reste dans la maison, vaste, irréelle, avec son air colonial agonisant, cette précarité du mobilier, des choses et des objets, cette sorte de brocante où les toiles d'araignée deviennent des ornements, avec des grâces alanguies, où les bouquets, nombreux, sont faits de fleurs sauvages, dans la lueur falote des lampes 1900.

Dans la fragilité même du lieu, contrariée pourtant par la présence nue des pierres, règne quelque chose qui renvoie à l'essentiel de Duras, demeure absolue d'écrivain, avec ses équivalents symboliques, images du temps qui imprègne tout, ne laisse pas d'interroger, renvoie au cœur même de ses interrogations.

Elle est liée à Neauphle-le-Château et Neauphle est menacé quand elle part pour l'hôpital, en 1982, au bord de mourir, abandonnée à cette douleur d'être, au ravage de l'alcool sur sa peau, dans son corps. Le Navire-Night fait naufrage, il erre dans l'obscure nuit sans étoiles ; à la maison, ses amis s'inquiètent. A Neauphle, Michèle Manceaux, qui y a aussi une maison, veille. Duras ne peut pas mourir. Quand elle passe devant la maison aux volets clos, il y a de la musique qui lui traverse la tête, *Blue Moon* que chantait Duras, il y a à peine quelques jours, un petit verre de vin toujours plein entre ses doigts chargés de bagues, l'air d'*India Song*.

Et Neauphle respire, l'exil, la solitude. Quelquefois encore, elle déserte sa campagne. Alors les volets fermés sont mangés par les lierres grimpants et quelque chose manque, l'esprit. Elle dit aussi à Michèle Manceaux : « Je suis traversée. Quelque chose passe par moi. (...) Je sais qu'au plus profond de moi, au plus particulier, je trouve l'universel. Pour tout le monde, c'est pareil. Chacun possède en soi l'universel. Mais les gens n'écoutent pas, ils n'osent pas. »

Dans cette maison, elle atteint au « général », au cœur du Secret. Tout y est comme recelé et prêt à se dire, à elle, Notre-Dame-des-Mots, Notre-Dame-du-Silence, du balbutiement confus que fait le Silence, dans la jouissance de son dénuement, dans son ravissement.

Neauphle, c'est une des haltes du Voyage. L'histoire se poursuit là, puis va ailleurs, y revient, des saisons passent, les feuilles des grands arbres qui peuplent le parc tombent, et renaissent cependant les feuilles et les roses dans les buissons. Neauphle, c'est encore une preuve de la trace, des traces de cette nuit qu'elle arpente pour VOIR. Dans *la Vie matérielle*, elle raconte cette anecdote qui prend des airs de fable exemplaire : la première marche de l'escalier devenait trop haute du fait que la maison s'enfonce dans la terre. Le maçon creusa longtemps, beaucoup pour retrouver la partie empierrée, « mais ça descendait toujours, très fort, vers quoi ? C'était quoi ? La maison était construite sur quoi ? ».

C'est comme la quête de l'écriture qu'elle révèle. On croit que le livre repose sur des mots, mais c'est faux, ce sont des trous, des fosses, des mers des Sargasses immenses, où le Navire-Night peut sombrer et les vrais livres n'existent que lorsqu'ils sont nés des naufrages.

Tient-elle de son enfance coloniale, de sa mère si prévoyante, si farouche, ce désir de tenir la maison, d'en être la gardienne, de se sentir si près du foyer ?

Elle organise, elle planifie, pour que la maison ne sombre pas dans le désordre et la ruine. C'est sa manière à elle de recommencer le barrage. Dans *la Vie matérielle* toujours, elle livre la liste qu'elle a composée et épinglée dans les placards pour que jamais rien ne manque, du sel fin au chatterton, elle dit qu'elle cherche « l'autarcie du bateau, du voyage de la vie, pour les gens que j'aime et pour mon enfant ».

Dans cette vie qui « n'a pas de chemin, pas de ligne », comme elle la dessine dans *l'Amant*, la genèse de *Moderato cantabile* qu'elle publiera la même année que l'achat de Neauphle, en 1958, est exemplaire. Il y aurait, semble-t-elle dire, dans la périphérie de cette année-là, la mort de sa mère, survenue vraisemblablement en 1957. Elle ne veut pas se souvenir de la date exacte, comme du lieu où elle est enterrée. Dans l'entretien qu'elle accordera à « Apostrophes », elle prétend les ignorer, dans *l'Amant* où elle évoque largement sa mère, elle ne dit rien non plus, comme si elle voulait par là noyer les dates dans les marées du temps, les rendre ainsi plus mobiles, plus fluctuantes, soumises aux houles de la mémoire, tantôt s'échouant sur le sable, tantôt s'enfonçant avec le Navire-Night dans l'oubli sans trace.

Mais dans *la Vie matérielle*, elle livre des pistes, qui nourrissent la légende.

Elle est comme le Meursault de *la Peste*. Aujourd'hui, « maman est morte ». Elle est à Saint-Tropez quand elle reçoit le télégramme. Avec un homme pour lequel elle éprouve une passion si violente, « sexuelle » seulement comme elle le prétend dans *les Parleuses*, elle roule une partie de la journée, toute la nuit. Comme Meursault, elle fait l'amour. C'est dans un hôtel d'Aurillac. Plus très loin de ce château de la Loire où sa mère avait fini sa vie. Entre Dô et son frère, le voyou, le bien-aimé.

Elle raconte tout cela dans *la Vie matérielle*, brièvement, presque cyniquement, comme dans le récit de Camus, mais avec une émotion souterraine, quelque chose d'indéfinissable, qui vient de très loin, du plus épais du désir, de non répertorié, d'un lieu très violent qui fait peur, qui la submerge, d'un lieu limite qu'elle soupçonne et qu'elle est en train de franchir. Elle boit avec cet homme et elle fait l'amour avec lui, et cela ressemble à un suicide, à un meurtre, à de l'envie de mourir, de tout perdre.

On la guide vers sa mère morte. Elle est dans la chambre du premier étage, celle, dit-elle, « où elle mettait des moutons à dormir... autour de son lit aux périodes du gel ». Il y a une atmosphère d'abandon, d'achevé. Une histoire vient de se clore en effet. Elle n'en a pas de peine. Viennent en même temps cette mort et cette compréhension nouvelle du monde, s'opère confusément ce basculement qui lui fera écrire d'autres livres, sans que les deux événements, la mort de sa mère et la passion pour cet homme, aient rien à voir ensemble, comme si tout simplement une « sincérité » venait de naître, qui allait la rendre à l'enfance de l'écriture.

Livrée dans la jungle de la société, victime des coups bas et des voleurs, écrivain désormais connu, mais attachée tout entière au mystère de l'écriture, à ses rites, plus ardemment encore depuis la mort de sa mère, comme si cette mort l'avait délivrée de cette histoire coriace, de cette « famille de pierre », elle consent à se déshériter au profit du frère voyou, accepte encore le testament de sa mère, avantageant trop le fils aîné. Elle signe tout ce qu'on veut, pour en finir avec cette parenté, la liquider. Qu'importe désormais ce que fait le frère, « le voyou de la famille... l'assassin sans armes » ? Elle apprendra plus tard qu'il erre en province, dort où il peut, vend un à un les souvenirs de sa mère, les jades, les bronzes, les meubles. Elle raconte dans *l'Amant* sa déchéance sans broncher, avec cette froideur atroce, splendide, où se devinent néanmoins, souterrains, les larmes, l'amour. Tout est dit en mots très simples, très courts, des mots qui « courent », comme elle veut qu'ils se déploient à présent, dans cette urgence de la trace entr'aperçue, jusqu'à ce que le récit devienne à son propre insu poème, chant lyrique. Elle apprendra plus tard dans les années 70 sa fin dans un meublé où on l'aura trouvé mort, seul. Elle ajoute encore que conformément au vœu de sa mère, qui souhaitait que son fils seul fût enterré auprès d'elle, ils reposent tous les deux dans ce cimetière dont elle a oublié jusqu'au nom, dans la Loire. « L'image est d'une intolérable splendeur », ainsi conclut-elle, dans ce passage de *l'Amant*, l'histoire de son frère et de sa mère. L'écriture se fait tombeau, elle ne peut aller plus loin dans son mouvement marin, dans ce flux et reflux du temps, elle les fige tous les deux, la mère et le fils, sous la terre durcie et limitée du mausolée, dans une photographie sépulcrale vouée au désastre du temps et de l'oubli.

Avec *Moderato cantabile*, Duras opère donc « une rupture en profondeur », comme elle dit. Peu à peu l'enfermement, une solitude plus grande s'emparent d'elle, quelque chose de « plus fort » qu'elle la requiert dans le huis-clos de cette tragédie dont elle avait jusqu'alors conscience et qui maintenant s'ouvre à elle. Chaque livre va ressembler à une tragédie racinienne, à une étape toujours franchie dans le labyrinthe obscur, avec cette force du destin qui pèse sur tout. C'est comme une exigence nouvelle : les mots des livres à venir, pris et repris les uns aux autres, vraies passerelles imaginaires, vont harceler le Grand Secret des choses, se dépouiller des paysages, des portraits, des descriptions, pour aller au cœur, au vif. Elle aime Pascal,

Racine, Bach. Tous des artistes de la tension mystique, du livre, de la partition, bandés comme un ressort et qui, dans leur détente, font entrer dans ce lieu qui échappe au sens commun, quitter l'identité connue pour « se perdre dans ce qui existe en même temps » qu'elle, « ailleurs ou à côté, ou perdu ou mort ».

Elle fait que ses personnages s'engouffrent comme elle dans cet inconnu qui les foudroie, les porte aux limites de l'insupportable, dans l'air irrespirable des magnolias, dans l'haleine saturée de vin, dans cet au-delà du désir qui ne peut trouver sa respiration que dans la mort. « Je voudrais que vous soyez morte, dit Chauvin. — C'est fait, dit Anne Desbaresde. »

La fascination de l'héroïne pour le meurtre qui inaugure *Moderato cantabile* rejoint celle de Duras pour les faits divers, les jugements des assises, les obscurs assassinats perpétrés dans la coulée du quotidien, tout cet autre monde des ténèbres dont elle ne parvient pas à percer la logique.

Dans un article de *France-Observateur* qu'elle fait paraître à la même époque que *Moderato cantabile*, intitulé « Horreur à Choisy-le-Roi », elle se fait l'écho d'un crime passionnel qui avait secoué alors l'opinion. Comment expliquer autrement que par le mystère et un rituel « étranger » le meurtre que commet Simone Deschamps, la maîtresse du docteur Evenou, le meurtre de sa femme ? L'analyse de Duras bute sur ce qu'elle appelle « la vérité des ténèbres », et laisse l'affaire en suspens, admettant de « renoncer à interpréter ces ténèbres d'où ils [les criminels de Choisy] sortent puisqu'on ne peut pas les connaître à partir du jour ». C'est de cette méconnaissance-là qu'elle veut traiter, de cette impossibilité à conclure, à porter un jugement définitif et péremptoire, de cette irréductibilité du secret des âmes et des corps. Elle n'est pas loin de Bataille qu'elle fréquente ces années-là, de sa certitude que la passion ne court qu'à la mort, que la mort est sa source naturelle, qu'il n'y a de passion que dans cet état de dépense qui ne trouve sa plénitude que dans la mort.

La passion amoureuse qu'elle vit alors, l'expérience d'un amour et non de l'amour, comme elle le précisera plus tard dans la préface d'une édition américaine de *Moderato cantabile*, la fascination que son amant exerce sur elle — elle lui dédiera le roman —, la connaissance qu'elle en tire lui donnent à croire que c'est dans ces dépenses exténuées du désir qu'elle peut le plus se rapprocher de cet inconnu tant épié, et elle comprendra mieux encore Anne-Marie Stretter, sa quête alanguie, dans la moiteur des colonies, son envie de s'enfoncer dans les eaux du Mékong ou du Gange, de revenir à l'obscur, au gouffre de la mer.

Elle rapporte dans une note du même article une anecdote très intéressante : l'histoire d'un criminel sadique relatant son meurtre dans une lettre et qui, à l'instant précis de la description du drame, laisse soudain apparaître « un langage extraordinaire, inintelligible, d'onomatopées, mais parfaitement calligraphié ». « On avait l'impression d'entrer dans cette vérité des ténèbres. »

C'est ainsi qu'il faudra lire Duras dorénavant. Quand le discours s'abandonne à ses silences, à ses fractures, à ses blancs, à ses dérapages, incompréhensibles pour beaucoup, c'est qu'il entre dans cette vérité-là, dans cette navigation aveugle, et cependant tenace, comme si une étoile secrète la guidait, c'est qu'il est dans l'inexplicable, qu'il n'y a plus de possibilité pour l'écrivain de tenter des éclaircissements, et l'on doit s'enfoncer avec lui dans ce qu'il ignore lui-même et auquel il se rend, abasourdi, détruit.

Tous les lecteurs qui reconnurent d'emblée son talent et suivent Duras jusqu'à aujourd'hui célébrèrent *Moderato cantabile* comme un véritable chef-d'œuvre, où les règles classiques de la tragédie étaient maintenues, avec ses unités de ton, de lieu, d'action, et ce quelque chose de profondément renouvelé, qui tentait d'expliquer le fonctionnement secret de la passion, le sac et le ressac du désir, le mystère des échos du cœur, avec un minimum de mots, un dépouillement qui faisait presque peur, s'exténuait à savoir et qui, le livre achevé, laissait en tête des traces de feu et des reflets de solitude, de froid.

C'est surtout à partir de *Moderato cantabile* que Duras est l'objet à la fois de ce culte magique, inconditionnel qui toujours l'entoura et de ce parti pris de la part d'une certaine critique. Elle éveille chez certains une misogynie féroce, une sorte de haine qui la poursuivront jusqu'à susciter souvent son découragement, l'acculant à une solitude, à une violence encore plus farouches. Pour les uns, Maurice Nadeau, Claude Mauriac, Gaëtan Picon, elle a écrit « *Madame Bovary* revu par Béla Bartók », elle est la chance de la renaissance romanesque française, pour d'autres, des *Lettres françaises* à *Rivarol*, en passant par *l'Aurore*, unis dans le même assaut contre la modernité, le roman n'est qu'un essai, sec et harassant d'ennui, « noix creuse », monde superficiel. « Ainsi disent les imbéciles », comme pourrait soupirer Nathalie Sarraute... On affuble Duras du sobriquet de « Durasoir ». Elle devient incomprise, sujet de moquerie, « connue », comme elle le dit justement, « pour de mauvaises raisons ».

Néanmoins le prix de Mai couronne le roman, et sans prêter attention aux sarcasmes Duras poursuit son labeur. Ce qui était même autrefois conçu comme un travail change à présent de nature. C'est elle tout entière qui entre dans le récit, dans cette matière dont elle commence à peine à reconnaître le cœur, si mobile, si fugace, si précaire dans sa saisie, et qui ressemble tant au mystère de la mer, à sa peau « toujours recommencée », à ses fonds sans cesse balayés.

Est-ce enfin un hasard si *Moderato cantabile* est publié aux Éditions de Minuit qui, avec les Éditions du Seuil, porteront la subversion dans le champ public, révélant au grand public la réalité de la guerre d'Algérie ? En 1957, Jérôme Lindon, son directeur, publie *Pour Djamila Bou-*

hired, de Georges Arnaud et Jacques Vergès, avocat de la jeune militante présumée du F.L.N., poseuse de bombes, arrêtée et condamnée à mort, entraînant ainsi le pays dans un débat sur la torture auquel participeront toutes les instances morales, de droite et de gauche. *L'Aurore, France-Soir, le Monde, l'Express* et les journaux de gauche mêlent leurs voix pour réclamer la dénonciation de la torture.

En 1957 encore, quelques mois à peine après le brûlot qui permit à la jeune révolutionnaire algérienne de sauver sa tête, Jérôme Lindon récidive en mettant au point puis en publiant le manuscrit d'Henri Alleg, *la Question*, témoignage brut et sans appel sur la réalité de la torture subie par un Français communiste accusé de complicité avec l'ennemi et emprisonné.

Le livre fait scandale, est saisi, mais bien tard, après que plus de soixante mille exemplaires ont été vendus ; des intellectuels lancent des pétitions, Malraux, Mauriac, Sartre, Roger Martin du Gard signent une adresse solennelle à M. le président de la République pour qu'il rapporte sa décision d'interdire le livre. Cette « sommation des pouvoirs publics au nom de la Déclaration des droits de l'homme et du citoyen de condamner sans équivoque l'usage de la torture » divise les écrivains, jette le trouble dans les consciences chrétiennes.

C'est dans ce contexte que parallèlement la direction des Éditions de Minuit fait le choix stratégique de publier aussi Duras. *Moderato cantabile* est une autre forme, littéraire, de la subversion, une autre dénonciation de la violence faite au désir, à la liberté de l'être, une autre manière de dire.

Duras se situe à la pointe des luttes du temps, à ces moments aigus et terribles du reniement et de l'infamie. A côté du récit dépouillé et tragique d'Alleg décrivant avec minutie la réalité des tortures, *Moderato*, tout aussi dépouillé, témoigne de même de la révolte, et de la modernité. Publiée aux Éditions de Minuit, comme Butor qui venait l'année précédente en 1957 d'obtenir avec *la Modification* le prix Renaudot, comme tous ces témoins des injustices et d'une guerre aveugle qui vont révéler la torture en Algérie (Djamal Amrani) comme en France (*la Gangrène*), la désertion (*le Désert à l'aube* de Favrelière) et la dénonciation (*Saint Michel et le Dragon* de Leuliette), elle se confirme écrivain des marges et des révoltes, du refus et de la désobéissance, au cœur des combats et des malheurs, toujours dans la trahison des idées reçues, des principes d'État.

C'est dans cette violence que la revue *le 14 Juillet* publie en septembre son second numéro dans les temps qu'elle s'était fixés. En tête du sommaire surtout, un texte de Maurice Blanchot intitulé « le Refus » qui pourrait servir de référence à toute la stratégie intellectuelle. Texte vigile, texte témoin, il appelle les intellectuels à se redéfinir, à revenir « à ce respect de ce qu'ils sont, qui ne peut leur permettre ni le consentement ni même l'indifférence ». La rhétorique pourrait bien être celle de Duras, incantatoire, lyrique et sauvage, martelant la phrase du sceau du refus scandé pas moins de vingt fois en une seule page. Le refus pour rejoindre dans « ce Non certain » les autres, « ceux qui ne peuvent pas parler », mais aussi ceux qui le clament et fondent « le communisme de la vie et de l'esprit entre amis », selon les mots de Hölderlin.

Car ce que *le 14 Juillet* entendait faire, c'était affirmer cette fureur de la parole, laisser apparent « l'emportement émotif », comme disait Mascolo, parce que modérer cette frénésie, cette colère, revenait à altérer la passion de la vérité, et entraînait « progressivement au langage allusif, puis au murmure, puis au chuchotement respectueux, et, pour finir, au silence ».

C'est dans cette mouvance irrespectueuse, révolutionnaire que Duras se nourrit toujours, dans ces affirmations à l'emporte-pièce, provocantes et épiques. Dans cette année 1958, l'ordre du jour était de fonder « le parti algérien », d'organiser « la seule force politique capable de s'opposer efficacement aux menées de l'actuel régime, la seule capable de l'atteindre vraiment au petit cœur avare qui travaille à le prolonger ».

Les droits du *Barrage contre le Pacifique* ayant été vendus au réalisateur René Clément, le film sort en France au printemps 1958, poursuivant ainsi l'actualité de Duras, faisant d'elle une des romancières les plus célèbres du moment, tâchant de prendre au roman tout ce qu'il possédait de force visuelle, d'intensité dramatique, de vérité dans les dialogues. Le générique est « éblouissant » : Silvana Mangano, Tony Perkins, Richard Conte, Jo Van Fleet, Alida Valli.

Mais malgré les moyens internationaux dont la production bénéficiait, René Clément n'arriva pas à restituer l'histoire du *Barrage* qui, au-delà de son aspect épique, de ses vastes paysages, de ses rizières toujours mouillées, ne rend en réalité compte que d'une autre histoire, close, tragique. Le film fut un échec, comme si le texte ne pouvait se réaliser avec de gros moyens, mais seulement autrement, à l'envers de René Clément, dans une autre écoute plus secrète, plus « folle ».

Si elle publie *Hiroshima mon amour* en 1960, c'est deux ans plus tôt qu'elle en a achevé l'écriture. L'origine de ce travail est ambiguë selon que s'exprime Alain Resnais ou Duras. Pour elle, *Hiroshima* a été écrit un an avant *Moderato*, mais cette affirmation est contredite dans *les Parleuses* par une autre assertion : « C'est dans la même année que j'ai écrit *Moderato*. J'ai écrit les deux choses dans la même année. » Resnais, lui, dans une interview assure que c'est à la suite de la lecture de *Moderato* qu'il a pressenti Duras pour « faire, dit-il, une histoire d'amour ». « Dans ma tête c'était un peu une espèce de *Moderato cantabile*, mais d'où l'angoisse atomique ne serait pas absente. » Quoi qu'il en soit, c'est à la fin du premier trimestre 1958 que la Société Argos sollicite Duras. Cette petite société avait jusqu'alors produit des courts métrages sur Watteau, les enluminures du XVᵉ siècle, Goya, *la Joconde*, Pékin, films de qualité suffisante pour prétendre à des subventions officielles. *Nuit et brouillard* d'Alain Resnais avait ainsi bénéficié d'aides importantes du ministère des Anciens combattants et de la commission d'études de la Deuxième Guerre mondiale. Le texte de Jean Cayrol, la musique de Hanns Eisler servaient admirablement le propos de Resnais et le succès fut foudroyant. Argos proposa alors à Resnais au début de l'année 1958 une autre collaboration qui porterait sur la bombe atomique d'Hiroshima cette fois-ci, et bénéficierait d'un long métrage. Resnais, devant travailler sur un scénario imposé de type documentaire, ne parvenait pas à trouver le ton juste et à rendre dans son découpage l'émotion que le sujet lui-même contenait. Piétinant pendant trois mois, il suggéra le point de vue d'une femme ; on pensa à Sagan qui se déroba par deux fois au rendez-vous qu'on lui avait fixé, puis à Beauvoir dont l'intellectualisme rebuta, et Resnais, enthousiasmé par la lecture récente de *Moderato cantabile*, proposa enfin Duras. Les producteurs acceptèrent l'idée, pensant que son écriture ferait « plus féminin » *(sic)*.

Dès lors, Duras s'attela au sujet, travailla très étroitement avec Resnais dont les recherches personnelles correspondaient à celles du « nouveau roman » : jeux sur les décalages entre les images et la bande-son, fractures dans le déroulement linéaire du récit, prédilection pour le silence.

A cette époque, Duras et Resnais « se voyaient tous les jours » au dire du metteur en scène. Leurs rencontres consistaient à épaissir cette « chose purement abstraite » que Resnais avait livrée à Duras, à préciser des détails : « Est-ce qu'il fait froid dans la cave ? Est-ce qu'il y a des chats ? », etc.

Achevé en peu de temps grâce à cette rapidité miraculeuse que Duras a dans l'écriture, comme si le texte « sortait achevé », issu d'un « savoir-faire qui lui échappe », le distributeur-producteur japonais Nagata accepta le scénario bien qu'il eût plutôt l'habitude d'accorder des crédits à des projets plus commerciaux.

Elle avait consenti à travailler sur ce sujet pour des raisons au départ essentiellement alimentaires. A cette époque, Duras vivait assez modestement, ne connaissant pas encore les gros tirages qui assurent maintenant son existence. Ses collaborations à divers journaux ressortissent à la même nécessité. Toutefois elle se prit vite au sujet d'*Hiroshima* qui la fascina suffisamment pour s'y engager avec enthousiasme. Mais là où les commanditaires espéraient au mieux un documentaire traité de manière originale par une romancière qui commençait à devenir à la mode, elle proposa un travail qui n'avait rien à voir avec le projet mais si étonnamment « étranger », et à l'agencement si magique, que quelque chose de fascinant se dégageait. Dans ce monde du cinéma qui ne fait pas de cadeaux ni de concessions, à une époque où le star-system était prédominant, où les distributeurs avaient la mainmise sur tout, où les premiers films de la « nouvelle vague » n'étaient pas encore sortis, avant *les Amants*, *A bout de souffle* ou *le Beau Serge*, elle réussit à infléchir le projet initial, à le soumettre à sa propre thématique encore naissante, à cette histoire souterraine dont elle avait depuis quelques romans déjà entrepris le récit.

Dans ces récitatifs si longs, si implacablement sourds, elle déploie tout le travail du temps, sa capacité à enfouir la mémoire, à la nier, à exhumer l'oubli comme seule présence effective de ce qui est, à glorifier cet oubli même, refusant en cela la nostalgie, le passé, affirmant son adhésion à la vie.

Par l'enchevêtrement des thèmes, amour et mort, par leur scansion si particulière, par l'entrecroisement des histoires, par cette suite de contrepoints comme des fugues de Bach qui glissent les unes sur les autres, telles des vagues successives recouvrant le sable, Duras donne au langage de nouveaux moyens d'expression dont ni Butor, ni Robbe-Grillet, ni Cayrol même n'étaient parvenus à changer la nature réellement. Le temps chez eux n'a pas cette mobilité ni cette sorte de moirure virtuose qui effraient et rendent tout le sens de la solitude à l'homme, plus prégnant, plus palpable.

Cette manière qu'elle a, désormais bien à elle, de troubler la marche normale du récit, de le court-circuiter par des séquences incidentes qui déroutent, par des suites de coïncidences, engage bien le roman des années à venir vers cette écoute du temps dont Proust fut le relais le plus sûr et à laquelle Duras, Beckett, Bataille prêteront attention.

Il en va de même à Nevers, dans la cave où l'on cache Riva, à Hiroshima et ailleurs. L'oubli mange tout. Le temps, tragiquement indifférent, ne peut être retenu, il fuit, toujours il s'enfuit, il échappe et nul ne peut le retenir. Alors l'écriture n'est là que pour ramasser quelques traces de ce qui inexorablement s'altère, des empreintes à demi effacées de ce qui fut, et ne sera jamais plus restituable tel quel dans l'intégralité de la « photographie absolue », mais en intermittences d'images, en fragments illisibles, inintelligibles comme des traces folles, sans aucun sens apparent, à la trame déchiquetée.

L'œuvre durassienne, avec ses jeux de miroirs autobiographiques, passe par cette destruction. Tout y est toujours lavé par les eaux des fleuves et des mers. A Nevers comme à Hiroshima, à Vinh Long comme à Trouville, dans ces lieux où elle a inscrit sa marque, l'eau, les flux périodiques des marées viennent effacer ce qui tentait de s'édifier, et il ne reste rien d'autre à faire que crier cette force de l'oubli qui dit que rien n'a jamais réellement existé. La proximité des « vertes embouchures » et des fleuves naissants ou perdus dans la grande mer inconnue est la métaphore même de sa biographie.

L'oubli passe comme le gant lave le visage sans en effacer les rides. Lui reste ce visage détruit dont elle parle dans *l'Amant*, mais par qui, par quoi, par quelle réelle histoire à jamais irreprésentable, livrée seulement à la légende, aux rebonds d'autres imaginaires ?

Dès lors que le projet fut accepté, le film de Resnais fut tourné rapidement, à petit budget — douze millions de yens que la Société Argos devait rembourser dix-huit mois après : dix-sept jours pour le Japon, douze pour la France, et Resnais bouclait le film.

C'est ainsi que toujours tout se passa pour Duras, dans cette urgence de la création, dans cette sorte de fièvre où elle a peur que les mots ne se dérobent, n'aillent plus vite qu'elle. Son scénario exigeait cette urgence-là, comme s'il menaçait autrement de ne plus rien livrer de l'histoire secrète qui se déployait. Il en fut de même pour *India Song*, tourné dans un temps record, pour la rédaction de *l'Amant*, pour lequel quelques semaines à peine suffirent pour exhumer les traces de son passé, la chambre noire où la photographie absolue avait été prise dans une escale du temps passé.

Elle a alors avec Resnais une complicité totale, elle lui donne pour cette première expérience cinématographique, à laquelle elle n'est pas du tout préparée, les pages de son texte, accepte des corrections, envoie sur les lieux du tournage les ultimes changements réclamés par Resnais.

Ce matériau sur lequel travaille le metteur en scène est neuf, personne n'a l'habitude de cette psalmodie qui court comme un chant tout au long du film, renvoie par sa scansion à des images intérieures, oubliées, inoubliables.

Cette capacité de se plier elle-même à des registres nouveaux, et en même temps de les asservir à son propre désir, à son imaginaire, d'oser en quelque sorte casser les carcans obligés du genre, fait partie de sa détermination violente et sauvage. Elle fera de même pendant sa propre expérience cinématographique, ou lorsqu'elle s'essaiera au feuilleton journalistique pour *Libération* pendant l'été 1980, renouvelant les styles, les réinventant.

Quelque chose de magique présidait aux destinées d'*Hiroshima mon amour*. Ce qui devait être le film de Resnais devint celui de la scénariste. La comédienne elle-même, Emmanuèle Riva, semblait faire partie de son monde, de cet univers de l'invisible, tant son jeu se calquait sur l'incantation de Duras, en captait les moindres frémissements, pénétrait dans cette nuit de Nevers, dans celle du désir, savait transgresser toutes les lois. Riva devenait sous les mots de Duras celle qui révélait la nature même de l'amour, ramenait de la nuit de la mémoire l'impossible plainte, celle qui faisait oublier l'oubli même.

Le film étant programmé pour le festival de Cannes 1959, le tournage eut lieu dans une grande précipitation. Néanmoins, il n'obtint pas l'aval de la commission de sélection qui lui préféra *les Quatre Cents Coups* et *Orfeu Negro* malgré l'avis de Malraux qui, dit-on, estimait que le film était remarquable. Des objections se multiplièrent, on argua du fait que les États-Unis réprouveraient le sujet, que de Gaulle y serait opposé, que l'aspect nihiliste dérangerait trop et qu'on courrait à un échec populaire. En dépit des efforts acharnés de la petite maison de production Argos, le film fut retiré de la compétition et passa hors festival. Le succès fut cependant spectaculaire. Était-il dû surtout à Duras ? La souplesse de caméra de Resnais, sa syntaxe nouvelle furent célébrées par la presse entière, on cria au poème, à l'envoûtement. Paul Davay dans *les Beaux-Arts* écrivait : « A quoi bon démonter un poème, qu'il soit de Rimbaud ou de Resnais ? » Bertrand dans *la Lanterne* affirmait : « Alain Resnais a composé un surprenant poème cinématographique en spéculant sur les interférences subtiles des mots et des images. » Jacqueline Michel, dans *le Parisien* : « Il suffit à Resnais de quelques plans pour hurler le plus violent réquisitoire qui soit contre la guerre. » Tous lui reconnaissaient l'invention d'un « langage cinématographique dont seul Eisenstein avait défini les principes ». Ce concert de louanges occulta quelque peu le texte de Duras que d'aucuns, même parmi les plus fervents, trouvaient trop intellectuel, « fort littéraire ». Les détracteurs, les plus nombreux, y virent du maniérisme, une langue sophistiquée que seule la maîtrise de Resnais avait pu parvenir à tempérer. Riva sortit de ce film révélée, immense comédienne, à la présence de « médium », « étonnante ».

Il s'avère néanmoins que dans le torrent de critiques, bonnes ou mauvaises, revenaient toujours ces mots de magie, de fascination que seule Duras porta ensuite à son plus haut degré d'intensité. Puis le temps a fait le choix. Le critique du journal *le Métropole* disait justement : « Il semble que ce qui restera quand nous aurons tout oublié, ce sera le ton poétique de l'ensemble. » Et ce ton-là, c'était Duras qui l'avait insufflé, dans ses dialogues « sorciers », qui semblaient happer le spectateur, l'étouffer, l'entraîner dans des régions inconnues, indécises.

L'exploitation du film donna lieu à un battage énorme, suscitant toujours des oppositions passionnées et des enthousiasmes délirants. En quarante-neuf jours, deux cent cinquante-cinq mille neuf cents spectateurs l'avaient vu, le record des entrées étant atteint par *Les Dix Commandements* avec cinq cent vingt-six mille spectateurs. Succès de scandale, succès de critique, succès de curiosité, succès abusif aussi si l'on en croit les indignations de certains spectateurs trompés par l'affiche et la publicité et qui quittèrent les salles. Ne lisait-on pas en effet sur les panneaux publicitaires : « *Hiroshima mon amour*, un amour plein de douceur, de tendresse, de désir ! », ou bien encore, accroches publicitaires de la maison Cocinor, « *Hiroshima mon amour*, un film sur l'amour, l'amour qui foudroie, qui brave les lois, ignore les frontières de l'espace et du temps, l'Amour », « *Hiroshima mon amour*, un film sur l'amour, un amour fou, hurlant, un amour-cri ».

Adulé et honni à la fois, il endossait le destin même de

Duras, qui toujours porta avec elle ce parfum de scandale, suscita haine et passion. Le film fut primé six fois : par la Société des écrivains de cinéma et de télévision, par la Fédération internationale de la presse cinématographique, par l'Union de la critique de cinéma, par la Fédération socialiste des ciné-clubs, par l'Association française des critiques de cinéma et télévision, par le Victoire 59, attribué par les journaux *le Figaro*, *Cinémonde* et *le Film français*.

C'est dire combien *Hiroshima mon amour* pour un coup d'essai fut un coup de maître. Est-ce à cause de cela même que Duras est toujours aussi véhémente dès qu'elle se souvient de cette aventure ? En 1960, elle revendique l'entière paternité du travail, occulte en quelque sorte à son tour Alain Resnais, tout en semblant s'en excuser dans l'avant-propos de l'édition définitive : « J'ai essayé de rendre compte le plus fidèlement qu'il a été possible du travail que j'ai fait pour A. Resnais dans *Hiroshima mon amour*. Qu'on ne s'étonne donc pas que l'image d'A. Resnais ne soit pratiquement jamais décrite dans ce travail. »

Le film en vérité représente pour elle un échec social. Se considérant comme abusée, ayant signé en toute ignorance un contrat qui la lésait d'un quelconque pourcentage, elle estime sa perte à plusieurs dizaines de milliers de francs. «A ce moment-là, dit-elle dans *les Parleuses*, on ne pouvait pas partir en vacances, tellement on avait peu d'argent... Personne — ni Resnais, je dois dire —, personne ne m'a dit : ''N'oubliez pas de demander un pourcentage.'' »

Cette tromperie la ramène au racket colonial, aux filouteries dont sa mère fut victime, à son statut de femme et volée parce que femme, à une conscience plus âpre de l'argent.

Avec une certaine ironie jubilatoire, elle constate aujourd'hui que son nom est indissolublement lié à *Hiroshima mon amour*, que rendu au livre par ce jeu de lianes dont elle sera si coutumière par la suite, le film est devenu incontournable de Duras, au point même que le nom de

Resnais en est évacué. Le texte, comme elle dit, « a pris le large », a rejoint sa constellation, dans les archives de son œuvre où palpitent les intermittences du cœur et du corps coulés dans l'éternité du temps immobile.

Elle publie en 1959 *les Viaducs de Seine-et-Oise*, encore une histoire de faits divers, un meurtre sordide perpétré par un couple de retraités sans histoire sur leur cousine germaine, infirme de naissance. Est-ce cette immense curiosité du monde, son goût fureteur, sa soif de savoir, comme Proust, le mécanisme des êtres, leurs actes secrets, inattendus, qu'elle prétend ensuite reconvertir en savoir humain, métaphysique, qui l'emmènent à emprunter chez les autres aussi, dans cette jungle de l'humanité, les scènes les plus théâtrales, les plus romanesques ?

Ce qui la fascine une nouvelle fois, c'est l'« inexpliqué », la logique criminelle de ce couple insoupçonnable, les recels de violence et de sauvagerie qui les habitent, la bouffée de folie qui les a possédés. Elle met son sens inné du dialogue au service de cette quête, et *les Viaducs* illustrent le genre durassien, le ton qu'elle va donner désormais à son théâtre : des répliques brèves, comme des informations dénuées de psychologie et de sentiments bavards, des traces d'humour, et surtout la présence majeure du destin qui plane et rend impuissants les acteurs de l'histoire qui se joue là, et, irréductiblement, condamne, isole, foudroie.

Voix singulière dans le grand renouveau des années 60 — ses romans, sous l'impulsion de *Hiroshima mon amour* et de *Moderato cantabile* particulièrement, connaissent un vif succès de librairie —, Duras est élue dès 1960 membre du jury du prix Médicis. Elle accepta volontiers cet honneur, estimant après ses déboires avec le prix Goncourt en 1950 que le Médicis était « le prix français le plus important », comme elle le dira dans *la Vie matérielle*, à propos de Gérard Jarlot qui l'obtient.

En effet la réputation du Médicis s'était établie à partir de choix plus intellectuels que ceux du Goncourt, moins commerciaux, plus attachés à la recherche, à l'innovation des formes narratives, à des écritures du soupçon. Le Médicis se voulait le plus sévère, le plus rigoureux des prix littéraires existants, le plus strict sur la qualité littéraire des livres candidats. Elle se trouvait de surcroît en compagnie de jurés qui semblaient appartenir davantage à sa famille littéraire qu'à celle du Goncourt. En effet, à cette époque, autour de Gala Barbizan, la mécène, acharnée joueuse d'échecs et dessinant des icônes au stylo bille assise dans son lit, à l'ombre des treilles de Montmartre, et de Jean-Pierre Giraudoux, fondateurs du prix, se trouvaient Denise Bourdet, Félicien Marceau, Francine Mallet, Nathalie Sarraute, Alain Robbe-Grillet, Pierre Albérès, et enfin Claude Roy qui venait à peine d'être élu au fauteuil de Dominique Aury. Marguerite Duras succéda à Pierre Gascar, et sa présence fut jugée profitable par le jury qui reconnaissait en elle des qualités littéraires exceptionnelles.

Elle ne savait pas encore qu'elle ne pourrait pas « tenir » dans cette institution, dans ce qu'elle estimerait plus tard être la « reproduction » de la société, « microscopique, mais dure comme fer », découvrant au fil du temps les rouages encrassés, les méthodes du sérail. En acceptant la charge, elle pensait qu'elle pourrait améliorer le système du prix, le moins pire de tous, estimait-elle, qu'elle changerait quelque chose à l'ordre établi. Peut-être même soupçonnait-elle déjà le poids de l'establishment, et avait-elle, conformément à ses usages, à sa violence subversive, à son insubordination viscérale, décidé d'y jeter le désordre, d'y placer la contestation ? Toujours est-il qu'elle y demeura sept ans, au bout desquels elle démissionna à la suite de Claude Roy et en même temps que Nathalie Sarraute qui s'opposaient à Alain Robbe-Grillet, jugeant que le prix était devenu par la force du temps et des mœurs « une institu-

tion qui fait passer l'intérêt du prix avant celui du livre ».
Elle s'honore cependant d'avoir aidé au couronnement de
Monique Wittig et de Claude Ollier, mais son départ pré-
ludait aux grands mouvements de société de 1968, comme
si elle voulait s'écarter avant qu'il ne soit trop tard de cette
« société recommencée », refuser d'introniser le « oui »,
comme elle le confierait à Jean Schuster dans la revue surréaliste *l'Archibras* en 1967.

S'échappant de ce qu'elle estime être une mondanité littéraire, de cette comédie du sérail, elle saura désormais que
l'écriture ne trouve ses sources que loin de ce monde, des
intrigues, des luttes d'influence. L'utopie la travaille en
sous-main, elle rêve d'un jury qui « serait destiné à juger
le juge », « ne distribuant aucune récompense, mais seulement des blâmes, pas aux livres, mais à leurs juges, à la
critique et aux autres jurys », et qui ainsi « enlèverait du
pouvoir au pouvoir et le redistribuerait à la masse, aux
lecteurs ».

Cette apologie du « non » reflète bien la dialectique fantasmatique de Duras. Ce « non » significatif de son identité, qui lui est constitutif, lui donne toute son énergie, sa
force indomptée, lui fait devancer l'histoire même, ses fractures, ses révoltes de rues qui bientôt embraseront la
jeunesse.

Un an après *Hiroshima*, le nom de Duras brille encore
sur la Croisette. *Moderato cantabile*, réalisé par Peter
Brook, y est présenté et obtient un vif succès puisque
Jeanne Moreau se voit décerner par le jury officiel du festival le prix d'interprétation. Cette année 1960 est un grand
cru cinématographique ; impossibles à départager, Berg-
man pour *la Source* et Bunuel pour *la Jeune Fille* n'obtien-
nent pas la Palme d'or ; un outsider la remporte, Fellini
avec *la Dolce Vita*. Antonioni aussi est remarqué pour
l'Avventura. C'est dans ce firmament de génies du cinéma
que le nom de Duras circule, mais elle sait déjà au fond

d'elle-même que cet univers qu'elle porte, cohérent et singulier, personne d'autre ne pourra le représenter. Elle juge le film de Peter Brook « dégoulinant », estimant qu'il « s'est trompé de sujet ». Seule, elle saura dire le secret de ses mots, leur histoire impénétrable.

Elle raconte la nature de l'amour, chaque fois recommencé parce que le « temps, dit-elle, défait tout amour ». C'est une énergie qui prend l'être, anonyme et puissante, et se faufile de couple en couple, renvoyant au vide, au rien, à l'inanité de la vie ceux qui la possédaient, éblouissant ceux qui la reçoivent. Elle sait que personne ne peut rien contre cela, qu'il y a quelque chose de tragique à subir, d'inconnu et d'irrésistible. Elle chante cette force-là de l'amour qui va, qui vient, se dérobe et se donne, que nul ne peut dominer. « Personne, personne », fait-elle dire à la Maria de *Dix heures et demie du soir en été*, publié en 1960. Dans ce roman justement, que la critique unanime a célébré comme une de ses œuvres les plus achevées, elle reprend le thème de l'arène où elle-même, dans la vie, sait qu'elle se trouve, impuissante et révoltée tout à la fois.

Il y a Maria donc, Pierre son mari et Judith leur fille et Claire, une amie du couple. Ils s'arrêtent sur la route de Madrid, accablés par la chaleur, pour passer la nuit dans un hôtel surpeuplé de touristes. Mais la petite ville est en effervescence, la garde civile traque un homme qui vient d'abattre sa femme et son amant. Cette nuit-là, Maria ne peut pas dormir. Elle est au balcon, essaie de capter un peu d'air de la nuit, frais, odorant des jasmins, elle voit dans la pénombre la silhouette de l'assassin, et sur un autre balcon, Pierre et Claire s'embrasser. Elle décide d'aider le meurtrier, profite de l'absence de la patrouille pour l'emmener quelques dizaines de kilomètres plus loin dans la campagne, et revenir le récupérer à midi, le lendemain, pour lui faire passer la frontière clandestinement. Quand tous reviennent, c'est pour apprendre que l'homme s'est tué d'une balle dans la tête. La route vers Madrid reprend. Ils s'arrêtent encore une fois à cause de la chaleur. Claire prétexte une envie de sieste pour louer une chambre dans une auberge. Pierre la rejoint et ils font pour la première fois l'amour, dans l'éblouissement renouvelé de l'amour.

Enfin arrivés à Madrid, Pierre et Maria ont une explication. Ni jalousie ni rancune en Maria. Elle constate la fin de leur amour, comme s'il s'était vidé pendant les sept années qu'il leur avait été donné de vivre ensemble ; elle sait que c'est inexorable.

Tout l'imaginaire de Duras est de nouveau à l'œuvre, la chaleur et l'intensité de la passion, la menace de la police, de l'orage et la mort qui court partout, sur les routes, dans les champs, l'alcool aussi pour essayer de tenir cet enfer de la vie, les manzanillas, fraîches, pour non pas oublier la douleur de l'amour mais supporter sa violence, sa loi implacable. Et toujours ce temps qui coule, coule, et use les cœurs, les esprits, abîme les visages, les vieillit, et accepter cela, ce passage, cette nécessité : c'est à la façon, sans aucun ménagement, dont elle passe les mains sur son visage qu'elle sait qu'elle a accepté d'être défaite à jamais.

Défait, comme le sien, ce visage de Duras, à la « matière détruite », « dévasté ».

La petite musique de Duras, c'est celle qui raconte le lourd mouvement du temps, son mouvement d'érosion sur les choses, les plantes, les êtres, c'est cette ineffable mélodie qui retrace le parcours inconnu du temps, son déroulement, invisible et sournois, la lente répétition des mots, des phrases, des jours et des nuits, et des saisons, ce courage d'être, abandonnée au chant. « Oui, dit-elle à Madeleine Chapsal, cette fois-ci, j'ai osé être lyrique », à l'époque clinique du « nouveau roman ».

Toujours dans les années 60, elle continue à être la chroniqueuse des petits, des faits divers, de ce roman du quotidien que personne ne voit, happé dans la grande rumeur

de la Comédie et de la Ville. Plus que jamais, elle s'intéresse aux déclassés, aux délinquants et aux caractériels, aux
criminels « innocents », obligés, à tous ceux qui font honte
à cette société bien-pensante, assise et « fondée... sur la certitude de son droit », dénoncée dans le fameux dîner de
Moderato cantabile, à « la crapulerie de cette engeance
blanche de la colonie », reniée encore en 1991, dans
l'Amant de la Chine du Nord.

Dans ses interviews télévisées ou pour la presse écrite,
France-Observateur, *Vogue*, elle cherche à comprendre
cette fuite ou ce rejet dans les marges, à voir dans ces exilés la trace même de l'humaine condition. Elle écoute surtout, sans démagogie, sans pathétique ni complaisance, elle
voudrait tenter de percer le secret de cette carmélite qu'elle
interviewe dans *France-Observateur* et dont elle traque le
mystère, butant sur l'inconnaissable, ne parvenant pas à
en venir à bout.

Elle est fortement impressionnée par cette rencontre
parce qu'elle lui fait penser à celle de Bataille, à celles de
ses personnages, tentés par le mouvement et enlisés dans
cette glu du silence, dans la lourdeur de poix du temps
féroce. Ce sont toujours des expériences limites, là seul où
peuvent s'entendre, comme disait Rimbaud, le roulis des
étoiles, le vrombissement des comètes.

Assurément le plus célèbre de ses entretiens est-il celui
qu'elle intitule « Nadine d'Orange », publié en 1961 dans
France-Observateur. Une petite fille est kidnappée par un
homme simple, presque demeuré, André Berthaud, puis
retrouvée saine et sauve, tandis que son ravisseur se plan-
tait son canif dans le cœur, dans les locaux de la police.
Duras part donc en quête de ce mystère, de cette force
d'amour qui liait les deux protagonistes du drame, elle harcèle la femme de Berthaud jusqu'à ce qu'elle lui ouvre sa
porte et parle. L'entretien prend des allures de tragédie,
dans sa simplicité, dans son implacabilité; elle talonne la
femme, et la femme lui révèle cet amour, absolu, qui les
attachait; avec des mots de tous les jours, elle explique cette

sublimation du désir, sa violence transmuée dans un au-delà inconnu. Lui, « il devait dans la forêt lui cueillir des fleurs, lui raconter des histoires, ces histoires pour les enfants très jeunes. Il aimait ces histoires-là ». Elle, « elle l'embrassait comme son père. Pendue à son cou, je vous dis, toute la journée ».

C'est cela qu'elle récolte dans ses entretiens, des mots simples qui vont très loin, que « les gens bien » n'ont pas l'habitude d'entendre ni de prononcer, des mots qui ne parlent de rien d'autre que des choses contenues en soi, que seuls certains êtres osent encore clamer.

Ce goût du dialogue, de la mise en perspective des échos secrets des êtres, peu à peu va l'amener à privilégier une écriture dramatique. Le théâtre auquel elle n'avait pourtant pas beaucoup songé — n'avait-elle pas confié à Geneviève Serreau qu'elle « ne s'intéressait pas du tout au théâtre » ? — commence à la fasciner. Elle comprend, et c'est là sa plus grande originalité, que le maintien dans un genre déterminé, le roman par exemple, sclérose sa propre quête, interdit même de traduire les élans et les sursauts du désir, et qu'au contraire la multiplication des genres, leur interaction, ce jeu de passages entre tous sont peut-être les plus propres à rendre compte de ces secrets pour lesquels elle écrit. Aujourd'hui le théâtre, demain le cinéma, plus tard encore la quête plastique à travers les objets insolites d'art brut qu'elle sertit d'or, tout sert à dire, se donne de l'un à l'autre, s'échange dans ce grand brassage des mots et des silences, dans cette utopie de l'écriture à laquelle elle se rend maintenant.

Peut-on parler de vie intellectuelle ? Il s'agit plutôt d'une intense activité émotionnelle, d'une dépense énergétique supérieure tout entière tournée et aidée par un narcissisme absolu, vers cet or qu'elle cherche, acceptant « toutes les pulsions du moi », ses avatars et ses déboires, ses risques et ses émerveillements, pourvu que l'indicible se livre, ne serait-ce qu'un peu.

C'est ainsi qu'il faut comprendre ses résurrections, sa

sortie de l'ailleurs, dans la nuit apparente du coma, ses chutes et ses rechutes, ses pertes de respiration, ses étouffements, les sursauts d'un corps qui faillit tant de fois céder et puis est reparti, vers une autre route, pour la même quête. Il en va de même pour l'aventure de Rimbaud, dit-elle, « aucun moyen de recherche n'était privilégié pour l'être-écrivain Rimbaud... Je vois que les pulsions du moi, chez Rimbaud, le portaient vers une humeur ardente non sélective ».

Ainsi du roman au théâtre, du théâtre au cinéma, il n'y a pas de « fourvoiement », mais une même recherche, « déplacée ».

Cette recherche, ouverte, est à l'affût de tout ce qui peut donner l'indice de la trace, elle passe par l'écoute de soi, des répercussions des choses sur soi, du bruit du monde et de la manière dont il lui parvient, par ce goût des êtres, du mystère qui libère leur corps, des essences multiples du désir. Au plus près du secret de l'écrit, il y a la force de l'amour, pour lequel elle risque tout. Elle n'aime pas forcément un être pour ce qu'il est, pour son identité propre mais pour ce qu'il va déclencher en elle, comme échos d'un ailleurs, comme pouvoirs de fascination, comme risques qu'une telle passion peut engendrer. En 1988, elle déclare à une journaliste : « Il fallait que j'aille vers de nouveaux amants, de nouveaux hommes... Je ne peux pas tout dire. C'est impossible. C'est dangereux, un tel besoin de l'homme. C'est dans le corps que ça se passe. » De même, dans *l'Amant de la Chine du Nord*, elle avoue : « C'est tout le corps qui est pris... on pense plus qu'à ça. »

Jamais elle n'a hésité pour sombrer dans le vertige d'un nouveau désir, dans cette sorte d'urgence qui la saisissait comme lorsque l'écriture, impatiente, exigeante, s'impose et réclame, comme le Minotaure, son dû. De la même manière que les livres, les amants « la sauvaient », elle aime l'amour, « elle aime aimer ».

Dès lors, les noms mêmes peuvent échapper à cette quête forcenée. Y a-t-il quelque intérêt à révéler que « l'homme menti » qu'elle évoque dans *la Vie matérielle* n'est autre que Gérard Jarlot, romancier « très fin, très drôle, très très charmant » des années 60, qui obtiendra le prix Médicis en 1963 pour *Un chat qui aboie* ?

Ce qui intéresse plutôt, c'est cette manière qu'elle a de le saisir, de se sentir d'abord attirée irrésistiblement par sa capacité singulière à mentir, sur toutes choses. Et aussi par son art de « prendre en lui les femmes et de les aimer avant même de connaître leur beauté, leur voix », par « sa brutalité à la fois maîtrisée et sauvage, effrayante et polie ».

Elle aime cet homme, Jarlot, pour ce désir immense, destructeur qu'il suscite en elle, pour cette implacabilité de la passion, cette force irrésistible qui l'entraîne, la dépossède, lui fait du mal — « cependant que je mourais de vivre un nouvel amour. Le huitième jour, je suis entrée dans le café comme on va à l'échafaud » —, elle l'aime mais, vampire, elle prend en lui ce qui peut nourrir l'écriture, l'enrichir, repousser un peu plus loin les limites du Secret.

Il n'y a rien à faire à cela. « Écrire et aimer », tels sont les deux sources de Duras pour atteindre la Révélation.

C'est la même expérience, aimer, écrire, celle de « retourner à l'état sauvage », de « décoller », comme elle dit. Tout ce qui la retient au monde, tout ce dont elle se souvient, qu'elle a appris, se dilue dans le grand silence de ce qu'elle appelle « l'ombre interne ». Quelque chose de soi parvient à accéder à ce soi-même beau à pleurer, inconnu, à cette essence de soi où va désormais sa marche, portée par son écriture autarcique, à l'écoute de « l'être femme » qu'elle est.

Voilà qu'il faut faire silence pour rejoindre ces annales du soi, dire tout en ne disant pas, selon l'expression de Dominique Aury, à propos de *Moderato cantabile*, percer l'enveloppe épaisse de cette ombre interne. En elle naît

une certitude : « Je suis absolument sûre de ça », dit-elle.
« Ça », la coulée de soi dans le désir, de l'écrit, du corps
de l'autre, « ça », cette plongée dans l'obscur, dans la forêt
des pilotis moussus de la mémoire, « ça », l'attente, le suspens, pour que se dessinent les traces que laissent, anonymement, les jours et les nuits, le temps.

Est-ce la fréquentation de Gérard Jarlot, scénariste professionnel, avec lequel elle écrira *Une aussi longue absence*
en 1961, grâce aussi aux conseils qu'il lui a prodigués pendant le travail d'*Hiroshima mon amour*, écoutant ses « critiques, à la fois exigeantes, lucides et fécondes », comme
elle le prétend dans l'avant-propos du scénario publié, qui
lui donna aussi subitement le goût d'écrire pour le théâtre ?

Est-ce encore cette certitude nouvelle qui lui faisait penser
que le texte écrit ne trouverait son vrai secret que dans
l'éclatement même de sa forme écrite, mais aussi dans le
gestuel, dans la circulation des mots passés d'être en être,
de comédien en comédien, dans l'image que la représentation théâtrale peut livrer, dans toutes ces traverses qu'elle
entendait à présent emprunter ?

Est-ce enfin la nécessité même qui l'y conduisit, dans
cette expression de plus en plus épurée, dans ces ellipses
si ténues, où s'excluaient d'eux-mêmes les paysages extérieurs, les portraits, les psychologismes, dans ces dialogues
qui déjà étaient en représentation, par leur concentration
spatio-temporelle ? *Le Square*, par exemple, n'était-il pas
déjà dans sa forme romanesque en 1955 une pièce de théâtre ? C'est grâce à tous ces facteurs qui s'imposèrent à elle
comme autant de signes que Duras se lança dans l'aventure théâtrale. Elle devait de toute manière en avoir la prescience car elle savait que ces textes déjà publiés avaient en
eux-mêmes une réelle charge dramatique ; lus, ils possédaient une oralité impressionnante, comme sa voix, inoubliable, dans ses chutes, ses reprises, proférant des secrets,
faite pour dire.

Sa voix que la maladie a altérée aujourd'hui, avec ses chuintements, ses souffrances, ses brisures, et qui parvient malgré tout douloureusement à s'exprimer, contrainte par la canule de métal qu'elle arbore comme un nouveau défi, qu'elle remercie même pour lui avoir donné quelquefois d'entendre davantage le silence, permis de se taire, d'accéder enfin « au silence commun à tous les opprimés ».

Dans ces années 60 si riches, si fondatrices pour elle, la rue Saint-Benoît est toujours le lieu où souffle l'esprit, où se trament des complots contre l'obéissance, toutes les institutions détentrices du savoir, où vibre la révolte. L'appartement est habité, chargé d'une intelligence à l'écoute du monde ; Edgar Morin, Georges Bataille, Michel Leiris, Maurice Blanchot y séjournent ou y passent en amis, en voisins. La guerre d'Algérie continue de sévir. La lutte est maintenant dans Paris, dans ces réseaux F.L.N. et O.A.S. qui combattent dans l'ombre. La terreur fasciste revient. Les mêmes ombres qui rôdaient dans les temps plombés de l'Occupation sont de retour ou ont refait surface. Elle, Duras, les reconnaît bien, elle n'a jamais cessé de les reconnaître, depuis Rabier, les autres, en imperméables noirs, coiffés de leur feutre, dans ces jeunes d'extrême droite qui travaillent comme des taupes dans les caves.

Aussi le débat s'intensifie-t-il. Les idées se radicalisent, la violence verbale gagne tous les camps qui se durcissent. Rue Saint-Benoît, on tient de Gaulle pour un « tyran, un Saint-Just », rapporte Edgar Morin, et la guerre civile semble inévitable. C'est dans ce contexte tragique qu'est lancé comme une bombe le Manifeste des 121, à l'automne 1960, d'abord publié à l'étranger dans *Tempo Presente* et *Neue Rundschau*, puis dans *Vérité-Liberté* qui subit la saisie. Mascolo, Jean Schuster en sont à l'origine, vite relayés par d'autres intellectuels, communistes du flanc gauche du Parti, extrémistes de gauche, libertaires, sans appartenance politique précise.

Le Monde du 6 septembre, dans l'impossibilité de publier le document, à son tour ruse avec la censure en diffusant la nouvelle que « cent vingt et un écrivains, universitaires et artistes ont signé une pétition sur le droit à l'insoumission dans la guerre d'Algérie » et en révèle un extrait significatif :

« Nous respectons et jugeons justifié le refus de prendre les armes contre le peuple algérien.

« Nous respectons et jugeons justifiée la conduite des Français qui estiment de leur devoir d'apporter aide et protection aux Algériens opprimés au nom du peuple français.

« La cause du peuple algérien, qui contribue de façon décisive à ruiner le système colonial, est la cause de tous les hommes libres. »

Quotidiennement, le Monde, interdit de publier la déclaration, informe ses lecteurs de la liste de noms ouverte qui n'en finit pas de s'allonger. Devant l'ampleur du phénomène, la droite se rassemble, non seulement politique, à travers les efforts déployés par le gouvernement de Michel Debré pour tenter de tempérer le scandale, mais intellectuelle. A la déclaration des « 121 » est opposé le Manifeste des intellectuels français, rassemblant plus de trois cents personnalités du monde artistique, littéraire et universitaire. S'y côtoient : Jacques Heurgon, Pierre Chaunu, Henry Bordeaux, Roland Dorgelès, Thierry Maulnier, Louis Pauwels, Michel de Saint-Pierre, Roger Nimier, Michel Déon, Antoine Blondin, Jules Romains, Henri de Monfreid, Gabriel Marcel, Jacques Laurent, André François-Poncet, Pierre Gaxotte, etc. Tous condamnent l'entreprise de trahison et de subversion des « 121 », accusés d'appartenir à la « cinquième colonne », n'ayant pour dessein que de détruire « notre pays... et l'Occident ».

Là où les « 121 » voient dans la guerre la violence d'une « Gestapo » française contre des masses opprimées, les signataires du manifeste affirment que « la guerre en Algérie est une lutte imposée à la France par une minorité de rebelles fanatiques, terroristes et racistes ». Les « 121 » sont qualifiés « d'empoisonneurs de la conscience nationale », « d'assassins » qui veulent « mutiler » le territoire et provoquer par là son déclin inévitable.

Texte patriotique, le manifeste permet à beaucoup de ses signataires de retrouver à bon compte une virginité nationale. L'occasion est bonne pour se refaire une voix neuve, avec des accents à la Déroulède. Et toujours du côté des opprimés, des révolutionnaires, Duras, suspecte des plus hautes trahisons, accusée avec ses cosignataires d'être un facteur de destruction car, prétend Joseph Hours, « si l'État est d'abord pouvoir de commander, lui contester ce pouvoir et le défier en face, c'est le détruire ».

Détruire... Déjà le terme lui est acquis, attesté. Duras en fera bientôt le maître mot de son langage, l'objet de son action.

A Alger, les généraux putschistes prennent le pouvoir. Le temps de l'urgence est là.

Elle, elle continue d'écrire. L'activité de l'écriture est immense. Elle se déploie comme la vie. La seule vraie vie qu'elle ait à vivre, qu'il lui soit donné de vivre. L'écriture se donne, abondante, approche à mi-voix désormais du noyau secret.

La vie de Duras semble se confondre avec ce destin-là, l'écriture, avec cette nécessité existentielle et essentielle tout à la fois, avec cette brutalité.

Autour d'elle naît comme une rumeur où se côtoient la haine, le mépris, les quolibets, les admirations les plus ardentes. Avec une rage d'écrire rare, elle se jette dans le « labeur », observe avec satisfaction les qualités de transposition de ses romans. Mais elle sait aussi que son écriture n'est pas encore prête à être entendue de tous, même si ce qu'elle dit lui paraît simple, et relate des sentiments universels comme des faits quotidiens. Elle écrit avec une totale confiance en elle, en sa parole : elle qui, plus tard, se prétendra « mondiale », a déjà cette impression d'elle-même en 1960. Jamais elle ne concédera de faveurs à la mode, mais obstinément continuera sa route, malgré les réserves de la critique, les hésitations des directeurs de théâtre, les infidélités du public, les sarcasmes des gens du spectacle, et les tirages encore modestes de certains de ses ouvrages. *Un barrage contre le Pacifique*, adapté par Geneviève Serreau et mis en scène par Jean-Marie Serreau le 5 janvier 1960 au Studio des Champs-Élysées, fut un semi-échec. Le bilan financier est lourd, affichant un déficit de 2 033 500 F (de l'époque), dû surtout à une désaffection des spectateurs en raison des événements d'Algérie. La critique, quoique mitigée — toujours les mêmes remarques sur le « style décharné bien de ce temps », l'impossibilité d'être touché par ce monde qui se défait —, penchait plutôt en faveur de la pièce ; Bertrand Poirot-Delpech du *Monde* ne parlait-il pas de « moments exceptionnels » et Jacques Lemarchand de la générosité et de l'intelligence que respirait l'ensemble ?

Une sorte de malédiction s'attachait alors à son travail, sorte d'isolement splendide que, avec la même obstination que les crabes du *Barrage* qui abattaient les troncs des palétuviers, elle surmontait avec une énergie semblable à celle de sa mère, cette violence coloniale qui était néanmoins dans ses veines, ce qu'elle croyait être un combat contre la vie même. Écrire, c'était encore cela, à chaque fois, repousser les limites, être debout, en éveil.

7

« Le labeur d'écrivain* »

* *Marguerite Duras à Montréal*, Spirale, Montréal, 1981.

Elle publie des livres dans ces années 60 à un rythme effréné, près de vingt titres (romans, pièces et scenarii confondus), comme si les temps pressaient au point qu'il faille tout dire, le plus vite, répondre à l'urgence de ce qu'elle découvre au fur et à mesure, de ce qu'elle sait déjà comme par prescience, et qu'elle doit dire. « Un livre, dit-elle, c'est comme si on entrait dans la nuit. » Elle y va, elle ne sait pas où ni comment mais elle y va. C'est cette audace-là qui la rend singulière, étrangère, suspecte aux autres. Elle y va parce qu'elle n'a rien à perdre, du matériel, de la réputation, et ce qu'elle va chercher, c'est de l'infini.

De plus en plus elle discerne mieux la capacité qu'ont ses textes à devenir dramatiques, à glisser du livre à la scène, d'être relayés par des voix autres, plurielles. Elle sait qu'en « sortant le livre dehors », comme elle dit, elle peut en savoir davantage sur cette matière inconnue qu'elle ploche et harcèle. Il avait déjà fallu presque rien pour que *le Square* pût être joué. Quelques remaniements suffirent pour que la petite domestique et le représentant de commerce trouvent épaisseur sur scène, et la mise en scène de Claude Martin en 1957 pour le théâtre des Champs-Élysées, l'adaptation de Geneviève Serreau en 1959 du *Barrage contre le Pacifique*, le film même qu'en avait tiré René Clément en 1958, montrèrent à l'évidence que ce qu'elle écrivait avait une possibilité immense de désignations, représentait une capacité orale et imaginaire que tous les arts dramatiques pouvaient exploiter, et faire rebondir. C'est à ce jeu de va-et-vient qu'elle va désormais se consacrer.

« Les vrais écrivains n'ont pas de vie du tout », dit-elle dans une lettre adressée à Marie-Pierre Fernandès, l'auteur de *Travailler avec Duras* qui rend compte de la mise en scène de *la Musica Deuxième* en juillet 1985. « La vie qu'ils vivent, ils ne peuvent pas la communiquer. » C'est plus tard, après avoir vu, vécu les choses, qu'elles se restituent, dans la « mémoire infernale », comme réfractées, données d'abord au livre, puis rendues à elle, par le livre.

Sa vie même, elle ne la voit pas, ne la suit que dans ce que le livre lui ramène. Voilà pourquoi les « livres sont plus vrais » qu'elle.

Est-ce parce que les temps se précipitent, que le pays court au chaos, qu'elle jubile tant dans l'écriture ? Qu'elle s'y couche comme on se vautre ? Qu'elle se donne à elle comme une héroïne mythologique, acceptant ce destin qu'elle n'a pas eu même à choisir ?

Quelque chose en elle est mutant, qui aime à explorer tous les possibles, à provoquer les « accidents de l'amour », pour que ça change, que l'habitude ne s'installe pas, pour inventer, renouveler sa vie, la provoquer dans des ailleurs inconnus. Elle cherche à mettre en question sa vie, ses amours, le livre surtout. « Tenter, comme dit Mascolo, de les épuiser, comme si elle exigeait d'eux un impossible achèvement », en souvenir de cette mémoire lointaine qu'elle a, originelle, de l'éternité.

Elle peut maintenant tourner en rond dans ses livres. Elle a mis en place suffisamment de motifs, répercutés entre eux, tant d'échos, déjà, qu'il ne lui reste plus, comme une Parque, qu'à tisser l'Œuvre, à réécrire les livres, à en faire du théâtre, à imaginer pour eux d'autres possibilités, d'autres déclinaisons. D'un livre à l'autre, d'une scène de théâtre à l'autre, elle tire de l'écrit le chant de l'exil qui court partout, le psalmodie, pêle-mêle : il y aura la mère, l'amour, les bords de mer, les cris surtout, les attentes, les douleurs.

Elle voit dans le théâtre la même marche ténébreuse du Navire-Night, cette boîte noire d'où s'échappent les cris de la mémoire, la même solitude, la même peur surtout, présente, palpable, charnelle, le même danger. « C'est une exposition de l'être humain, le théâtre », dit-elle en 1985 à Sami Frey et Miou-Miou. Oui, c'est la même terreur de tragédie, partout, comme à l'aube, dans une lumière à la Carné, elle raconte être allée, aux abattoirs de La Villette, voir se déverser 20 000 litres de sang sur les pavés, toute cette chair mise à nu, collectée, vendue, revendue.

Que ce soit le théâtre, le livre, c'est toujours la même chose. Ce que traque le Navire-Night, c'est quelque chose de sans fin, de « sans fond ». C'est illimité, aussi bien ce pourrait être repris de livre en livre, de film en film, de conversation en conversation, de comas en délires, cela ne finirait jamais. C'est comme la petite mendiante « des eaux tièdes du delta », elle est partout, en Cochinchine, en Inde, à Paris, sur les bords de la Seine ou du Gange, elle n'achèvera jamais son errance.

Elle n'a pas encore franchi le pas qui va la conduire à mettre en scène son propre théâtre. Mais l'idée aurait bien pu naître dès le début des années 60. Elle n'est pas du tout satisfaite de ce que René Clément a fait du *Barrage*, privilégiant l'émotion, le psychologique, et presque l'exotisme. « C'était bien raconté, dira-t-elle encore en 1991, les événements étaient tous présents, à l'heure, mais l'écriture avait disparu. »

Elle sait que dans ses livres des traces indécelables par les moyens ordinaires, « vulgaires » dirait-elle, de la caméra ou du théâtre doivent cependant être représentées, révélées dans cette grande parturition de la scène. Le frémissement invisible qui parcourt l'écriture, le vertige qui naît de là, de ce cri bâillonné et qui, soudain, explose au point qu'il redevient silence, c'est cela qui est à montrer. Elle devine qu'elle seule peut le faire, porter ce mystère au jour étrange de la scène.

L'attraction qu'exerce Jarlot sur elle l'entraîne aux cours des années 58-63 à une collaboration de plus en plus étroite. Elle travaillera avec ce romancier de neuf ans plus jeune qu'elle, rewriter à *France-Dimanche*, à des scenarii, des adaptations. Ils mirent en commun leurs savoirs respectifs : lui, concevant le plus souvent les scenarii, elle, y ajoutant son sens des dialogues, inné, magique. Ainsi l'aida-t-il non seulement dans la conception d'*Hiroshima mon amour* — Resnais tint à le citer dans le générique sous le titre de conseiller littéraire —, mais encore participa-t-il à l'adaptation de *Moderato cantabile* réalisé pour le cinéma en 1960 par Peter Brook, écrivirent-ils à quatre mains *Une aussi longue absence*, publié en 1961 par Gallimard qui était aussi l'éditeur de Jarlot, *Sans merveille* pour la télévision, histoire d'un homme mythomane, qui ne fut programmé qu'une fois, le 14 avril 1964, et adaptèrent-ils pour le théâtre *Miracle en Alabama*, de William Gibson, inspiré par la vie d'Helen Keller, et sa douloureuse accession à la parole.

Quelle que soit la part de Jarlot dans *Une aussi longue absence*, saisissante est la manière dont Duras parvient toutefois à ramener à son monde intérieur, à ses préoccupations toute tentative collective ou partielle d'écriture. Tout se passe comme si l'écriture lui était acquise souverainement, qu'elle en dispose, qu'elle l'attire dans « l'encre noire de sa mer ». Parti là encore d'un fait divers, le scénario dérive vers les régions singulières de Duras : une femme d'Aubervilliers croit voir passer son mari, ancien déporté de Buchenwald, elle le recueille mais lui, devenu amnésique, tout en acceptant de reprendre la vie commune, garde son secret. Un jour, dans une sorte de bouffée délirante, incompréhensible, il se place, les bras en croix, devant un autobus, et on l'envoie à Sainte-Anne. De cette histoire, Jarlot et Duras vont tirer un scénario où se rassemblent tous les thèmes déjà présents dans l'œuvre passée de Duras et certains autres, comme prophétiquement annoncés, de ses livres à venir. Cette quête de l'autre, et l'oubli, somptueux, en écho, la fascination pour l'être « idiot » ou « innocent », à la manière des héros de Faulkner, ce ressassement du thème de l'oubli à assumer afin que puisse se vivre la vie, la joie enfantine du « fou », toute la problématique utopique de Duras est là, toujours accompagnée, comme une sonate, ironique et mélancolique à la fois, des pesanteurs du temps, à retrouver, à effacer, à tenter d'abolir, vainement. Elle les répétera longtemps, ce refrain, cette séduction de la folie sur elle, dressés comme de grands barrages contre l'existence banale et l'érosion de la vie. Dans d'innombrables interviews d'alors, elle répète sur tous les tons l'envie qu'elle voudrait susciter de partir, de tout quitter, et de recommencer, de pratiquer un jour un arrêt, une vacance, de se ménager une plage, dans le refus de travailler, de redevenir l'enfant, d'être comme le clochard d'*Une aussi longue absence*, un homme qui est dans une telle innocence que lorsqu'il « voit la gaieté il est gai. Il est comme un miroir ».

Elle dit cela, le proférant comme la petite mendiante du Gange, la « tête trouée », sans mémoire, ayant tout oublié, sans repère, neuve, traversant les temps, les lieux, indifféremment, ici, dans la moiteur de la brousse, là, dans la glaise du Gange, et obstinément, comme les oiseaux qui piaillent au-dessus du fleuve, poursuivant sa litanie.

Aujourd'hui dans les moments de bonheur, auprès de Yann Andréa, à Trouville, elle peut avoir ce regard « fou », elle peut aller le long de la plage, sur les planches crissantes de sable, pleinement libre, dans ce détachement qui n'a plus de lien avec l'existence présente, mais abandonnée à l'inconnaissable, aux jeux du vent marin, à cette brise du large où elle porte ses mots, et le bonheur existe un moment, une fraction de seconde, avant qu'elle ne retombe dans « le malheur merveilleux du livre », « au bout du monde, au bout de soi, dans un dépaysement incessant, dans une approche constante qui n'atteint pas ».

C'est dans cette alternative douloureuse entre utopie et douleur qu'elle vit, toujours, brisée, remontant au jour, brisée de nouveau, à la recherche de cet absolu. « Ce qui est beau à pleurer, c'est l'amour, dit-elle. Et plus encore peut-être : la folie, seule sauvegarde contre le faux et le vrai, le mensonge et la vérité, la bêtise et l'intelligence : fin du jugement. »

Souvent, elle se plaint de ce cerveau qui n'en finit pas de clamer, toujours en action, à faire mal, à faire peur. Alors elle regarde l'éternité de la mer, son infinité qui se confond avec le ciel, dans le crépuscule des Roches Noires ; et elle voudrait se perdre, comme les « fous » de *l'Amour*, qu'elle écrira en 1971, suivre, comme elle dit, la musique qu'elle entend. Entendre ce cri, cette espérance : « Vous n'êtes rien. »

Le festival de Cannes s'intéresse toujours à elle puisque *Une aussi longue absence*, tournée par un jeune metteur en scène « de style », comme on l'appelle, Henri Colpi, est considéré comme « l'atout majeur de la France ». Interprété par Georges Wilson et Alida Valli, le film reçoit néanmoins un accueil plutôt réservé, comme si le dialogue incantatoire de Duras nécessitait une écoute encore trop neuve : l'action immobile, les traverses obscures qu'empruntent les comédiens eux-mêmes ne sont pas assez publiques, et le film est jugé « ennuyeux ». Henri Chapier l'accable de critiques : « La signature de Marguerite Duras ne suffit pas pour commander l'adhésion, et si le souvenir de sa collaboration avec Alain Resnais laissait espérer une belle œuvre, il n'en est pas de même pour Colpi. » L'interprétation « bouleversante » de Wilson ne sauve pas non plus le film, aux « cadrages insuffisants, ne dégageant aucune émotion, cédant le plus souvent aux astuces d'intellectuel ». Chapier conclut par ces mots qui montrent assez bien pourquoi une telle approche est encore trop audacieuse : « A quoi bon épuiser la patience de ceux qui attendent du cinéma, du rythme et non pas une mélopée fabriquée. » Mélopée dont quinze années plus tard, au même festival, le même Chapier admirera la beauté avec *India Song* !

Le journal *Combat* condamne aussi « la conspiration du silence [qui] a réussi à rendre tabou en littérature tout ce qui touche de loin ou de près au "nouveau roman" et tente à présent d'imposer ses lois au cinéma (...). Aimer Marguerite Duras, être un partisan d'Alain Resnais, souhaiter que le cinéma s'oriente dans une phase nouvelle n'implique pas le manque de discernement ».

Seuls quelques journaux comme *l'École libératrice* saisissent le tour de force de Colpi à traduire avec « une implacable sobriété » le jeu mystérieux, souterrain des deux personnages.

Il y a toujours eu de cette fatalité-là du temps dans sa vie, cette projection d'elle-même au-delà du contemporain, comme Proust discernant le secret des êtres avec l'acuité d'un aveugle, tandis que le monde, insouciant, dansait la polka dans les salons et sous les pergolas.

L'incompréhension passagère des autres la blesse et la laisse indifferente tout à la fois. Les échecs préludent aux triomphes à venir dont elle sait qu'ils seront inévitables.

Aussi continuait-elle d'écrire. A la N.R.F., en 1963, paraît une pièce qui longtemps passera inaperçue, intitulée *les Eaux et forêts*. Les échecs relatifs des précédents spectacles ne l'avaient pas incitée à renoncer. L'étranger d'ailleurs s'intéressait vivement à son travail ; ainsi le *Barrage* dans son adaptation théâtrale avait été traduit en Angleterre, en Allemagne où Duras, très vite, fut inscrite au répertoire de plusieurs théâtres, en Pologne, en Yougoslavie et en Hongrie.

Près de deux ans durant, la pièce resta en cet état. Une jeune compagnie, la compagnie Claire Deluca-René Erouk, décida de la jouer. Duras accepta de donner les droits, et commença l'âge d'or du théâtre durassien, sûrement le début réel de sa carrière d'auteur dramatique.

Sa vie à ce moment se confond avec le théâtre, elle sait que là, sur une scène, elle va donner une chance autre à l'écrit, la chance de révéler, de percer la nuit secrète du Navire qui l'a emportée.

Elle n'en délaisse pas pour autant le roman, écrit comme pour laisser une trace, parvenir par tous les moyens à « l'ombre interne ». Les livres se succèdent les uns après les autres, tous conduits avec la même unité, « étrangers » et singulièrement classiques comme *l'Après-midi de M. Andesmas* où reviennent comme des leitmotive les thèmes qu'elle a toujours privilégiés : l'attente, l'échec de la conscience devant le temps implacable, l'irrésistibilité de la passion et la défaite de l'âge, le cycle inlassable du quotidien et la fixité de plomb du temps cruel. Avec ce nouveau roman, publié en 1962, elle achève un cycle, celui de ce roman qu'elle avait jusqu'alors conçu, à la facture encore classique, attentive à chaque fois à resserrer l'action, le lieu, les paroles pour atteindre l'exigence irréductible de l'essence, aller au plus près d'elle. Encore une fois, elle met en scène un de ses héros voués à l'attente, à l'usure des ans, négligé par les autres malgré son âge, malgré son argent, soumis à la disposition de sa fille et des autres, contraint à la résignation, victime de la passion.

C'est une vraie tragédie qu'elle bâtit, toute tendue dans ses unités, livrée à l'indifférence du destin.

L'écriture lui vient d'un lieu qu'elle ne connaît pas, dont elle n'est pas « responsable », elle ne sait pas comment « ça se fait, ça se passe », mais « c'est comme ça, écrire », dit-elle à ses interlocuteurs de Montréal, en 1981.

Ici, elle a connu la maison de *l'Après-midi de M. Andesmas*, elle a vu cette terrasse qui surplombe la baie de Saint-Tropez, et cet endroit l'a obsédée, pendant six mois, et puis tout d'un coup « il y a eu quelqu'un qui est arrivé, un très vieil homme, et c'était M. Andesmas ».

Le surgissement de l'écriture, de l'histoire qu'elle ne contrôle pas forcément l'entraîne peu à peu dans un espace du danger et de l'interdit. Elle le sent bien elle-même, datant d'après *Moderato cantabile* cet embarquement suicidaire vers des zones de l'inconscient qu'elle n'appelle pas et dans lesquelles cependant elle s'engouffre chaque jour davantage. Il y a dans cette vie tout entière vouée à cette autre quête de l'or une vacillation fébrile, une fêlure qui s'opère, soupçonnée déjà dans *Moderato cantabile* et *Dix heures et demie du soir en été*, et qui à présent s'accélère, se risque à quelque chose de la folie, d'autant plus qu'elle n'est pas absolue, envahissante mais rôde autour des lieux asilaires, des espaces sans références.

Qu'elle avoue à Madeleine Chapsal dans *Quinze écrivains* « tourner en rond dans sa tête » ne surprendra pas. L'œuvre, déjà considérable, arpente les mêmes zones, pratique une sorte de broderie fantasmatique sur la même trame, où sa fascination s'exerce toujours à l'égard de la fulgurance des amours-passions, dans la chaleur étouffante du temps qui broie tout, les êtres, les mots, les musiques qui passent, inexorablement.

Il y a du courage à s'y laisser entraîner, une folie aussi, comme une inconscience, un défi. Cette société de l'argent et des affaires qu'elle rejette lui donne les moyens peut-être de provoquer d'autres forces. Elle réhabilite une idée de l'écrivain, sacrée, prophétique, excessive, solitaire et maudite face aux « raconteurs d'histoires », interchangeables et bavards.

Elle achète en mars 1963 aux Roches Noires, dans un palace au bout de Trouville, un appartement qui donne sur la façade et sur la mer aussi, sur l'étendue océane, illimitée, étrangère. Elle habite ce lieu de plus en plus, après l'avoir délaissé dans les années 70 au bénéfice de Neauphle-le-Château, mais depuis qu'elle vit avec Yann Andréa, elle va moins souvent à la campagne, et fait des séjours prolongés à la mer. Elle aime ce lieu qu'elle a comme chargé de sa présence là aussi ; des visiteurs, des curieux se hasardent jusque dans le grand hall décoré par Mallet-Stevens, ce n'est pas seulement pour admirer l'œuvre du grand architecte des années 25 mais pour retrouver l'air particulier, magique de Duras, la musique silencieuse de certains de ses films tournés ici, quelque chose du Prince of Wales entrevu et qu'elle a filmé dans *India Song*.

Dès qu'on y pénètre, par le fait même que peu de propriétaires y résident, le silence prend tout, va se cogner contre les grandes baies vitrées, qui se jettent dans le sable, puis dans la mer. Des toiles de Gir, l'affichiste des années 20, forment une frise de femmes dansantes tout autour, sur les murs ; des gens célèbres se sont assis là, Monet, Zola, Proust qui avait sa chambre sur la mer, et Reynaldo Hahn, et la reine d'Espagne, qui louait le palace pour toute sa suite, Édouard VII qui cachait là ses frasques amoureuses. Aujourd'hui, d'autres y habitent, viennent à contre-courant des vacances, quand la plage est désertée, se promènent sur les planches jusqu'au casino, et rentrent par le grand hall, dans leurs chambres, à travers de longs couloirs peints en rose très pâle, tandis que glisse l'ascenseur de verre. Obaldia, Riva, Terzieff, Duras, Bulle Ogier et d'autres encore se sont croisés, se croisent, mais le soir le vieux palace est vide, résonne de son silence, fait penser à des lieux mythiques, inhabités, à un endroit où pourraient se passer un crime, une passion clandestine, où pourrait se concevoir une œuvre.

Dans cet « appartement suspendu au-dessus de la mer », elle écrit, toujours. « Toujours ça », dit-elle dans *les Yeux verts*, ça, qui tient au cœur, au ventre, à la tête. La présence de la mer si proche, le sable qui se déroule aux heures des marées jusqu'à perte de vue et se mêle à la couleur de l'eau, activant l'écriture, lui donnent son rythme.

C'est pour cela surtout qu'elle aime Trouville. Le va-et-vient de la mer ressemble précisément à ce qu'elle cherche à dire, à cet insaisissable mouvement des âmes, des êtres, à ces inexplicables courants qui les traversent, et qu'ils subissent inexorablement comme les mouvements quotidiens des vagues, les reflux, les pénétrations. Il n'y a plus d'espace ni de temps, mais cette houle fuyante, sous le mouvement des nuages comme lavés par l'eau qui rappelle l'ampleur des fonds, l'immensité des gouffres.

Elle ne supporte plus longtemps désormais d'être loin de Trouville, de sa lumière. Elle aime celle qui tombe « droite du plein soleil », mais aussi celle « diffuse et blanche du ciel couvert et celle charbonneuse des orages ».

Elle a pétri cet endroit d'elle-même ; quelquefois, à travers les hautes fenêtres, on peut l'apercevoir, silhouette massive, trapue et fragile tout à la fois, engoncée dans de vieux chandails, poussant des rideaux de filet mal entretenus, troués. Des admirateurs viennent déposer auprès de la loge des gardiens des lettres qu'ils lui adressent. Il n'est pas sûr qu'elle les lise, requise ailleurs dans le mouvement de l'écriture, dans la douleur de l'amour qu'elle vit, dans son bonheur aussi. Alors certains, s'ils parviennent à tromper la vigilance des gardiens, montent jusqu'au premier étage, et déposent devant sa porte quelque chose, un objet, un livre, une image ; c'est ainsi avec Duras, des liens mystérieux se tissent, suscités seulement par les livres, les films, dans l'invisible.

Hors saison, l'appartement est souvent allumé très tard. Il y a Duras et Yann Andréa ; elle dit que dans ce cas ils s'avouent « la vérité, si terrible qu'elle soit, et on rit comme avant quand on buvait et qu'on ne pouvait encore se parler que dans les après-midi ».

Elle est de Trouville comme un personnage historique, des gens se poussent du coude pour dire : « Là, Duras, regarde c'est Duras. » Aussi ne sort-elle plus guère, reste-t-elle enfermée dans le vaste appartement à entendre le roulis de la mer, à guetter les cris et les piaillements des mouettes, 'a rumeur des sirènes, à attendre Yann Andréa qui va revenir des courses, de ses promenades, et la conduire, le long de la petite route de la côte, vers Quittebeuf, pour goûter la lumière dorée des fins d'après-midi.

Lui, il allait autrefois, en 1980, et toujours plus loin, courir « les grands hôtels et les collines ». Elle ne le voyait pas revenir, et une douleur en elle naissait plus forte que tout, incontrôlable, infinie. Il allait voir des hommes, disait-elle, de cela il ne lui avait rien caché, mais restait quand même cet amour entre eux, inaltérable.

A Trouville, elle a appris de la mer et du lieu tant et tant de choses, les conversations des gens des ports, le bruissement des vagues, la nuit, qui pénètre la mémoire, des silhouettes furtives qui marchent sous les néons des lampadaires publics sur les planches, crissantes de sable, l'éternité de la mer, et l'étrange mélange des eaux du fleuve et des mers plus profondes. Elle se souvient d'y avoir compris le sens puissant de l'écriture « courante » quand un soir, frappant à la porte de la chambre de Yann Andréa, elle clame cela, qu'il faut « écrire sans corrections, jeter l'écriture au-dehors... ne rien enlever de sa masse inutile, rien, la laisser entière avec le reste, ne rien assagir, ni vitesse ni lenteur, laisser tout dans l'état de l'apparition ».

Les Roches Noires, c'est le haut lieu de ses révélations, tant la présence physique de l'air et de la mer y est forte, tant leur présence permet à ceux qui les observent de voir autrement le monde, reliant tout à son grand mystère, comme filtré par l'esprit.

Elle écrit beaucoup, des « textes » comme elle dit, pas des romans, ou du moins pas ce que l'on pourrait appeler communément des romans, tant leur charge émotionnelle, leur puissance d'appel, ignorent le statut de la narration ordinaire, les histoires des fabricants de livres. Là où elle rôde, c'est autour de la « mémoire de l'oubli », elle dit que la mémoire, c'est d'abord ce qu'on a oublié, et ce qui reste, l'empreinte à moitié effacée, mais toujours là, obsédante. En 1964, elle publie *le Ravissement de Lol V. Stein*. L'ébranlement que le livre va provoquer en elle, comme s'il soulevait des trappes longtemps scellées, où auraient été retenues des forces violentes et fondatrices, est considérable. A partir de lui, d'autres livres vont naître, dans les années à venir, et des films aussi, tous rattachés à la matrice du premier, et se déployant obstinément. Ce qu'on appellera « la constellation de Lol V. Stein », ou encore le « cycle de Lol V. Stein », remonte à son enfance, à Vinh Long, aux méandres du Mékong, et surtout approche des zones de la « folie », des absences, des lézardes invisibles qui détruisent Lol, la mettent « en cendres ». Le livre se fera alors tremplin, portera ses prolongements jusque dans *l'Amour* (1971), *la Femme du Gange* (1973), *India Song* (1975). Des textes, des films disperseront l'histoire, à laquelle se rattachent Anne-Marie Stretter, la mendiante, le vice-consul Michael Richardson. C'est dans cette résille de textes que s'accrochent les thèmes favoris de Duras, l'oubli et la folie, l'indifférence et la mort, le silence et les voix de la rumeur du monde, les cris des solitudes, de toutes les misères, l'errance et la passion.

Elle revient toujours à cette fonction essentielle qu'elle accorde à l'écriture, aux mots, à leur « puissance de prolifération », comme elle dit dans une interview donnée à Montréal en 1981, à cette force du mot, celle de contenir à lui seul « mille images ».

Ce qu'elle écrit « tombe dans le silence », dans ces périphéries où s'accomplissent d'autres rencontres, où se disent
d'autres dialogues, où se mêlent des paroles, achevées,
incomplètes, ensevelies, et la rumeur qu'elle crée pourrait
être le silence. Le silence dit, rendu sonore. Proust atteignait aussi à ces zones-là, quand la nuit, dans sa chambre
calfeutrée de liège, il recomposait les bruits de ses soirées,
les bavardages, les mondanités, les aveux qu'il captait au
vol, et payait même cher pour entendre.

C'est pour cela qu'elle aime Pascal, la violence sauvage de
ses prières, le halètement de ses intuitions, le cri de sa nuit de
feu. Car c'est le cri qu'elle veut dire, faire sauter le bâillon
des mots, des usages, des autismes, pour aller au cri, tel un
soir le vice-consul, errant dans les rues de Lahore, poussant
son sanglot de bête traquée, comme celui de Michael Lonsdale
l'enregistrant à la Maison de la Radio et le poussant très
loin dans des couloirs si semblables aux coursives du Navire-
Night, le même cri que celui de l'amant se séparant d'elle,
« un cri parlé, long, d'impuissance, de colère et de dégoût
comme s'il était vomi... un cri parlé de la Chine ancienne ».

Le Ravissement de Lol V. Stein ouvre d'autres voies à
sa quête, la fait descendre de plus en plus profondément
dans les soutes du navire. Il lui ferme néanmoins le grand
public, un peu déçu de ne pas retrouver la romancière de
Moderato cantabile ou du *Marin de Gibraltar* dont les fils
narratifs, quoique déjà déliés, donnaient l'apparence d'un
vrai roman. A la fois encensée par certains et haïe systématiquement par d'autres, reconnue par les plus grandes
consciences du siècle et notamment par Lacan, elle commence sa traversée du désert. La personnalité de Duras
s'alourdit de ce poids prophétique qu'elle ne contrôle plus,
et se dit, comme une logorrhée, une glossolalie, contre elle,
malgré elle, dans l'irresponsabilité d'elle-même. Elle ne sait
pas, elle l'avoue dans une interview donnée à Montréal,
comment ça fonctionne, comment « ça » vient, « ça », cette
parole mystérieuse, qui dit mieux que toute théorie, toute
analyse établie. Avec coquetterie, quelquefois, elle s'obs-

tine à déclarer qu'elle ne comprend pas la psychanalyse, que son art requiert d'autres voies, pour la même quête, plus mystiques, plus volcaniques que l'institution analytique. Elle se livre quand elle écrit au flux de sa nuit, qui la traverse comme « une passoire », hors de toutes les méthodes, mais livrée, tel Pascal, aux tremblements du feu, à la grâce de ce qu'elle recueille, lave, fragments, balbutiements, échos sonores.

« Étrangère », comme elle l'affirme, « à la psychanalyse », elle trahit néanmoins le passage des âmes, tumultueuses, souffrantes, leur musique nocturne, prête à se rompre.

A ces jeunes comédiens venus lui demander les droits des *Eaux et forêts*, Duras donna donc bien volontiers son accord. De cette pièce, elle attend beaucoup parce qu'elle révèle son tempérament comique, sa capacité méconnue d'être comique, à la manière de Ionesco mais en plus jouissif, en plus jubilatoire, de faire jongler les mots entre eux, de les faire rebondir avec souplesse jusqu'à la dérision et à l'absurde. Au « Pop-club » de France-Inter, elle définit alors la pièce en quelques mots : « C'est l'histoire de trois personnes qui se rencontrent et ne se connaissent pas. Trois personnes sans identité, trois marginaux comme en voit traîner dans les grands magasins, sur les grands boulevards. Ce ne sont pas des fous, ils ne sont pas internables, mais ils n'en sont pas loin. Ils jouissent d'une totale liberté, ils sont sans référence. Et ils sont extrêmement drôles. »

Bien qu'elle ne fasse pas la mise en scène, confiée à Yves Brainville, Duras assiste à nombre de répétitions, apporte des informations éclairantes, écrit des ajouts pour que chacun des personnages parvienne à son « explosion », ce qu'elle appelle ainsi, cette folie souveraine qui s'empare du texte, le porte à ce haut degré de cocasserie et de pitrerie qui fait penser à Dubillard et à Queneau.

Elle montre là qu'elle sait désormais jouer sur tous les registres, du romanesque au dramatique, du grave au bouffon, comme dans peu de temps elle prendra une caméra et saura égaler les plus grands cinéastes, « comme ça », parce qu'elle est Duras...

Elle n'a pas quitté pour autant ses thèmes privilégiés, ses harcèlements de la conscience, ses angoisses, sa compassion pour les démunis, les déshérités. Tous les mots, elle le sait, sont inutiles : devant le temps qui s'écoule, implacable, la mémoire fuit, comme une passoire trouée, et chacun est dans sa cellule, croyant être à l'abri, mais soumis au vent fou.

La critique, ce soir de mai 1965, est enthousiaste. Le théâtre Mouffetard réunit à la générale les plus grands noms de la presse parisienne : Guy Dumur, Jean-Jacques Gautier, Bertrand Poirot-Delpech, Jacques Lemarchand, Robert Kanters, Matthieu Galey, et ils crient unanimement au chef-d'œuvre. Un nom surtout revient, Claire Deluca, au talent « irrésistible », « extraordinaire », qui semble cumuler les « qualités de Flon, de Girardot et de Masina ». On parle d'œuvre géniale, de pièce unique. Le public est nombreux, il faut jouer deux représentations par soirée, jusqu'au terme de la location de la salle, fin juin. Le Studio des Champs-Elysées retient la pièce pour la rentrée mais demande une autre pièce pour la seconde partie. Qu'à cela ne tienne, Duras en a deux autres dans ses tiroirs qu'elle donne à Claire Deluca : *la Musica* et *l'Après-midi de M. Andesmas* qu'elle a aussi adaptée pour le théâtre. On choisit *la Musica* qui sera créée en octobre 65, avec la reprise des *Eaux et forêts* pour cent vingt représentations. La mise en scène de *la Musica* est d'Alain Astruc et Maurice Jacquemont. Le succès est de nouveau très grand. La critique, qui avait déjà vu *les Eaux et forêts* l'été précédent, revient surtout pour *la Musica*. Enthousiaste, elle admire le burlesque du lever de rideau et la gravité douce et poignante de *la Musica*. A la fois c'est Jules Renard et Tchekhov, Monnier et Ionesco ; Duras en un soir est sacrée auteur dramatique. Il est vrai qu'avec *la Musica*, elle rejoint sa vraie musique, les glissements de l'âme qui lui conviennent, qu'elle sait explorer, les douleurs de l'amour quand l'amour est parti, les aveux, et ce qu'elle sait recueillir, les bribes, les débris, toutes ces traces de la mémoire, ces mots de rien du tout, fragiles et abandonnés, presque tués, morts, peut-être déjà.

Elle fait entendre cette voix-là, surtout celle-là, et ses rumeurs même quand elle s'est éteinte, comme si après Duras, elle laissait encore entendre Duras, les secrets auxquels elle a accès.

Découvrant ses dons dramatiques, leurs répercussions au cinéma, grâce à la magie d'*Hiroshima*, elle écrit *Nuit noire, Calcutta*, en 1964, un court métrage pour Marin Karmitz, un jeune cinéaste roumain dont le cinéma est celui de la prise de conscience de la lutte politique, et successivement *les Rideaux blancs* pour Franju, en 1965, et surtout *la Voleuse*, en 1966, pour Jean Chapot, qui révèle encore une fois sa voix insolite, étrangère.

Où qu'elle se place et travaille, elle entre toujours par effraction, faisant apparaître des gouffres, des nuits de l'âme si cruelles que le spectateur sort de la projection désemparé, vacillant, ou alors, comme pour cacher son désarroi, exaspéré.

Ce qu'elle donne aux cinéastes ce sont des fragments de son univers, des traces de son imaginaire. Avec *la Voleuse* surtout, elle aborde le thème du fait divers : un enfant est objet de conflit entre ses parents adoptifs et sa mère naturelle (Romy Schneider) qui, six ans après l'avoir abandonné, veut le reprendre. L'art du dialogue est toujours au plus juste de la vérité humaine, palpitant de détresse. Duras possède cette science-là de débrouiller la complexité des êtres, et l'incapacité d'expliquer, de comprendre, de justifier.

Sa voix réside dans cette non-décision, cette non-démonstration. C'est cela qui la rend dangereuse, dérangeante.

Elle reste la même, inchangée. Sûre d'elle, de ce qu'elle profère depuis longtemps, comme la mendiante de Savannakhet, indifférente aux critiques, faisant ce qu'elle veut. Elle porte ses petits tailleurs de tweed bien serrés à la taille comme on en confectionnait dans les années 50, et des pulls à col roulé, ou bien ses jupes en pied-de-poule inusables et des cols roulés encore, avec par-dessus des pulls en V. Elle a déjà, comme elle dit, « le look Duras ». Dans *la Vie matérielle*, elle raconte ça : « l'uniforme Duras ». Elle a enfin trouvé cette mode pour elle seule, « faire en sorte que les gens ne se posent plus de questions sur ma taille en mettant toujours les mêmes habits. De telle sorte que ce soit plutôt l'uniformité de l'habit qu'ils remarquent, pas la raison de la chose ».

C'est ainsi qu'on la voit en 1966 sur le plateau du tournage de *la Musica*, en uniforme, dirigeant Delphine Seyrig. Cette pièce reflète bien la manière dont elle conçoit l'œuvre littéraire, dans ce va-et-vient de significations, lui donnant toujours plus de sens et d'épaisseur. Elle se lance dans cette aventure avec Paul Seban qui a déjà derrière lui l'expérience de cinquante films de télévision, et surtout elle lui voue une grande confiance et éprouve pour lui une forte affection. Mais quelle que soit la complicité qui règne entre eux, Duras sait ce qu'elle veut dire, et cherche à mettre dans l'image, les regards, l'entrecroisement des regards, leur capture, toute cette écriture invisible, qui dit davantage que les mots. Elle souligne cette passion qu'elle a pour la direction des acteurs, cet art frémissant, sans théorie, qui parvient à saisir un moment, dans la mobilité du visage, les replis du silence quand il s'installe au sein du couple. Ce cinéma de chambre comme on pourrait le dire d'un orchestre, elle sent qu'elle va en devenir le maître, et le mener de la chambre à l'arène, au huis-clos des tragédies. Elle a pour cela la connaissance intuitive des comédiens, choisit avec une exactitude troublante ses interprètes, devine chez eux les potentialités à venir, découvre à travers leur diction la voix qu'elle-même entend, dans ses livres, rompue, grave, tout alourdie des sous-conversations, des cris retenus, et soudain prompte à proférer, comme une libération. C'est la première fois que Delphine Seyrig joue pour Duras. Elle l'aime parce qu'elle est insaisissable comme ce qu'elle écrit, son visage de porcelaine, cette manière de marcher, aérienne, jamais vue, et sa voix surtout, « irréaliste, à la ponctuation absolument imprévisible, et qui va à l'encontre de toute règle », comme si, ajoute Duras, elle « venait de finir de manger un fruit, que sa bouche en soit encore tout humectée, et que ce soit dans cette fraîcheur, douce, aigre, verte, estivale, que les mots se forment, et les phrases, et les discours, et qu'ils nous arrivent dans un rajeunissement unique ».

Quand elle lui confiera le rôle d'Anne-Marie Stretter dans *India Song*, sa voix, comme une trace ou un écho, rendra aux mots, précaires, laconiques, une intensité renouvelée, au sens illimité. L'exacte rencontre de Duras et de ses comédiens leur fait acquérir tout un poids mythique, les rend légendaires. Il en va ainsi de Madeleine Renaud, de Sami Frey, de Miou-Miou, de Bulle Ogier, de Gérard Depardieu, de Michael Lonsdale, de Jeanne Moreau, de Lucia Bosè, d'Emmanuèle Riva...

Dès *la Musica*, les témoins de toutes ses réalisations racontent la même fascination qu'elle exerce en tournant. Méticuleuse jusqu'à l'excès, imposant une image intériorisée du cinéma, une spiritualité dans l'art de conduire le film, installant spontanément le silence. On la voit tassée, comme ramassée sur elle-même, soumettant encore des idées, n'acceptant jamais que le scénario, le découpage soient achevés. Quand elle tourne, elle écrit encore, une sorte de peur s'empare d'elle qui donne une autre direction, bouleverse des plans, et va là où elle a vu.

Elle est toujours dans cette peur, dans cette fragilité des

choses et des êtres, consciente de l'intolérable indifférence du temps. Pendant le tournage de *la Musica*, c'est la guerre au Viêt-nam, dans la jungle de son enfance, des bombes au napalm détruisent les vasques de lianes où nagent les poissons, les pagodes, les bonzeries sont en flammes, et la peau des panthères noires grille avec celle des singes. Pendant une pause, elle lit les journaux qui relatent l'agonie de sa terre natale. Dans sa tête, des images défilent, le grouillement des rues, les visites au zoo, la moiteur de l'air, les odeurs mêlées des fleurs et des épices, et cette silhouette, la sienne, qui court rejoindre le Chinois, affublée du feutre d'homme et des souliers lamés.

Mais ce dont elle parle, ici, sur le plateau de *la Musica*, c'est en fait la même chose, ces harcèlements de la mémoire, ces voix disparues, insulaires, qui remuent dans ses mots. C'est quelque chose qui s'éteint, s'achève, agonise et ne parvient pas à comprendre. Mais en même temps, c'est d'une autre naissance qu'il s'agit, une voix s'élève, imprécise et s'ébroue, neuve, se frayant un chemin aux terres d'origine, aux paroles balbutiantes, en devenir.

C'est ainsi que la définit Jean-Louis Barrault, quand il lui demande une collaboration dès 1965, décelant en elle cette « énorme humanité », à l'écoute, sans cesse : un « enfant obstiné ». Elle donnera à la compagnie Renaud-Barrault *Des journées entières dans les arbres* (1968), adapté du récit du même nom, publié onze années plus tôt, *l'Éden Cinéma* (1977), *Savannah Bay* (1982), offrira le rôle de Claire Lannes dans *l'Amante anglaise* (1968) à Madeleine Renaud pour le T.N.P.

De Madeleine Renaud, elle parlera beaucoup, retrouvant dans le jeu de la comédienne toutes les répercussions que ses textes propagent, comme des ondes. A l'image de ses personnages, Madeleine Renaud est une écorchée vive, traversée par une violence barbare et impudique, se portant au plus noir que le théâtre puisse aller, ramenant avec elle sur la scène, de son voyage mortel, des lueurs qu'elle-même, Duras, n'avait pas vues, mais que son texte possédait tout au fond de lui. L'entendre proférer ses mots la conforte dans cette idée, tenace en elle maintenant, de la magie des mots, de la charge imprévisible qu'ils détiennent et qu'elle couche, là, sur le papier, sans savoir, dans l'innocence.

Pour la saison théâtrale de 1982-1983, elle donne ainsi le rôle de Madeleine à Madeleine Renaud, celui d'une vieille actrice qui tente avec l'aide de sa petite fille de retrouver vainement le passé, de lui donner corps. « C'était donc une fois, c'était dans un café, c'était l'après-midi, le café donnait sur un square, au centre du square, il y avait une pièce d'eau. C'était dans un pays qui aurait pu être le Sud-Ouest français.

« Ou le quartier d'une ville européenne.

« Ou encore ailleurs.

« Dans ces petits chefs-lieux de la Chine du Sud.

« Ou à Pékin, Calcutta.

« Versailles.

« Dix-neuf cent vingt.

« Ou à Vienne.

« Ou à Paris.

« Ou ailleurs encore. »

Savannah Bay, c'est peut-être le point d'orgue de l'œuvre de Duras, ce qu'elle veut dire en réalité. Il n'y a rien à tenter qui ne soit vain, voué au passage de l'oubli, dans l'impossibilité de restaurer cette histoire de sa vie, enlisée dans les limons du temps qui obscurcissent tout et rendent impossible la restitution du souvenir, égaré entre la légende et l'oubli.

Savannah Bay devient alors comme la métaphore de l'impossible biographie ; la « mémoire lézardée » de Madeleine, son « désir violent d'appréhender l'inconnaissable du passé » mènent à l'échec. Il ne reste que des hypothèses échafaudées, des marques laissées dans cette boue du temps, où la vie passe et se perd. Que des croyances floues, des images incertaines à l'embouchure d'un fleuve lent, grouillant de jonques, dans une moiteur tropicale, des impressions de jaillissements quelquefois, brusques et qui regagnent la nuit d'encre.

Mais l'acharnement est immense, c'est là l'enjeu de son écriture, forcer cette nuit, quitte à s'y abolir.

Un jour de tournage, en 1975, elle a profité d'une pluie mate qui tombait sur le jardin de l'hôtel particulier où elle filmait *India Song* pour retrouver l'Indochine. Elle entendit dans cette pluie d'été les crépitements lourds de la mousson de son enfance, et demanda à son preneur de son de l'enregistrer. C'est dans ces incidences inattendues qu'elle croit retenir la vérité vraie, capturée dans ces intermittences du temps.

A recommencer le passé, comme Lol, Duras s'obstine, reprenant la trame de Lol V. Stein pour la filer dans un autre livre paru en 1966, nouant inlassablement d'autres nœuds au canevas initial.

Avec *le Vice-Consul* se reconstruit l'histoire de la mendiante, ce que Duras avoue avoir été un « traumatisme énorme » dans son enfance. L'errante de Savannakhet longe les fleuves, les terres mouillées de cette Inde réinventée, en chantant toujours la plainte du désespoir, la lancinante psalmodie du malheur. Elle rôde autour des ambassades et des villas coloniales, impose sa folie à ceux qui ne veulent rien entendre de la lèpre et de la mousson. Sauf Anne-Marie Stretter, sauf Jean-Marc de H., le vice-consul de Lahore, en marge de la vie mondaine, déjà dans les lisières de cette folie, prêts tous deux à exploser, c'est-à-dire à clamer leur cri. Quelque chose de miraculeux se produit dans *le Vice-Consul*, qui échappe aux mots, qui se passe entre eux, dans l'entrelacs des regards, des échanges, entre les rythmes des tangos comme des sanglots : « J'ai l'impression, dit le vice-consul, que si j'essayais de vous dire ce que j'aimerais vous dire, à vous, tout s'en irait en poussière... les mots, pour vous dire, à vous, les mots... de moi... pour vous dire, ils n'existent pas. »

Elle veut toujours rendre compte de cette intolérable pesanteur du temps, cette impuissance à exister de la condition humaine, de cette poix qui l'enveloppe, et l'enlise. Alors que quelque chose ait lieu, crie, se déchaîne, la révolte, le meurtre, la colère : l'amour !

Elle se souvient encore de ce qu'elle a vu, petite fille, la femme de l'ambassadeur, et ce qu'on en disait, et le suicide d'un de ses amants. Anne-Marie Stretter, c'est la femme absolue, ambiguë et duelle, vie et mort, fragilité et violence, illisibilité, illimitée.

Elle est celle qui permit d'écrire, « le lieu même de l'écrit », celle qui « m'a amenée à pénétrer dans le double sens des choses. A tous les points de vue ». Cette réalité du monde, Anne-Marie Stretter l'a aveuglément apprise à Duras, qui porta si longtemps cette figure mythique. Intuitivement la figure archétypale d'Anne-Marie Stretter est celle de la révolte et de la sauvagerie de l'amour, de la quête forcenée de la vie, vraie, absolue, exigeante, de la mort revendiquée, puisque cette vie-là est désespérément inaccessible. Elle lui a appris l'envie de « l'explosion », un terme qui revient souvent sous sa plume, la nécessité de se perdre et de se diluer dans le Grand Tout, loin des compromissions, des infamies.

Exploser pour rejoindre le Siam, tant appelé dans ses textes ; le Siam qui, dans sa sonorité lumineuse, ouverte, image de la vie même, l'enchante. Et la Mandchourie de *l'Amant*, au grand nord de la Chine.

Malgré la dimension allégorique du *Vice-Consul*, son apparence hermétique, les personnages frappent par leur douleur, pénétrés de cette souffrance d'être que Duras traduit, comme Schubert, avec cette « musica », cette intensité de silence dont elle charge tous les mots, comme des bombes muettes. C'est par là qu'elle touche au politique, par le cri de l'homme de Lahore, par la crécelle de la mendiante, par l'indécence d'Anne-Marie Stretter. Leurs comportements scandaleux, hors la loi en quelque sorte, dérangent, gênent, remettent en question, renvoient à soi-même.

Elle le dira, à propos d'*India Song*, plus tard, ce cri, personne n'ose le dire, parce qu'il est l'aveu de nos défaites, de nos douleurs que la société occulte et ridiculise, estime impudique. Ce cri, il est scandale, traître à la cause des sociétés.

C'est le cri du « clown qui se réveille », celui qui s'entend quelquefois dans les ghettos des Noirs, des Noirs de « la superbe Afrique », colonisés dans Paris, prêts chaque matin à prendre le balai pour ramasser les canettes de bière et les boîtes de Coca-Cola, et pour lesquels elle a aussi ce cri d'amour : « Toi qui as une identité, toi qui es doué d'un nom, je t'aime. »

Jamais le lyrisme secret de Duras n'a tant flamboyé que dans *le Vice-Consul*, dans cette parturition de la douleur où s'accordent à mi-voix des êtres singuliers, au destin sans fin, errant. Elle se rapproche toujours plus de ce qu'elle-même est amenée à appeler de la poésie, c'est-à-dire une écoute imperceptible, mais tenace, des en deçà des mots et des âmes, de leurs marges obscures, indéfinies, tremblantes, et qu'elle parvient à traduire, dans cette syntaxe désorganisée en apparence, inachevée, presque incorrecte, et qui, cependant, dit mieux que tout les fractures, les trous, les dilutions.

Les mots, elle veut les forcer encore plus loin, dans le jeu et la dérision, harceler tous azimuts la matière même des mots, les acculer à trahir davantage la grammaire, à désobéir aux règles essentielles des codes.

Avec son premier vrai succès au théâtre, avec *les Eaux et forêts* et *la Musica*, elle donne de nouveau à la jeune compagnie Claire Deluca-René Erouk deux petits textes, *le Shaga* et *Yes, peut-être*.

Ils seront joués au théâtre Gramont en janvier 1968. La manière dont ont été répétées, travaillées les deux pièces est exemplaire du travail qu'entend conduire Duras. Pendant six mois en effet, ces textes qui ne dépassaient pas dix minutes chacun furent écrits, prolongés, étoffés en quelque sorte au fur et à mesure des répétitions, suscités même par les comédiens, sans cesse renouvelés, fruits d'une intense activité dynamique, d'une sorte d'effervescence créatrice. Avec eux, Duras quittait le chant tchékhovien de *la Musica* pour rejoindre un autre aspect de sa personnalité, la dimension du rire, cette joie qu'elle exprime souvent dans le quotidien.

Car elle a le rire facile, Duras, un peu moqueur, gai et qui défie, « fusille les ricaneurs », comme dirait Michèle Manceaux qui le soir à Neauphle, dans sa maison toute proche de celle de Duras, écoute des bandes magnétiques où elle parle, seulement parce que « Margot » lui manque et que son rire qui emplit le son renvoie à une forme de bonheur simple.

Le même rire décapant qu'elle affichait avec cette liberté déliée, il était là, disait Claude Roy, pour abattre « les murailles de la mort », celles qui terrent les hommes dans la mauvaise folie, dans la peur de cette folie-là, ou dans la guerre. La veine révolutionnaire de Duras resurgit, violente, anarchiste, dans une désobéissance totale, sans concession à l'art dramatique, aux exigences que requièrent les critiques académiques comme Jean-Jacques Gautier ou Gilbert Guilleminault. Elle mène une fronde délibérée et le rire emporte tout, ravageur, décapant. Au cours des répétitions, les textes se développent, comme des résilles, entraînant les comédiens, « les enfants », dans une débâcle de mots, irrésistible. « J'ai apporté... des canevas. Je fais, défais, refais à mesure, » dit-elle. Ainsi se tisse la création durassienne, dans cette approche balbutiante, dans le non-savoir, dans cette découverte improvisée, soudaine.

Comme elle veut tout faire, mettre en scène, reprendre

le texte, imposer même les costumes, diriger les acteurs, elle passe son temps au théâtre, et les conseils qu'elle prodigue enrichissent les comédiens, nourrissent leurs rôles. Ainsi leur dit-elle, dans ses indications de jeu recueillies au cours des répétitions :

« Votre folie a éclaté et vous jouez avec elle à détruire, changez ce qui se trouve derrière les remparts des autres. Elle se trouve être l'équivalent d'une contestation révolutionnaire par rapport à la folie terrée des autres...

« Ils sont fous, mais ils ne le savent pas, vous aussi vous êtes des folles, et vous ne le savez pas non plus. Mais eux restent dans la peur de la folie, vous, non.

« Vous êtes grouillantes de mots, comme eux, mais votre état vous porte à voir passer les mots dans les phrases, tandis que les mots passent distraitement dans leurs phrases. »

Dans le temps tâtonnant des répétitions, elle insiste, elle martèle :

« C'est une transgression, le Shaga. Ils sont en route vers quelque chose.

« Il faut que je l'entende, il faut qu'elle s'exhale, cette libération.

« Jouez cette disponibilité, cette grande oisiveté. Ils sont complètement en marge de la société.

« Le Shaga, voyez-vous, retraverse le temps, comme une langue très ancienne qui reviendrait.

« La donnée commune à l'humanité, c'est la folie.

« Chaque fois que vous tombez dans l'amabilité, la pièce cesse.

« Gardez aussi la fraîcheur, l'étonnement.

« Jouez le texte dans sa brutalité, tel qu'il est, sans chercher, sans psychologie.

« Surtout il faut que ce soit sauvage, pas de gentillesse, pas de demi-teinte ; ce qui donne le côté sauvage, c'est que ce sont des êtres qui sont redevenus bruts, abrupts, purs comme un cristal non taillé.

« Gardez le côté terrible du Shaga, cette sauvagerie qu'il crie. »

Voilà ce qu'elle dit à Claire Deluca, à René Erouk, à Marie-Ange Dutheil, comme dans une sorte de prémonition de ce qui se dirait quelques mois plus tard en mai 1968.

Comme souvent, elle sent ces choses-là, les grandes colères populaires, les violences qui sourdent, et qu'elle perçoit, en sorcière. Dans un entretien accordé à *l'Aurore* à la fin de décembre 67, elle confirme, prophétique : « Je ne crois pas que tout le monde appréciera, mais j'aurai sûrement les étudiants de mon côté. »

Elle invente donc le shaga, « une langue qui n'existe pas » et qu'une femme un peu folle se met soudain à parler un matin en s'éveillant, comme elle le raconte. Elle imagine encore une scène de rue dans un New York auto-atomisé et c'est *Yes, peut-être* : « Deux femmes s'y rencontrent, elles ont perdu la mémoire des événements et celle de certains mots. »

Mais dans ces happenings dérisoires et virtuoses à la fois, elle nargue trop les institutions, défait les habitudes. Si quelques intellectuels comme Claude Roy et Nathalie Sarraute révèlent la modernité des deux pièces — « Un théâtre d'une telle nouveauté qu'il s'affirmera nécessairement. Le rire provoqué ici par un humour sans cesse présent est, pour moi, dit Sarraute, de cette qualité qui doit être celle du théâtre moderne » —, l'ensemble de la critique, Jean-Jacques Gautier en tête, dénonce ce théâtre pour snobs et crétins, où « l'on parle petit nègre » ; Caviglioli du *Canard enchaîné* titre : « En effeuillant la marguerite Durasoir, le théâtre de l'épouvante ». Guilleminault déclare que le soir de la générale, « fascistes et antifascistes fraternisaient dans un ennui profond ».

Sarcasmes et injures pleuvent sur elle, chacun y va de son trait d'esprit, reconnaissant toutefois aux comédiens du courage et du talent pour se tirer à si bon compte d'un tel naufrage. Claire Deluca en sera la seule rescapée, « drôle et vraie », capable, selon Georges Lerminier du *Parisien libéré*, « de faire tout deviner et tout comprendre... et presque tout aimer ».

Duras n'est guère éprouvée cependant par un tel éreintement. Elle avance toujours sûre d'elle, elle sait qu'on doit à présent compter avec elle, et qu'elle ne se pliera à aucun diktat de la critique. « Elle est comme ça. » Elle partagera cette certitude avec les comédiens qui croiront à la force toujours décapante du *Shaga* retravaillé dix ans après ensemble, et dont ils feront différentes reprises devant un public beaucoup plus réceptif.

Dans ce débordement créatif, elle semble ne vivre que pour l'écriture, dans un labeur différent du passé, se rendant à cette source qui se donne si librement.

Elle énonce un discours politique qui est radicalement provocateur et utopiste. Invitée un peu partout au titre d'échanges culturels entre pays, comme à Cuba par exemple où elle fait un séjour avec d'autres intellectuels, elle fortifie une pensée hostile aux Américains, à la droite française, attentive aux expériences révolutionnaires, aux destins individuels de certaines marginalités, à des personnalités comme celles de Che Guevara et de Fidel Castro, favorable à la guérilla urbaine qui se développe dans les pays d'Amérique latine. Résolument, elle se sent du côté de la jeunesse, dans la dynamique de son analyse, dans sa sauvagerie et son innocence mêlées. Elle la côtoie grâce à Jean, son fils, qui rejette toute forme de travail, circulant dans ce monde comme un mutant, sûr de ce qu'il ne veut pas, fort et riche de son refus. C'est cette abondance, cette profusion de vie qu'elle soupçonne chez les étudiants, dans ce nouveau romantisme qui rejette les crocs d'une société brutale, vieille, rangée, certaine de son droit, autiste.

Elle exalte d'autres valeurs, le droit à la paresse, à la vacance, à une fraternité nouvelle. L'humanité qu'elle aime, c'est celle qui se présente « sans dignité, sans honorabilité, qui se laisse aller à son bon plaisir, qui dort l'après-midi, qui ne mange pas, qui va un peu à vau-l'eau, dans ce que les bourgeois appellent la veulerie ». Sa maison de

Neauphle-le-Château, son appartement parisien sont des lieux de verre, où circulent des femmes, des hommes et des jeunes surtout, des enfants, des courants de défi, où fusent les idées.

Toujours dans ces années qui précèdent 1968, elle publie *l'Amante anglaise*, qu'elle rendra au théâtre, dont elle libérera en quelque sorte la forme narrative pour la donner enfin à la scène après les événements de mai. Montée au théâtre le 16 décembre 1968, elle l'a confiée au metteur en scène Claude Régy qui bien souvent dirigera les acteurs de ses futures pièces, dans l'intelligence de ses dialogues lourds de silence. Michael Lonsdale, Madeleine Renaud, Claude Dauphin en seront les créateurs. Décidément, comme disait avec mépris Guilleminault à propos du *Shaga*, Duras « bat l'estrade », l'occupe, mais en faisant entendre une voix jamais captée au théâtre, insolite et dangereuse.

Voix risquée, parce qu'elle ne parle que de ce qui obsède l'auteur elle-même, la folie, la mort, le mystère de tout comportement humain, et l'impossibilité pénale d'apprécier tout acte, fût-il meurtrier. Elle opère ces glissements, désormais habituels, qui ne parviennent pas à percer le noyau obscur, et rendent étranger chaque être, incapable de comprendre. « Oui, la nuit, je me sens folle. J'entends des choses... Je suis très près d'être folle peut-être. Ou morte », profère Claire Lannes, le personnage principal. C'est là qu'elle pioche, Duras, creuse en permanence, dans des volcans, dans ces grottes millénaires de la préhistoire et « depuis trente mille ans, je crie devant la mer ». C'est là qu'elle essaie d'atteindre le nœud brûlant et noir, enfoui, très loin, dans ces trous « en glaise ».

Elle dit encore qu'elle aborde les périphéries de ce secret-là, que c'est de toute manière « inaccessible... au plus profond de ma chair, aveugle comme un nouveau-né du premier jour ».

Aux autres, les comédiens par exemple, elle essaie de révéler ce qu'ils retiennent eux aussi dans leur obscurité, et qu'ils ne parviennent pas à sortir. « Avec elle, dit Michael Londsdale, il faut jouer très rentré, tout en intérieur, et surtout être amoureux de Duras, s'incorporer à sa propre symphonie. » Elle a cet art de découvrir d'instinct le comédien qui correspond à son univers, à sa musique. Lonsdale, présentant un cycle Duras à Limoges, déclare à la presse : « Avec Duras, le tournage se fait miraculeusement, par une sorte d'osmose, sans un afflux de paroles, au senti. La préoccupation, ce n'est pas réellement le cinéma, mais l'écriture. Elle n'a pas en fait le sens du spectacle, les images ne font que seconder l'écriture, 'es acteurs ne doivent pas jouer mais dire quelque chose. »

Ce qu'elle capte chez Lonsdale, comme chez Sami Frey ou Miou-Miou, d'abord comédiens de théâtre, c'est leur manière d'être inclassables, d'aborder plusieurs registres de jeux, de dérouter. Ce qu'elle traque chez le comédien, c'est cette virtuosité qu'elle-même révèle dans ses glissements de textes, dans ses dialogues où l'esquive, la dérobade, l'aveu se frottent les uns aux autres, dans le chuchotement ou le cri, et surtout la simplicité, qu'elle voit chez Delphine Seyrig plus que chez tout autre alors que communément la comédienne fait figure de sophistiquée, de précieuse. C'est justement cette ambiguïté-là qu'elle cherche à lui faire dire, dont elle sent qu'elle se prêtera à ce qu'elle veut raconter.

Avec cette troupe de comédiens qu'elle entraîne toujours avec elle sur son Navire-Night, ces comédiens qui laissent tout pour jouer avec elle, même gratuitement, parce qu'elle les entraîne dans ces aventures uniques, désormais impossibles au théâtre comme au cinéma, c'est-à-dire la rencontre d'un auteur qui réécrit sa pièce en la mettant en scène, en montrant comment se fait l'écriture, sans pudeur, mettant à nu les mots, les processus de création. Avec ces comédiens, avec son autorité qu'aucun d'entre eux ne songerait à contester, pris dans le charme magique qu'elle dégage, elle sait qu'elle va arriver au plus secret de ce qu'elle devine.

Les répétitions de *la Musica Deuxième* plus tard, en 1988, vont se dérouler ainsi dans le rythme si balancé de la pièce reconstruite, et réinventée. Dans *Travailler avec Duras*, Marie-Pierre Fernandès raconte la genèse de la pièce nouvelle, de sa mise en scène, comment Duras rôde autour des mots, remplace un terme par un autre qui change tout soudain, provoque l'émotion, les larmes qui montent aux yeux, donne accès brutalement au silence, au désarroi. De cette matière vive qu'elle dirige, elle veut faire échapper ce qui est encore étranger aux comédiens, et qu'ils possèdent pourtant mystérieusement en eux, ce que ses mots sont près de découvrir. De Sami Frey, elle veut ainsi arracher cette part du féminin qui est en lui, et va lui permettre de révéler des compréhensions nouvelles, des voies de passage « inconnaissables ». Elle sait que dans ces ambiguïtés de l'être, il y a sûrement le fruit de sa quête, alors elle les suscite, les arrache. Elle parle de M. Nollet, le personnage de *la Musica Deuxième*, et elle dit : « Il s'est penché, il a crié son truc, on aurait dit une bête. » C'est cela qu'elle veut extraire, le plus sauvage de l'être, le plus nu. Alors, comme poussé par Duras, Sami Frey crie, comme criera Lonsdale dans *India Song*, et sa blessure brise l'air.

L'œuvre se fait ainsi, dans ces cahots d'images et de mots, dans des ruptures, des trous, des flaques de silence, pour qu'après, sur scène, devant la nuit de la salle, devant les spectateurs indifférenciés dans la même obscurité, puisse se dérouler la tragédie, comme une lente marche à la mort, à la solitude, à l'oubli.

C'est grâce à cette préhistoire retrouvée dans le labeur, comme Dieu autrefois dut pétrir la glaise pour créer sa vie, que cette œuvre a affaire au sacré, à l'idée de Dieu. Elle travaille cette pâte informe des mots, « inintelligible, très obscure, très opaque », et la grâce se donne, sans montrer les déchirures de la création, les doutes, les découragements.

8

« Détruire, dit-elle »

Les événements de mai 1968 la voient au premier rang des émeutes, dans cette soif de renouvellement d'un monde auquel depuis longtemps déjà elle travaillait. Mai 68 est un peu « sa » révolution, parce qu'elle l'a pressentie, intuitivement, observant dans toutes les institutions au pouvoir le délabrement, l'agonie, le pourrissement. Qu'une jeunesse se révolte lui rend ce sourire frondeur arboré cette année-là, force son pessimisme, lui donne encore des raisons d'espérer et de croire.

La joie de la parole retrouvée, ce romantisme naïf auquel elle s'est souvent référée, se déploient dans le bonheur. Au théâtre de l'Odéon, que Jean-Louis Barrault abandonne aux étudiants, elle clame cette exigence forcenée de la jeunesse, celle du refus des choses établies, exprimé dans le cri, dans la simplicité naïve du cri. Elle vit 68 comme une naissance, elle invente, elle imagine, elle est dans cette innocence néanmoins sauvage des Hölderlin, des Dickinson, des « fous ». Ce type du fou devient chez elle une véritable constante. Est fou celui qui ne met pas en scène son langage, sa vie, ses comportements, mais libéré des entraves délivre l'imagination, rend aux mots, aux gestes, aux actes de l'existence leur vraie nature. Elle voit dans cette agitation étudiante qui peu à peu gagne les autres couches de la société, emporte l'adhésion et la sympathie de l'opinion, une autre manière de dire le politique, de le réinventer.

Dès les premiers jours de la révolution, le 5 précisément, avec Mascolo et l'équipe qui avait fondé le journal antigaulliste *le 14 Juillet*, elle est à l'origine de l'appel au boycott de l'O.R.T.F. adressé aux intellectuels et aux artistes. Le même groupe de la rue Saint-Benoît fonde à la mi-mai le Comité d'action étudiants-écrivains qui jouera un rôle actif dans l'établissement des motions, dans l'agitation. C'est encore une fois dans les heures troublées qu'on la voit, pasionaria vibrante de cette énergie farouche qui la tient en vie, à l'aise quand la rue se libère, brise les interdits, franchit les consignes, est en train d'inventer la révolution contre les institutions, les chapelles et les polices. Elle aime ce désordre des rues, cette effervescence créatrice, la même que celle qui s'est révélée en 1830, en 1848, en 1871. Paris sent la poudre mais des idées neuves jaillissent, terrorisent les ministères. Elle se sent alors dans «un amour indifférencié» de la foule, des autres, progressant avec eux, vers «une rigoureuse liberté».

Se manifeste aussi une volonté toujours plus délibérée du refus, proféré avec cette sourde détermination qui la fait avancer, avec cette lucidité intransigeante qui soutient le défi orgueilleusement. Elle manie le paradoxe, «militante de l'antimilitantisme», elle affirme dans un texte-credo l'acte de foi le plus anarchisant que la révolution de mai ait produit : «Rien ne nous lie que le refus. Dévoyés de la société de classe, mais en vie, inclassables mais incassables, nous refusons. Nous poussons le refus jusqu'à refuser de nous intégrer dans les formations politiques qui se réclament de refuser ce que nous refusons. Nous refusons le refus programmé des institutions oppositionnelles. Nous refusons que notre refus, ficelé, empaqueté, porte une marque. Et que tarisse sa source vive, et que personne rebrousse son cours.» Un tel manifeste ne surprend personne. Déjà l'œuvre accomplie de Duras proclamait cette rage, sa rhétorique redondante s'enflamme de nouveau, trahit cette impatience qui est sa marque, ce nihilisme spontané, sauvage. Ce hors-institution qu'elle professe, elle le doit peut-être à son exclusion du P.C., cette blessure, quoiqu'elle s'en défende. Le lieu nouveau qu'elle chante n'a plus de lois, plus d'ordres, plus de militants. Ou bien, dit-elle, « on refuse, on avale le poison. On s'opère. On rejoint. Ici pas de discours magistral, pas de ''ligne''. Ici nous ne classons personne au départ. Ici, c'est le désordre. »

Son acharnement et sa véhémence à dénoncer les idéologies de toutes sortes, et ceux qui les véhiculent, l'entraînent à cette parole du « rêve », de l'irréalité. Résolument moderne, elle crie : « Nous sommes la préhistoire de l'avenir ! »

Galvanisée par tout le travail précédemment accompli, par l'explosion de son œuvre, elle devient le porte-parole de toute une partie de cette jeunesse ivre de liberté, de « tout recommencer ». Oui, comme elle le dira plus tard, que viennent les temps de détruire, et dans cette prophétie douloureuse, elle ne peut voir que de l'allégresse, celle des bâtisseurs, des sourciers de vie : « Et que le monde aille à sa perte. » Elle serait, dit-on, à l'origine du fameux slogan « Sous les pavés la plage ». Dans la fureur collective qui régnait dans les réunions, les assemblées générales, il est possible qu'il fut « inventé » en groupe, mais la référence marine lui va trop bien pour qu'on ne soit pas tenté de lui en attribuer l'idée. La plage, comme celle qu'arpentent les « fous » de ses romans, et les enfants de *l'Été 80*, s'éparpillant malgré les ordres répétés de leur monitrice, retrouvant la liberté des grands espaces, l'immensité de la mer, devant eux.

L'effervescence de cette période et l'échec qui s'ensuivit, qu'elle attribue pour la plus grande part à « l'irresponsabilité meurtrière du prolétariat », le retour au conservatisme porté de nouveau au pouvoir, dès les élections de juin, la poussent à adopter une attitude radicale proche de celle qu'affichaient les surréalistes. Les mouvements d'extrême-gauche qui se consolident et pour lesquels elle éprouve une indéniable sympathie, même si elle n'y adhère pas, par ce refus du militantisme qui lui fait rejeter depuis son passage au P.C. toute idée d'embrigadement, opposent à cette mystique de la société de consommation célébrée depuis l'après-guerre une autre mystique, celle de la vacance et d'une liberté retrouvée, vision poétique et romantique, à tendance vaguement nihiliste et anarchiste, mais fortement porteuse d'imaginaire et de créativité.

Tous les entretiens qu'elle accorde à cette époque, la teneur de tous ses propos se fondent sur ce credo utopiste : vivre poétiquement selon les principes prônés par les surréalistes, dans le double mouvement de la conquête farouche et du bonheur communautaire.

L'exigence d'après 68, c'est d'abord de refuser « l'idée politique », la remplacer par « un vide, un vrai vide », préférable à cette « espèce de ramassis, de poubelles géantes de toute l'idéologie du XXᵉ siècle ». Elle ne voit dans le politique que mensonge, leurre. Sa pensée se réfère toujours à l'aliénation des partis et singulièrement du parti communiste contre lequel elle a les mots les plus durs comme si elle ne pouvait s'empêcher de le condamner. L'attitude du prolétariat en 68 refusant la grande espérance la conforte dans cette idée. Elle y voit « le refus de la vie, de vivre ».

L'appartement de la rue Saint-Benoît continue à être ce lieu clandestin de la résistance civique, de la clandestinité, du contre-pouvoir de l'intelligence. Le Conseil des ministres en juillet 1968 dissout les groupuscules gauchistes. Les dirigeants de la Jeunesse communiste révolutionnaire entrent dans la clandestinité, déclarent continuer la lutte. Alain Krivine, fondateur avec Henri Weber de la J.C.R., et Daniel Bensaïd, représentant de cette organisation lors du Mouvement du 22-Mars — la prise de Nanterre —, sont activement recherchés. Bensaïd et Weber trouvent naturellement refuge chez Duras, rue Saint-Benoît, écrivant leur témoignage sur l'insurrection, tentant quelques sorties fugitives dans le quartier.

Plus tard, en 1977, dans la trajectoire de cet « engagement » étranger à tous ceux des autres intellectuels, Sartre, Beauvoir surtout, elle tournera *le Camion*. Elle mettra en scène le chauffeur qui croit encore aux solutions du P.C., aliéné, à jamais, à la foi sans faille, perdu donc pour la vie, tragiquement figé dans « la nuit politique ». Elle lui opposera cette femme, qu'elle incarne, elle et pas elle à la fois, mais sans identité, comme elle se dit l'être, « ouverte sur l'avenir », en marche, « folle » sûrement, qui invente d'être la mère de tous les enfants juifs morts à Auschwitz, d'être portugaise ou arabe, ou malienne, qui « réinvente ce qu'on lui a appris ».

La critique, le public ricanent. Elle les renvoie à leur nuit, à leur vieillesse, à leur obscurité, à leurs méthodes policières, à leur besoin d'identifier tout ce qu'ils voient. Peu à peu elle devient plus dangereuse pour cette société qui clame sa richesse ; malgré les premiers indices de la récession, elle apparaît toujours davantage, traître à sa classe, à son pays, à la morale de son pays. Elle n'en a cure, elle ne fait aucune concession, intervient publiquement pour dénoncer les aliénations, toutes les oppressions, et clandestinement poursuit son œuvre aux contours indécis, où le poétique est en voie de devenir peut-être une des réponses les plus sûres au politique.

Son audience est encore réduite, « elle est plus ou moins écoutée », comme elle le fait dire à la femme du *Camion*, mais peu lui importe. Progressivement s'affirme cependant un discours contre l'homme, qu'elle juge aux origines de la violence, de la soif du pouvoir. Dans *les Parleuses*, elle dira qu'en eux tous sommeille « une nostalgie très inavouée... Il y a un para chez tout homme... le para de la famille, il y a le para de la femme, para d'enfant... Je crois que tout homme est beaucoup plus près d'un général, d'un militaire que de la moindre femme ». C'est pourquoi elle se sent plus proche du monde des femmes, du terrain de la femme, de ses intuitions, de sa capacité à communiquer avec le monde, les planètes, dans cette sorte d'écoute silencieuse de l'univers. Elle éprouve à cette époque de fortes sympathies pour les luttes de femmes, mais aussi pour ces hommes, jeunes, la plupart, les hippies par exemple, « êtres vacants », ou bien les homosexuels, et certains hommes, rares, qui ont su préserver leur part de féminin, et qui sont alors accessibles au silence, aux rumeurs des maisons, à cette utopie de la disponibilité, de la paresse qu'elle prône.

Dans *l'Amant de la Chine du Nord*, qu'elle publie en mai 1991, elle se définit toujours dans ces mêmes dispositions de vacance, de disponibilité : « Elle, elle est restée celle du livre, petite, maigre, hardie, difficile à attraper le sens, difficile à dire qui c'est... inconsolable du pays natal et d'enfance, [...] amoureuse des hommes faibles... »

C'est un des ces hommes-là qu'elle rencontrera : Y.A.

Un jour — en 1980 — « quelqu'un est venu. Il est venu. Il est venu d'une ville de province. Il avait lu mes livres et il est resté là ». Cet homme s'est installé dans sa vie, l'a rejointe, un jour de désespoir, il lui a demandé de venir, elle a accepté, il est arrivé, ils ont parlé longtemps, et puis elle lui a dit de prendre la chambre de son fils. C'est ainsi que cela s'est passé. Il semble qu'il soit à présent indissociable d'elle. Il s'appelle Yann Andréa. Il écrira en 1983 *M.D.* Elle ne cache pas son homosexualité, elle l'écrit. Elle le dit à la radio, dans ses livres, dans des interviews. Ce qu'elle aime en lui, c'est qu'au-delà de l'apparente impossibilité il y a quelque chose d'innommé et d'accessible, qui est aussi dans le lieu de l'amour, de la passion, sans lequel rien ne peut, ne pourra jamais s'expliquer, s'écrire même, et qui se révèle, comme cela, brutalement, sans qu'ils cherchent tous deux ce moment, ainsi dans cette veille de la mort, en 1982 puis en 1988-1989 à l'hôpital Américain, dans ce Neuilly de la mort, elle délirant, ou bien dans le coma, et lui, seulement lui, à son chevet, dans une attente fragile, dans l'évidence de l'amour.

Cette autre circulation de l'amour entre les êtres, elle ne cesse de l'appréhender, de l'analyser à travers ses romans, sa vie même. La « folie » de 1968, son vent d'espérance et son échec, la lutte qui s'ensuit l'incitent à entreprendre un cycle romanesque qui en sera directement inspiré. Le titre provocateur de *Détruire, dit-elle*, publié en 1969, pose symboliquement les nouvelles étapes du parcours.

Détruire d'abord la matière romanesque même, la fracasser, que ses usages en soient multiples ; lu, joué, filmé, jeté, le roman n'est plus monolithique ; « sans identification », il est lancé dans la grande mer noire et inconnue. Que les lecteurs ne cherchent aucun indice, aucun repère propres à la rhétorique balzacienne, « il n'y a plus de phrases », mais des mots, « les mots jouant tous les rôles », plus de style, mais le jeu libre des mots entre eux, voués à eux-mêmes, disponibles, métaphores de cette utopie anarchisante qui l'anime alors, de cette érosion et de cette destruction des institutions qu'elle appelle de ses vœux.

Avec ce livre, elle entame aussi « la destruction de l'écrivain », quelque chose se passe, d'étranger, et de terrifiant, qui a trait à une expérimentation dangereuse, comme si le Navire-Night n'avait désormais plus d'autre route que celle de l'errance absolue, libre mais tant risquée. Ce labeur auquel elle avait cédé jusqu'à *Moderato cantabile*, voulant peut-être prouver par là encore son efficacité d'écrivain, elle l'abandonne. Avec *Détruire* naît cette peur dans l'écriture, et puis des livres écrits vite, dans la terreur de l'invisible, dans cet état étrange du manque, du vide devant soi. Elle dit dans *les Parleuses* : « J'expérimentais ce blanc

dans la chaîne. » Désormais le mot va où le porte la nuit,
piétine dans ce noir, tourne en rond comme un fou, et elle
entend ses bruits, ses déplacements. C'est une approche
de la folie, une structure asilaire qui rend l'expérience douloureuse, mais comme inévitable. Le travail qu'elle entreprend se déroule dans « ces régions non encore creusées »
et dont elle veut rendre compte, à l'écoute.

Elle a alors cinquante-cinq ans. Ce nom de Donnadieu
qu'elle a jeté, ce nom du père dont elle a horreur, ce père
qu'elle nie dans son œuvre et dans sa vie, et qu'elle aime
cependant dans un lieu très enfoui d'elle-même, est maintenant remplacé par celui de Duras. Quand on parle d'elle,
on dit désormais Duras. On évacue même le prénom.
Duras, comme on dit Racine, Pascal, Proust.

Elle est loin de la littérature dite féminine. Ce qu'elle
explore, c'est le cœur de l'âme, ce sacré de l'âme, la plainte
qu'elle émet quand elle désire, aime et se meurt, indistinc-
tement en l'homme et en la femme ; ce qu'elle tente
d'approcher n'a plus de sexe, plus d'identité ni de repères, mais touche au plus secret de l'être. Pour cela, elle a
cette écoute autarcique, se revendique d'une écriture qui
relate « l'intégralité de l'individu », abandonne la syntaxe
classique, laisse les mots, là, en rade de sens apparent, mais
à reconstruire, tout comme le peintre qui, selon les mots
de Blanchot, « ne reproduit pas avec les couleurs ce qui
est, mais cherche le point où ses couleurs donnent l'être ».

L'autisme dont sont affligés les idéologues, les marchands de dogmes, et au premier plan d'entre eux les communistes, les oblige à « dicter de l'extérieur » consignes,
règles de vie, discours de la méthode.

Il y a en elle cette certitude-là, celle de n'en avoir plus
aucune, mais docile aux accidents, aux déplacements des
personnages qu'elle ramène, aux voix multiples qui se pressent et disent, elle sait ce voyage inévitable, terrifiant.

L'air du temps, sûrement, la pousse à cette parole gauchiste, d'où le terme de communisme n'est pas encore renié, mais fidèle à sa source, à son étymologie même, lui redonne une autre vie, mobile, se déployant dans l'instant, dans le refus des dogmes et des chefs.

Quand elle se met en scène dans ce livre multiple au genre indéfini, elle entame ce qu'elle appelle « la destruction capitale », et d'abord celle du couple, le dogme le plus primitif de la société établie, lui substituant le libre trafic du désir, son errance d'un être à l'autre. A ce moment-là, elle tient un discours qui harcèle les institutions, farouche ennemie de tous les pouvoirs, l'État, la Police, l'Église, l'Université.

Elle prétend que la révolution, la sienne, la seule possible, se passe de toute attente et de tout avenir. Le Grand Soir comme la Résurrection ne sont que des pièges tendus par les idéologies en place, entretenus par les immobilismes de toutes sortes. Elle en appelle à quelque chose d'inconnu et de spontané, qui déclencherait l'ailleurs, l'autre avenir. Alissa, l'héroïne de *Détruire, dit-elle*, est cette envoyée-là, par laquelle passera la « destruction ». La monogamie est considérée comme une aliénation absolue, métaphore de tous les lieux cellulaires où se cantonnent les êtres. Son écriture se plie à cette exigence intérieure. Elle s'érode, se passe de toutes les descriptions, de tout ce qu'elle ne considère à présent que comme le décor du romanesque, mais livre une respiration encore plus souple, semblable à la liberté d'Alissa, de Max et de Stein.

Duras a toujours pensé cela de l'amour, ce foudroiement qui se donne là, à l'instant inconnu, hors du couple, dans un autre temps de lui. Elle dit que le couple, « c'est la trouvaille géniale du passage du temps de la vie dans toutes les sociétés du monde ». Parce que la fidélité, posée en principe, conduit à « l'interdit religieux », et du même coup interdit le rêve d'« un nouvel amour ».

Elle est dans cette disponibilité, offerte à cette « folie » qui, un soir, accepte ce jeune homme à peine connu d'elle, Yann Andréa, et lui « dit de venir » à Trouville où elle est, seule, dans une « chambre noire » des Roches. Elle entre délibérément dans cet inconnu terrifiant du désir, elle en connaît mieux que quiconque les dangers, les enjeux, sait que cela va ressembler « à ce qui se passe dans *la Douleur* », cet état au bord des gouffres, où elle perd toute référence, et s'engage dans son histoire, comme une bête têtue, sauvage.

Est-ce « le dégoût des films qu'on faisait à partir de [ses] livres », comme elle dit, qui l'amena spontanément à tenter de nouveau l'expérience du cinéma dont elle rêvait depuis *la Musica*, celui des limites et des extrêmes ?

De ces livres, il y avait encore trop de choses à la dérive, qui traînaient comme des épaves abandonnées, flottant à la « crête des mots », et des aveux, trop de choses que le livre ne pouvait pas contenir et que le théâtre même n'avait pu encore retracer.

Il fallait donc, comme l'explique Mascolo, « supprimer ce reste de l'écrit » qui dans le livre la [la parole] prépare, l'annonce et ne nous la donne à entendre qu'après l'avoir rendue supportable, et de la remplacer par quelque chose qui fût, relativement au langage, neutre, ou tout autre chose : non linguistique. Ce ne peut être que l'image... permettre à la parole tragique de se faire entendre à nouveau comme ce qui ne devrait pas pouvoir être entendu ».

Il s'agissait à présent de sortir du livre cette parole qui avait déjà eu tant de mal à sortir de sa nuit secrète et tenter de lui donner encore d'autres significations, plus enfouies, plus sauvages.

En elle, toujours lové, le désir de « casser ce qui a précédé », de donner maintenant une autre manière de lire, où la rhétorique romanesque n'entrerait plus en jeu.

La détermination qu'elle met en toutes choses s'arc-boute autour de ce projet nouveau. Faire un tel cinéma, c'est aller dans un autre lieu que celui du cinéma commercial, à rebours, en tout cas dans des voies inexplorées. Le cinéma des années 1960-1970 est trop attaché à l'argent, à l'histoire, à la démonstration, aux déroulements psychologiques pour avoir une quelconque connivence avec ce que Duras veut tenter d'accomplir. Elle a le plus profond mépris pour ce cinéma « vulgaire », de la divulgation, ce cinéma de l'étalement, du dévoiement des secrets. En faire, c'est essayer de mettre au même niveau le livre et le film, ramener le film à cette intériorité qui lui échappe, essayer de mettre en images l'invisible, le point d'accord le plus subtil, le plus frissonnant qui circule entre les êtres, ne pas craindre de montrer l'hésitation, la part précaire de l'être et aussi du réalisateur, fragilité à tous deux.

Elle se jette dans cette aventure du cinéma comme elle fait toujours, pleinement, librement. Elle entre dans ce milieu en étrangère, en révolutionnaire. Les autres, les cinéastes de métier, ceux qui ont appris, comme elle dit un peu ironiquement, ceux qui ont suivi les cours des écoles spécialisées, « ça les fait rigoler ». Elle n'a d'autre repère que cette marche obscure et silencieuse où elle s'avance, et où elle massacrera le film comme en 1981, dans *l'Homme atlantique*, refusant au cinéma même sa fonction d'images, laissant l'écran noir. Elle ne peut pas composer avec ce cinéma-là, le commercial, parce qu'il ne parlera jamais de la même chose qu'elle, de cet essentiel des mots, des regards, des gestes, des échanges invisibles. C'est pourquoi son cinéma est politique, parce qu'il n'a pas besoin des énormes masses d'argent qui semblent nécessaires à n'importe quel autre film, parce qu'il va au plus vite des choses, ne s'égare pas dans des plans inutiles, décoratifs, mais se hâte d'exprimer ce mystère des êtres qui la retient toujours.

Elle va au cinéma comme elle est allée en toutes choses, en marginale, en être des lisières, en révoltée, en maudite.

Et ce qui est inouï, c'est que le scandale permanent de ses films n'altère en rien son prestige, atteignant malgré tout à cette « marginalité souveraine » qui la fait continuer, obstinément sourde aux critiques, aux moqueries. Desproges, le fantaisiste, a beau dire qu'elle « n'a pas écrit que des conneries... Elle en a filmé aussi », son propos n'est qu'un bon mot. Ce qu'elle veut, c'est triturer la chair de ses livres, les relancer dans les galaxies nouvelles, portant leurs images intérieures dans la profondeur des images, allant même jusqu'à détruire *India Song*, profaner son culte, en le retravaillant dans un autre film, *Son nom de Venise dans Calcutta désert*, un an plus tard, en 1976.

Quelque chose en elle ne peut céder aux facilités convenues du cinéma ordinaire. Elle le vit en écrivain, avec cette économie des mots qu'elle a pratiquée tout au long de ses livres, elle veut que les fulgurances dont elle est porteuse se retranscrivent dans le film, le trouant, le perforant, par la densité même de ce qu'elle donne à voir.

Est-ce parce qu'elle est une femme qu'elle rencontrera tant d'obstacles et de sarcasmes, dans l'aventure du cinéma, davantage que dans le monde des lettres ? Elle l'affirme. Mais elle sait que c'est une chance immense que d'être femme et de faire des films. Elle a toujours lié l'activité révolutionnaire, la démarche subversive à cette qualité de femme ; quand elle a formé ses équipes, elle modifiait toujours les comportements des hommes, plutôt misogynes, machistes, dans ce milieu. Les hommes évitaient les plaisanteries salaces, et son absence volontaire d'autorité responsabilisait les techniciens. Elle parvient à rendre le tournage communautaire, et tous savent que quelque chose de neuf est en train de se passer, qu'il y a là une expérience majeure, irremplaçable, jamais vue, que c'est le film qui se fait devant soi, dans ses hésitations, ses changements, ses ruptures, ses improvisations, dans cette sorte de tâtonnement nocturne qui est sa marche à elle.

Tous ceux qui l'ont approchée pendant un tournage le racontent unanimement. C'est une aventure unique, que la petitesse de l'équipe renforce. Les chefs électriciens, les machinistes, les chefs opérateurs, les stagiaires, tous témoignent de son approche « improvisée » du cinéma, de son travail en apparence désorganisé, et qui cependant vise un point précis, de la supériorité qu'elle a d'être écrivain, d'avoir écrit les dialogues, d'en insuffler le sens à tous, « avec cette vie, cette chaleur », comme disait le machiniste d'*India Song*.

Elle passe du livre au film avec une aisance déconcertante, quelque chose d'acquis, d'instinctif la guide qui la surprend elle-même. Au reste, le livre n'en est plus un, « jeté » dans d'autres lieux d'expression, errant dans des voies inconnues. Ce qu'elle fait dans le film, elle ne le sait pas, mais elle est sûre de cela, de ses plans, de son montage, de ce que le film dit. Comme elle a écrit *Détruire, dit-elle* dans « l'imbécillité », elle tourne sans savoir, obscurément conduite dans une peur et dans une « aisance » à la fois, consciente seulement de cette nuit où elle ira désormais.

Avec *Détruire*, elle prétend qu'elle retrouve ses sources, sa vraie nature. Étrange paradoxe d'un écrivain condamné par ses contemporains à être considéré comme une intellectuelle et ne cessant d'affirmer, de clamer son ignorance, son absence de savoir !

Comme pour le livre, écrit dans une hâte nécessaire, jusqu'à l'épouvante, elle tourne le film en 1969 en quatorze jours, après un mois et demi de répétitions, dans la précarité la plus absolue, avec des moyens misérables, vingt-deux millions d'anciens francs, mais une équipe et des comédiens prêts à tout pour elle, comme enivrés par l'aventure nouvelle. Comme le livre qu'elle avait écrit dans cet état de vide qu'elle prône partout maintenant, autre situation politique, elle assure s'être « laissé porter » dans une sorte d'innocence, de jeunesse prodigues.

Elle tourne dans l'audace, dans une liberté recouvrée, « ce n'est pas une raison parce qu'on ne sait pas où on va pour ne pas y aller », dit-elle à Jacques Rivette dans les *Cahiers du cinéma*. C'est dire que *Détruire*, texte et film, dans la foulée de 68 dont on entend la rumeur, revêt une dimension politique évidente. Elle risquait d'en perdre le chant, de succomber au piège du didactisme ou de l'idéologie, fût-elle celle de l'anti-idéologie. Il n'en fut rien. Au contraire, une voix nouvelle s'élevait, virtuose et espérante, une voix qui disait que « l'espoir révolutionnaire existait, mais au niveau de l'individu, de la vie intérieure », jamais plus dans les cellules, les chapelles, les dogmes, les diktats.

Elle retrouvait autrement cet instinct tactile qui faisait frissonner *la Musica*, *Moderato cantabile*, cette circulation des désirs dont elle s'était faite l'exploratrice.

Partout, dans ces années 70, elle répand la même parole, dans les films, dans des textes, dans les interviews : sa vie même. Ce qu'elle dit en préambule à *Détruire*, le film, est son credo, sa profession de foi : « Nous sommes tous des étrangers, à votre État, à votre société, à vos combines...

— C'est un film qui exprime l'espoir ?

— Oui, l'espoir révolutionnaire. »

Est-ce le regard sur son fils qui l'entraîne à ce discours utopiste ? L'errance hippie ? L'érosion du pouvoir d'État, l'idéal du confort bourgeois prôné par Georges Pompidou ? Elle se sait en « pleine utopie », mais elle la crie quand même, il faut faire le vide, dit-elle, il faut un temps de repos nécessaire, atteindre le point zéro. La grève, la plage, la vacance de l'homme, les mêmes mots scandent son langage, elle martèle les mêmes idées, sûre qu'après ce rien les choses pourront renaître autrement, plus près des origines, des mystères. Dans cette aventure, elle se place au premier rang de la jeunesse, refusant comme elle l'exégèse, la scolastique, et vantant cette histoire du rien, cette sorte de gestation d'un autre monde.

Elle dit que les jeunes « représentent une question comme une montagne : quoi ? maintenant ? quoi !

« Si ça augmente, ce sera une question terrible. Si ça augmente, c'est la fin du monde. Tant mieux. Tant mieux. »

C'est dans ce refus de l'institution qu'elle prétend retrouver sa liberté, l'usage de sa disponibilité, l'exercice vrai de son désir.

Les sarcasmes ne manquent pas. Elle ne réplique pas aux détracteurs, à ceux qui la traitent de « folle », cela n'a aucune importance pour elle. « Je peux quand même le dire », affirme-t-elle avec bravade. Louis Chauvet du *Figaro* écrit un article dit « d'humeur » à propos de *Détruire* et, faisant donc l'économie d'une vraie analyse, ironise tout du long : « Les personnages neurasthéniques... s'expriment avec une tristesse monocorde à la manière des agonisants, ou comme s'ils avaient peur de réveiller les oiseaux... Henri Garcin, Nicole Hiss, Michael Lonsdale, Catherine Sellers interprètent le quatuor dans le style hébété-halluciné que semble exiger le texte. » La presse de droite est la plus virulente, confortée par une Chambre des députés qui lui est complètement acquise. Elle ridiculise Duras, la traîne dans la boue, d'autres qu'elle ne se relèveraient pas de cet éreintement, elle y trouve au contraire des sursauts de révolte supplémentaires, choque encore plus par ses prises de position, enfonce le clou : « Ça me rassure que les asiles soient pleins. Ça prouve bien que le monde est insupportable. »

Elle sait de toute manière qu'elle n'a plus le choix. Son Navire-Night l'a conduite dans des eaux trop singulières et le retour est improbable. Tout se passe comme si *Détruire, dit-elle* l'avait « coupée » de ses anciens livres, menée dans une nouvelle histoire du texte, aventureuse, hybride et obscure.

Faut-il attribuer le reniement de *Suzanna Andler*, pièce qu'elle avait écrite et publiée en 1968 dans son *Théâtre II* chez Gallimard, à ce radicalisme farouche qu'elle exprime désormais ? Par cette sorte d'indifférence aux choses, elle accepte que la pièce soit portée à la scène au théâtre des Mathurins, interprétée par Catherine Sellers, Luce Garcia-Ville et Gilles Segal. Elle est cet être des reniements et des emballements, des passions, et des abandons. Elle vit trop à vif pour être dans la fidélité des choses et des êtres. Il y a en elle trop de désir qui circule, et trop de besoin de l'assouvir.

Elle ne craint pas de saboter l'entreprise engagée, condamne dans la presse la pièce elle-même, déclare à l'emporte-pièce : « Je n'aime plus du tout *Suzanna Andler*, cette pièce... Je l'ai faite très rapidement, elle ne m'intéresse plus... Je n'ai jamais fréquenté ces milieux que je dépeins et j'ai essayé de les décrire mais c'est très insuffisant. Au fond ce genre de personnage m'agace et je ne comprends pas pourquoi je l'ai choisi. Il y a beaucoup de choses que j'ai faites, comme cela, et que je n'aime pas. » Avec une certaine mauvaise foi, elle prétend ne pas connaître d'autres Suzanna Andler, femme riche louant des villas sur la Côte d'Azur, alors que beaucoup de ses personnages passés sont issus du même milieu oisif, alcoolique mondain. Prise dans ce nouvel élan révolutionnaire, elle n'hésite pas à « détruire » sa propre œuvre. La critique d'ailleurs s'empare de ses déclarations et unanimement cette fois, du *Monde* au *Figaro*, dévore à pleines dents la pièce ; c'est à qui sera le plus féroce : Jean-Jacques Gautier déclare que « Marguerite Duras a mis des points de suspension dans un drame d'Henry Bernstein, et avec un peu moins de coups de théâtre, cela se joue cinquante fois plus lentement » ; Jean Dutourd, dans *France-Soir*, affirme que « la dernière pièce de Madame Marguerite Duras, *Suzanna Andler*, a aux yeux d'un critique deux qualités au moins : 1) elle ne dure pas longtemps car Dieu merci, Madame Duras a le souffle court, 2) elle est si totalement et si parfaitement nulle qu'on ne peut lui consacrer qu'un tout petit article ». Quant à Bertrand Poirot-Delpech, d'ordinaire assez acquis à Duras mais toujours ambigu, il dénonce

l'entreprise en disant que le « portrait trahit un manque
de vérité et d'intérêt vite engourdissant. Mais alors pourquoi l'entreprendre ? »

En vérité, une sorte d'enthousiasme révolutionnaire s'est
à cette époque emparé de Duras, elle conduit une croisade
utopique dont elle sait que, grâce à elle, elle pourra, « à
partir de ça », « faire des choses ». Découvreuse de terres
nouvelles, elle a ce regard toujours à la proue du navire,
visionnaire, laissant derrière elle les signes tangibles de son
passage.

« Elle a la tête pleine de vertige et de vent », comme la
dame du *Camion* qu'elle tournera bientôt, libre et sans certitude aucune, jamais plus, « inventant sa vie ». Elle
retourne souvent à Neauphle-le-Château, s'y livre à la « vie
matérielle », au travail ménager, à l'observation de sa basse-
cour, à l'écoute du caquetage de ses poules de Cayenne,
et quand vient la saison des fruits, au rite des confitures.

Elle aime cette maison, rôde dans ses recoins, à la recherche des traces de son passé, de sa première histoire. Mais
l'histoire résiste, l'oubli efface tout. Elle la force quelquefois, imagine ses habitants s'y cachant dans l'attente des
« grandes nouvelles de 1789 », et se plaît à croire que les
rumeurs de Versailles, tout proche, l'ont traversée.

Les arbres qui peuplent le vaste jardin clos, les lilas, le
mélèze, l'érable, le charme et les sapins, les hêtres rouges
d'Amérique lui rappellent la force de la vie, sa ténacité,
le passage du temps.

Prise dans cette écoute sans fin du temps qui passe, elle
a « ce sentiment de ne pas exister ». Elle avoue aimer pour
cela Diderot dont elle ne pourrait se passer, Diderot auquel
elle ressemble, par le bouillonnement des idées, la profusion et la surabondance de l'écoute et de la perception. Elle
aurait le même air de girouette qu'il prétendait avoir,

girouette du clocher de Langres soumise à tous les vents, aux passages des tempêtes, des brises marines, ivre, comme elle se dit, « folle... de captage du dehors ».

Sa vie est donc là, dans ce perpétuel remuement des vents et des mers, dans cette « dilapidation de soi », ouverte, trouée, traversée, mobile, infiniment disponible.

De cette vie personnelle, elle ne livrera rien parce qu'elle avoue ne pas en avoir, parce qu'elle croit qu'un écrivain vit de ce regard que lui offre le monde, tout entier réuni, cosmiquement, et qu'il s'acharne à restituer, autrement, ce qu'il en a vu, entendu, senti. Elle perçoit là le mystère de l'écrit, dans ce trajet-là, dans la recomposition, dans le rendu du premier regard.

Elle voit dans le militantisme gauchiste, dans ses actions impromptues, sauvages, des moyens de changer le monde, de ruiner cette exploitation de l'homme par l'homme contre laquelle elle s'est toujours battue, avec cet acharnement passionné, affectif qu'elle met en toutes choses. En ce début d'année 1970, on la retrouve partout, signant des pétitions, s'engageant dans des manifestations de type commando comme celle du 10 janvier 1970 où elle occupe sous la houlette de Roland Castro et des militants de Vive la Révolution le Conseil national du patronat français, le sacro-saint C.N.P.F., au 31, avenue Pierre-Ier-de-Serbie, pour protester contre la mort de froid de cinq travailleurs immigrés, mauritanien et sénégalais, dans une annexe d'un foyer franco-africain en tôle ondulée.

Duras n'est pas seule dans cette entreprise, Maurice Clavel, Jean Genet, Pierre Vidal-Naquet, des universitaires de renom, des comédiens, des prêtres, des militants investissent l'immeuble pendant près d'une demi-heure, attendant dans cette fraternité retrouvée les cars de police. Duras est embarquée comme les autres, tandis que Vidal-Naquet, Clavel sont blessés. Elle se retrouve avec d'autres femmes à Beaujon, accusée de flagrant délit. L'année 1970 est riche en événements qui l'appellent, la mobilisent, la rendent plus « politique » que jamais : le malaise de la société française se fait jour, malgré les discours patelins du président Pompidou, un lycéen s'immole par le feu, les mauvaises conditions de travail entraînent des accidents mortels sur les chantiers navals de Dunkerque, les militants gauchistes sont arrêtés systématiquement et brutalement après la loi « anticasseurs » promulguée en avril, les chefs historiques sont capturés, Jean-Pierre Le Dantec, Le Bris, Alain Geismar, la Gauche prolétarienne est dissoute après son opération-commando contre le magasin de luxe Fauchon, les femmes manifestent, stimulées par celles de New York où les rassemblements sont immenses, le M.L.F. se réunit pour la première fois en octobre, tandis que *Hara-Kiri hebdo*, le journal satirique, est interdit, que *la Cause du peuple* dirigée par Sartre est saisie ; dans la rue de vastes manifestations font résonner les slogans de 68 : « C.R.S., S.S. », et Léo Ferré, sous son chapiteau, rassemble des milliers de spectateurs pour l'entendre chanter ses poèmes subversifs à la gloire de *la Cause du peuple*, accompagné par le groupe Zoo.

Duras est bien sûr membre de l'Association des amis de la Cause du peuple, fondée par Simone de Beauvoir ; avec elle, toujours les mêmes révoltés, les mêmes écorchés vifs, Delphine Seyrig, Sami Frey, Cavanna, Jean-Louis Bory, Jean-Luc Godard.

Étrange début des années soixante-dix, frémissant de désirs, d'espoirs, d'idéaux, fourmillant d'œuvres-cultes, d'œuvres fondatrices pour la pensée moderne, *Libres enfants de Summerhill* de Alexander S. Neill, *l'Anti-Œdipe* de Deleuze et Guattari, *l'Aveu* de Costa-Gavras, *Psychiatrie et antipsychiatrie* de David Cooper, autant de ferments subversifs qui en engendrent d'autres, dans les années suivantes, *le Chagrin et la Pitié* de Marcel Ophuls, *le Dernier tango à Paris* de Bertolucci, *Orange mécanique* de Kubrick, *la Cause des femmes* de Gisèle Halimi, autant d'esprits neufs employés à « détruire », selon le mot de Duras, les structures acquises, usées : René Dumont, Marco Ferreri, Bertrand Blier, André Glucksmann...

Comme stimulée par l'air du temps, précurseur de beaucoup d'idées véhiculées, l'activité littéraire de Duras est alors tout entière accaparée par l'idée de prolonger l'œuvre écrite par le film. En écrivant ce qui sera *Abahn, Sabana, David* dans la foulée du film *Détruire, dit-elle*, elle pense déjà à ce que le roman sera en images, désormais attachée à cette « surexposition » de genres qui verra son assouvissement définitif, sa jouissance absolue dans *India Song*, appelé « texte-théâtre-film ». Scandaleuse Duras, profanatrice et provocatrice, défiant les gens de cinéma qui se considèrent comme propriétaires de l'image qu'elle libère, elle, la faisant surgir du texte ! A ceux qui disent « ici, de l'image, pas de mots pour rien », aux « barbouzes du cinéma », elle oppose une parole génératrice de sens, « plongeant dans le désir complètement ». Avec *Abahn, Sabana, David*, elle rejoint sa nature de conteuse, elle raconte une histoire et c'est « l'écriture [qui] est porteuse d'images », l'histoire de Gringo, le chef d'une région incertaine, mais dont les sonorités, Stadt, et le climat rappellent des pays redoutés. Or Gringo envoie David et Sabana pour arrêter une nuit le juif Abahn, et le récit relate cette nuit d'attente avant que le petit jour ne vienne avec Gringo. Dans la nuit de Stadt figée de froid, David et Sabana, dans une sorte de maïeutique sauvage, vont trahir Gringo et refuseront d'accomplir la mission qu'il leur a confiée. « Quoi qu'il arrive maintenant », ils resteront avec les juifs. Ainsi les obsessions de Duras s'accrochent-elles dans le texte avec une ténacité furieuse. L'histoire chaque jour lui donne raison. L'invasion des chars soviétiques à Prague, au printemps 1968, le refus de passer à l'acte révolutionnaire quand il est spontané lui ont donné une nouvelle occasion de mépriser les communistes français et leur attitude en mai 1968, la révélation des goulags, la lecture des dissidents soviétiques, tout tend à montrer que le nouveau texte se situe dans la mouvance politique du temps. Elle y ajoute par l'aspect incantatoire et la tension des dialogues un caractère poétique puissant. Le juif qui erre dans toute son œuvre revient ici avec une force redoutable ; symbolique de toutes les persécutions, il est néanmoins celui qui « déchaîne », vient comme le Christ réveiller ceux que l'aliénation ensommeille, il est celui qui est « en trop », « déclassé », comme elle-même Duras se définira, « l'autre », le porteur d'espoir, le « communiste qui croit que le communisme est impossible » et détient cette certitude douloureuse, tragique.

Par extension, il est l'écrivain, le porteur du désordre, le semeur d'idées nouvelles. Jamais aucun mythe n'a tant hanté l'imaginaire de Duras que celui du juif errant qui, où qu'il aille, dans quelque siècle que ce soit, subit des persécutions et renaît de ses souffrances, incarnant toujours cette force de la vie, suprême, cette rédemption par la douleur. Les juifs, elle avoue qu'elle ne s'en est jamais remise, Auschwitz, les chambres à gaz, les errances dans les nuits, les arrivées dans les camps sous les lueurs blafardes des projecteurs, les tortures et la faim des enfants, le froid et la forêt tout autour qui étouffe les cris, les révoltes, les fusillades, et absorbe l'odeur des cheminées. De tout cela, elle porte la douleur, plus encore que de cet enfant mort à sa naissance, le sien, plus que la guerre, plus que les massacres dans les maquis.

Elle écrit toujours dans la lueur brutale de la nuit, elle écrit cette nuit-là, celle des amants qui se séparent, et celle des camps, des arrestations. C'est quand la tension et la passion sont sur le point d'éclater qu'elle aime à les décrire, parce qu'elle connaît mieux que tout les instincts du meurtre, les violences qui passent comme des ravages, les accrocs sauvages de l'amour. Dans ses nuits, les bêtes sont près de mourir, « d'éclater » ; et les étangs, toutes les eaux sont

« pris jusqu'au fond ». Des lueurs de gel, des clameurs de froid et de neige viennent percer le dialogue, tandis que des chiens, comme des ombres menaçantes de Chirico, hurlent dans la forêt noire.

Alors le juif vient pour dire qu'il faut détruire, inévitablement, pour reconstruire, après.

Aussitôt après la publication du livre en 1970, accueilli fraîchement d'ailleurs par la critique, elle le réalise au cinéma. Petit budget lui aussi, tourné en 16 mm ; avec des comédiens professionnels (Sami Frey, Catherine Sellers) et amateurs (Dionys Mascolo) qui acceptent de jouer gratuitement, elle l'appelle *Jaune le Soleil*. En noir et blanc, il ressemble à un film de Dreyer par la violence maîtrisée qui s'en échappe, celle de Sami Frey surtout, cette dureté de diamant noir qu'il donne à voir et sa tendresse vacillante.

Dans l'entretien qu'elle a accordé à Michelle Porte à l'issue de la réalisation du *Camion*, elle raconte que lors du tournage, les communistes, par le biais du syndicat interprofessionnel du cinéma, ont tenté de lui faire du tort, l'accusant mensongèrement auprès de Ricardo Aronovitch, « qui était dans le coup » du film, d'avoir touché trente millions du C.N.C. sans pour autant payer ses comédiens. Elle y voit le meurtre propre des communistes, leur goût de la délation, leurs basses manœuvres.

Cette haine du P.C., de toute l'idéologie communiste, elle la porte dans ces années-là, par ailleurs troublées et malsaines, où s'affrontent la droite et la gauche jusqu'à l'arrivée de François Mitterrand en 1981, les années Pompidou, les années Giscard. Dans le film, en transformant Gringo en Grinski, c'est encore une preuve de son anticommunisme. Le Parti le lui rend bien, elle est traitée de réactionnaire, d'agent objectif du capitalisme. Son intelligence fait peur, et la condamne irrévocablement. A droite, elle n'est pas plus appréciée. Son arrogance antibourgeoise, son anticonformisme, ses nostalgies communistes et utopiques, associés à cette réputation de femme-de-gauche-qui-ne-méprise-ni-le-luxe-ni-l'argent, ses instincts de propriétaire, comme si elle voulait par là venger sa mère et la précarité du bungalow du *Barrage*, la rendent suspecte, ambiguë. Sa liberté par-dessus tout est insupportable. Peu à peu elle s'affirme comme un être violemment à part, dangereux.

Profondément obsessionnelle, attachée à ses haines comme à ses passions, elle ne gauchit pas ses engagements, ne les soumet à aucune critique que celle de ses certitudes. Dans ces années 70, où l'œuvre est farouchement politique, elle voudrait toujours dire sa colère contre le P.C., ne manquant jamais une occasion pour le dénoncer. Plus tard, en 1986, lors de l'un de ses entretiens avec François Mitterrand, elle engagera la discussion sur ce sujet et malgré la retenue du président, elle déclare tout de go : « Je suis obsédée par le P.C. Vous ne les connaissez pas. Il n'y a que les gens qui les ont fréquentés de très près qui les connaissent de façon définitive, comme moi. Ce qu'il y a de nouveau, c'est que maintenant, ils le savent, que c'est fini. Je m'arrête d'en parler, n'ayez pas peur... »

Elle revient sans cesse là-dessus, sur cette violence dont elle fut victime et qu'« ils » lui ont fait subir, sur ces conditionnements mêmes qui la conduisaient à craindre ses voisins, à redouter de se faire voir dans certains lieux compromettants, une boîte de nuit, un cocktail, de peur de passer pour une réactionnaire.

Elle raconte inlassablement les motifs qui ont été retenus contre elle dans la rédaction du rapport d'exclusion : mauvaises fréquentations, corruption morale, intellectuelle, esprit trop indépendant, tendance à la désobéissance. A cette époque, elle se censurait, culpabilisée aussi par ce terme d'écrivain qui, chez Sartre, avait si mauvaise réputation, qu'il suspectait de trahison envers la classe prolétarienne, d'aliénation individuelle.

Dans *Abahn, Sabana, David* devenu *Jaune le soleil*, elle établit des passerelles entre les goulags et les camps nazis, entre l'extermination juive et l'antisémitisme des pays de l'Est, entre la nuit d'Auschwitz et celle de Stadt, toutes deux immobilisées dans la glace des haines.

A la sortie du film en 1971, elle accepte toutes les invitations qui peuvent lui être faites. Consciente que la charge révolutionnaire de *Détruire, dit-elle* et de *Jaune le soleil* est immense, elle n'hésite pas à se rendre dans les universités, les maisons des jeunes et de la culture, les foyers de cinéphiles qui la sollicitent et l'accueillent. Elle est alors très accessible à son public, inconditionnels de l'œuvre, curieux et happy few, fascinés par cette magie qu'elle sait offrir au-delà de toutes les difficultés qu'oppose le système qu'en retour elle ne ménage pas. Tous se rendent à la projection de ses films comme à un lieu de culte, communiant dans le même ravissement. C'est un auditoire plutôt jeune, qui l'aime totalement ou qu'elle conquiert avec ce formidable talent de séductrice et de conteuse qu'elle possède. Entre eux, une connivence totale. Elle revient toujours heureuse de ces rencontres, parce qu'elle est, avec ce public, dans l'utopie vivante.

Certains ont pu dire qu'il s'agissait de démagogie, de stratégie concertée. Il n'en est rien cependant. La relation que Duras a entretenue avec la jeunesse est absolue. Elle-même se situe à l'extrême pointe de l'avant-garde, dans cette mobilité de pensée, de jugement, dans cette soif de savoir sans cesse renaissante, dans cette curiosité propre au génie de la jeunesse. Elle est alors l'objet d'une véritable adulation, elle-même encore dans le mouvement sonore et vivifiant de 1968.

Sa parole est militante, mais, comme elle dit, « militante de l'antimilitantisme », c'est-à-dire libre, dégagée de toutes les contraintes, hostile à tous les académismes, comme son fils Jean, encore appelé Outa, qu'elle aime passionnément et qui incarne alors à ses yeux cette totale liberté, cette arrogance de l'espoir, cette vacance communautaire où les corps et les esprits font obstacle à toutes les institutions, assurent la faillite de l'État. Elle a pour ce fils toutes les indulgences, celles qu'elle accorde à la jeune fille de *l'Amant* coiffée de son feutre et chaussée de ses souliers lamés, dans sa robe fluide qui frissonnait, accoudée au bastingage, traversant un bras du Mékong, cette jeune fille de dix-huit ans impudente et libre, qui lui ressemble totalement : entre eux deux cette semblable disponibilité au temps, aux choses qui fuient.

C'est pourquoi elle lui laisse vivre sa vie, suivre ses goûts, se retrouver dans les musiques de Jim Morrison, d'Otis Redding, de Janis Joplin.

Au cours de ces premières années où elle se jette, à la fois savante et néophyte, dans l'aventure du cinéma, dans sa petite voiture de représentant de commerce, tassée contre le volant, plissant les yeux pour mieux voir la route, elle porte en province son travail, tissant un réseau de sympathies et d'amitiés. Elle appelle cela « la nouvelle Internationale ». Derrière elle, sur la banquette, il y a les disques d'acier où sont logées précieusement les bobines des films. Elle porte la voix, la silhouette intenses de Sami Frey, et au-delà de lui, comédien, l'histoire de son enfance tragique, qu'elle racontera au public de Montréal, l'histoire de ce petit garçon juif auquel sa mère demande de descendre quelques instants chez la voisine du dessous. Il y va, la police quelques instants après monte, arrête la mère, elle mourra gazée à Auschwitz. Faire jouer, aimer Sami Frey, c'est aussi pour ça, pour cette histoire qu'elle rapportera dans l'un des *Aurélia Steiner*, pour cette nuit de son enfance dont il entend toujours les pas et dont la voix, si sombre, si douce, traverse ses propres textes, exactement, au lieu le plus précis de ce qu'ils veulent dire, et atteindre.

Elle perpétue dans ces années post-68 l'esprit de la contestation, cet affranchissement de l'esprit, tourné vers des préoccupations autres que celles de cette société dont chaque jour davantage elle se désolidarise. Elle entraîne avec elle des êtres qui, à sa suite, perçoivent autrement le monde, sont dans une compréhension soudain commune, instinctive. « Je reste très en marge, confie-t-elle à Colette Godard, du *Monde*, en 1974, vous savez, et je ne suis pas seule, on est nombreux. On n'a pas choisi, on a une telle horreur de ce qui se passe. Ce n'est pas une option, une attitude, c'est devenu un comportement instinctif. »

Elle parvient à créer avec les autres, ses lecteurs, ceux qui vont voir ses films, une sorte de relation d'amour, une famille. Elle doit être aimée, pour continuer, aimer dans cet underground de la société, dans cette société utopiste qu'elle invente. Les comédiens eux-mêmes savent que ce n'est que dans cet état d'amour qu'ils peuvent aller au lieu de Duras, « il faut s'incorporer à sa propre symphonie spirituelle et linguistique », dit Lonsdale pour expliquer l'envoûtement que ses films exercent sur lui.

A cette époque encore, l'Université française commence à s'intéresser à ses ouvrages. Des étudiants chaque année plus nombreux travaillent à des maîtrises, à des mémoires ; des thèses, timidement, commencent à être répertoriées dans les fichiers nationaux, tandis qu'aux États-Unis, déjà, sous la poussée féministe, des recherches ont été entreprises dans plusieurs universités.

Elle y est attentive, accorde des entretiens à la presse étrangère qui, bien avant la France, la reconnaîtra. « Si j'arrive à vivre, dit-elle en 1974, c'est grâce à l'étranger. » Berlin, New York, Londres, Toronto forment comme une Internationale de la modernité, dont elle devient sans l'avoir vraiment voulu l'égérie, la pasionaria, l'agitatrice. Ce qu'elle dit dans ses livres, dans ses films, ce qu'elle arrive à atteindre de plus lointain, c'est ce cri de l'amour et de la mort qui est au cœur de chacun et appelle sans répit. Ce cri qu'accompagne le chant de sa langue, grave et sinueux, narquois parfois et obsédant, comme la musique de Carlos d'Alessio.

Sa solidarité avec le peuple algérien et la sympathie qu'elle a toujours manifestée à l'égard de sa lutte l'ont incitée à se sentir proche des marginaux, des laissés-pour-compte, de tous les combats que les minorités ont menés dans ces années 70 après la flambée d'espoir vite éteinte de mai 1968. Elle signe alors beaucoup de pétitions, et surtout encourage vivement la lutte féministe. C'est l'époque des grandes manifestations M.L.F., des défilés dans Paris, joyeux, colorés et déterminés, l'époque où elle accorde volontiers sa caution morale et intellectuelle à de nombreuses publications de femmes, essais, romans, revues. On la voit aux côtés de nombreuses militantes, comme Xavière Gauthier, qui sera rédactrice en chef de *Sorcières* et avec laquelle elle écrira en 1974 *les Parleuses*, tentative spontanée de rapporter par le menu, dans ses bégaiements et ses banalités, dans sa spontanéité, la parole des femmes.

Mais son histoire se confond surtout avec celle de son œuvre, les lambeaux de son passé en tissent la trame vivifiée par le vent des événements et de l'histoire, mais jamais autant elle ne s'est enfoncée dans l'incertain, dans l'inconnu. Les textes se précipitent, semblant eux-mêmes échapper au contrôle de leur auteur, rôdant dans la périphérie de Lol V. Stein, approfondissant toujours les thèmes essentiels de l'œuvre, la folie, l'errance, la mort, la mémoire massacrée, ses résurgences intermittentes, motifs tous comparables au cours sinueux du Mékong. Rarement écrivain contemporain, depuis Proust, aura autant exploré cette matière intérieure, fouillé cette arrière-boutique obscure, comme disait déjà Montaigne, « où tout va, où l'intégralité du vécu s'amasse, s'entasse », puisque l'écriture ne parle que de ces acquisitions-là, obtenues de soi, de ce qui s'est perçu et englouti.

Le parcours est si entrelacé, dans ces années 1968-1980

où le texte se prolonge sur la scène, se projette sur l'écran, se renvoie à lui-même dans d'autres textes, qu'il est difficilement imaginable de concevoir la vie personnelle de Duras. Elle-même avoue à Michelle Porte qu'elle n'en a pas, ouverte plutôt « vers le dehors », dans cette acuité et ce désir qui forment sa vie, remplacent ses passions d'autrefois, ses dispersions, ses divertissements. Elle a appris cela de Pascal, cette acceptation de « l'injonction interne », cette faculté d'évacuer les séductions du surmoi pour obtenir la grâce d'être disponible à d'autres écoutes, aux rumeurs des « mondes infinis ».

Publiant *l'Amour* en 1971 dont elle tirera le scénario de *la Femme du Gange*, réalisé, publié en 1973 et écrit vraisemblablement pendant la rédaction d'*India Song*, elle fait la démonstration de cette œuvre-résille dont les enchâssements forment l'originalité et la complexité.

Ce qu'elle avait déjà analysé en écrivant *Détruire, dit-elle*, ce dépassement du contrôle de l'écriture, se vérifie encore plus à présent. Elle confie à Germaine Brée que « ce texte est pure imbécillité », qu'elle a « cessé de comprendre ce qu'elle est en train d'écrire ». Des bribes de mémoire, les résidus de l'oubli s'inscrivent là, sur le texte, s'imposent même, elle ne sait pas pourquoi, mais elle est sûre de leur présence et de leur nécessité. Elle est seulement à l'écoute de ce que le texte dit, comme s'il était indépendant d'elle, porté par la musique sur laquelle elle se calque, dont elle s'oblige à suivre les rythmes, les respirations.

Jamais texte n'a été plus inaccessible, et à la fois plus simple que *l'Amour*, dit avec des mots ordinaires, dans une syntaxe dont l'érosion rejoint le laconisme, des traces de phrases incertaines, étrangement gardées.

Elle suit les mouvements de la mer pour écrire, comme pour aimer, vivre, elle se plie aux désirs qui viennent, aux cycles du temps qui passe et la traverse. C'est un roulis d'images, sans lien apparent, comme plus tard, dans *le Camion*, elle parlera de la Beauce comme du P.C., des ouvriers comme des maisons, se laissant « aller à regarder, libre », comme les « pressions internes des eaux », soumises seulement aux arbitraires des vents, des marées, des lames des grands fonds, des gouffres appelant.

Elle écrit *l'Amour* en se souvenant des Roches Noires, du vieil hôtel de luxe où elle habite, où elle va maintenant plus souvent ; elle regarde du « belvédère, dans cet appartement au-dessus de la mer » qui fut peut-être jadis une suite, ce pays « de sables, de vent », et dans le paysage d'agonie où évoluent le voyageur, le fou, l'errante, elle rapporte aussi l'impression dévastée du palace, son air abandonné, fantomatique, surtout en hiver, quand les rares enfants et les résidents sont partis, et que règne décidément quelque chose de mort, de fané et d'éteint : cette plage qui se remplit de la mer et se retire comme le souffle d'une vie, les criailleries des mouettes, volant au ras des sables, et dont les cris souvent percent les oreilles, effraient même, quand après les marées le sable est noir et jonché de souches, de bris de liège, de tessons polis, de filets déchirés et de crabes morts, éventrés, vidés de leur corail juteux, cet air immense de deuil, tandis qu'au loin, dans les faubourgs de la grande ville, les gaz d'Antifer lâchent leurs odeurs nauséabondes jusqu'ici, mêlées aux relents de l'estuaire. La musique de *l'Amour* est puisée là, dans ce qu'elle voit, le long des planches qui longent son balcon, dans le casino un peu plus loin, proche d'un bunker de la dernière guerre, indestructible. S. Thala, la ville, est ce qu'elle voit elle aussi, de cette demeure où semblent s'enliser le temps, les jours, les nuits.

Le fou de S. Thala qui danse sous « la dictée de la musique », c'est encore elle qui, dans *le Camion*, « ferme les yeux... [et] chante ».

Elle est tout entière portée par cette idée de la folie, comme si elle voulait se dénuder de cette intelligence qui brouille sa tête, à lui faire mal, à lui interdire le repos, au point qu'elle aime s'abolir dans le travail ménager, à Neauphle, pendant des heures, pour ne plus penser, et briquer les sols, les meubles, se fondre dans la grande indifférenciation du monde, dans ces milliards de molécules vivantes et anonymes, comme Diderot qui voulait se couler dans les grands flux vibrants de l'univers.

Plus elle avance dans ces années-là, plus elle se rapproche des femmes, de « la vie secrète de la femme », au point que les mouvements féministes, alors très actifs et violents, semblant même obtenir quelque écho de l'opinion publique, tentent de la récupérer en quelque sorte, de faire d'elle un de leurs leaders. Il est vrai que beaucoup de ses interventions et de ses prises de position la rangent du côté de la revendication radicale ; dans *les Parleuses*, elle déclare qu'entre les hommes et les femmes, « c'est étanche ; on se trimbale comme ça, ensemble, mais il y a des parois entre nous », ou bien encore, « je crois que tout homme est beaucoup plus près d'un général, d'un militaire que de la moindre femme ».

Ce qui la rend solidaire des femmes, totalement, c'est cette manière qui leur appartient en propre d'habiter l'espace des maisons, des amours, des enfants, de la solitude, du temps qui court.

Cette capacité d'harmonie, d'être le réceptacle de tout ce qui traverse la vie, de le recevoir et de le rendre, de communiquer avec la nature, les saisons, les arbres, les animaux, les gens. Cette faculté d'être entre elles, d'occuper l'endroit, au lieu de le « traverser » comme ferait l'homme, de faire de la maison « une caverne, une grotte ».

Les activités mystérieuses des femmes, celles que l'on ne montre jamais, leur silence qui couve tandis qu'elles font des gestes ménagers, c'est cela qu'elle veut montrer dans *Nathalie Granger*, tourné en 1972 puis publié en 1973 avec *la Femme du Gange*. Jeanne Moreau, Lucia Bosè se trouvent dans la maison de Neauphle-le-Château : c'est un après-midi de l'hiver ; à la radio, le speaker annonce que deux criminels sont en fuite, non loin de là, et se cachent dans la forêt de Dreux. Le film déroule lentement les gestes des deux femmes, la longue et patiente vie de leur quotidien, la caméra s'attarde sur leurs mains, les suit dans le jardin où elles assemblent des feuilles mortes pour faire un feu, prennent le thé. Dehors, l'air est gris, la lumière traverse les pièces avec sa pâleur d'hiver, et ce qu'elle veut montrer, c'est la violence sourde, retenue des femmes, leur lent chemin de silence depuis des millénaires, la maîtrise des sorcières, celles qu'on tuait autrefois sur les places publiques, et qu'on avait capturées en train de rôder dans les bois, comme les deux meurtriers en cavale. Il n'y a pas que les chats, dit Duras, qui ont des yeux meurtriers, « ni les enfants tueurs de la forêt de Dreux ». Elle met dans l'image le silence « sourd et muet », et ce qu'il couve de révolte, de révolution à venir, d'explosion.

De cet univers de femmes d'où tout homme semble exclu, même le voyageur de commerce, étranger à leur monde, marchand de boniments, elle veut encore montrer l'autre regard, celui qu'aucun cinéaste ne veut filmer parce qu'il n'est ni intéressant ni gratifiant pour le public, car les femmes se montrent au cinéma en objets de désir, en objets sexuels, en stars et en starlettes, comme en peinture, avant Goya, avant Degas, on ne les montrait que dans leur beauté, jamais dans leur tub, grasses et laides, ou dans des activités de repasseuse, jamais on ne voulait dire cette force « venue du fond des âges, immémoriale ».

Il faut donc, pour tourner *Nathalie Granger*, qu'il n'y ait pas d'homme, parce que les hommes dans cette maison des femmes auraient empêché ce coulé, ce glissement des êtres dans le dedans de la maison, dans la rondeur du jardin, dans le creux des pièces, ils auraient bloqué les instincts, parlé enfin.

Il y a bien le représentant de commerce qui pleure sur la vie, sur lui-même, sur son métier, sur ses défaites, mais c'est le pauvre type, celui qui n'est pas un homme et que les femmes accueillent quand même, comme elles accueillent les fous, les enfants, peut-être les meurtriers.

Dans cette maison, quelque chose se tait, enfoui dans le temps, s'identifie à la compréhension secrète, préhistorique des femmes.

On est au début d'avril 1972. Duras tourne *Nathalie Granger.* On remarque que les mains de Jeanne Moreau savent faire la vaisselle, que Duras n'utilise pas à contre-emploi la star des *Amants* et de *Jules et Jim* ; elle sait que dans sa maison de Versailles Moreau aime aussi se livrer à des activités ménagères, comme pour retenir quelque chose de sa violence, canaliser sa sauvagerie. Elle le lui avait déjà dit, dans un entretien publié dans *Vogue* en 1965 et dont elle a dû se souvenir : « Si, à cause d'une guerre, d'événements quelconques, imprévisibles, je ne pouvais plus être comédienne, voyez-vous, je me verrais travailler dans les champs, faire à manger. »

Entre elles deux, il y a comme une connivence, « une nostalgie... qu'elles traînent derrière elles, d'une vie familiale vécue dans ses règles traditionnelles ». C'est de cette histoire qu'elle veut témoigner, et de celle de ce représentant de commerce, intrus et accueilli comme le pèlerin d'autrefois dans la maison religieuse, auquel on ne demande rien, qu'on écoute seulement et nourrit, ici, Gérard Depardieu, « refusé des hommes » parce que irresponsable.

Et de l'histoire encore de la petite fille, Nathalie Granger, qui refuse d'aller à l'école, comme Ernesto, l'enfant de ce conte qu'elle va écrire pour l'éditeur Harlin-Quist et qu'on retrouvera près de vingt ans plus tard dans *la Pluie d'été*. Et puis la musique qui se joue, la même musique interrompue, fausse, celle des gammes de l'enfant de *Moderato* et des enfants de *Nathalie Granger*, qui charrie néanmoins la violence, dans ses accrocs toujours recommencés. Il n'y a pas d'autre histoire que celle-là, un après-midi de la fin de l'hiver, une maison que traversent des êtres, des animaux, des lumières, des sons, et la caméra qui capte cette vie-là, et inquiète parce qu'il n'y a vraiment rien d'autre que cela.

Il n'y a jamais rien eu d'autre dans cette maison, depuis qu'elle a été construite, rien d'autre que le passage des femmes, lavant, frottant, cirant, habillant les enfants, leur silence intérieur et l'air de cette maison qui « fait peur ».

Elle aime poursuivre l'histoire de sa maison qu'aucun homme jamais ne pourra habiter désormais avec autant de présence tant elle l'a investie, pas même Mascolo qui l'a occupée longtemps, pas même Jean, le fils, mais elle seule, à la suite de celles qui y vaquaient au XVIIIᵉ siècle tandis que tous marchaient sur Versailles, dans les hurlements dictés par les hommes. Il y eut beaucoup de générations de femmes qui l'ont traversée, et dans les pièces où elle vit se fait maintenant l'écrit. C'est-à-dire le passage mystérieux de ce silence enseveli à d'autres paroles, qu'elle restitue dans cette écriture courante, qui fait « entendre, comme dit Mascolo, quelque chose de la musique ».

Nul lieu mieux que Neauphle ne peut pour l'instant trahir ces secrets qui l'enfoncent dans cette autarcie de l'écrivain, dans ce cruel face à face où elle se rend, dans cet état alternatif d'explosion et de rétention, dans la pantelance de ce qui lui parvient, où tout « est à faire ».

Malgré le silence qui sous-tend *Nathalie Granger*, c'est la dimension politique et féministe qui a été la plus perçue. Duras elle-même a reconnu que le film pouvait avoir quelque caractère par trop didactique, aussi est-ce sûrement pour cela qu'elle a publié à la suite du texte *la Femme du Gange*, texte qui lui convient mieux, dans l'état présent de sa route, parce que « plus rompu, plus éclaté ».

C'est néanmoins la fable de *Nathalie Granger* qui a autorisé les féministes à vouer à Duras ce culte inouï dont d'ailleurs elle-même, peut-être par besoin d'adoucir un peu

l'âpreté de sa vie, a bien volontiers accepté d'être l'objet.
C'est pourquoi on la retrouve ce lundi 5 avril 1971 dans
l'appel des « 343 », auprès des anonymes et des femmes
célèbres, Stéphane Audran, Françoise Arnoul, Simone de
Beauvoir, Dominique Desanti, Bona de Mandiargues, Bulle
Ogier, Marie-France Pisier, Delphine Seyrig, Agnès Varda,
Marina Vlady, « 343 salopes », comme la presse d'extrême
droite va les nommer, et qui réclament « le libre accès aux
moyens anticonceptionnels et l'avortement libre », trois
cent quarante-trois femmes qui défient l'autorité judiciaire.
Ce nouveau combat plaît à Duras, quoique les remous du
Navire-Night l'entraînent ailleurs et qu'elle les préfère à
ceux de la rumeur sociale, comme si quelque chose en elle
la poussait irréductiblement dans l'histoire de son œuvre,
et sa préhistoire.

Mais le fait d'enfreindre la loi, de provoquer le pouvoir,
mâle de surcroît, réactive sa violence révolutionnaire.
Comme Sagan qui déclare avoir signé parce que, « comme
beaucoup de femmes de sa génération, elle est passée par
là », comme Jeanne Moreau qui se souvient « de toutes les
humiliations que cela implique », comme Beauvoir, elle
veut, dit-elle, « faire éclater l'hypocrisie ». Le manifeste
provoqua une stupeur générale. Des débats eurent lieu,
contradictoires et violents, les catholiques se mobilisèrent,
alléguant que l'avortement « attente toujours à une existence humaine », les professeurs de médecine conservateurs
déclarèrent le coitus interruptus suffisamment fiable pour
rejeter l'avortement, l'amalgamant à la contraception.
Néanmoins Duras ne fut pas parmi les plus activistes du
mouvement, surtout engagé par le M.L.F. et le Mouvement pour la liberté de l'avortement. Si elle a donné quelque caution, et non des moindres, au féminisme, peut-être
encouragée par Delphine Seyrig, son amie, dont elle dit
que « la seule entrave à sa liberté, c'est l'injustice dont les
autres sont victimes », et singulièrement les femmes, si elle
a signé en avril 1971 le manifeste des 343 femmes du *Nouvel observateur* réclamant l'abolition de la loi punissant

l'avortement, et déclarant avoir avorté, elle n'a pas cependant été l'activiste féministe que les mouvements du M.L.F. et proches de lui auraient souhaité qu'elle fût. Trop indépendante, elle a très tôt repéré le piège du ghetto dans ce combat, les excès du langage militant n'étaient pas les siens, car enfin, « toute proposition militante est forcément infirme ». Échaudée par l'expérience communiste, elle considère que toutes les écoles comme tous les groupes idéologiques, sexuels, religieux connaissent tôt ou tard le risque de la secte, de l'autisme, du fanatisme, et de la stérilité. « Ce qui est bon, dit-elle, c'est une liberté toujours plus grande », celle qui s'enfle d'une respiration créatrice, poussée par des forces inconnues, toujours recommencées. Elle fait table rase depuis son exclusion indigne du P.C. de tout ce qui s'érige en institution, de la famille (le couple) à la littérature (le nouveau roman), de la religion (les Églises), à la politique.

Néanmoins elle garde auprès de l'opinion une image favorable, reste bienveillante aux revendications féministes, mais peut-être est-ce dû davantage à l'affection qu'elle porte à certaines militantes qui l'y poussent, Michelle Porte, auteur des *Lieux de Marguerite Duras*, publiés en 1977, et réalisatrice de *Savannah Bay, c'est toi* en 1984, Xavière Gauthier, avec laquelle elle réalisera donc le fameux ouvrage des *Parleuses*, tentative d'écriture spontanée, au magnétophone, genre quelque peu à la mode ces années-là, et dont le rythme, fidèle au flux de la parole, tend à restituer les dits et les non dits, les silences et les rires, les aveux et les hésitations.

Elle se plaît de plus en plus en compagnie des femmes, ne pouvant plus supporter le discours masculin, son autorité, sa vanité, sa maladie de la parole, et ses incapacités à écouter le silence, ces infirmités qui le coupent des forces de l'univers, des vibrations mystérieuses du monde, des vacillations des regards, de cette féminité dont elle pense qu'elle est peut-être le seul accès au secret métaphysique. Si elle aime des hommes, si elle peut encore rester auprès de certains, c'est avec ceux dont la charge féminine est encore intacte, ceux qui ont su garder encore trace de cet androgynat tant rêvé ; c'est pourquoi elle aime tant Pascal sur lequel elle aurait voulu réaliser un film, parce qu'il ne résiste pas à ce féminin qui gît au fond de lui et lui donne la voie de l'essentiel, lui ouvre le champ des plus grandes questions. Est-ce à dire que malgré ses affirmations souvent imprudentes et spontanées, « l'isolement de l'homme, il est peut-être nécessaire... », « j'ai beaucoup vécu avec des hommes, exclusivement des hommes, et je m'aperçois, petit à petit, que je change, de ce point de vue... et que je me retrouve de plus en plus avec des femmes », est-ce à dire donc qu'elle tend dans ces années 70 à un comportement lesbien, dans le droit fil de la littérature des Éditions des Femmes, de Monique Wittig à Hélène Cixous ? Il est piquant d'observer le jeu des questions et des réponses qui s'échangent à ce sujet entre Xavière Gauthier et Duras : son interlocutrice veut sans cesse l'amener sur le terrain de l'homosexualité, lui faire dire (avouer ?) le choix homosexuel, et jamais Duras ne s'y laisse entraîner, rectifiant dès qu'elle en a la possibilité une affirmation ambiguë. Elle s'érige quelquefois même en donneuse de conseils, déclarant qu'on « ne peut pas demander aux femmes de..., de n'aller..., de ne frayer qu'avec des femmes, n'est-ce pas ? C'est l'expérience plurielle qui peut VOUS sortir de là ! »... Les deux discours, celui d'une militante pure et dure, et dont le militantisme revêt après coup bien des naïvetés, et celui de Duras, se croisent en réalité sans jamais se comprendre vraiment, comme si Duras se trouvait toujours dans une complexité des choses et des êtres que l'écrit seul peut tenter d'éclairer, tandis que la parole revendicative rejoint l'excès et le sectarisme.

Elle, Duras, aime les hommes. Elle hait aussi chez eux leur nostalgie du muscle, leur violence de para, mais elle sait qu'elle a au cœur d'elle-même cette force meurtrière-là, et cet instinct de puissance, mais que tout en elle se double de ce qui fait la force des femmes, leur écoute des éléments et du silence secret des maisons, et l'amour des enfants. Elle est multiple en ce sens que, comme les hommes, elle se prend aussi à aimer « les bagnoles », comme elle dit, à polémiquer avec les hommes, à défier leur autorité dans les débats publics, à séduire en vrai don juan, à maîtriser des situations fortes, matérielles, professionnelles, à manger dans des routiers enfumés avec des camionneurs, tout ce qui fait aussi la force de l'homme et sa virilité. A la différence des féministes, elle essaie de comprendre les fils ténus et obscurs qui conduisent l'attitude masculine, et ce que sa nature de femme, ouverte, généreuse sait saisir, c'est cette « véritable douleur qui se lève » quand elle essaie de « l'éclairer ».

Ce n'est pas là une des moindres ambiguïtés de sa personnalité. Toujours, dans *les Parleuses*, se lisent cette distance entre elle et les féministes et enfin cette impossibilité d'être des leurs totalement, ce refus presque instinctif de tomber dans les panneaux de l'embrigadement, dans les habitudes reconduites des couples institutionnalisés, dans les fausses transgressions.

Quand elle tient une parole féministe, ce n'est pas, à l'instar des têtes de file du mouvement, une parole sectaire, ou d'exclusion, même lorsqu'elle sait retrouver la grande veine de pamphlétaire qui animait les textes-tracts de la revue subversive du *14 Juillet*. Non, sa voix n'est pas sexiste, elle lutte pour tous les exploités, juifs, nègres, femmes, homosexuels, elle parle de féminitude comme elle pourrait parler dans les mêmes termes de négritude, elle refuse toutes les formes du terrorisme, alors elle crie avec les femmes, mais leurs voix ne sont pas forcément au même diapason.

Comme elle aime avoir avis sur tout, le politique comme le philosophique, l'artistique comme le quotidien, dans cette curiosité de tous les instants, elle s'est beaucoup intéressée à Jeanne Soquet, femme peintre qu'elle a préfacée, aidée dans sa propre lutte. Dans *la Création étouffée*, essai sur le peintre écrit avec Suzanne Horer, elle a la véhémence des féministes les plus agitées, mais le discours est fondateur, peut porter sur d'autres minorités, renvoie l'homme, c'est-à-dire le pouvoir, la cité, Dieu, à toutes les violences perpétrées dans le monde, le rend responsable de tous les échecs : « L'homme, dit-elle, doit cesser d'être un imbécile théorique... Il faut que l'homme apprenne à se taire. Ça doit être quelque chose de très douloureux pour lui. Faire taire en lui la voix théorique... Il a fait taire les femmes, les fous et il a embrayé sur le langage ancien. » Ce qu'elle tend à dire, c'est que les femmes ne peuvent pas pour autant faire l'économie des hommes comme certaines militantes le prétendent, prônant des couples de femmes avec des enfants sans père, imaginant des Arcadies saphiques où régnerait enfin la parole silencieuse loin de « la crécelle théorique » des hommes. Ce qu'elle veut leur dire, à Paris comme en province, à Montréal comme à New York, c'est que la femme, oui, doit lutter pour affirmer cette primitivité qui est logée naturellement au creux d'elle-même, retrouver cette force immémoriale et accomplir l'acte le plus politique qui soit : envahir, forte de cette nature, « la vieille cité de l'homme ».

Qu'elle n'ait plus dans ces années mutantes et d'interrogations envie de vivre avec des hommes, que la vie de couple lui soit devenue impossible, invivable, n'implique pas pour autant le désir d'une homosexualité à vivre. Elle a compris la présence d'un homme constamment à ses côtés comme une manière de pallier un isolement, mais jamais de combler la solitude, à quoi l'écriture appelle, et réclame. C'est comme si la vie amoureuse lui était devenue fatalement irréalisable, harcelée par le destin tragique de l'écriture qui commande tout, interdit les simulacres de l'union. La petite héroïne tragique revient sur la scène. Il n'est pas possible de contrer cette force-là, qui est supérieure à soi, guide les textes, leur donne de la force, de l'unité, accomplit l'œuvre. « Tous mes livres, dit-elle à Xavière Gauthier, ceux dont vous parlez, ceux qui comptent pour vous, je les ai écrits sans homme, ou bien avec des hommes de passage, qui ne comptaient pas, des aventures de passage, qui sont le contraire du couple. »

Il apparaît pour elle que l'écriture, le grand navire noir qui l'a emportée depuis si longtemps déjà, depuis tant de livres, commande cette solitude, exige ce sacrifice auquel elle consent bien volontiers.

Elle porte de la tendresse à la femme cependant, un regard du désir, le même que celui qu'elle portait sur le corps du petit frère, sur les seins d'Hélène Lagon, son amie de pension à Saigon, sur les terres de la jungle au pelage vert, sur l'eau lente des fleuves qui ont peuplé sa vie, sur les sables amollis des plages de l'estuaire, sur les ciels d'hiver bas et nuageux, sur l'ampleur de la mer quand elle se gonfle et remplit les terres basses en quelques heures. C'est le même regard, quand elle le confie à la caméra, pour filmer la chair de porcelaine de Delphine Seyrig, son sein pâle et fragile, nu dans l'échancrure de sa robe noire, et qu'elle parvient à en capter la lente respiration, tandis qu'imperceptibles, des gouttes de sueur glissent et se rattrapent les unes les autres.

Le regard de Duras sur les femmes, c'est celui-là, sur leur corps de désir, comme le sont tous ceux qui peuvent conduire à l'élucidation des secrets, visibles à ceux seulement qui savent voir, ici le sein de Seyrig dont elle discerne la « toute petite fatigue... une sorte de meurtrissure » qui révèle qu'elle a nourri son fils. C'est dans cet imperceptible-là qu'elle travaille et cherche.

Le féminisme de Duras n'a rien à voir avec les porte-drapeaux de l'activisme M.L.F. ; quelquefois même il s'érige contre le mouvement lui-même, toujours « outside », hors des balises du P.C.F. comme du M.L.F. La marche révolutionnaire du Navire-Night progresse toujours davantage dans « le lieu sauvage », « le lieu de son désordre, de son refus, son lieu double qui toujours réapparaîtra plus loin, encore plus sauvage, si jamais il est assiégé par l'endoctrinement ».

9

« Elle parle des Indes* »

Les Lieux de Marguerite Duras, éd. de Minuit, p. 69.

Elle poursuit, indifférente aux modes, tout entière tournée sur cette histoire, l'unique histoire de son œuvre, le cycle des *India Song* (1973-1976), dont elle a logé des traces dès les premiers ouvrages et qu'elle ne cesse de « déloger » comme elle dit, faisant et défaisant inlassablement pour le porter jusqu'à son point ultime d'assouvissement, à son acmé, le récit de cette scène capitale qui hante et arpente sa mémoire.

India Song, comme la mélodie lancinante qui déjà se glissait dans *le Vice-Consul*, et entraîne le silence, le soutient, dans la lente répétition du fantasme, accroît la détresse de ce monde qui s'échoue, va vers sa fin, irrémédiablement, dans l'odeur fuyante des encens qui cache celle de toutes les lèpres.

Ainsi, Duras reprend le canevas métaphysique de son œuvre, et le projette « dans de nouvelles régions narratives ». Flux et reflux des textes, comme les mouvements infinis des marées, de la matière cérébrale, les dérives de la mémoire, ses ruptures, ses trous, ses raccrocs.

Toujours les mêmes lieux, du Vinh Long de l'enfance à Calcutta désert, ceux de la désespérance, de la trahison du monde, des ruines et des agonies. Chez les colons, au-dessus des murs lambrissés, sous les plafonds, des ventilateurs « tournent, mais à une lenteur de cauchemar ». Du temps passe entre les pales tranchantes, substitut dérisoire des vents et de l'air. Comme Racine, elle cherche à resserrer de plus en plus l'action, à lui donner cette matière tragique que seuls le temps et l'action ramassés peuvent procurer. Elle garde tout de l'histoire fondatrice, Anne-Marie Stretter et ses amants, et le vice-consul, l'homme vierge, rebelle à toutes les formes d'amour frelaté, et la mendiante qui criaille de sa voix cassée à l'orée de l'ambassade. Et les tennis et le bal, et le parc pétri de mousse, dans la touffeur des moussons, moite, et dont la luxuriance si prolixe finit par faire peur, et les odeurs de laurier-rose, comme celles des camélias qui jadis, dans *Moderato*, enivraient, à force de suavité et de violence.

Elle revient aux pays lointains, toujours, de cette enfance exotique. Elle redéploie les images mythiques de son imaginaire, la résidence de France et le palace du Prince of Wales, les salons dorés, les vastes miroirs et les divans de Baudelaire, profonds « comme des tombeaux ».

La vie de Duras est là, dans cette géographie fantasmée, allégorique de notre propre douleur, dans cette demeure et sur cette terre vouées au deuil, dans ce qui est la fin même de l'Occident dont elle ne cesse de chanter la mort, comme une de ces voix de coryphée antique présageant le malheur. « Ça se passe en 1937 » juste avant la guerre, dans les derniers sursauts du colonialisme, dans la mélancolique litanie des tangos et des rumbas, mais plus personne n'y croit. Quelque chose se meurt, s'effrite comme les pierres du palais Rothschild où elle va tourner le texte en 1975.

Elle dit elle-même qu'elle « écrit (*India Song*) comme un poème », et la trouvaille du texte réside en effet dans l'apport des voix multiples, extérieures, anonymes qui racontent l'histoire, chœur sublime déroulant à la manière répétitive des vagues « la légende d'Anne-Marie Stretter ».

Jamais Duras n'aura été si musicienne, tant l'entrelacement des voix et des dialogues crée une sorte d'opéra « poignant » où se chante la passion ultime, « faisant basculer » le récit dans une histoire fascinatoire.

Quelquefois, il y a des explosions, de ces détonations qu'elle aime à provoquer, dans le creux des mots, au fond de l'écriture. *India Song* par exemple. Elle marche en oblique, là où Balzac marchait en ligne droite, la durée s'invente à chaque instant, à des hauteurs différentes, de sorte que s'organisent en se transformant des étagements de durées et de silences. Dans l'espace qu'elle crée, jamais l'instant ne succède à l'instant, comme attiré par quelque devenir irrésistible. Le mouvement qu'elle choisit, du texte puis de la caméra, transforme le temps en espace, les installe dans un volume de signes où le silence est la correspondance négative de ces durées, versant interne de la musique, et règle l'ensemble des rapports.

Entre Anne-Marie Stretter et le vice-consul, ce qu'elle veut montrer, c'est cette espèce d'inertie dynamique qui meut tout le texte, ces perpétuels déplacements.

Le film qu'elle tire du livre, c'est le sommet de cet art qu'elle a bâti lentement sous les sarcasmes des critiques et des doctes, ce qui est à ses yeux bien près d'être pareil.

Le plus fort modèle de Duras, c'est le labyrinthe, ses dédales sournois et obscurs où s'enlisent les âmes non assimilables par les gouvernants, les sociétés et les voyous du fric. Et jamais elle ne peut sortir, comme ses lecteurs, de ses parcours et de ses impasses. C'est pourquoi elle s'étourdit tant, comme ceux qui l'aiment, des surprises qu'il nous réserve, « ravie » au sens propre devant les difficultés des carrefours, des aiguillages, des bifurcations, des recoupements, des déviations et des embranchements. Ravie d'être en circuit fermé.

India Song, c'est comme une longue phrase dont on connaît seulement les mots, certains par cœur comme des prières, et qui peu à peu, par la magie de ces mots justement, s'agite, devient effervescente, et emporte vers un ailleurs, un au-dehors. La mendiante est trouée de la lèpre, ses oripeaux déchirés sont ceux de la misère, Anne-Marie Stretter porte comme elle les lambeaux de l'ambassade, les derniers restes de la colonisation, mais son corps aussi est ouvert à tous, troué comme sa tête, elle, la putain de Calcutta.

Avec *India Song*, Duras ouvre à l'oubli, définitivement. Elle semble dire : « Mais embarquez-vous, vous aussi, osez, ne restez plus là, dans la pestilence des ruines, dans l'air délétère des fins de siècle ! »

Connaît-elle seulement l'insondable d'*India Song*, là où l'entraîne enfin le texte porté par l'image, vers la peinture, dont elle dira qu'elle est « le sommet de l'expression », le sein de Seyrig laiteux comme un Boucher, les bouquets de roses sur un piano comme un Chardin, les miroirs et les lumières de Vermeer ?

Toujours elle a aimé cette petite parcelle d'écart qui sépare les êtres, aimé pour l'explorer, pour comprendre. Elle manipule la caméra comme elle l'a fait avec des mots précédemment, par cette voix qui rôde, hésite à dire et puis tout à coup lâche sa vérité, avec brutalité, presque en provoquant, la caméra est focalisée sur cet infranchissable distance, sur ce centimètre qui sépare. Et elle veut dire ce qui vaut seul la peine d'être dit, la souffrance, l'insoutenable. Le génie d'*India Song*, c'est la polyphonie de ses voix, cette lenteur mortelle qui agite les personnages, acteurs eux-mêmes muets de leur propre destinée, doublement tragiques tandis que tout autour, d'autres voix racontent leur histoire.

A Seyrig, à Lonsdale, aux autres, elle a « délégué » les rôles off. Ces voix sans visage font du spectateur le témoin indiscret. Tout se joue dans cette retenue et cette tension, dans cette « culminance de la passion », dans un « paroxysme quotidien ».

Tout s'écaille et s'en va, effiloché sur les eaux lourdes

du Gange, mémoire et corps même. C'est pourquoi elle aime ces terres-là, celles de son enfance, fragiles, broutées en permanence par les crabes et les marées ; tout s'émiette comme les êtres, la mer se fait résille entre les terres, la diplomatie elle-même, science des frontières, faillit à son rôle, tant il est difficile d'établir des barrages dans ces archipels qu'elle montre sur la carte de géographie qui clôt quasiment le film, et dont on ne sait plus s'il s'agit d'un atlas ou de la matière cérébrale, sinueuse, mystérieuse.

C'est le parcours de la mendiante, c'est aussi le parcours de Duras, de la source à l'estuaire, du plus profond à la mort, à la dissolution, à la dispersion.

Comme la putain de Calcutta, Anne-Marie Stretter n'est-elle pas non plus la petite « grue » de Saigon qu'on regardait d'un œil malveillant, autrefois, quand elle rejoignait la chambre à la fois close et trouée de clayettes, comme plus tard Yann Andréa lui criera qu'elle n'est que « la pute de la côte normande » ?

C'est 1986. Après *l'Amant*, ce que les autres appelleront son délire, ses extravagances, ses déclarations péremptoires, sa mégalomanie provocante, après l'oubli où « ils » voulurent l'abandonner, elle vit avec Yann Andréa, là, dans l'hôtel des Roches Noires, en proie à cet amour étrange, « illimité ». Et lui, comme le vice-consul qui profère ses cris dans les hautes pièces de l'hôtel, les fait résonner dans les halls des étages vides, et tape son désir sous sa dictée, à la machine. Elle est alors possédée du livre, du texte qui doit sortir, de l'incompréhensible travail du texte, qui se génère en silence, sous la poussée des cris de Yann Andréa, qui fuit, revient, fuit encore vers les casinos, les grands hôtels de la côte, rentre tard dans la nuit, et la voit, toujours à sa table, dans l'alchimie du livre à venir, à se faire, étrangère à tous. Et il crie encore : « Qu'est-ce que vous foutez à écrire tout le temps, toute la journée ? Vous êtes abandonnée par tous.

Vous êtes folle, vous êtes la pute de la côte normande, une connarde, vous embarrassez. »

Pour l'heure, elle continue d'embarrasser. Le joyau d'*India Song* surprend, laisse coi, et sans référence. Devant cet objet d'art non répertorié, inclassable, la critique hésite entre crier au chef-d'œuvre ou au canular, les festivaliers de Cannes ricanent, d'autres, subjugués, ne savent quoi dire, sûrs d'être en face de quelque chose de nouveau, quelque chose de là-bas qui a « glissé » jusqu'ici, comme Duras pourrait dire.

L'air de Carlos d'Alessio envahit l'esprit ; avec ironie, Jean Mascolo, le fils, souligne que si l'on se souvient d'*India Song*, c'est grâce à la bande-son, tant le blues interminablement associé à un adagio très lent de Beethoven crée la magie en s'emmêlant à lui, tous deux semblant quelquefois même se confondre, bande-son qui « lacère » la durée du film, le champ resserré de l'arène, « obscur, abominable ».

La musique que Duras pratique depuis tant de livres déjà joue ici, avec ses effets absolus de brouillage, de réseaux, comme si entre la musique et le texte, la musique et l'image, il n'y avait plus de parois étanches, mais ce jeu fluide de la vie et de la mort.

Duras devient ainsi LA musique, le phrasé même de sa voix et de sa langue — « quand j'écris, j'entends ma voix » — restitue les plus secrètes ondulations de l'âme, ses plus obscures chutes, comme s'entendent d'étrangères variations dans les peintures des Italiens primitifs, dans les chutes et les rédemptions des corps sur les voûtes de Michel-Ange.

C'est pourquoi jamais elle ne conçoit la musique au cinéma comme un support, un moyen d'accroître ce que dit l'image, ou le texte, ou bien encore la situation. Jamais la musique n'arrive de manière mélodramatique, événementielle, elle fait partie du texte même, est elle-même élément de la trace cherchée, jamais appoint, toujours dans la chair du texte, uniment liée à lui.

Cette décade 70 se déroule dans le bouillonnement, dans cette fièvre fondatrice qui l'entraîne d'un livre à l'autre, dans la grande mer toujours plus noire.

Elle « déloge », elle libère des personnages, les porte ailleurs, elle voyage comme elle le faisait autrefois dans ces grandes équipées avec sa famille à travers les grandes plaines d'Asie, le long des fleuves vaniteux ; mais à présent le voyage est intérieur, tout aussi sinueux, passe de Vinh Long à Calcutta, glisse dans la lagune de Venise, file sur des fleuves adjacents jusqu'aux Sargasses finales.

Dans une interview aux *Inrockuptibles*, en 1990, elle déclare n'avoir de ces années-là aucun souvenir, ne voir que les films qu'elle a faits... « Peut-être est-ce une des zones médiocres de l'histoire des gens », dit-elle. Sa vie s'annule dans ce labeur, dans cette certitude que le film prolongeant le texte porte encore plus loin l'histoire du texte, pas celle anecdotique, mais la plus friable, la plus fluide.

Elle ensemence les textes déjà publiés, elle ouvre des pistes qu'elle cache ensuite, pour plus tard les emprunter, faire avec elles d'autres textes. Passe presque inaperçu le livre pour enfants, tout bariolé de ces couleurs acryliques, violentes qu'aime le temps, *Ah ! Ernesto*, publié chez Harlin-Quist. Et cependant, en quelques lignes, tout est dit des *Enfants* à venir, le film de 1985, de *la Pluie d'été*, le roman de 1990. Il est là, déjà, celui que d'aucuns avaient cru n'être qu'une pochade, qu'un jeu de Duras, s'essayant décidément à tous les rôles, le petit garçon qui va à l'école mais refuse ensuite d'y aller parce qu'on « lui apprend des choses qu'il ne sait pas ».

Que reste-t-il de sa vie, celle à voir, la quotidienne, la matérielle ? Elle en parlera plus tard, dans le livre d'entretiens avec Jérôme Beaujour, en 1987, mais toujours elle l'asservit à l'œuvre, au destin étrange de l'écriture. Souvent le texte même est antérieur à sa vie, à ce qui va lui arriver plus tard, comme des signes prémonitoires. « On a, dit-elle au cours d'une "Nuit magnétique" sur France-Culture, ce qu'on écrit qui est une vie qui ne se voit pas et puis il y a cette autre vie qui se voit. »

Des flux d'images différentes, singulières, tels des défis provoquent alors le cinéma français. Duras travaille avec l'ardeur des sauvages, cette fièvre des possédés, elle « massacre » l'idée du cinéma, impose un autre regard, poursuit l'histoire de son histoire. Comme elle fustigeait déjà les écrivains non auteurs en les reconnaissant à leur « écriture désincarnée », faiseurs d'anecdotes, montreurs de foires, elle condamne sans appel la production d'alors, et ses réalisateurs le plus souvent attachés à raconter des histoires, différentes les unes des autres, alors que ce qu'elle réalise chaque année jusqu'en 1980, c'est l'ample métaphore de son parcours.

Les titres se succèdent : avant *India Song*, en 1975, c'était déjà *la Femme du Gange*, en 1973, puis *Baxter, Véra Baxter*, tiré de *Suzanna Andler*, en 1976, *Son nom de Venise dans Calcutta désert*, encore en 1976, et *Des journées entières dans les arbres*, aussi en 1976, *le Camion* en 1977, *le Navire-Night* en 1978, *Césarée, les Mains négatives, Aurélia Melbourne, Aurélia Vancouver*, tous en 1979...

La liste, impressionnante, révèle l'extraordinaire énergie qui la travaille, cette passion qui, en sous-main, la brûle et envahit sa vie, jusqu'à l'obsession.

Duras pourchasse les images fuyantes, comparables aux nuages d'une « mousson qui avance, continent flottant » de son imaginaire, qui indifféremment glisse vers cet impénétrable harcelé. Elle tourne *la Femme du Gange* dans ce lieu de nulle part des Roches Noires, en douze jours, du 14 au 26 novembre 1972. Lieu qu'elle peuple de l'enfance, creuset mystérieux d'un univers fantasmatique, où tout se rejoint, les anses du Mékong et celles du Gange, l'estuaire de la Seine, les ciels bouillonnants, crevant comme de la lèpre, les odeurs lancinantes de l'iode et des poissons morts, celles des vases et des limons, les cris des mouettes et cette impression de salle de bal désertée où pourraient encore se glisser les silhouettes du Prince of Wales, hôtel vide comme un de ces blockhaus abandonnés des plages normandes, voué à la suspension du vide, à la saturation du blanc et du noir, à un monde stérile, comme un os de seiche.

La force du fantasme est si grande que Duras a imposé aux Roches Noires son propre univers. Elle est semblable à la femme du scénario qui « dans la nuit de sa chambre... veille toujours, écoute, surveille, épie la mémoire abolie ».

Tout le dispositif de ses lieux est ici comme ramassé, elle a chargé l'hôtel des présences fantomatiques qu'elle poursuit depuis *le Ravissement*, les piliers, les glaces ternies, le bruit de la mer « réfléchi entre les murs creuse encore l'espace ouvert et fermé » : c'est ici le temps suspendu, dans le hall, dit-elle, « il n'arrive pas à passer ».

Quelquefois, comme pour conforter son monde, des voyageurs tard dans la nuit arrivent aux Roches Noires, se rendent chez eux, ils passent le tambour de verre, pénètrent dans le grand hall, prennent l'ascenseur, qui se hisse en faisant grincer ses poulies, on croit reconnaître la gravité tendue de la femme d'Hiroshima, ce sont pourtant bien eux, Emmanuèle Riva, Bulle Ogier, et Laurent Terzieff, et Yann Andréa, le spectre de *l'Homme atlantique*, fugueur et fidèle amour de Duras.

Dans cet univers non pas mort, mais dans la vacation, dans « l'Ouvert », comme elle dit en citant Rilke, elle se tient en face de lui, elle voit les sables de la plage s'effacer, noyés par la marée montante, puis réapparaître, effaçant toutes les possibilités de refaire le chemin d'autrefois, accessible seulement à cet en face, plein et vide à la fois, immense, S. Thala.

Le harcèlement de l'écriture est tel qu'il envahit tout, son quotidien, sa vie familiale, amicale, affecte ses relations avec les autres, et quand elle a besoin de tempérer sa frénésie, elle va à Neauphle comme vers un havre, dans la maison des femmes, où parlent quand même des voix venues des temps anciens, dont elle a perdu la trace dans les actes notariés. *Les Parleuses*, qu'elle range dans sa bibliographie, est un exemple de cette absorption de sa vie fantasmatique dans sa vie quotidienne et les gestes auxquels elle dit se livrer dans la maison, à la cuisine ou au jardin, sont comme dérobés au temps obsédant, à la prégnance de cette écriture qui gagne comme l'eau, s'infiltre, noie, isole.

Le rire de Duras s'entend quand même quelquefois quand la tension, trop grande, risque de détruire l'équilibre des arbres qui l'entourent, le calme du jardin.

Elle boit quelques verres de vin, elle parle des confitures, du repas à faire aussi, la lumière de Neauphle traverse la maison, passe dans les pièces. Rien ne peut cependant endiguer la lèpre « qui s'est répandue dans ses livres », et marque de son sceau toute l'œuvre, et celle à venir.

C'est encore la lèpre tout entière dans ces parcs solitaires, dans ces jardins en friche, dans cette demeure ruinée, qu'elle filme dans *Son nom de Venise dans Calcutta désert*. Étrange aventure, voulant « se servir du cinéma comme on ne s'en est pas servi », le traquant dans son lieu le plus « désertique et minimal ». Car elle reprend la bande-son d'*India Song* et elle traverse les mêmes lieux mais détruits, abandonnés aux mousses de la lèpre, tandis que des images d'*India Song I* viennent revisiter le film.

Il n'y a pas assez de cette lenteur à filmer pour montrer l'agonie d'un monde, blanc, massacré par ses propres armes, car de ces murs lézardés, de ces salles de bal lambrissées, de ces sculptures de pierre couchées, de ces treillis de jardin aux mailles percées, de ces hautes fenêtres aux vitres brisées, c'est bien la métaphore du monde qui se meurt, tandis que le blues d'*India Song*, comme une toupie, redit l'histoire du bal, des amants absolus, à la passion si radicale que rien ne peut l'abriter, que tout ne peut qu'exploser en éclats sous la violence du cri.

C'est là le lieu de Duras, celui de la douleur et de la malédiction, cette « maladie de la mort » qui l'occupe et trahit l'impossibilité de Dieu.

La revue *Esprit*, dans ce qu'elle nomme « un parcours d'essence métaphysique », ramène Duras à l'Ecclésiaste, à Pascal. C'est que rarement écrivain ayant revendiqué, et avec quelle véhémence, son athéisme n'a été aussi proche des préoccupations des plus grands mystiques occidentaux, et des grands prophètes de l'Ancien Testament.

Ce rapport à Dieu, Duras l'a toujours maintenu avec cette part d'ambiguïté et de nostalgie qu'elle fait entendre dans tous ses livres et ses entretiens. Dieu est partout dans ses textes, dans les enfants, dans cet inconnu fragile, à peine perceptible d'un mystère, dans sa nuit, dans les miracles de l'amour, dans les ciels de l'estuaire de la Seine, dans ces mouvements indéfinis de la mer, dans le regard lavé de la mer de Yann Andréa, dans sa marche, ses mains dans les mains de Yann, Dieu court sous la peau du petit frère, lisse, comme l'eau qui coulait des jarres, surgit dans le miracle du livre qui se fait, par on ne sait quelle alchimie secrète. Dieu est si présent dans l'écriture qu'il est « devenu, dit-elle, un nom commun », « c'est tout, c'est rien », mais c'est un appel, c'est l'objet de la quête.

Elle en appelle toujours au religieux, à ce qui serait « cet élan muet plus fort que soi et injustifiable », à l'incompréhensible devant soi, que la pauvreté du vocabulaire ne parvient pas à combler, et sur lequel il bute sans cesse, misérablement, quelque chose de l'inconnu qui ne saurait se dire que dans le balbutiement, le silence ou la pantelance du mot, et qui faute de mieux trouve un souffle à dire : « Le bruit vous savez...? de Dieu?... ce truc?... »

Elle n'a pas cessé tout au long de sa vie de clamer son athéisme, de le revendiquer avec une véhémence presque suspecte, mais chez elle tout tend à comprendre ce vide, cette absence, ce manque. C'est pourquoi la série d'entretiens qu'elle a accordés à Xavière Gauthier sont très pertinents à ce sujet. Son interlocutrice semble s'offusquer des tentations métaphysiques de Duras, s'en dit même choquée quand elle tente d'approcher du mystère, de lui donner une connotation sacrée, religieuse. Sa liberté réside ici dans cette manière de vouloir tout saisir du monde et de ses secrets par les moyens les plus multiples, sans jamais se référer à une seule école de pensée, n'hésitant pas à se remettre en question, à renier ce qu'elle a pu même déjà dire. Il n'y a pas de cette souplesse-là chez Xavière Gauthier, de cette intelligence précisément attachée à percer coûte que coûte l'obscure nuit.

Encore en 1990, dans l'interview donnée à la revue des *Inrockuptibles*, elle affirme : « Je ne crois pas en Dieu, je crois dans les rois d'Israël, dans l'Ecclésiaste, dans David, dans les rois de Jérusalem. »

Ce qu'elle affirme comme étant à ses yeux « la plus belle phrase du monde », c'est lorsque l'Ecclésiaste décline son identité : « Moi, fils de David, roi de Jérusalem, j'ai fait des étangs. » C'est dans le mystère même de la proféra-tion, dans sa scansion péremptoire, qu'elle retrouve la quête même qu'elle mène, car comme l'Ecclésiaste, quand elle écrit, elle pourrait affirmer cette identité sacrée pareille-ment : « Moi, Duras, j'ai fait ces livres, je les ai aussi faits dans ''le champ déique'', dans le champ qui est pour Dieu, j'ai écouté le silence des mondes et les cris muets des nais-sances, j'ai été à l'écoute des racines, et aux embouchures des fleuves, j'ai dérivé avec les mers, j'ai suivi les vols épais des oiseaux de mer, j'ai scruté les ciels mobiles au-dessus des marées, et j'ai ramené des choses, des traces de l'Ouvert, des cris de silence. » Car sa vie, son œuvre, indis-solublement mêlées, racontent les interminables genèses, les morts qui ont succédé aux morts et qui ont donné les livres, les films, et les énergies toujours renouvelées pour poursuivre la quête.

En écrivant, elle a conscience qu'elle réalise l'acte le plus sacré qui soit, l'ordonnance de quelque chose d'immensément « foisonnant », qui pullule autour d'elle, comme les eaux de la Genèse, et quand elle rentre dans le livre, c'est-à-dire dans cet état fébrile où de l'inconnu va se dire, s'exprimer plus précisément que la veille, peut-être sait-elle qu'il s'agit d'une histoire du retour, l'histoire de la folle Lol V. Stein, dont « le corps infirme » a remué un jour « dans le ventre de Dieu ».

Revenir au rien, au tout, à l'irrémissible silence du monde, à la fureur secrète de ses bruits, à ce mystère impénétrable, à Dieu donc, c'est aussi rétrécir ce moi obsédant, se départir de tout ce poids que l'écriture endosse, que les textes prennent en charge, réduisant chaque fois celui qui écrit, tant il est vrai qu'écrire c'est mourir, que vouloir écrire, c'est vouloir se donner la mort, perpétrer le meurtre sur soi. « Sinon, qu'est-ce que c'est qu'écrire ? »

Avec Duras, l'écriture ramène inlassablement à cette interrogation sur la vie, sur ce qu'elle est, sur son pourquoi. Comme Madeleine Renaud, l'être physique de Duras se réduit comme une peau de chagrin, et plus elle avance dans le temps, moins sa vie, la vie matérielle l'intéresse, moins elle lui accorde d'intérêt, seulement lieu vivant de l'écriture, comme Édith Piaf dans ses derniers temps, lieu du chant, tenue en vie par la seule force de la voix.

Ce qu'elle donne dans l'écriture, dans ces vastes chantiers que sont ses livres, de plus en plus cassés, comme des approches incertaines, c'est quelque chose arraché d'elle-même, de sorte, dit-elle, que « je ne mourrai à presque rien puisque l'essentiel de ce qui me définit sera parti de moi ».

Le corps, malgré les épreuves aujourd'hui, résiste encore, farouchement ; quelquefois, quand elle parle, on entend à travers le passage de la bande-son un souffle, une respiration malade, que la trachéotomie et l'emphysème ont aggravés. Dans les temps de silence qu'elle ménage, entre deux paroles, le souffle est perceptible, le halètement syncopé qui vient de loin, dit la lutte.

Mais cette respiration difficile, aventureuse, elle est aussi son écriture maintenant, elle est son rythme, son cours. Le temps toujours traverse Duras, la talonne.

Ce qu'elle dit de son œuvre, c'est comme de sa vie, « un désordre définitif », dans lequel il convient de « lire à travers ». Les mailles du canevas s'entrelacent, brouillent tout, mais dans le piège qu'elles forment, il y a des textes qui redisent le même malheur, en harcelant. La précipitation à tourner, à écrire, à fixer la fuite de ses souvenirs, à comprendre le harcèlement de certains autres, les films et les textes qui rôdent tous autour de Lol V. Stein jusqu'à la rendre folle, c'est toujours à cause du frère, du petit frère.

Il faut encore se souvenir. C'est à Vinh Long. Dans les années 30. Dans le parc de l'administrateur général, auquel elle n'a pas accès, il y a des tennis. Et comme le petit frère était beau, et qu'il jouait bien au tennis, « il y avait une exception pour lui ». Elle, elle est hors des courts de tennis. Elle peut à peine regarder à travers la résille des enclos. Exclue, à regarder cette femme, Elizabeth Striedter au regard « invisible », presque désincarnée, et cette rousseur de la chevelure, qui n'irradiait pas, mais éloignait. Et puis l'accident, ce suicide qu'elle apprend, un jeune homme qui s'est tué d'amour pour elle, elle, Elizabeth Striedter, la mère exemplaire, qui conduisait ses petites filles en calèche dans la ville, et aussi la putain de tous. Scène fondamentale, scène majeure qui hante désormais l'inconscient de Duras. Ce petit frère en danger dans le parc clos de l'administration générale, séduit peut-être par Anne-Marie Stretter, et elle, la petite mendiante de Vinh Long, errant aux abords du parc inaccessible, trahie par le petit frère, rivale fascinée de la femme rousse. C'est tout cela qu'elle met dans ses livres, dans ces scènes de bal fastueuses où Michael Richardson oublie la jeune femme qu'il aime pour se laisser emporter par l'étrange Calypso, où le vice-consul, loque humaine, abandonné de tous, vient la chercher et l'entraîner dans la mort.

« Elle m'a amenée à l'écrit peut-être. Peut-être, c'est cette femme-là », dit-elle.

Mais le fantasme à la fin du cycle *India Song* n'est pas encore élucidé ; il faudra attendre 1980, la lecture de *l'Homme sans qualités* de Musil, pour qu'elle comprenne l'histoire qui l'a travaillée en sous-main, l'a conduite au bout de tous ces textes, comme obligée. Après, quand elle aura compris, quand tout se sera comme éclairci, elle pourra parler de l'inceste, de l'amour de ce petit frère, de ce qu'elle lui portait, et lui porte encore, à jamais.

Elle ne cesse alors de répéter, pas seulement pour provoquer, qu'elle fait des films pour « occuper son temps ». Ce temps, oui, qui la traverse, court en telle, celui de ce passé qu'elle ne cesse de piocher, et ne laisse jamais en repos, comme la terre d'une tombe mais qu'elle pioche, jusqu'à épuisement.

Après avoir tourné *Baxter, Véra Baxter*, dont elle n'est pas satisfaite, elle revient aux passions familiales, à ces *Journées entières dans les arbres* qu'elle avait publiées en 1954, mises au théâtre en 1968 et qu'elle reprend maintenant, en 1976, avec cet acharnement, exhumant la terre sépulcrale, profanant son histoire. Elle filme l'infilmable, ce tissu des êtres, ces fragments indécis, complexes qui les composent, inexplicables. Elle est derrière la caméra, elle filme la complicité terrible, foudroyante du frère aîné et de la mère, elle en est la principale victime, la dépossédée de l'amour et elle comprend mieux que tous cet amour-là qui les relie, le fils et la mère, elle les hait et elle les aime tout à la fois, ils sont aussi sa vie.

Elle filme ces moments irrépressibles de l'amour. La

mère dort, elle sait que le fils joue toujours, qu'il a besoin de ça, elle le sait, mais elle s'en moque, elle l'aime quand même. Elle met ses bijoux en évidence, elle sait qu'il va les lui voler, mais elle le fait exprès, une fois encore elle va lui donner quelques instants de bonheur comme jadis, quand il fuguait, et passait « ses journées entières dans les arbres ». C'est ce que filme Duras, presque rien, rien qui se voie, la tension des êtres entre eux, la douleur, la peur de ne pas être assez aimé. Madeleine Renaud, Jean-Pierre Aumont ont l'intelligence de ces silences, mais ce qui s'entend le plus, dans la rigueur avec laquelle elle les filme, c'est cette douleur maîtrisée de Duras, cette compréhension presque gaie désormais.

10

« La noblesse de la banalité* »

* *Le Camion.*

De cette domination d'elle-même, que l'écriture a comme grandie, elle va tirer le personnage de la femme du *Camion*, entreprise la plus insolite qu'elle ait jamais réalisée. Elle cherche à pousser le cinéma dans ses plus ultimes retranchements, sur cette voie de l'imprévu qu'elle a toujours tenté d'emprunter.

Michelle Porte, à qui elle accorde un entretien à la suite de la publication du scénario et des dialogues du *Camion* en 1977, résume le film en ces termes : « Dans un lieu fermé un homme et une femme — la femme, c'est vous —, parlent pendant une heure vingt. La femme raconte une histoire, une histoire qui est celle d'une femme qui monte dans un camion en faisant du stop, et qui pendant une heure vingt parle au chauffeur qui l'a prise en stop. »

Donc dans ce qu'elle appelle « la chambre noire », un homme, le chauffeur du camion, une femme, elle, Duras, vont lire ce qui aurait pu être le film, tandis que d'autres temps, filmés dans des aubes imprécises, montrent le camion traversant des campagnes, la Beauce, et des banlieues, des « cités d'émigration des Yvelines ».

Des variations de Beethoven sur un thème de Diabelli sourdent de ces paysages, roulent avec le camion dans la civilisation du fer et des décharges, des autoroutes et des bunkers. Au départ, elle le dit, elle avait pensé à Suzanne Flon ou à Simone Signoret pour jouer la femme, et comme elles n'étaient pas libres, elle a décidé que ce serait elle, la femme du *Camion*.

Entre Depardieu et elle, le dialogue n'existe pas. Trop accaparé par la foi politique, communiste asservi, « dans l'exercice de son métier », inapte à se remettre en cause, il n'écoute pas ce que dit cette femme, sans identité apparente, « qui invente d'être portugaise, ou arabe, ou malienne », et dont le discours lui semble fou, parce qu'elle parle de tout, de tout ce qui lui vient à l'esprit, sans « lien logique entre les séquences ».

Elle rend la disponibilité de la parole au cinéma, devenu prisonnier de l'image, elle met en scène cette parole et « des images circulent, des images des Yvelines ».

Une telle expérience se situe dans le droit fil de toute son œuvre : elle troue le film de ses paroles, de ses images, elle le laisse ouvert à tous, sans « représentation de l'histoire » qui anesthésie à ses yeux le spectateur, lui rendant cette souplesse, cette liberté de l'imaginaire.

Elle décide de ne plus filmer que dans cette liberté-là, de la parole, dans ce qu'elle appelle « ce débordement », dans le refus du scénario professionnel, prédéterminé, décidé, sûr de lui. Avec *le Camion*, elle poursuit cet état de vacillation, d'errance, de primitif, de préhistorique, qui jaillit, sans qu'elle le contrôle : « Tout à coup, on parle du prolétariat : eh bien, tout à coup on parle du prolétariat, voilà », affirme-t-elle avec provocation.

Elle, elle est vraiment la femme du *Camion*. Celle dont les staliniens décréteraient qu'elle est aliénée, elle est celle qui parle à tous, qui aime interroger les gens sur leur vie, sur leur appartement, sur leur métier. Qui s'en inquiète même et qui fait peur, pour cela même, aux gens. Elle est cette femme du *Camion* depuis toujours, depuis l'enfance indochinoise, libre comme les Chinois parce que, dit-elle, dans *l'Amant de la Chine du Nord*, « on ne peut pas les attraper pour les coloniser », disponible à tous les spectacles de la vie et de la nature, se faufilant dans les chemins de buffles, rôdant dans « les bals de la cantine du port de Réam », offerte parce qu'elle le veut bien au désir du Chinois, riche de l'orgueil secret de sa mère, l'orgueil affiché du censeur du lycée de Saigon qui, la convoquant pour avoir « fait le mur », lui déclare tout de go : « Continuez à faire ce que vous désirez faire, sans conseil aucun. »

Elle a toujours désiré ce statut-là d'exilée, de non-conformiste, de « boycottée », elle le revendique : « Elle se veut telle, être à cette place-là. »

Elle a ce même amour des choses, du « général », de ce grand bateau dérivant de l'humanité, traversant le temps. Au-dehors de la « chambre froide », une pièce de Neauphle, il y a le monde organisé, avec ses routes, ses nœuds de routes, ses cités et ses magasins à grande surface et ses panneaux publicitaires.

Elle le voit, ce monde, elle a de la tendresse pour lui, elle le filme dans sa lumière filtrée du petit matin, dans son engourdissement de la nuit, dans sa gelée blanche. Il reste encore les grandes plaines céréalières, broutées comme les crabes du *Barrage* par les cités-dortoirs, les terres meubles et grasses de la Beauce, où pointent néanmoins à l'horizon les flèches des cathédrales.

Elle invente le film, au fur et à mesure ; c'est l'écriture qui se fait, se déroule, se dit. Pour mieux faire entendre ce simulacre, elle use du futur antérieur hypothétique : « Ç'aurait été un film... Au bord de la route une femme aurait attendu... On aurait vu la cabine du camion », montrant par là, à l'instar du grammairien Grévisse qu'elle cite en exergue, que ce conditionnel qu'utilisent les enfants pour jouer transporte « en quelque sorte les événements dans le champ de la fiction », détruisant ainsi le système narratif d'un Balzac.

La « chambre noire », la chambre de Neauphle, c'est ce lieu où se joue l'écrit, sorte de « mine » où s'agrège tout, « l'intégralité du vécu », et cet « écrit non écrit, c'est l'écrit même ».

A Neauphle, auquel avec Michelle Porte elle consacre la même année un livre, *les Lieux de Marguerite Duras*, elle montre la « chambre noire » où s'écrivent sous une pression obscure, inconnue, les textes qui se livrent dans leur dérive même.

A Neauphle s'entassent la solitude, les nuits d'ivresse, les soirées avec les amis, la présence tangible, insupportable presque de l'écriture, car comment vivre sans elle, les menus actes du jour, les nuits laissées au silence et à l'imprévisible, les roses de Versailles coupées et déposées dans un vase, les brouillards qui s'affalent sur le parc, et des photographies épinglées dans un cadre, la mère, le petit frère, des toiles d'araignée qu'elle n'enlève plus, accrochées au haut des murs, car pourquoi les déloger puisqu'elles persisteraient à revenir ?

En face d'elle, il y a les paroles bâillonnées, les croyances politiques, les fascismes de toutes sortes, l'immobilisme des partis, leur manière de faire de leurs militants des flics, des chiens de garde de leur politique.

A cette époque, elle pourrait dire encore qu'elle est communiste dans cette fidélité aux premiers utopistes, mais elle se détache néanmoins de ces étiquettes, préférant parler d'« utopie politique », se placer du côté des inventeurs, des prophètes, du Fidel Castro des premiers jours, du pari d'Allende, des résistances de Walesa.

Toujours farouche, elle garde cette parole essentiellement politique, mais qu'elle situe dans sa liberté à oser parler de tout et de se tromper, d'avancer quoi qu'il arrive, d'être vaille que vaille sur cette voie de vérité qui n'a pas de plan de départ, mais persiste à avancer.

C'est cela qu'elle appelle « la voie du gai désespoir ». Ce qu'elle tente de dire, elle ou la femme du *Camion*, c'est : « Rejetez la peur inculquée », cette peur qui vous maintient sous dépendance, vous interdit de progresser, de voir, et « massacre », comme elle dit, « tout esprit de liberté ».

Mais que cette révolte-là se fasse dans la gaieté, et cet état sera le plus révolutionnaire d'entre tous car il fera peur alors aux pouvoirs. Au routier trop aliéné pour comprendre, elle propose cette « solution personnelle » pour endiguer « l'intolérable du monde ».

Mais qu'il aille à sa perte, ce monde sans esprit, que tous les survivants s'alignent sur « le dernier coolie, et qu'on recommence » !

Tout se passe dès lors comme si sa vie même se dépouillait de la contingence, des autres, des obligations et de toutes les dépendances de la société. Cet amenuisement de la vie matérielle la porte aux choses spirituelles, aux gestes essentiels.

De plus en plus, comme alourdie d'un savoir secret, elle ressemble à ces conteurs d'Extrême-Orient, d'Afrique noire ou du Maghreb qui parlent en légendes, en fables, semblent avoir des connivences avec les forces sacrées, premières, telluriques. Débarrassée du politique, de tout l'appareil qui gère la parole militante, libre en un mot, elle retrouve la simplicité du premier verbe, la naïveté des premiers jours, à l'écoute des choses silencieuses.

Elle privilégie l'écriture comme « porteuse du tout, l'écriture porteuse d'images comme si on avait dévoyé l'écriture, comme si on l'avait fragmentée, la remplaçant par des images, peut-être ».

Elle aime raconter des histoires, d'autrefois, de maintenant, laisser parler la parole, lui donnant le libre passage, l'écoutant se faufiler partout, là où elle ne connaît pas, dans le foisonnement de son flux.

Dans la sinuosité de ses méandres, le fleuve de l'oubli qui coule impassiblement a déposé quand même les traces de l'existence : quand elle publie *les Lieux*, reviennent décidément l'enfance, l'Indochine, la mère, l'épopée légendaire que la mémoire a mythifiée. Tout est installé de longue date, pour revenir sans cesse à l'endroit exact de cette vie sauvage passée dans l'eau des *racs* et dans l'épaisse moiteur des jungles.

Le livre fondateur, *Un barrage contre le Pacifique*, est harcelé comme les eaux de l'océan, déboutant tout autre projet, imposant de revenir à l'enfance, à ses révoltes, aux violences sublimées de la mère.

Quand elle écrit en 1977 *l'Eden Cinéma*, qu'elle donne à Madeleine Renaud, elle revient donc aux jours de l'Indo, à la folie de la mère, à son obstination, à cet amour immense et terrible qu'elle portait aux siens et, au-delà d'eux, à la « misère qu'elle ramassait partout », à ce petit frère avec lequel elle s'accordait pour danser « comme un seul corps », à ce miracle de l'union, qui ne s'explique pas, mais se vit, s'entend dans la tension des corps, dans l'émerveillement que leur accord provoquait autour d'eux, à ce silence qui passait entre eux et les reconnaissait comme la rencontre mystérieuse, millénaire, du vice-consul et d'Anne-Marie Stretter.

Avec cette œuvre nouvelle, Duras opère un double mouvement, l'aveu de plus en plus grand de la réalité autobiographique contrebalance la légende qu'elle bâtit, les nuits passées à jouer du piano pour la mère à l'Éden Cinéma, dans la fosse d'orchestre, et le mythe des âmes sœurs que relie la danse.

L'itinéraire romanesque entrepris depuis 1943 affiche à présent sa réalité existentielle, et tout en se précisant — les origines de sa mère, paysanne près d'Arras, l'escroquerie dont elle fut réellement victime lors de l'achat des terres —, elle la rend à la littérature, c'est-à-dire à ce flot d'images symboliques, relayées par l'imaginaire, porteuses d'un monde dégagé des contraintes de la vie matérielle.

Elle revient à cette vie pour mieux l'abandonner, pour mieux la dépouiller de toute chronologie, pour la placer dans le temps de l'éternité, de même que personne ne saura jamais si les complexités de l'enfance de Proust racontées par lui dans les premiers tomes de la *Recherche* sont bien réelles ou revisitées par l'imaginaire.

Est-ce un nouveau tournant ? L'écriture s'avoue plus poétique, s'abandonne à cette coulée lyrique, à contre-courant de toutes les modes littéraires de l'époque, à une langue déjà « courante », dont elle fera bientôt son principe, livrée aux seuls changements de l'instinct, au lyrisme du désir.

Comme Pascal, elle avance dans sa « nuit de feu », dans ce gouffre qui l'absorbe, dans « ce premier âge des hommes, des bêtes, des fous, de la boue ».

En 1978, toujours dans ce cours infernal de la création, inévitable, elle écrit *le Navire-Night*.

Un ami lui raconte l'histoire qu'il a vécue : travaillant alors dans un service téléphonique, il fait un numéro au hasard une nuit de juin 1973 ; une personne lui répond, inconnue, une conversation s'engage au cours de laquelle il lui donnera son numéro de téléphone. Pendant trois années, ils communiqueront ainsi sans jamais se rencontrer, trois années au cours desquelles un amour, une passion naîtra. Des indices feront apparaître que la jeune femme est malade, elle lui avoue enfin qu'elle va se marier avec son médecin. Puis les appels cessent, peut-être est-elle morte.

Il était tentant pour Duras — « inévitable », dira-t-elle — d'écrire cette histoire de la nuit et du gouffre. L'écriture se met à révéler l'ardeur de cette passion, sa naissance puisée au fin fond de ces abîmes téléphoniques, sa lente maturation malgré la distance, cette jouissance qui naît malgré elle, dans la tension du langage, « les yeux fermés ». Écrire *le Navire-Night*, c'est partir de nouveau dans l'inconnu de la vie et de la mort, être emporté dans le grand souffle du désir, accéder à son accomplissement.

Elle eut besoin du film, de ce qu'elle crut être une nécessité, un progrès de connaissance, une force de lumière supplémentaire qui éclairerait davantage la passion de braise. Elle nota sur son carnet aux premiers jours d'août 1978 : « Film raté. »

Alors pourquoi le film ? Elle répond : « Comment, comment occuper la vie ? »

Le texte du *Navire-Night* opère un changement dans le périple de sa vie. Il la rend à la littérature, au « labeur » des années 60, aux terribles solitudes de l'écrit. Ce qu'elle avait cru avec *India Song* être une possibilité illimitée de prolonger l'écrit, elle le réfute à présent, comme si l'image tuait la littérature, massacrait le désir jamais autant recelé que dans l'écrit.

Elle affirme ici la primauté du langage sur l'image, celle encore du secret des mots, de leur étrange assomption, sur « l'épouvantail de la lumière ».

C'est l'histoire de « l'homme jeune des Gobelins », J.M., qu'elle raconte, telle qu'il la lui a fournie, enregistrée sur bande magnétique, et c'est aussi la sienne : comme les personnages du texte, « pendant des nuits », elle vit « le téléphone décroché », c'est-à-dire cette relation ininterrompue qu'elle a entreprise depuis tant de temps déjà avec les autres par les livres, les films.

Elle aussi dort contre le récepteur, à l'écoute de ce qui ne se dit qu'à mi-voix, dans le silence des nuits et le tumulte des rêves.

Dans cette perspective, « écrire, c'est n'être personne », n'avoir aucune identité, aucune vie à raconter, aucun événement de soi, mais se nourrir de l'impossible rencontre, de tous les manques, de tous les vides.

Elle croit toujours qu'il faut laisser au texte son entière autonomie, le laisser respirer avec son souffle propre, lui donner les chances de l'image, de la scène, des voix des comédiens, de l'attente sourde de désir des spectateurs. Aussi, cette même année, tente-t-elle à la fois de présenter *le Navire-Night* au théâtre et au cinéma. A l'Athénée, Michael Lonsdale, Bulle Ogier et le travesti Marie-France, sous la direction de Claude Régy, font circuler entre eux le texte, aucun des rôles n'étant attribué définitivement, donnant ainsi au langage la force de la houle, qui ne peut se capturer mais toujours échappe, insaisissable. « Ils essayent [les comédiens], dit Duras, d'ancrer l'histoire dans un texte, dans un film. De la retenir dans un texte. De la faire tenir dans un film. »

Puis le film, tourné dans une sorte de triple écho, répercutant des images d'un film en préparation, celles des trois comédiens, Bulle Ogier, Dominique Sanda et Mathieu Carrière, et enfin les voix off de Duras et de Benoît Jacquot.

C'est dans ce va-et-vient des images, des voix et des personnages que « l'indicible du texte » sera « atteint », dit Duras. « On a mis la caméra à l'envers et on a filmé ce qui entrait dedans, de la nuit, de l'air, des projecteurs, des routes, des visages aussi. »

Elle fait tomber par là les frontières entre les genres, « mettant à l'épreuve » le théâtre et le cinéma, attelée uniquement à transcrire le vertige du gouffre, à rendre compte de ce trou noir, l'inconnu qu'elle traque toujours. « Les gens, dit-elle, dans une interview accordée aux *Nouvelles littéraires* du 29 mars 1979, qui n'ont pas pénétré dans leur inconnu, c'est en quoi ils sont étrangers à eux-mêmes. Connaître cet inconnu, c'est impossible. Mais il est important de savoir qu'il est là, comme on pressent le monde autour de soi. Ceux qui ne le pressentent pas sont des infirmes. »

Elle devient une image légendaire, rejoignant des millénaires, des gestes mystérieux, restés sans signification apparente. L'a-t-elle bâtie de toutes pièces ? Ses détracteurs l'assurent, prétendant qu'elle sut faire usage de tous les événements, des médias, avec un cynisme consommé. Mais la constance de son parcours révèle sa fascination pour cette mélodie secrète des âmes à laquelle elle consacre sa vie, pour ses murmures proférés dans la nuit. Elle est en littérature l'équivalent symbolique des grandes mystiques qu'un signe a appelées et qui, désormais, toutes tendues vers l'unique but de Dieu, s'engouffrent dans sa connaissance obscure, avides de sa lumière. Dès lors, chaque acte, chaque rencontre, chaque livre est une trace tangible de la Marche, de l'Ouvert devant elles.

C'est pourquoi l'événementiel et le politique bavard ne la concernent plus ; elle est celle qui « criait il y a trente mille ans ». Fascinée par le sauvage, le préhistorique, elle parle au cosmos, à la rumeur interstellaire plus qu'à l'actualité. Ses airs de pythie dérangent ; on s'en moque, on la brocarde, on l'isole ; elle prétend ne pas s'en plaindre, quoiqu'en privé elle dise en être atteinte.

Que la critique soit souvent lassée du périple solitaire et narcissique, elle y voit des raisons de soulagement, comme si le délaissement la rendait davantage à cette quête forcenée, comme s'il y avait « donc un prix à payer à quelque chose dans l'histoire ». « Le rôle de la critique, c'est aussi celui-ci : abandonner les auteurs à eux seuls. C'est très bien. » Et de fustiger au passage, dans l'interview accordée à *Libération* du 4 janvier 1983, Pierre-Henri Simon, Bertrand Poirot-Delpech, Jacqueline Piatier, tous journalistes au *Monde*, « car s'il n'y avait eu que ces trois-là, je n'aurais pas été publiée ».

Des « plans abandonnés du *Navire-Night* », elle fait *les Mains négatives* et *Césarée*, textes et films, en 1979, deux courts textes qui relatent la même obsession, le même désir de relier les êtres entre eux, par-delà les mondes, les guerres, le temps.

Elle aime les gestes inexpliqués, inexplicables malgré l'intelligence et le savoir, de ces premiers hommes, imprimant leurs mains teintes de pigments bleus, rouges ou noirs, qu'elle situe dans sa géographie mythique sur les parois des grottes magdaléniennes de « l'Europe sud-atlantique ». Elle aussi tente les mains négatives, ces textes imprimés, comme des actes sacramentels, ouverts, ces actes d'amour sauvages, cette force d'aimer ; comme les mains, ses textes veulent en appeler à l'amour, à la mémoire, au temps : « Je t'aime plus loin que toi

« J'aimerai quiconque entendra que je crie
« Que je t'aime
« Trente mille ans
« J'appelle
« J'appelle celui qui me répondra
« Je veux t'aimer je t'aime. »

Obstination folle, démesurée, qu'elle reloge dans *Césarée*, le lent lamento de celle qui raconte, comme le poète antique, le départ de Rome de Bérénice, répudiée pour raison d'État par Titus, l'empereur.

C'est dans ces lieux-là que Duras vit sa vie, au fond du navire, avec Bérénice, au fond des grottes, avec les hommes d'avant l'histoire, télescopant les espaces-temps, et dans ce deuil, elle retrouve les accents des premiers épiques, la scansion des premiers poètes, le lyrisme des livres saints.

Elle est Bérénice, qu'elle décrit ainsi : « Très jeune, dix-huit ans, trente ans, deux mille ans. » Comme elle, elle se décrira dans *l'Amant*, à dix-huit ans, vieillie, « déjà trop tard ».

Tout ne débouche que sur des apocalypses, des mondes en perdition, des ruines et des ravages. Les visages en une nuit vieillissent, « l'éclatement des cendres » détruit les villes et les êtres, tout ressemble aux désastres d'Herculanum et de Pompéi.

Il faut en passer par la mort, tant la « fixité quasi mathématique de cette séparation entre les gens » est absolue et terrible, empêche de vivre. Car toujours reste en mémoire ce télégramme adressé de Saigon pendant l'occupation japonaise, annonçant la mort du petit frère, elle à Paris, lui à Saigon, pas même mort dans ses bras, pour qu'elle puisse lui dire l'amour, celui-là qu'elle lui portait, qui enfin est parvenu à émerger du temps et des interdits. De ce monde mort qui l'entoure, de cette impossibilité de l'accord, elle cherche la lumière, pas toujours la nuit, le paquebot errant où son destin l'a placée, elle pense à la rotondité parfaite du sein d'Hélène Lagonelle, son amie de pension à Saigon, rond comme la terre, comme le renflement des jarres avec lesquelles le Chinois lui donnait à boire, lisse comme la peau du petit frère, comme le velouté des roses anciennes du jardin de Neauphle.

Elle en revient quand même aux juifs, au massacre des juifs, « jamais remise » du crime nazi. Les variations d'*Aurélia Steitner*, *Aurélia Melbourne*, *Aurélia Vancouver* et *Aurélia Paris* attestent cette douleur, la présence constante de l'émotion. Elle tourne les deux premiers *Aurélia* en 1979, publie la trilogie la même année. Et toujours, au cœur du texte, l'écriture considérée comme un « appel à aimer », par-delà la mort.

Avec les *Aurélia*, elle « recommence à écrire », comme si après Anne-Marie Stretter il y avait à présent Aurélia qui lui donne la force, le courage, le défi de parler des juifs, auxquels elle se sent attachée. « L'histoire des juifs, c'est mon histoire, dit-elle à ses hôtes canadiens en avril 1981. Puisque je l'ai vécue dans cette horreur, je sais que c'est ma propre histoire. »

11

« Puis quelqu'un est venu* »

* *Marguerite Duras à Montréal*, p. 40.

Mais les années 80 lui donnent une nouvelle impulsion de vie, une envie d'écrire plus forte, débarrassée de l'écriture même, livrée aux grands mouvements de l'univers. Elle croit moins à la nécessité du cinéma, même du sien, à sa capacité à fournir dans l'image la force même recelée dans les mots. Quand Serge July lui demande pour *Libération* «une chronique qui ne traiterait pas de l'actualité politique ou autre, mais d'une sorte d'actualité parallèle à celle-ci, d'événements qui [l]'auraient intéressée et qui n'auraient pas forcément été retenus par l'information d'usage », elle accepte volontiers, trouvant dans cette disponibilité «parallèle» le lieu nouveau de son écriture. Elle vit cet été 80, à Trouville, dans la proximité de la mer, dans le mouvement continu des marées, dans le vent qui balaie les odeurs pestilentielles du complexe chimique d'Antifer, là-bas, près du Havre.

Aux Roches Noires, ce n'est plus le silence ouaté d'*India Song*, l'agonie somptueuse du palais Rothschild, les résidents secondaires sont arrivés pour la saison, et bien que la plage ne soit pas surveillée de ce côté-ci, des enfants des colonies de vacances, venus des banlieues de Vitry, de Sarcelles, des villes rouges, l'occupent tout entière parce que l'espace y est plus dégagé. Dans le vaste hall du palace, des gens inconnus, des locataires pour la plupart, s'affairent, ont des préoccupations saisonnières qui ne sont pas

forcément celles de Duras. Elle est comme Proust observant les touristes, dans la douceur de l'été de Balbec, parmi
les grâces de mousseline des jeunes filles en fleurs.

Cet été 80, le temps est changeant, des pluies longues
viennent balayer le ciel, rendre à la plage une nostalgie
d'automne, mais de son « belvédère » elle veut tout voir,
des gens qui passent et se promènent aux variations de la
lumière, « de l'eau remuée » aux « bruits des moteurs » des
petits bateaux cabotant le long du rivage.

Chaque semaine elle écrit donc la chronique de l'été 80.
Elle sent que cette forme nouvelle d'expression la rend au
monde de manière plus vaste, elle vit concentrée dans ce
vaste appartement, et elle est quand même « avec vous tous,
avec tout le monde ». Car elle ne se borne pas à décrire
l'état du jour, elle répercute aussi les événements du monde,
les télescope avec les mouvements banals de la plage. Cet
été-là, on enterre le shah d'Iran, la famine sévit en
Ouganda, le cyclone Allen ravage des îles entières, et surtout les chantiers navals de Gdansk en Pologne défient le
pouvoir communiste.

Ce qu'elle croit de l'écrivain (« sinon qu'est-ce que c'est
écrire ? Du sport ? »), c'est qu'il possède cette capacité de
tisser avec les mots l'histoire du monde, de voir au sens
le plus visionnaire du terme les enchâssements qui le cons-
tituent et l'expliquent.

Bien plus encore, elle isole du paysage un groupe de jeunes enfants jouant sur la plage, zoome sur un enfant, étranger aux autres, que la monitrice essaie d'apprivoiser,
décelant entre eux la naissance d'une histoire d'amour.
C'est de cet enchevêtrement de textes que se compose *l'Été
80,* de la chronique fugitive, vouée au désastre du temps
qui passe inexorable, et qui raconte quand même, fragmenté
et parcellaire, la vie qui va, vient, s'épuise et se meurt,
meurt enfin et renaît ailleurs, ici, partout, maintenant.

Croyait-on la retrouver identique à ses premiers articles,
ceux de *France-Observateur* ou de *Vogue* où elle excellait
à rendre compte des faits divers, des états marginaux de

certains êtres qui la fascinaient ? Faisait-elle donc ces articles parce qu'elle avait besoin d'argent, comme souvent
elle l'a proclamé ?

La manière d'écrire, pas nouvelle cependant, car partie
des mêmes sources, du Gange et du Siam qui apparaissent
encore, la rend « au pays natal, à ce labeur terrifiant qu'elle
avait quitté depuis dix ans ». Tout Duras, son imaginaire,
cette fluidité des notations, cet impressionnisme sont là,
de nouveau, encore allégés par une écriture « courante »,
qui cavale sans s'attarder aux effets, mais dit avec son inimitable scansion la variation du temps, à la manière de
Diabelli ou de Bach, dans cette sorte d'innocence néanmoins élaborée, dans cette apparence déliée, qui saisit « la
crête » des mots, dans ce regard obscurci par d'épaisses
lunettes, et qui voit cependant au plus loin. Elle veut ici
charrier le monde dans son ensemble, du microcosme —
le sable, les imperceptibles mouvements des marées — au
macrocosme, le vent, les tempêtes, et l'au-delà des frontières, la Pologne, l'Afrique, l'Inde, l'Indochine. Tout cela,
depuis ses fenêtres devant lesquelles passe le chemin des
planches, recouvert du sable de la plage, et où néanmoins
défile le monde entier. Dès lors à quoi bon sortir ? Elle est
dans l'appartement « inside » et tout autant « outside »,
c'est-à-dire dans l'état du phare qui voit à l'infini des choses et du monde.

Elle est dans cette perpétuelle ambivalence, qui crée la
vraie histoire, métaphysique, de l'univers. Pascal ne faisait pas plus, reclus et malade, s'occupant du monde, de
sa rumeur quotidienne, rendu au silence de l'infini et néanmoins attentif aux mouvements des sociétés et des hommes. Ni Proust, dans sa chambre capitonnée de liège,
décrivant les passages dicibles et indicibles des événements.
Ni Saint-Simon, coupé en apparence du monde dans sa
mansarde de Versailles et observant quand même le roulis
du monde.

Dans sa traversée solitaire, elle reçoit des lettres, d'êtres
qu'elle ne rencontrera jamais, auxquels elle ne répondra

pas, mais qui sont comme autant de signes de lumière adoucissant la douleur, le désespoir d'être, cet état tragique du monde qu'elle endosse. C'est dans cette épaisseur que se fait l'écrit, dans cette matière étrange et impossible à maîtriser, qui ne suit que les désirs.

Elle lit ces lettres, elle entend les voix qui les écrivent, qui clament leur amour, cette envie de la connaître mieux, de pénétrer ses secrets. Certaines sont anonymes, elle en reçoit devant sa porte, qui ne transitent pas même par la poste, mais qu'on dépose sur le paillasson, à Paris, ou à Trouville. Écrire à Duras, c'est tout à fait différent d'écrire à un autre écrivain dont on admire l'œuvre. C'est que justement ses livres, la capacité fascinante qu'ils possèdent incitent à une autre relation, à un registre plus mystérieux, où circulent les forces du désir. Elle a tenté d'expliquer cette étrange relation qu'elle inspire. Les vrais écrivains « sont des objets sexuels par excellence », ils « provoquent la sexualité ». En eux quelque chose retient la peur, la folie, la douleur, l'angoisse. L'œuvre qu'ils créent attire les gouffres, parle davantage de l'inconnu, se place aux marges de la vie, là où surgit la mort, éloigne des choses certaines, prédispose au danger. La distance même qu'elle instaure avec les autres, la différence provoquent l'envie de pénétrer, de forcer ce mystère, d'en être le témoin même précaire. Le corps de Proust est infiniment sexuel pour ces raisons-là, sollicite le ravissement ; celui de Duras aussi dont l'œuvre n'a su parler que de ces cris larvés ou explosés de la passion, prête à ces étranges confidences qu'elle reçoit et dont elle avoue souvent tomber amoureuse. Elle est en cette première partie de l'été 80 seule, désespérée, parquée dans cette « terre étrangère » qui est celle des écrivains, comme elle dit ; elle écrit aussi des lettres à des inconnus, comme elle aime quelquefois téléphoner à des gens qu'elle ne connaît pas et, dans « le gouffre téléphonique », apaiser cette souffrance, communiquer, parce que « la pire chose, c'est de ne pas aimer ». Elle a soixante-six ans, elle boit de nouveau beaucoup, sans savoir pourquoi ; elle passe des nuits à boire ; à Neauphle, elle est écœurée par l'odeur des centaines de roses qui peuplent le jardin, saturée par leurs senteurs lourdes, et n'a qu'une envie : « Écrire, toujours. Toujours ça. Tout le temps. » Cette tyrannie de l'écrit, elle la subit comme une manière de ne pas mourir, de ne pas laisser prise au temps qui avale tout. Chez elle, malgré le vin, malgré la souffrance, elle implore toujours l'écrit. Parce que quand « j'écris, je ne meurs pas ». Une formidable rage de vivre, une énergie vitale la possèdent, ont raison de sa douleur, de « l'obscurité du temps », de « l'épaisseur et de la lourdeur des jours ».

Elle écrit des lettres comme les femmes des grottes préhistoriques posaient leurs mains, là, sur les parois, badigeonnées de couleurs, et les imprimaient comme un appel à l'avenir du monde, un signal de détresse, un S.O.S. Elle montre dans les livres, dans les films, dans les cités-dortoirs qui défilent dans *le Camion*, avec l'armada africaine du petit matin balayant les rues de Paris, autant de « mains négatives », interpellant le monde, le prenant à témoin, inscrivant là leur marque.

Janvier 80. Elle raconte dans *la Vie matérielle* le désastre du corps. L'ennui mortel de vivre la ravage, massacre son esprit ; elle continue toujours à boire, tombe en syncope sous l'effet des antidépresseurs qu'elle prend malgré l'alcool. Elle entre à l'hôpital de Saint-Germain-en-Laye ; le Navire-Night dérive dans la nuit, n'a plus de repères, de ces « accidents de lumière » qui font en sorte qu'elle vive encore, quand même. Une sorte de trou noir l'aspire, vers des nuits de plus en plus solitaires, dans cette difficulté d'être, inévitable, impossible à contrôler.

Parmi les correspondants qui lui adressent des lettres, il y a surtout celles, « admirables », d'un jeune étudiant de Caen, Yann Andréa, auquel elle n'a jamais encore répondu, qu'elle a rencontré un soir à Caen, lors d'une projection d'*India Song*, mais qu'elle ne veut pas connaître autrement que dans cette tension mystérieuse, spectrale qu'elle entretient avec tous ceux qui lui écrivent.

Dans cette relation de désir, corps d'elle-même ouvert à tous, comme celui d'Anne-Marie Stretter, abandonnée, putain de tous, à qui elle permet cette complicité des aveux, des confidences, des cris clamés sur le papier.

Et puis dans le désarroi le désir de Yann Andréa naît, elle lui répond un jour, elle lui renvoie sa solitude, son cri, « combien c'est difficile... de vivre encore ». Il y a de la folie dans cette rencontre, quelque chose qui veut défier encore le temps, dans la différence des âges, dans le déséquilibre des savoirs, dans l'impossibilité de l'accomplissement.

Après la crise de l'hiver, elle part à Trouville. Elle voudrait y rester longtemps, jusqu'à l'hiver, jouir de ces mélanges du ciel et de la mer, entendre leurs rumeurs la nuit quand la chambre où elle dort est toute pénétrée des éléments, n'arrive pas à s'isoler complètement.

Et puis, Yann Andréa a téléphoné. Il a demandé s'il pouvait venir la rejoindre, elle a dit oui ; il est arrivé à Trouville ; c'est une « folie », elle le sait, elle l'accepte, elle sait que quelque chose va commencer, qui va permettre au navire de repartir, de continuer l'écriture autrement, de défier la mort, parce que tout n'est pas encore épuisé, tout n'a pas été dit, de ce qu'elle a en elle, tout n'est pas extorqué, arraché de cette matière vive.

Ce thème de la rencontre, si romanesque, si intensément passionnel, remet en question tout ce qu'elle a pu dire autrefois sur son impossibilité à vivre avec les hommes désormais, renverse toutes les affirmations péremptoires.

Lui, il « a abandonné son travail, il a quitté sa maison. Il est resté ». Il y a entre eux quelque chose d'indicible qui les relie, une force irrésistible, un élan passionnel qui les renvoie au fusionnel de la vie, aux mélanges des terres et des eaux des premiers jours, à de confuses légendes, à des mythologies où les amants se protègent de la mort, vivent dans le mutisme de cet amour qu'ils vivent, terrifiant, sublime.

Entre elle et Yann Andréa, la relation est de l'ordre de

la reconnaissance, de l'indicible, de la certitude en même temps de leur amour, exprime cette gratitude d'en être submergé.

Avec sa manière de dire les choses les plus intimes, les plus secrètes sur un ton absolu, affirmatif, elle déclare : « Il m'est arrivé cette histoire à soixante-cinq ans avec Y.A., homosexuel. C'est sans doute le plus inattendu de cette dernière partie de ma vie qui est arrivé là, le plus terrifiant, le plus important. Ça ressemble à ce qui se passe dans *la Douleur*. »

De l'attente viscérale de Robert Antelme dans les camps de la mort abandonné entre deux bat-flanc, comme Aurélia Steiner, comme un de ces enfants cachés dans les camps, « accident dans la généralisation de la mort », à cette passion absolue, c'est toujours le même parcours brutal, où la mort joue sa part, où la précarité de l'existence est sans cesse rappelée dans ce malaise d'être comme dans la fragilité des sables, sans cesse soumis aux jeux aveugles des marées.

C'est toujours la même histoire qui recommence, la seule qu'elle puisse jamais connaître, dans l'intolérable, dans l'inévitable, dans la brûlure du tragique. Toujours la même violence des passions, vécues comme une mystique, dans cette sorte d'absolu et d'intransigeance.

Prophétique, elle disait dans *les Parleuses*, en 1974 : « Souvent les femmes qui ont transgressé quelque chose, en produisant, se plaisent... en compagnie d'homosexuels hommes. » C'est cette part de féminité qu'elle aime dans Yann Andréa, cette différence qu'il a par rapport aux autres hommes, qui lui inspirent, dit-elle, une « peur physique », cette compréhension intuitive qu'il a, lui, Yann Andréa, de son œuvre, cette connaissance d'elle qu'il avoue, « depuis toujours », comme s'il était un personnage échappé de ses livres, un de ces êtres qui ont traversé des miroirs, ou se souviennent trop de leurs premières fêlures, et crient leurs souffrances dans les rues de Lahore ou de Trouville.

Et puis il y a la voix de Yann Andréa, celle qui parle dans *le Navire-Night*, « qui fait les choses, le désir et le sentiment ».

Le retenir auprès d'elle, c'est afficher aux yeux de tous le scandale de « cette communauté inavouable », comme dirait Blanchot, ce couple autarcique qu'ils forment, où cependant l'écriture circule, au point qu'aucun livre de Duras désormais ne s'écrit sans l'ombre de Yann Andréa, figure mythique de l'œuvre. Rester auprès de lui, c'est défier les autres, recommencer une aventure, dans le droit fil de ses textes, mettre au jour ce dont se nourrit l'écrit, tous les manques, tous les désirs ensevelis, ce qui est, malgré le corps refusé, de l'amour.

Toujours dans sa vie, elle a été proche des hommes féminins, les seuls qui puissent approcher des zones indécises où elle rôde, avoir cette connaissance-là, du désir, du tremblement des roses, de leur agonie, le soir, des lumières incertaines, fugaces, des ciels normands, de cet ailleurs. Elle dit avoir toujours été « contre eux », les hommes, contre leur manière d'affirmer, de vouloir vaincre, de n'être jamais à l'écoute, mais dans ce faire de la vie, intolérable, qui empêche de sentir et de voir. C'est cette loi-là qu'elle a refusée, cette sujétion dans laquelle ils la mettent, la détruisent, l'empêchent de créer. Elle aime Bruno Nuytten, Sami Frey, Michael Lonsdale, Gérard Depardieu pour ces raisons-là : ils assument cette part de « féminie » qui est en eux, l'exploitent, la font vibrer et c'est dans ce jeu de violence virile et d'écoute féminine qu'elle aime les hommes, dans cette forme fragile de l'androgynat approché, dans cette confusion assumée.

De Yann Andréa, elle subira l'archaïsme de sa nature, ses colères et ses cris, sa furie à taper sous la dictée le livre en devenir, ses hurlements dans l'appartement de Trouville, comme ceux du vice-consul, cris de l'impossible amour, de l'impuissance d'aimer, de rejoindre ce gouffre du corps, et néanmoins cette plongée de l'un dans l'autre, quand « la mer est calme » et qu'« on la regarde », quand ils « entrent » dans une chapelle minuscule et qu'ils se reposent, dans l'odeur des cierges qui brûlent.

La fascination qu'elle exerce d'ordinaire « émerveille » au sens propre Yann Andréa. C'est comme un ravissement, un sortilège, une rencontre incontournable. Comme pour ne pas laisser échapper cet amour, elle l'emprisonne dans l'écrit, lui donne une valeur symbolique, mythologique. Comme elle prétend que sa « vie n'existe pas », elle l'invente, dans cette mise en scène de l'amour, dans cette théâtralité faisant d'elle et de Yann Andréa un couple de légende qui ne survivrait pas à la mort de l'autre.

Car il s'agit toujours chez elle de déplorer ce qui fuit, ce que le temps dérobe, et qu'elle voudrait à tout prix préserver, arracher : « Vous êtes émerveillée par la splendeur des corps, la blondeur de la peau, vous dites : Ça va grandir, ça va disparaître, on voudrait retenir cette beauté. » Ce qu'elle a cherché à faire, c'est cet acte-là, précis, transgressif, retenir la ferveur des jours, la rotondité des corps, la pulpe des chairs, la mobilité de la lumière quand elle poudre d'or, comme un Vermeer, l'estuaire de la Seine.

Boire, écrire, aimer sont autant de ces recettes pour contrer la marche du temps, qui spolie, indifférent, les êtres de la beauté du jour.

Elle vit avec Yann Andréa cette quête ardente de la fusion originelle, pratiquant une sorte d'insularité amoureuse, tous deux tendus dans le devenir de l'œuvre, la leur désormais, celle qui se fait dans la passion de cette histoire, qui les retient et les foudroie.

Mieux encore, l'amour qu'elle porte à Yann Andréa la renvoie à cette nostalgie de la totalité à laquelle elle tend depuis toujours, à cette utopie peut-être là atteinte ; amoureuse de l'amour, elle aime aussi Yann Andréa pour lui permettre d'accéder à la périphérie de cela même, l'amour, et donc la mort, car « à travers l'apparente préférence que je vous porte je n'aime rien que l'amour même non démantelé par le choix de notre histoire ».

Aimer Yann Andréa, c'est encore prolonger le défi, « qui est la source de tout, de tout écrit, (...) de tout ce qui peut aller à l'encontre de la mort ». C'est dans cet enfer du couple, dans cette complémentarité terrible, dans cet ultime tentative de l'union, que l'écriture se fomente, s'accouche, que « le texte avance ». Vers où, vers quoi, vers quelle mystérieuse destination ?

Elle sait qu'entre les hommes et les femmes il y a de l'irréconciliable, de la guerre, et néanmoins du désir qui traverse, comme pour tenter de ressouder la fissure initiale, elle sait encore que la « détestation du corps de la femme » qu'elle décèle chez Yann Andréa est encore un des avatars de la séparation sauvage, archaïque.

Quand elle lui ouvre sa porte, à Trouville, cet été de 1980, il a suffi d'un sourire, d'un baiser pour savoir. La peur et la folie, l'amour et la mort, la certitude d'un amour « dont elle est seule à savoir » la violence. Il ne faut rien de plus, que cela, cette présence, comme quelqu'un depuis toujours connu, depuis la nuit des temps, qui revient, s'installe, et ne dit rien d'autre, à quoi bon, puisque tout est su. Tous deux s'enferment dans l'appartement de Trouville, et ils boivent. Du vin rouge, du bordeaux moyen, du café noir. Duras prend des tranquillisants, s'abolit dans ce gouffre de l'écriture qui réclame, exigeant sa pitance quotidienne. Trois heures de travail et le reste du temps à boire, et la conscience confuse de ce qu'elle a écrit, dont elle ne sait pas si cela vaut même quelque chose. Yann Andréa raconte que leur seule sortie est pour aller au supermarché, pour acheter des caisses de vin ; elle grossit, ne change plus de vêtements, asservie au livre, au vin, à l'amour. Quelquefois, elle entend confusément le bruit de la mer, surtout la nuit, mais elle ne va pas à la fenêtre, boit aussi quand tout dort.

Leur histoire commence dans cette passion-là, tragique, cruelle, dans cette autre pantelance de l'amour.

Le Navire-Night brame dans la nuit, elle n'est plus seule cependant. « Je suis avec vous parti, je vais là où vous allez. » Le dépouillement de l'aveu bouleverse et assure de la vérité de cet amour.

Les délires que provoque le vin indisposent quelquefois certains propriétaires des Roches Noires, partagés entre la fierté confuse d'être leurs voisins et le spectacle pénible auquel quelquefois ils se livrent. Des excentricités, la singularité de leur couple, poussent au scandale, à la réprobation muette. Ils s'en moquent, attachés à cette parturition du livre, à ce qu'il oblige à dire, comme une escale indispensable.

L'œuvre cependant ne cesse pas de se déployer, dans ses interrogations les plus diverses, les plus contradictoires. Et toujours au cœur de sa problématique, l'amour, ce questionnement constant de sa survie.

Juste avant *l'Été 80*, en avril de la même année, elle publie *l'Homme assis dans le couloir*, reprise d'un texte court qu'elle avait écrit au temps d'*Hiroshima mon amour*, et auquel elle donne après l'oubli une autre vie, un autre sens, fidèle à ce qu'elle croit de l'écriture : qu'elle a cette force illimitée d'exploser, de se métamorphoser, d'être ouverte sur elle-même, comme un gouffre toujours aspirant, vertigineux.

Le petit livre jette le désarroi parmi ses admirateurs et la critique, habitués à une expression plus allusive, à une ellipse du sens plus radicale. Or *l'Homme assis dans le couloir*, dans sa violence érotique, dans son obscénité mise à jour, surprend, terrifie ou bien agace par ce que certains croient être seulement une stéréotypie du récit érotique, avec ses motifs obligés de fellation, de viol, d'ondinisme, de sadisme. C'est oublier la place à cette interrogation sur l'amour, frénétique, scandaleuse que Duras accorde dans toute son œuvre. C'est négliger ce qui caractérise toute sa quête, « cette lente course vers l'immensité », qu'elle poursuit là, dans la violence de cette relation amoureuse, hâtive, sauvage, où la femme, pur objet passif, subit la pénétration du sexe de l'homme. « Force des premiers âges, indifférence des pierres, des lichens. » L'obsession de Duras pour cette énigme de l'amour l'amène à décrire cette scène archétypale, fondamentale avec ce regard de témoin extérieur, toujours interrogeant, ne prenant pas parti pour cet amour, barbare comme un meurtre, mais l'affrontant en quelque sorte.

Obsession qui la poursuit deux ans plus tard dans cette *Maladie de la mort*, sorte de pendant à ce texte, qu'elle écrira et portera en elle de 1980 à 1982, et qui toujours trahit son cri, son besoin de réconciliation, d'amour, tandis que « dans la nuit », les corps, les sexes « appellent où se mettre », cette envie de se loger, de se couler dans l'infini des choses, de casser enfin « la frontière infranchissable entre elle et vous ».

La maladie de la mort, c'est l'impossibilité pour l'homme d'aimer réellement la femme, cette « étrangère » qui fait de l'homme un impuissant, de l'amour un inaccessible et irréparable lieu d'union : « Elle vous demande de lui dire clairement : je n'aime pas. Vous le lui dites. Elle dit : jamais ? Vous dites : jamais. »

Qu'en est-il donc de l'amour, comment le vivre autrement que dans le meurtre et le suicide, dans la méconnaissance de l'autre, dans sa violence, elle, avec sa « force invincible de la faiblesse sans égale », lui, dans « le déchaînement des passions entières, mortelles » ?

Comment échapper à cette maladie de la mort, à ces miasmes mortels qu'elle développe, comment faire dans cette histoire avec Yann Andréa, malgré sa singularité, comment faire pour échapper à l'échec de l'union totale, pour revenir au matriciel, à l'eau des limons, à l'eau « des embouchures vastes et profondes » ?

L'amour qu'elle lit dans l'histoire avec Yann Andréa et dont elle est sûre, comme de la foi, accède peut-être au pur « sentiment d'aimer » parce qu'il est justement singulier, qu'il a jailli de l'invisible inconnu, de l'impossible, « faille soudaine dans la logique de l'univers ». C'est dans l'erreur apparente de cet amour, dans son étrangeté, dans cet état « déplacé » qu'il y a quelque chance ultime de trouver l'amour.

Elle pense cela avec sa force coutumière, comme si elle était douée d'un don de discernement supérieur, divin. Durant ce terrible mois d'octobre 1982, quand elle acceptera de suivre une cure de désintoxication, pendant sa traversée du coma, elle « sait » que Yann Andréa, tandis qu'il la veille, la désire, elle, dans cet état absent, puis déchu, où « elle ne pouvait plus même tenir une cuillère », elle « sait » « qu'il aimait d'amour, Y.A. ».

C'est dans ce lieu-là, insondé, de la rencontre, que l'amour peut naître, dans le risque, dans le danger, dans la plongée dans l'obscur.

Peut-être est-ce encore là qu'elle peut accéder au sacré, faire participer cette histoire d'amour au religieux, lui attribuer ce sens de Dieu qu'elle a toujours donné à ces moments différents, déviés du quotidien.

Dieu, cet instant fragile où tombe le soleil sur la mer de Trouville, Dieu, dans ces nuits avancées, quand Y.A. rentre de ses errances et qu'elle l'attend, veille sur lui, lui prépare « du fromage, des yaourts, du beurre », Dieu, quand le livre s'alourdit du sens, que Y.A. tape sous la dictée, Dieu, quand il prévient sa soif de vin, sur la route de l'hôpital Américain, Dieu quand il la regarde dormir, dans cette paix fragile, destructible.

Déjà en juin 1980, quand la revue des *Cahiers du cinéma* lui donne carte blanche pour un numéro spécial, elle imprime à son écriture une autre direction où elle se met tout entière dans les soutes de livre, rôdant autour du cinéma mais aussi de ce qui l'a fondée et hantée, toujours. Le livre prend une voie nouvelle, s'infléchissant selon les moments, les impressions, les obsessions. Elle essaie d'y couler le rythme même de sa vie, dont elle dit ailleurs qu'elle « n'existe pas », mais soumise au jeu des images intérieures, des photographies de l'enfance, de sa folie.

Avec *l'Été 80* auquel elle donne le statut de livre, « résistant à l'attrait de laisser les textes éparpillés dans des numéros de journaux voués à être jetés », elle décide de l'avenir d'un autre livre, d'une autre manière d'écrire où sa vie, tous ses bagages seraient dedans, ne se dérobant plus à la tentation autobiographique. Insensiblement, elle lève le voile sur certains moments de sa vie, dont la légende avait brouillé les pistes, apporte des précisions, sur ses propres goûts, ses haines, ses angoisses. A Yann Andréa elle confie l'élaboration d'*Outside*, ces papiers qu'elle avait écrits autrefois « dans les creux, les moments vides », quand elle était « appréhendée par le dehors », ces textes publiés par *Vogue* ou *France-Observateur*, liés à l'actualité immédiate, artistique ou politique, et auxquels elle va donner une seconde existence. Ces chroniques d'*Outside*, écrites initialement pour des raisons le plus souvent alimentaires, prennent, grâce au choix qui en est fait et à la manière dont elles sont rassemblées, une autre dimension. Y sont réunis *a posteriori* les thèmes fondateurs de sa vie et de son œuvre, dans l'extraordinaire unité de son écriture qui s'excède, affrontant et trahissant l'univers secret de Duras, ses fascinations pour le meurtre, les marginaux, les artistes, les prisonniers, les stars et les putains, les religieuses et les violeurs.

Au début de cette décade, il semble que ses lecteurs commencent à mieux la connaître ; paraissant signer « le pacte autobiographique », elle donne d'elle une présence plus sensible, comme si elle voulait par là, dans cet éphémère des choses qu'elle consigne désormais, transmettre le poids magique, éternel du livre, influer sur le temps immobile.

Une autre révélation que le « fouillis » de ses textes épars à présent rassemblés apporte et que note Y.A. : l'évidence de sa musique, ce qui après tout est l'absolue nécessité de l'écriture, la permanence de son chant qui coule jusque dans ces fragments sans lien apparent et l'affirme écrivain, totalement, dans l'acception la plus antique du terme, dans sa vocation, sublime, par excellence, c'est-à-dire dans les cimes élevées de la spiritualité.

Elle livre beaucoup d'elle-même, à cette époque, soumise à cette autre forme de l'écriture, « courante », captant l'air du temps, et rendant compte de ses effets sur elle, voyageant, et provoquant dans son sillage des émotions, des questions. Elle crée entre ses lecteurs au-devant desquels elle se rend de la magie, les choquant, suscitant en eux le désir d'écrire. Invitée à Montréal en avril 1981, galvanisée par ailleurs par la victoire probable de François Mitterrand pour lequel, comme membre actif de son comité de soutien, elle s'est engagée totalement dans la bataille électorale, elle laisse à ses hôtes canadiens un souvenir impérissable dont ils ont gardé témoignage dans un ouvrage publié en 1984 : *Marguerite Duras à Montréal*. A ses côtés, une présence encore fragile, effacée mais constante, une silhouette mêlée de Peter Handke et de héros tchékovien, celle de Yann Andréa, auquel quelquefois elle demande confirmation de ce qu'elle dit, à qui elle renvoie la parole, tissant entre eux deux, par ce jeu de navette, la trame de cet amour déjà né, encore à naître.

Elle garde encore secrète cette présence, ne l'identifie pas aux autres, lui donne une force mythique qui l'introduit dans sa légende à elle. « Puis quelqu'un est venu, dit-elle à ses interlocuteurs. Il est venu. Il est venu d'une ville de

province. Il avait lu mes livres et il est resté là. Il a abandonné son travail. »

Elle magnifie la rencontre, la coulant dans cette grande thématique de l'inévitable et fatale rencontre. Y.A., qu'elle appelle encore ainsi en 1987, entre dans la mythologie des amants
absolus, elle en fait un personnage romanesque, comme
échappé de son univers, petit frère, ange, homme de Lahore.

A Montréal, elle précise encore ce qu'elle veut atteindre
par l'écriture, puisque c'est par cela seul qu'elle existe, réaf-
firmant que tout, l'écrit, ne se fait que dans cette incertitude, dans cette absence de plan, que le livre naît de son
mystère propre qu'elle ne fait que prendre au vol, à « la
crête », ramassant ce qui tombe devant elle, car c'est
« devant » que tout se joue. Elle insiste sur l'improvisation,
sur l'inattendu des choses, sur cette remise en question permanente qui la fait en perpétuel devenir, sur ce risque, toujours, qu'elle joue, et accepte, comme de dire à ce jeune
homme de Caen, Y.A., comme Verlaine à Rimbaud,
« venez, on vous appelle, on vous attend ».

« C'est comme ça, écrire », aimer, ne pas savoir à
l'avance, être dans un état qui échappe à toute logique,
à toute cohérence.

Il faut en passer forcément par cette acceptation ouverte,
par cette humilité pour être sûre d'être au plus près de la
vérité, c'est-à-dire de l'innommable.

C'est pourquoi elle sait la présence de Y.A. absolue et
inaccessible aux autres, parce qu'elle est vécue dans la
toute-puissance de la transgression, « dans une espèce de
dimension qui n'a pas besoin de s'exprimer ».

Elle ne tente pas de comprendre intellectuellement cet
amour, sa portée, son fabuleux secret, elle sait seulement
qu'il est de la même nature que le texte, sans possibilité
critique, sans commentaire, là, avant que d'être là, comme
elle dirait, prévu de toujours, pas forcément là pour éclairer la voie, pour l'obscurcir plutôt, l'épaissir d'un autre
mystère, permettre dans cette « nuit noire » d'être « au plus
près » du sacré.

Quand elle rentre à Paris, François Mitterrand est élu
président de la République française, premier président de
gauche de la Ve République. C'est pour cela qu'elle se dit
avant tout « mitterrandienne », fascinée par celui qui
était autrefois son compagnon de Résistance, et qui,
se rendant à Dachau pour assister à la libération du
camp, avait entendu, là, comme un signe miraculeux,
contre d'autres corps inanimés, jetés dans un champ
pour y mourir, la voix exténuée de son propre mari, Robert
Antelme.

Dans l'euphorie de la victoire, on la voit un peu partout, jubilante et heureuse, avec Jack Lang, Rocard, à
l'Élysée, lors de la prise de fonction de François Mitterrand, venant à lui, simplement, pour l'embrasser, lui parler brièvement, dans sa tête sûrement des images d'autrefois
qui restent, « mémoire de l'oubli », elle, pétrifiée devant
le corps pantelant, méconnaissable de son mari, près de
Mitterrand, dans l'escalier, et puis s'enfuyant, se cachant
dans un placard, dans le noir.

Elle aime François Mitterrand parce qu'elle le juge porteur d'une éthique, d'une spiritualité, d'un sens de la terre,
et qu'il aime les écrivains, ceux qui tentent d'approcher
de leur propre mystère, sans compromis.

Il est aussi à ses yeux, dans cette légende du retour
d'Antelme, l'agent du destin, le signe de sa reconnaissance ;
« Vous avez fait, lui dit-elle lors de l'un de ces fameux entretiens qu'elle aura avec lui en 1986, des milliers de kilomètres, et vous l'avez retrouvé parmi des milliers d'hommes. »
Cette coïncidence miraculeuse est l'une des preuves de cette
vie secrète à laquelle elle croit, et dont elle se sait porteuse.

Chaque épreuve la rapproche des autres par cette compréhension brute de l'être et l'en éloigne tout à la fois, par
cette singularité que son œuvre affiche.

Dans un entretien radiodiffusé avec Alain Veinstein, en 1987, elle affirme qu'« il n'y a pas de livre en dehors de soi », s'opposant à la littérature masculine où le plus souvent se coulent les femmes écrivains, littérature « bavarde, percluse de culture, d'essayisme larvé ». Littérature qui « ressortit à l'orgueil, au patronat, sans spécificité » parce qu'elle en refuse l'unique finalité, qui est le poème. C'est pourquoi elle aime Emily Dickinson, la jeune poétesse américaine du XIXe siècle dont elle parle beaucoup à cette époque, pensant même la traduire, trouvant avec elle des affinités, plus particulièrement cette absence de repères, cet être qui n'a pas de nom, ni de patrie, mais tout entier à l'écoute dilatée des choses secrètes, dans la tension terrible de lui-même, toujours en marche vers la seule expression possible, celle qui restitue le mieux le secret arraché, le poème. Comme Emily D., elle est dans la chambre noire, qui répercute les choses, qu'elle ne fait que mettre dans les mots, avec ce don étrange, laconique, intuitif, musical, jouant entre l'abstrait et le concret. Comme elle encore, elle sait que l'eau de l'étang de Neauphle, les buissons de roses, parlent, ont leur vie « inaudible », mais certaine, « éprouvant », comme dit la jeune Emily, « du respect pour ces créatures muettes dont l'incertitude et les transports dépassent peut-être les miens ».

Ses lectures portent toujours sur ces sujets secrets, où brûlent des noyaux, où se franchissent des marges qui mènent leurs auteurs et leurs textes dans des zones hallucinées, menaçantes. Dickinson, Pascal, Rousseau, James et Musil dont elle a lu *l'Homme sans qualités* et qui lui aura permis de faire exploser cette histoire de l'enfance, cet amour avec le petit frère, singulier, qu'œuvre après œuvre elle finit par analyser, dont elle soupçonne l'ampleur, la malédiction. C'est dans cette révélation autobiographique qu'elle écrit en 1981 *Agatha*, avec cette nécessité existentielle, comme pour se délivrer du fardeau, faire émerger aux yeux de tous cette histoire stupéfiante, du bonheur absolu, éternel. « On est, dit-elle à Montréal, dans l'amour incestueux, c'est-à-dire l'essentiel. »

Peu à peu la vie de Duras troue l'œuvre, lui donne des éclairages nouveaux, ouvre des pans oubliés, trahit des images enfouies. Elle charrie les lieux qu'elle aime, ceux de son enfance, la Dordogne et les terres exotiques, et surtout la villa archétypale, au bord de la mer, la villa des villégiatures, et les aveux du désir de l'autre, le frère, l'être impérissable, « clandestin ».

Jamais l'œuvre n'avait tant frôlé la vie profonde, obscure et maudite de Duras. Elle conçoit à présent que jamais elle n'aimera quiconque autant que le petit frère, « le petit Paulo », celui qu'elle voit, continuera à voir dans ses délires et ses comas, et pour lequel elle a tant pleuré, jusqu'à se taper la tête contre les murs quand elle apprit sa mort.

Aussi puisque jamais l'accomplissement ne se fera, elle vivra en quelque sorte cet amour « qui ne se terminera jamais », « par intercession », avec d'autres, pour vivre ainsi « l'amour qu'elle ne peut avoir ».

Elle en tourne aussitôt le film, qui sortira en salle le 7 octobre 1981, avec Bulle Ogier et Yann Andréa, convaincue néanmoins que l'image n'apportera pas davantage au texte, certaine que ses mots sont à eux seuls porteurs des images majeures, les plus vastes, les plus douées de signes, de traces de cet amour. Mais donner le rôle à Yann Andréa, c'est aussi lui « déléguer » cette image du petit frère, considérer que par l'inaccomplissement même de leur amour elle se rapproche, grâce à lui, de cette histoire absolue.

Aimer Yann Andréa, c'est continuer à aimer le petit frère, en garder la trace, par l'étrangeté de cet amour, par sa difficulté à aboutir, à vivre le cycle ordinaire du désir et de la jouissance, puis du désir recommencé, être dans cette absence de certitude confortable, à la fois proche de la douleur et du bonheur.

Lui aussi, Y.A., consomme, comme elle dit, l'amour « avec d'autres », des hommes, pour lesquels il part « de colline en colline », « des hommes beaux ».

Mais il y a entre eux deux quelque chose d'inexplicable, d'insaisissable, qui est justement l'amour, les retient tous les deux dans ce lieu de l'amour où frôle toujours la mort, un amour qui ne « connaîtra aucune réalisation » et qui cependant est déjà réalisé, antérieurement à la rencontre.

Elle est toujours dans cet état de veille, prête à ce que l'écrit retienne tout ce qui bruit en elle, dans « l'état dangereux » où elle se tient, depuis ses premiers livres, et qui s'accroît maintenant comme si les temps devenaient plus hostiles, plus ramassés. La menace de l'alcool pèse sur elle, l'alcool auquel elle ne peut s'opposer, comme s'il l'envahissait tout entière, barrages rompus, et que la mort pouvait venir, sans attendre, dans les brèches mêmes qu'elle aurait facilitées. Elle boit beaucoup, comme Yann Andréa qui laissera dans *M.D.*, publié un an plus tard, mettant ainsi à jour leur histoire, la confession la plus implacable qui soit, révélant en phrases sèches, presque détachées, leur lente aspiration vers le gouffre. Il raconte la mort en route, l'agonie des gestes, le lent processus de destruction, l'infirmité naissante de la pensée, et les déchéances misérables du corps, les tremblements, les tâtonnements, les Roches Noires devenues l'arène obscure, funèbre, où s'affaire la mort, tandis que la mer, la lumière dorée de Normandie baignent toujours la plage, indifférentes à ce qui se passe.

Y.A. décide de quitter Trouville, de rentrer à Neauphle ; l'automne y a laissé encore quelques roses remontantes, mais elle ne voit plus rien ; « le sentiment de la fin flotte à Neauphle à chaque moment », confie Michèle Manceaux, l'amie fidèle. Duras est comme abandonnée, à elle-même, à l'impuissance même de son cas, elle en est, dit Manceaux, à cinq litres de vin par jour. « Elle tremblait, elle ne pouvait plus marcher sans s'appuyer d'un meuble à l'autre. La menace s'aggravait de gâtisme, d'embolie, d'éclatement du foie. » C'est ainsi qu'elle a toujours vécu, comme si son état désespéré, là, n'était qu'une épreuve de plus dans cette vie qu'elle a donnée à l'écriture. Car aimer, boire, c'est pour savoir, pour mieux comprendre ce vertige noir dans lequel précisément elle bascule maintenant.

Elle écrit néanmoins quand le vin, comme le destin terrible, lui laisse du temps, une heure, peut-être deux, et quand il ne lui en laisse pas, hébétée, ailleurs, elle regarde par les fenêtres du parc, l'invisible sûrement, car les rosiers finissants, les feuillages encore gavés de la lumière de l'été, elle ne les voit plus. Cette *Maladie de la mort* qu'elle veut quand même finir, elle l'écrit dans cet état-là, avec cette brutalité de l'écriture qui soudain exige, malgré le vin, dans son apaisement miraculeux, comme si l'alcool laissait ce moment, pour achever l'histoire, le livre, et elle retrouve sa violence, sa lucidité, elle dicte et Yann Andréa capte les mots, surtout dans cette fluidité-là, dans ce courant de vie qui la traverse tout à coup, l'emporte loin.

Enfin elle accepte la cure de désintoxication. Elle sait que ce sera terrible. Elle sait qu'elle peut en mourir. Ici commence vraiment l'histoire de *M.D.*, le récit de Yann Andréa, dans cette rage farouche de la sauver, dans ce constat implacable de la douleur et de l'attente qui l'écartèle entre la rue Saint-Benoît et l'hôpital Américain où elle est à présent, chambre n° 2327.

Il semble qu'il n'y ait désormais plus personne d'autre qu'eux deux ; Antelme, Mascolo, Jean, le fils laissent des messages, mais c'est leur histoire qui se joue, une histoire de l'amour où la mort veut sa part, absolue, barbare. Michèle Manceaux, pour faire rire Duras, et elle en riait, les appelait « les Thénardier ». Les voilà maintenant ici, les Thénardier, les « clochards » comme disait Duras, dans le silence ouaté, chic, de l'hôpital Américain, dans ce Neuilly préservé des scandales, à la propreté méticuleuse, mais dont la lumière, quand elle tombe sur l'avenue, fait penser dans ce mois d'octobre à celle du Night, sourde et plombée, traversée de jaune quelquefois.

Elle dit, note aussi Michèle Manceaux, que les couloirs

de l'hôpital Américain ressemblent à des coursives de paquebot, qu'elle les filmerait si elle devait filmer un bateau. Tout se mélange, elle est dans ce navire de sa vie, qui l'entraîne sans qu'elle puisse résister, toujours portée par la houle de la mer dangereuse et inévitable. Mais son navire lui livre des secrets, c'est à son bord qu'elle a compris cela, que les couloirs de l'hôpital sont des coursives, comme elle savait que la pluie de Paris sur le bois de Boulogne pouvait être la pluie de la mousson, là-bas sur le Gange, et qu'il ne s'agit que de cela, filmer cette pluie pour trahir le secret des terres d'exil, sans qu'il soit besoin d'aller sur place pour donner l'illusion de la réalité. Elle, elle résiste. Les jours passent, et l'idée de la mort, de la savoir presque déjà morte, de ne pas s'empêcher de savoir qu'elle risque de mourir, s'efface, mais elle délire, et dort, beaucoup.

Les jours, des semaines passent, avec des rechutes, des angoisses nouvelles, des craintes qu'elle ne perde la mémoire, qu'elle ne garde des séquelles à jamais. Elle est, dit Michèle Manceaux, « un petit paquet ».

Au fond, il n'y a qu'une chose qu'elle continue de traquer, dans l'insondable, dans cette nuit blanche de l'hôpital, et que Y.A. rappelle : « Entre vous et le reste : l'écriture. »

« Seule, face à Dieu, sur un ordre évident, inlassablement répété, vous écrivez. »

Elle s'inquiète de ses bagues, qu'elle a confiées à l'administration, ses bagues enchâssant des émeraudes, auxquelles elle tient, considérablement, demande si on ne les lui a pas volées. Elle se sent entourée d'ennemis, elle voudrait partir, dans ses délires, elle a peur des « lami », des petites bêtes fantastiques qui tricotent sous son lit, elle croit apercevoir des hommes de la Gestapo. Elle pleure, elle dit, selon le mot rapporté par Y.A., l'unique témoin : « Pourquoi moi ? »

Puis c'est la fin novembre, elle rentre à Paris, petit corps fragile, toujours au-dessus d'elle la menace du vin, l'état dangereux qui ne finira jamais.

Yann Andréa la promène dans la ville. Doucement, la fin de l'automne dore la place des Vosges, les quais de la Seine où ils vont. Elle se souvient de Neuilly, elle en parle régulièrement, voudrait ramasser tout ce qui s'y est passé. Les épreuves d'imprimerie de *la Maladie de la mort* arrivent. Livre « intangible », impossible à rayer de la carte.

Elle revient à la vie, avec cette énergie forcenée qui la ressuscite à chaque fois, elle écoute de la musique, de la musique qu'aime Y.A., des variations de Beethoven, et de Diabelli, cette autre écriture courante, à laquelle elle s'est toujours attachée, cette seule manière de capter au passage de leur vol les désirs, les mouvements de l'âme. Elle reprend goût aux odeurs, aux senteurs des épices, le thé, surtout, qu'elle boit à cause « de son âcreté... plus que de son parfum ».

Tout se passe comme si elle était une mystique laïque, pas encore appelée par son Dieu, revenue à la vie, à la douleur de cette vie, à sa solitude, à sa brutalité, et qu'elle en accepte malgré tout le défi, et le désir aussi.

Le processus autobiographique s'accélère, comme si ces années 80 avaient ouvert la faille par où la vie désormais peut s'épancher, livrer au jour les repères fondateurs de l'enfance qui ont été portés dans la nuit de l'œuvre tant et tant d'années. Toujours en 1982, elle publie *Savannah Bay*, en septembre précisément, juste avant la cure. Elle veut avant de partir à l'hôpital mettre le dernier mot à *la Maladie de la mort* et que tout soit mis en œuvre pour que la pièce puisse être jouée. Elle s'inquiète de savoir si Madeleine Renaud et Bulle Ogier sont libres, car c'est à elles qu'elle a pensé tandis qu'elle écrivait.

Le Siam magique revient, dans la pièce où l'attente est si forte, celle de la mort, et où pour tuer ce temps qui l'en sépare la vieille femme tente, malgré « le délabrement de la mémoire », de reconstituer son histoire passée, de trouver quelque clarté dans ce « lieu inabordable, insondable » où roule le Night, mais en vain.

Elle veut toujours fixer cette histoire personnelle dans les archives de l'écriture, témoigner ainsi de cette existence humaine dont elle a pris si tôt le pouls de solitude, ressenti le poids de douleur.

Elle déploie depuis l'arrivée de Y.A. dans sa vie toute une suite de livres, peu épais pour la plupart, mais dont la densité est terrible de violence, où elle essaie d'exprimer toute la fascination qu'elle éprouve pour cet homme, auprès duquel elle est en train de comprendre que l'hétérosexualité n'est peut-être pas « le seul critère de la passion et du désir ». Elle découvre avec lui d'autres leviers pour accéder à l'amour, vivre avec lui, totalement sans en passer par là, la sexualité, et sans rien ignorer du continent brûlant, des chutes dans le gouffre, des moments du miracle où tout s'apaise et se tait.

Chaque livre donc est une étape de plus pour que cela, cette difficulté, ne « fasse plus souffrir », mais qu'effacée elle se vive dans la plénitude même de l'amour.

Elle a ainsi tourné dès 1981, dans le hall des Roches Noires, *l'Homme atlantique*, défi au cinéma, puisque le film arrive à l'écran noir, tandis qu'une voix dirige l'homme, « joué » par Y.A., décrit ses lentes évolutions, raconte ce qui s'est passé, il y a peu, ici même : le départ du personnage et la terreur de Duras, tout qui s'est mêlé, l'isolement de nouveau, tragique, la solitude, comme la perte du petit frère. Car Yann Andréa part, menace de partir souvent, fugue, comme s'il ne pouvait lui-même supporter la tension de cet amour excédé, le poids de sa présence à elle, si fort, si obsédant, ce poids de Grande Mère, Voyante, Maudite, écrasant.

L'année 1982 la voit encore en Italie où elle tourne *Dia-*

logue de Rome qui sortira sur les écrans en France le 4 mai
1983. A l'instar de Fellini, elle propose une méditation sur
la ville, suscitée par un dialogue en voix off qu'accompa-
gnent des images muettes de la ville et de ses environs. A
aucun moment la Piazza Navona n'est décrite pour elle-
même, comme une curiosité touristique, et pas plus les
monuments antiques, les stèles surmontées des bustes
d'empereurs, car les voix racontent l'histoire d'un amour
mort, peut-être celui de ces deux voix. Ce sont celles de
Duras et de Yann Andréa, et c'est aussi l'histoire de Titus
et de Bérénice contrainte de quitter la ville sur ordre du
Sénat. Le film devient peu à peu, par cet entrelacement
des thèmes, par la sonate de Beethoven qui se glisse insidieusement, par l'émergence des souvenirs, un véritable
poème, comme si elle voulait atteindre par les jeux de glissement de sa caméra toutes les ondulations mystérieuses
des choses et des êtres, l'extrême fluidité du temps.

En mettant en scène *Savannah Bay*, elle approfondit
encore ce travail des origines, celui-là qu'elle seule peut
comprendre. Longtemps, elle a confié à d'autres son théâtre, mais jamais satisfaite, elle préfère lui insuffler son
rythme, sa musique. Claude Régy qui fut le metteur en
scène presque obligé de ses pièces et que l'on a cru le seul
capable de traduire le silence de Duras, les frémissements
de sa passion, n'est pas parvenu en fait à les révéler complètement. Metteur en scène trop intellectuel, figeant ses
acteurs dans un jeu d'immobilité qui, pour le coup, rendait Duras « rasante », il n'a pas toujours su rendre la spontanéité de son langage, l'extrême simplicité de ses histoires,
et cette émotion « courante » qui les parcourt. Aussi, quand
elle affirme que mieux que quiconque elle peut oser, aller
au plus loin de ce que ses textes disent, elle retrouve cette
énergie légendaire qui lui rend toutes ses forces pour aboutir, et être au lieu juste de sa vérité.
Ce qu'elle avait déjà énoncé au cinéma, elle le revendi-

que à présent totalement pour le théâtre : « Presque jamais
rien n'est joué au théâtre », dit-elle dans *Savannah Bay*,
et elle confirme dans un entretien accordé au *Matin* :
« C'est dit. C'est pas joué. Racine, c'est pas joué, c'est pas
jouable. Il faut en passer totalement par le langage. Tandis que le langage a lieu, qu'y a-t-il à jouer ? »

Ainsi va-t-elle jusqu'au bout des possibilités du langage,
de ses capacités inconnues scéniques et dramatiques qu'elle
fait émerger sur la scène. Le langage est omniprésent, refusant aux effets dramatiques de l'asservir, de l'occulter. Elle
fait de la mise en scène sans certitude, comme toujours
quand elle écrit et qu'elle avoue ne pas savoir où elle va,
où la main va la porter, dans quel continent inconnu.

Comme lors de ses premières tentatives de mise en scène,
avec *le Shaga* et *Yes, peut-être*, elle se refuse à livrer aux
comédiens un texte achevé ; l'écriture continue sa route au
cours des répétitions, et y assister, c'est observer la création en devenir, comprendre comment l'écriture se donne,
dans ce jeu de navettes toujours relancées, imprécis, tâtonnant, reprenant toujours le canevas des mots, pour arriver enfin au cœur ardent de l'histoire qu'elle veut atteindre
coûte que coûte et qui n'a de mise en scène qu'obscurément, dans l'injouable.

Il en va de même pour Racine, dont le langage est
l'expression de la dramaturgie, se suffisant à lui-même.
C'est dans le conflit des alexandrins que la mise en scène
se trouve, et restitue au mieux ce qui, seul, doit être traversé et donné aux spectateurs, le chant.

Dans *Savannah Bay*, un des éléments majeurs de la
mise en scène est le refrain d'Édith Piaf qui « vocalise
contre la mort », entretient de sa voix âpre et douloureuse
les souvenirs de Madeleine, mêlés, « dans un désordre
définitif ».

C'est toujours la même quête, d'économie absolue, de
l'essentiel.

Dans ces années 1982-1983, elle suit fidèlement le parcours de la gauche au pouvoir. Ce qu'elle lui reconnaît surtout, c'est cette écoute du monde, son engagement politique total, accordée à ce qu'elle appelle « les données brutales, la faim, la misère, les conditions de travail ». Tout ce que la droite, dépouillée de son intelligence, ne peut pas voir, comme si elle accordait à la gauche cette capacité visionnaire, ce talent d'écouter les hommes, de les rendre plus hommes, peut-être. Elle a de la « fierté », dit-elle, pour François Mitterrand, pour son obstination, pour sa fidélité aux valeurs de sa jeunesse, pour sa passion maîtrisée, son intelligence, son incapacité à prendre « la France à titre privé ».

Elle continue cependant à souffrir des douleurs de la vie. Robert Antelme est soudain atteint d'une maladie cérébrale qui le rend hémiplégique. Transporté en 1983 à la Salpêtrière puis aux Invalides, il ne jouira qu'une année de la retraite qu'il avait prise des éditions Gallimard où, pendant près de trente années, il avait été un des collaborateurs les plus attentifs de l'Encyclopédie de la Pléiade, toujours à l'écoute des grands écrivains et des textes, passant son temps à recevoir les auteurs et à lire des manuscrits, grand serviteur des lettres.

Diminué par la maladie, il a gardé « son intelligence, mais sa mémoire est en partie détruite », comme dit son ami François Mitterrand. « Quand je suis allé le voir pour la première fois, poursuit le président, il a souri quand il m'a vu. Au moment où je l'ai vu, c'était un moment où il ne pouvait pas encore parler... quelques petits mots... Alors moi, je lui ai parlé, de tout, de rien, — vous connaissez l'espèce de jeu auquel on se livre dans ces cas-là, on parle, comme si on était en situation normale. Il écoutait, et autour de sa bouche, on voyait que ça l'amusait même. Mais était-il présent ? Est-ce qu'il situait dans leur lieu, dans leur temps, les choses que je rappelais? Je ne le crois pas. »

Ce nouveau « foyer de douleur » ravive la souffrance de

Duras, la rapproche peut-être davantage dans l'invisible d'Antelme. C'est cette mort qui rôde toujours autour d'elle, de sa mémoire, de ses lieux, qui lui redonne son terrible pouvoir de vie, cette énergie indomptable, sans cesse renouvelée.

12

Au cœur de la Durasie*

* Claude Roy, *le Nouvel Observateur*, 1984.

Comme acculée par le « pacte autobiographique » qu'elle semble avoir signé dès *l'Été 80*, dans cette affirmation du moi, et dans sa relation avec Yann Andréa, elle entreprend la rédaction de *l'Amant*, qui sera publié en juillet 1984.

Elle revient à ce qui la talonne sans cesse, aux odeurs d'épices, aux rumeurs grouillantes des rues de Saigon, à cette famille terrible qui lui révéla ses forces archaïques, lui transmit sa sauvagerie, ses instincts de meurtre. Tout le texte tourne autour de cette liaison qu'elle eut plus d'une année avec ce jeune Chinois, et qui venait la chercher, comme le Monsieur Jo du *Barrage*, dans une voiture de sport et lui offrait un diamant.

Comme dans le procédé musical de la strette où tous les thèmes de la symphonie se rassemblent, elle mêle dans le récit les souvenirs de cette éducation sentimentale et celle que lui donna sa mère, et tout ce qui en advint, ces enfouissements, ces puits de mémoire qui vont sourdre néanmoins pendant des dizaines d'années et nourrir l'œuvre, la pétrir, l'ébranler de secousses sismiques, mettre à jour les fractures, c'est-à-dire les livres.

Elle ressasse comme un plain-chant ce nœud tragique qui la lie à ce savoir primitif qu'elle a toujours possédé, même dans l'enfance, et « parce que personne ne peut nous faire changer de mémoire », elle écrit *l'Amant*, autre version de toute l'œuvre passée, autre éclairage.

Le succès du livre est immédiat, comme si le public si longtemps frustré allait enfin savoir, pénétrer dans l'intimité de l'auteur, assouvir sa curiosité.

Mais les succès de Duras sont toujours des « erreurs du public », comme elle le dit à propos d'*Hiroshima mon amour*. Rien en fait n'est plus conforme à l'esthétique durassienne que *l'Amant*, rien n'est moins chronologique, abandonné à la vulgarité de la biographie, au fil apparent des événements.

Le livre offre une vérité illusoire, où domine l'incohérence c'est-à-dire la vie vraie, les connexions mal reliées entre elles, grésillant et jetant de la foudre dans le langage, obscurcissant enfin et davantage ce qui semblait être éclairé. Résolument Duras rompt le pacte ; « l'histoire de ma vie n'existe pas » ; elle est, cette vie, dans cette approche sensuelle, fragmentaire des choses, dans cette appréhension fluide et détachée des êtres.

« Vouloir écrire l'amour, c'est affronter le gâchis du langage : cette région d'affolement où le langage est à la fois trop et trop peu », disait déjà Roland Barthes dans ses *Fragments d'un discours amoureux*.

Duras est dans cette région-là, de l'indicible où elle tâtonne, et qu'elle considère comme la seule région de sa vie, mêlant tous les temps, ceux de l'imaginaire et du réel, des fantasmes et des photographies conservées, passant du je à elle, la petite, elle, la jeune fille, l'enfant.

Sa vie revient de cette région trouée, béante, où elle pioche, dans cette vacuité indicible, pour donner forme à l'existence. Ce qu'elle dit dans *l'Amant*, c'est ce qu'elle croit de la vie, c'est-à-dire ce jeu des correspondances « plus ou moins profondes entre les temps », et laisser se faire ce jeu-là, sans intervenir. « L'épreuve d'écrire, dit-elle dans *le Nouvel Observateur* à propos de *l'Amant*, c'est de rejoindre chaque jour le livre qui est en train de se faire, et de s'accorder une nouvelle fois à lui, de se mettre à sa disposition. S'accorder à lui, au Livre. »

Sa technique narrative est désormais radicalement étran-

gère aux modes, elle devient comme le fantôme en quête
lui-même des fantômes fugitifs du passé, donnant à son
récit « l'épaisseur du brouillard » reconnue par Foucault
chez Lonsdale jouant Duras. Elle écrit, comme le souli-
gnera encore Michel Foucault dans *les Cahiers Renaud-
Barrault*, « dans la dimension de la mémoire, d'une
mémoire qui a été entièrement purifiée de tout souvenir,
qui n'est plus qu'une sorte de brouillard, renvoyant per-
pétuellement à de la mémoire, une mémoire sur de la
mémoire, et chaque mémoire effaçant tout souvenir, et ceci
indéfiniment ».

Le malentendu pourtant domine, le titre du livre fait
croire à l'indiscrétion, aux aveux impudiques, continue à
exciter les passions, les désirs, devient populaire, s'offrant
« à des publics pour lesquels il n'était pas fait » (Pierre
Nora). Duras triomphe, car elle prouve cette lisibilité plurielle des textes, ces niveaux de lecture multiples que les
textes doivent posséder pour atteindre l'illimité. Quand elle
passe à l'émission « Apostrophes », le 28 septembre 1984,
l'agitation médiatique est à son comble. Elle a toujours
refusé de participer à ce genre d'émission qui, prétendait-
elle, galvaudait la littérature, se rangeant ainsi à l'avis de
Green, de Char, de Michaux. Mais par un de ses revire-
ments habituels, elle accepte de s'y rendre, à condition que
l'émission lui soit entièrement consacrée, magnifiant son
apparition, la sacralisant. Elle apparaît avec le « look
Duras », pull à col roulé, gilet noir, à ses doigts ses bagues,
à ses poignets ses bracelets. Sur son visage, comme la mère
de Rembrandt, la résille fine de ses rides, qui ravage son
visage et cependant l'embellit. Elle apparaît sûre d'elle,
ménageant ses répliques, pour faire éclater le silence. En
face d'elle, l'animateur est désarçonné, il croit à ce qu'elle
a dit, ailleurs, à la légende, l'Éden Cinéma, mais de sa voix
inimitable, un peu narquoise, elle sourit, dit que l'histoire
est ailleurs, traversée d'autres temps, d'autres courants.

Elle parle sans se cacher, de l'alcoolisme, avec cette authenticité douloureuse, de la littérature, du secret à atteindre, des autres écrivains, de la place où ils sont (Sartre, répète-t-elle, n'est pas un écrivain), de tout ce qui doit charrier le langage, et qui ne se décide pas, à l'avance, mais s'apprivoise, s'explore, se déterre et peut-être se livre, de tous ces matériaux avec lesquels elle a travaillé, travaille toujours, et surtout de ce qu'elle est, elle-même, et qu'elle ne peut éviter.

Le livre est réimprimé, les éditions de Minuit ont de la peine à satisfaire les demandes de « réassort » tant le succès est spectaculaire. Inscrite sur la liste du prix Goncourt, trente-quatre ans après *Un barrage contre le Pacifique*, trente-quatre ans après une cinquantaine d'ouvrages tous genres confondus, elle semble en bonne position pour l'obtenir, mais personne n'y croit vraiment dans le sérail littéraire, persuadé que l'Académie, déjà contestée pour certains de ses choix, ne couronnera pas, contre l'esprit même du prix qui est de l'attribuer à un jeune auteur, un écrivain si prestigieux.

Aux délibérations, elle obtient six voix sur dix après trois tours, ce qui montre qu'elle ne fait pas l'unanimité absolue. L'Académie couronne une œuvre entière plus qu'un livre, porte au grand public celle qui trop longtemps en fut écartée, et niée.

Elle qui avait dénoncé les intrigues et les systèmes des prix depuis sa démission du Médicis accepte l'honneur. Certains de ses admirateurs auraient préféré qu'elle fît comme Sartre, au Nobel, qu'elle le refusât, portant jusqu'au bout cet esprit de scandale qui la nomme, mais elle n'en fait rien. Peut-être fatiguée par ce labeur de tant d'années, par ces efforts immenses qu'elle a toujours déployés pour faire accéder son travail à la reconnaissance du grand public peut-être aussi secrètement flattée d'être enfin considérée comme une institution, elle assume sa contradiction. Elle n'est cependant dupe de rien, et six ans après, avec sa violence coutumière, elle déclare dans un entretien aux *Inrockuptibles* : « Le livre en était à deux cent cinquante mille exemplaires quand j'ai eu ce prix de mecs. Il y en a parmi les membres qui pleuraient de désespoir, ce soir-là. Tout ça parce qu'une femme avait eu le Goncourt, peut-être. »

Les chiffres de vente du livre la propulsent au premier rang des panels des hebdomadaires pendant plusieurs semaines, elle est l'auteur d'un best-seller qui pulvérise tous les records de vente : plus d'un million d'exemplaires, sans compter les clubs, les traductions internationales. La critique française dans l'ensemble apprécia le livre, il y eut bien quelques voix discordantes pour trouver du relâchement dans la langue, des fautes de syntaxe, un sujet débridé, mais Claude Roy, Denis Roche, François Nourissier, Pierre Assouline, Hervé Lemasson parlent tous de l'enchantement de cette œuvre, du ravissement qu'elle inspire, de cette partition musicale qui se déploie et glisse d'un thème à un autre, enchâssant toute son histoire, tentant de la fixer dans l'album de photographies, et vainement, comme si les images se dérobaient au piège du tombeau, et pouvaient se porter ailleurs, dans cet espace toujours inachevé de l'écriture. Les Américains, reconnaissant peut-être dans la langue de Duras des rythmes propres à leur propre littérature et particulièrement une manière de raconter proche de celle de Hemingway, lui décernèrent deux saisons plus tard, en 1986, le prix convoité Ritz-Paris-Hemingway. Elle l'accepte d'autant plus volontiers qu'elle aussi se trouve quelque affinité avec la *lost generation* des années 20 et qu'elle remercie par là les universités américaines d'avoir été les premières à travailler sur elle, à l'inviter, à estimer que sa place était majeure dans la littérature française.

Du côté du cinéma, son œuvre intéresse toujours les réalisateurs. Porteuse d'images, elle se prête à l'adaptation, et Jean-Jacques Annaud, le réalisateur de *la Guerre du feu* et de *l'Ours*, en achète les droits. Le film est tourné après maintes tribulations au Viêt-nam et sortira sur les écrans parisiens au cours du premier trimestre 1992.

Mais le succès de *l'Amant* place-t-il pour toujours Duras dans le clan très convoité des auteurs de best-sellers ? Les livres qu'elle publiera après n'auront pas le même retentissement, prouvant en cela qu'elle n'avait pas, comme on le lui avait reproché, cherché complaisamment son public, qu'il n'y avait dans son écriture aucune tentative frelatée de séduction, de savoir-faire.

Beaucoup de ses lecteurs inattendus, ceux qui achètent par exemple le Goncourt par principe, furent déçus de leur lecture. La complexité des réseaux mis en place, le détachement apparent du propos, le télescopage parfois trop brutal ou trop virtuose du style les découragèrent et beaucoup en abandonnèrent la lecture, la faisant revenir ainsi à cet état d'exilée qu'un livre avait momentanément ramenée dans la communauté des hommes.

Forte néanmoins de son succès, elle continue de harceler le noyau le plus dur de son histoire mythique, emportant avec elle, dans l'équipée obscure, les cahiers abandonnés dans les armoires bleues de Neauphle-le-Château. Elle les relit, sans se souvenir de les avoir écrits, et elle sait qu'il y a là, comme retenu, du temps terrible, celui de la terreur nazie, des camps, de la déportation de Robert Antelme, de son retour.

Et ce temps-là, elle veut maintenant le rendre à la littérature, lui donner cette intensité sacrée où elle, Duras, devient l'allégorie même de la douleur, et Antelme celle de la renaissance, de la force de la vie quand même. Antelme qui, depuis 1983, est malade de nouveau, hospitalisé, pour lequel elle ne peut plus rien désormais sinon porter ce récit-là, *la Douleur*, à la surface des mots, essayer de la dire pour mieux comprendre, pour « savoir », comme elle dit souvent, « témoigner de l'horreur fondamentale de notre temps », même si ce témoignage a aux yeux de beaucoup de ses lecteurs quelque chose d'indécent qu'elle-même admet volontiers.

Niant de nouveau l'autobiographie ou pratiquant d'elle une conception singulière, elle brouille les fils de la réalité, Robert Antelme devient Robert L., nom qu'elle s'obstinera à lui donner jusqu'à l'entretien qu'elle aura avec François Mitterrand à ce sujet le 26 février 1986. Elle déclarera dans *la Douleur* qu'il « a écrit un livre sur ce qu'il croit avoir vécu en Allemagne », rendant ainsi incertain tout recoupement avec la vie, tempérant la portée événementielle et universelle de *l'Espèce humaine*. Tout se passe dans cette relation conflictuelle avec son ex-mari comme si l'écriture, la sienne, ne pouvait s'exercer que dans l'occultation de l'autre, comme si la sauvagerie de son langage ne pouvait trouver de ressource que dans cette abolition du champ événementiel, comme s'il fallait enfin qu'elle passe par ce meurtre-là, ce silence, pour que le texte prenne cet air du large, dégagé de tous les repères connus, livré au seul vent de son imaginaire, réfugié dans les régions du mythe.

Dans *la Douleur*, par le rythme pathétique qu'elle lui ordonne, Duras atteint le fond de ce gouffre où toujours son œuvre s'engage ; ce qu'elle appelle « l'uniformité de la douleur, la redite des jours, la pauvreté du langage » est décrit avec une scansion tragique, comme un récitatif de Racine ; de nouveaux lecteurs la découvrent, militante, dotée de cet « instinct criminel » qu'elle a toujours porté avec elle, dynamique de l'œuvre.

Ce que des critiques croient être une mise en scène — comment peut-on oublier dans « une maison régulièrement inondée » des manuscrits ausi expressionnistes que ceux-là, disent-ils — est en réalité le secret même de l'écriture durassienne, c'est-à-dire ce travail de tissage qu'elle a entrepris depuis le début, ses ondes de désir qu'elle a consignées, rapidement, dans le jet brutal des mots, trop présents encore pour être de la littérature, comme des notes prises au cours de ses vacances, et retrouvées pour donner corps à *Savannah Bay*, à *l'Éden Cinéma*.

Si elle raconte son désir pour Ter le milicien, ce n'est

pas comme on le lui reproche par souci de scandale mais
parce que la littérature est justement scandale, qu'elle ne
peut faire l'économie de cette vérité-là, de ce désir « qui
peut tout », même aimer de désir un traître en pleine épuration, parce que ce désir la commande, qu'elle ne peut
s'y soustraire, comme l'envie de tuer, de torturer, les Allemands, les collaborateurs, et que l'objet de l'écriture réside
dans cet inévitable-là auquel elle se rend.

Sa vie s'est toujours passée dans ces croisements de
temps, traversant des poches d'oubli et de mémoire résistante, contrariant l'ordre factuel du temps : « Je n'ai pas
d'histoire, je n'ai pas de vie », ne cesse-t-elle de clamer.
Pour elle, il n'y a que ce présent qui la brutalise, où elle
se brûle, où viennent se heurter comme des météorites des
brisures d'instants vécus, puis enfouis, de nouveau resur-
gis, sans unité aucune, dans le désordre absolu. Elle ne croit
pas aux récits de vies trop huilés, comme s'ils ne pouvaient
rendre compte de la réalité intérieure de la vraie vie, du
jeu obscur des désirs, des émerveillements et des terreurs :
« On part du commencement de sa vie et sur les rails des
événements, les guerres, les changements d'adresse, les
mariages, on descend vers le présent », dit-elle en déplo-
rant cette logique.
   La seule unité qu'elle puisse revendiquer de sa vie, c'est
« cette pensée de la mort qui [lui] ressemble ou l'amour
de cet homme et de [son] enfant.
   « Au-delà, il n'y a que les manques, des absences, des
trous où gisent néanmoins à ses yeux les secrets fondateurs
d'une vie, et qui explosent incidemment sous la sollicita-
tion constante de l'écriture. »

Dans le fourmillement de cette œuvre qui semble impossible à rattraper tant elle tourne comme une crécelle, creuse
avec rage, fore au point que Duras elle-même y perd sa

propre identité, arrive à se noyer dans une non-connaissance, se détruit, qu'en est-il réellement de cette vie ? Qu'advient-il de cette mémoire en allée, fluide, vacante, incernable, impossible à organiser ? Ne serait-ce qu'une errance, à bord du navire roulant sur des fonds prodigieux, d'une errance en mer noire, acceptant une bonne fois pour toutes, comme le bateau de Rimbaud, que « la quille éclate », et aspirant à aller à la mer comme on va à la mort ?

Ne resterait-il donc dans ses cales que de vagues images et des senteurs, celles des poissons fumés des ruelles qui se vendaient à la sauvette, et du doux-amer du nuoc-mâm, la vase des barrages où flottaient les crabes gonflés d'eau, morts, échoués dans les flaques des rizières, et les relents de la marée mêlée aux eaux stagnantes de l'estuaire dans l'air chimique du complexe d'Antifer, la cité mythique de l'industrie pétrolière près du Havre, où se paie dans les nuages des fumées nauséabondes le tribut moderne, les néons, les centrales, les sidérurgies, tout ce sans quoi la vie serait cette vacance à laquelle Duras aspire, libre, comme les bouillons des ciels de Boudin lavés par l'air du large ?

Dans *la Pluie d'été*, elle fait dire à Ernesto : « Toutes les vies étaient pareilles, sauf les enfants. Les enfants on ne savait rien. »

La vie de Duras est dans ce parcours, dans cette certitude de rejoindre comme une enfance, soumise toujours à des « modifications obscures, jamais énoncées ».

Elle a cette manie-là, de reprendre toujours l'œuvre passée, de lui injecter une autre sève, de lui désigner une autre désignation. Elle sait que c'est dans l'inlassable tissage qu'elle pourra démêler l'histoire vraie de sa vie. Elle décide de redonner au théâtre Renaud-Barrault du Rond-Point, en février-mars 1985, une deuxième version de *la Musica*. Sami Frey et Miou-Miou remplacent les créateurs de 1965, Claire Deluca et René Erouk. Elle en assure la mise en scène, fidèle à ce travail minutieux, fondé sur des intuitions, des silences, sur cette manière de laisser faire le texte, de lui donner la parole, d'entendre comment les comédiens la portent, et de modifier, d'accroître la force du silence, de faire résonner davantage encore la petite musique du silence et des aveux, tous les débris de l'âme réunis dans le grand hall de l'hôtel de province où l'ancien couple se retrouve.

Critique mitigée, comme si le succès médiatique de Duras incitait inconsciemment à la dépréciation, à l'ironie. La liberté de l'auteur affichée pendant tant d'années, au prix de traversées du désert, la reconnaissance publique, sa façon d'avancer dans son œuvre et sa vie sans se préoccuper des autres, avec un narcissisme impardonnable pour eux, toute sa conduite sociale n'incitent pas la critique à l'indulgence ou à l'amour. Les vieux « ennemis » d'autrefois qui ne ménageaient pas leurs sarcasmes, réduits un temps au silence par l'ampleur du succès, se rattrapent, reviennent à leurs injustices, à leurs cabales.

Jean-Jacques Gautier surtout parle de « mauvais génie » qui l'aurait conduite à faire la mise en scène de *la Musica*. « On croirait qu'elle a voulu imiter Claude Régy en pire », dit-il avant de déplorer la magie perdue de *la Musica I*.

C'est l'époque où, comme grisée par l'impact de *l'Amant*, elle est certaine que « quelque chose passe par elle », comme elle le confie à Michèle Manceaux, qu'elle a acquis depuis toujours des secrets millénaires remontés jusqu'à elle, par de mystérieux réseaux génétiques, des fulgurances qu'elle ne peut contenir, comme il en va des petites saintes de l'Église catholique, naïves et traversées elles aussi par des voix, des certitudes, incontrôlables, brutalement affirmatives. Le journal de l'été 80 lui a donné l'envie de s'exprimer par cette voie courante, saisissant les échos, les pulsions immédiates, les bribes du temps qui passe.

Elle a des avis sur tout, donne des articles à *Libération*, à *l'Autre Journal*, accorde de longs entretiens radiodiffusés. Ainsi en juillet 1985, elle publie un article retentissant à vocation prophétique sur Christine Villemin, accusée d'être l'assassin de son propre enfant, Grégory. Fascinée par le meurtre, comme son œuvre entière l'atteste, elle a des intuitions qu'elle veut éprouver en allant enquêter sur place, pénétrer dans « la matérialité de la matière », c'est-à-dire sur cette terre épaisse des Vosges, où s'est passé le drame, approcher de cette maison, neuve, sans jardin, entourée de sapinières, et de rivières au cours sombre et glauque.

Serge July, le directeur du journal, sait le danger qu'un tel article représente en pleine instruction du procès, prévient ses lecteurs par un encart resituant le texte de Duras dans une perspective d'écrivain, « fantasmant la réalité en quête d'une vérité qui n'est sans doute pas la vérité, mais une vérité quand même, à savoir celle du texte écrit ». Mais pour Duras, cette vérité-là de l'écrivain est la vérité de la proferation, celle des prophètes des temps bibliques, elle est sûre de ce qu'elle « voit », dans cette lucidité qui échappe à l'événementiel, que le journaliste ne peut pas voir, et qu'elle trahit, elle, forte de ce « génie » dont elle se dit douée et qui lui permet d'accéder à une réalité supérieure.

Oui, Christine V., « sublime, forcément sublime Christine V. », cette « femme des collines nues », est une héroïne tragique, et le meurtre qu'elle aurait perpétré contre son fils, ce serait aussi la vengeance du meurtre qu'on aurait perpétré contre elle, contre toutes les femmes, isolées dans « le fond de la terre », dans le « noir » afin « qu'elles restent comme avant », dans la nuit millénaire de l'asservissement de l'homme.

L'article fait scandale malgré l'été, les vacances. On dénie à Duras le droit de s'exprimer, d'influencer la justice, de se substituer à elle, de jouer à la Pythie, de dépasser les bornes, de profiter de sa célébrité.

Elle ne s'en préoccupe pas, n'entend pas les quolibets, les sarcasmes, les avanies, sûre qu'elle « possède en soi l'universel ».

Comme si le succès l'avait affranchie de sa peur, elle
veut, parallèlement à son propre travail d'écriture, parler
« de tout, des choses. De tout, de moi ». Elle choisit avec
un grand soin ceux qui l'interrogent, ou les journaux qui
publient ses articles, devient un témoin du temps public,
ouvre des voies singulières, propose des analyses toujours
déplacées, inattendues. Les événements politiques ont tous
écho sur elle, Tjibaou et la Nouvelle-Calédonie, Joëlle
Kaufmann et les otages du Liban, Gorbatchev et la peres-
troïka, l'affaire Greenpeace...

Comme elle le dit lors d'une des émissions diffusées
par TF1, du 26 juin au 17 juillet 1988, « il n'y a pas de
différence entre ce que je dis dans les interviews et ce
que j'écris en général ». Elle exerce cette activité
journalistique avec une violence et une passion telles
qu'elles la font entrer dans le champ même de la littérature. Ce qu'elle écrit à présent, dans le livre ou dans la
presse, répond à sa hâte, à sa sauvagerie primitive, à sa
fureur d'être et de savoir. C'est dans ses raccourcis, ses
affrontements de pensée, ses dérapages qu'elle reste fidèle
à l'écriture.

Ses cinq entretiens avec le président de la République,
de février à mai 1986, publiés dans *l'Autre Journal*, sont
un modèle du genre. Dégagée de toute censure, vis-à-vis
des autres et d'elle-même, confortée par l'amitié ancienne
qui la relie à François Mitterrand, elle aborde avec lui les
problèmes les plus divers, des difficultés de stationnement
des Parisiens au tiers monde, de la Résistance à l'esprit de
la terre, de Le Pen qui lui répugne, « la poubelle de la
France », à Karen Blixen, celle qu'elle appelle « la princesse
gothique » du Kenya. De la vérité circule, de la confiance,
de la simplicité. Où qu'elle soit, elle est ainsi, dans cet état
de naïveté absolue, abrupte, portant l'analyse dans des lieux
inabordés, neufs.

Sa dernière expérience cinématographique, elle la mène avec deux autres coauteurs, son propre fils, Jean Mascolo, et Jean-Marc Turine. Le film, *les Enfants*, sorti sur les écrans le 29 mai 1985, est assombri par d'obscurs problèmes de production : « Je suis là, comme au sortir d'une poubelle », dit-elle. Il développe l'embryon d'histoire publié sous la forme d'un conte pour enfants, *Ah ! Ernesto*, avant que le film à son tour serve de fondation à *la Pluie d'été*, publié en 1990.

L'amertume causée par les conditions de production la ramène au livre, à sa solitude, à la responsabilité de ce moi fluide dont elle perçoit tant les rythmes et les murmures. « C'est pourri, pour moi, le cinéma », affirme-t-elle en juillet 1985 dans les *Cahiers du cinéma*.

C'est toujours le même travail d'échange, de passerelles d'un texte à l'autre, d'un genre à l'autre. On lui avait raconté l'histoire de ce petit garçon, Ernesto, qui « ne veut pas aller à l'école parce qu'on m'apprend des choses que je ne sais pas ». Ernesto, enfant du quart monde, et qui ne voulait pas apprendre à lire, rien.

Et elle en fait ce film, grâce au ministère de la Culture, avec les voix admirables des comédiens Tatiana Moukhine, Daniel Gélin, André Dussolier, Pierre Arditi, Axel Bogouslavski, Martine Chevallier, et toujours le fidèle Nuytten à la caméra.

Construit à la manière d'un Ionesco ou d'un Beckett bouffon, il exprime encore une fois ce leitmotiv de toute sa pensée : la sensation précède la connaissance. Elle affirme sur le mode cocasse l'antériorité du ressentir par rapport au savoir, entraînant ses personnages dans la poésie, dans l'absurde, dans la déraison.

La scansion de sa vie se calque au rythme même des livres, de ce « bagne » où elle est qui l'oblige à écrire, à « effacer, à remplacer », à reprendre toujours plus ténue la trame effilochée de l'œuvre.

Avec *la Pute de la côte normande*, publié en décembre 1986 et suivi des *Yeux bleus cheveux noirs* dès février 1987, elle atteint l'apogée de ce genre nouveau auquel elle aspire

maintenant, où vie et légende sont mêlées, où romanesque et réalité sont enchâssés. Cet aveu, elle l'explicitera,
la même année, dans *Emily L.* : « Je ne crois pas que ce
soit notre histoire que j'écrive. Quatre ans après, ça ne peut
plus être la même... Non... ce que j'écris en ce moment,
c'est autre chose dans quoi elle serait incluse, perdue, quelque chose de beaucoup plus large peut-être. »

Ce qu'elle cherche à écrire, à loger en quelque sorte dans
l'histoire du livre, c'est Yann Andréa, le dédicataire,
s'employant « à trouver cet homme », son secret, à l'ins-
crire dans l'écrit. La genèse des *Yeux bleus* est douloureuse,
elle se fait dans les cris de Yann Andréa, dans ses hurlements, dans cette souffrance d'aimer, dans cette « détestation du corps de la femme ».

Elle résume en quelques mots le livre : « J'ai dix-huit ans,
j'aime un homme qui hait mon désir, mon corps. » Elle
lui dicte le texte, il ne le supporte pas, alors « il crie contre
elle ». C'est dans cette barbarie-là que se fait le texte, qu'il
parvient à capter quelque chose, d'indicible, des rapports
qui les retiennent, de cet amour impossible et pourtant là
tangible, palpable.

Elle est au cœur du mystère de l'homosexualité, au cœur
de ce qu'elle prétend commun à tous les hommes, au cœur
de cette épreuve-là, « illégale ». Entre les quelques pages
de *la Pute de la côte normande* et des *Yeux bleus cheveux
noirs*, elle montre le va-et-vient de cet amour entre la vie
et l'écriture, entre l'intenable de cet amour et le bonheur
qu'elle en a. Elle écrit comme ça, de manière « indécente,
et le scandale est là ».

Les imbrications sont si étroites entre son histoire pri-
vée et ce qu'elle en trahit dans le livre qu'elles finissent par
se confondre et se rejoindre dans l'écriture, seul lieu vital
de Duras. Elle porte dans le livre, « au cours de cet été 86
si terrible », sa souffrance, celle du corps, le sien, nié par
l'homme aimé, « histoire impossible » mais « histoire possible » aussi parce que vécue, détournée ailleurs, et cependant dans l'endroit même de l'amour.

C'est cet inimaginable qu'elle veut transcrire, ce qu'il a été donné de vivre, avec cet homme, qui allait « dans tous les sens, (...) pour chercher au-delà des hommes beaux, des barmen, des grands barmen de la terre étrangère, celle d'Argentine ou de Cuba » et la nuit, revenait, « heureux », près d'elle, face à la mer.

« Légende ou histoire véritable », elle ne cesse de jouer à cache-cache avec les deux termes, bâtissant livre après livre cet autre soi-même, le plus vrai, le plus sincère, essayant d'attirer à la surface du jour cette photographie absolue tant traquée, et qui restituerait l'être dans toute son étendue, au plus loin des poses convenues.

Elle vit plus souvent à Trouville à présent, délaissant Neauphle et Paris, comme si la proximité de la mer lui donnait des ressources nouvelles, la laissait plus encore « ouverte à l'idée de Dieu ». Elle aime la douceur des jours d'été, la lumière jaune qui dore la plage, le sable, les pierres des Roches Noires, et l'état miraculeux, près de se rompre, de ces moments qu'il faut arracher à la mort, dont il faut se combler. Elle aime aussi les retours de Yann Andréa, leur complicité, les promenades qu'ils font souvent, du côté de Honfleur, de Quillebeuf, le long de cette route qui longe l'estuaire, avec ses champs marécageux, et ses manoirs à colombages, isolés dans des prairies lourdes de vert.

Elle se remet à peine des accidents de santé qu'elle a eus en 1985, de sa « raison qu'elle avait perdue » à cause d'un emphysème qui avait provoqué une absence d'irrigation dans le cerveau et l'avait rendue de nouveau à ses délires coutumiers, où à chaque fois reviennent les nazis, les ennemis de toujours, obsédants, et les voleurs de bagues, et les animaux méchants qui envahissent sa chambre, ses lieux, et les juifs enfin.

A Trouville, elle retrouve le rythme de son écriture, la mobilité de la mer lui rappelle, familière, les inflexions de l'âme, l'étendue du sable, illimitée à la marée descendante, la ramène au pouvoir renouvelé des mots comme à leur ensevelissement.

13

« La splendeur de l'âge* »

* Entretien avec Dominique Noguez, *Œuvres cinématographiques*, 1983

Ce qu'elle veut, c'est « avoir un livre en train », occuper ce temps de la vie qui, sans l'écriture, serait vain, ouvrir à l'inconnu. Toute sa vie est dans ce piétinement et cette obstination, faire que le livre soit la nasse qui retienne le jour, sa lumière, l'amour, les enfants.

Avec l'ami de son fils, Jérôme Beaujour, elle entreprend *la Vie matérielle*, publié en 1987, suite de mélanges et de variations sur des sujets familiers, qui interrogent son existence, auxquels elle ne peut échapper. Au fur et à mesure que le projet se concrétise, elle abandonne les questions, les thèmes choisis par son interlocuteur, imposant son seul questionnement ; réfutant tout discours péremptoire et définitif, elle se veut fidèle à sa voix de chaque jour : « Je partais toute seule, dit-elle, et c'étaient de vraies réponses à des questions qui n'étaient pas posées. »

Elle prolonge les affirmations du *Camion*, parle de ce dont elle a envie, de ce qui lui tient le plus à cœur, les écrivains, l'écriture, le Livre, Trouville et la rue Saint-Benoît, d'elle et de Vinh Long, de Hanoi et de Yann Andréa, de la manière dont s'élaborent ses textes, dont les mots sortent hors d'elle, « publiquement ».

Elle apparaît multiple, inattendue dans ses faits et gestes, livre ses manies, ses hantises, ses ruses, ses appréhensions. C'est l'assomption d'une vérité, dite humblement, avec des mots de tous les jours, pris comme ils viennent, sans se préoccuper du sens, mais libérés. Elle livre de petits secrets, des recettes de vie, des pensées fugitives, jamais scellées par l'idéologie.

Elle projette d'elle-même des images contradictoires souvent avec ce qu'elle a déjà livré d'elle dans ses romans ; le lecteur la surprend banale, besogneuse, familière, parlant de tâches ménagères ; comme ailleurs, dans *la Douleur*, dans le cycle de Lol V. Stein ou celui de Yann Andréa, quelque chose de fatal la pousse sur les rivages de la tragédie et de la mort. Elle est pétrie de tout ce mélange, surprenant ses familiers. Michèle Manceaux ne raconte-t-elle pas que, lui rendant un jour visite à Paris à l'improviste, elle la surprend en train de coudre un gilet qu'elle avait l'intention de porter, lors du voyage présidentiel aux États-Unis auquel elle était invitée ? Dans sa valise, ses vêtements roulés comme elle avait vu sa mère le faire, et dont elle reproduisait les gestes, millénaires, gestes de ces femmes d'autrefois, au savoir paysan.

Après le livre, elle raconte souvent comment il s'est fait, dans quel état il s'est écrit, dans quel vertige. Elle parle toujours de cet état d'abandon à la vie extérieure, de la présence au livre, totale, jusqu'à l'asservissement, à la souffrance. C'est ainsi qu'elle écrit *Emily L.*, dans la transe et l'émotion, comme si après Lol V. Stein c'était Emily qui était devenue « sa sœur, sa parente profonde », sa ressemblance.

Yann Andréa est de nouveau parti, « parti pour toujours », comme d'habitude ; elle ne mange plus guère, elle ne dort presque plus, elle croit, dit-elle à Jean-Luc Godard, qu'elle va en mourir, et elle écrit l'histoire télescopée du Captain de Quillebeuf et de sa femme, et la sienne auprès de Y.A. *Emily L.*, c'est le livre qui se fait devant soi, comme l'efflorescence de l'œuvre proustienne, comme les petits dahlias de papier japonais que Proust, enfant, admirait et qui, déployés dans l'eau des aquariums, devenaient de vastes fleurs, flottantes, surréelles.

Le livre avance au fur et à mesure qu'on le lit, sans qu'elle-même ait su où elle allait, donnant chaque jour dans la solitude de l'été à Irène Lindon, la fille de l'éditeur des Éditions de Minuit, les pages qu'elle a écrites pour qu'elle les lui rende le lendemain tapées à la machine.

Elle confronte ce couple parfait de soûlards et celui, impossible, qu'elle forme avec Yann Andréa, et peu à peu, comme forcée par l'histoire, elle cherche le secret de ce couple anglais pour mieux chercher le sien : « ... Alors je suis obligée d'opérer le livre. De l'ouvrir, de le couper, d'y faire entrer une troisième histoire, celle d'Emily L. Pour que le livre soit vivant, pour que le livre soit vivant, je ne trouve que ça. »

Alors elle découvre, une nuit, que le secret d'Emily L. c'est qu'elle écrit, charriant avec elle la « puissance de douleur » attachée à l'écriture, et que ce secret-là, le Captain l'a détruit en brûlant le poème absolu, en la tuant en quelque sorte.

Face au couple de Quillebeuf, elle cherche à comprendre ce « jeune homme qu'elle aime », cet amour qu'elle lui porte dont elle ne parvient pas à savoir la nature, histoire « insaisissable », « faite d'états successifs », inavouable.

L'aveu autobiographique est accompli : « Ce que nous préférons, c'est écrire des livres l'un sur l'autre », il culmine ici dans l'histoire du je qui bute toujours sur l'histoire d'Emily L. jusqu'à se confondre avec elle, dans la douceur de l'été naissant, tandis que les vergers du bocage normand, du côté de Pont-Audemer, s'alourdissent de sève, et que des menaces veillent quand même, la colonie de touristes coréens, aux visages anonymes, terrifiants, et ses réveils angoissés dans la nuit, frappant à la porte de la chambre de Y.A.

Le livre ne reçut pas un accueil chaleureux, bien au contraire, Duras parle d'« assassinat », qu'elle ressentit de manière aussi douloureuse que la mort de son premier enfant. Toujours en elle cette idée que ses livres et elle-même ne peuvent accéder à la lumière de la vie extérieure, mais, clandestins, doivent être « cachés derrière des murs ».

La maladie de nouveau l'assiège. Elle vit de ses cahots depuis quelques années, comme si chaque livre était un sacrifice de plus, une suite de stigmates douloureux, qu'elle doit subir.

TF1 lui consacre une série de quatre heures qu'elle tourne en février-mars 1988, et dont l'accueil sera mitigé. Elle y apparaît telle qu'en elle-même, sans se soucier des lenteurs, des silences, des aveux murmurés perceptibles seulement à ceux qui fréquentent depuis longtemps son œuvre. La journaliste qui devait l'interroger, Luce Perrot, est peu à peu réduite à l'état de témoin muet tant Duras occupe subrepticement l'espace, comme les eaux de la Seine entrant dans la mer, sans qu'on en voie le phénomène.

Elle lit, beaucoup, attentive à faire jaillir de sa voix les secrets qu'elle ramène toujours de sa nuit noire. Cette « certaine critique » comme elle la nomme, menaçante et hostile à elle, depuis tant d'années, ricane et crie à la parodie. Elle semble ne plus être prise au sérieux, discréditée par certaines de ses interventions publiques où elle affiche des opinions controversées, mal reçues. Elle se déclare reaganienne, favorable aux jeux télévisés populaires de la 5, aux téléfilms, s'entretient avec Platini, disserte sur Johnny Hallyday, se livre à des analyses sauvages...

On dit un peu partout qu'elle n'est que la caricature d'elle-même, on prétend qu'elle triche, mais « c'est, dit-elle, dans cette tricherie-là que je suis au plus sincère de moi ».

La satire est à son comble lorsque Patrick Rambaud, un ancien journaliste de la revue *Actuel*, publie chez Balland, au printemps 1988, un pastiche de *Emily L.* intitulé *Virginie Q.* et signé Marguerite Duraille : couverture imitant celle des Éditions de Minuit, tics de langage abondamment utilisés, exotisme stéréotypé, etc.

Des articles parus dans les plus grands quotidiens ironisent à leur tour sur « Madame Marguerite, (...) la baudruche éclatée » (*le Figaro Magazine*), « Marguerite Du Rable », « Miss Dourasse » (*l'Événement du jeudi*), « La Reine Margot », « La Maguy de Saint-Germain » (*le Monde*)...

Le personnage même de Duras « exaspère », comme le déclare Patrick Rambaud à l'A.F.P. : « Elle se mêle de tout et intervient sur tout. Il devient urgent de s'en moquer. Elle a l'art, tout comme Roland Barthes, d'enrober des lieux communs avec des dorures. C'est du baroque. » Assimilée à « Mlle de Scudéry en son temps », peu voient cependant que son impudeur absolue, scandaleuse, est liée à sa tentative d'élucidation du monde, d'elle-même, à ce tragique qui l'encercle et l'isole, à cette « espérance infatigable » qui l'agite toujours.

Puis la maladie, encore, féroce, l'entraîne trop loin, cette fois-ci, d'octobre 1988 à juin 1989, au point que chacun s'attend à sa mort. Elle entre dans un coma profond, qui dure cinq mois, sa tension « oscille entre 4 et 5 ». Dans les rédactions des journaux, sa nécrologie est déjà prête, des textes, des hommages aussi qui n'attendent que l'annonce de sa mort. Elle, elle est dans cet état silencieux, ouaté du coma peuplé cependant de « résonances de la guerre, de l'occupation coloniale », des scènes de viol, d'achèvement, qui la tiennent, ailleurs, éveillée.

Elle est dans ce moment du Passage, dans l'étroit tunnel, où s'attend la mort. Elle est dans cette chambre d'hôpital, muette, sourde aux bruits des autres, usée de cette vie qu'elle a menée, l'alcoolisme, la tabagie, l'emphysème, la passion de comprendre, et cette manière qu'elle a eue de ne pas se ménager, de ne s'être pas donné de la douceur, toujours sur le fil de la lame, se brûlant à la passion, dans des histoires impossibles.

Comme elle bouge beaucoup dans son lit, les infirmières l'ont attachée, mais la pensée continue, galope, se livre à des activités de vie, farouches, brutales. L'équipe médicale la prétend perdue, mais pratique avec une sorte de persévérance pathétique ce qu'elle appelle « l'acharnement thérapeuthique ». Et le miracle se produit.

Un jour enfin elle se réveille. Aucun médecin ne peut prévoir ce moment-là où la malade sortira de sa nuit profonde, accédera de nouveau à la vie, à la lumière du jour, reprendra la Route.

Comme elle aime à le faire, elle cherche des signes pour mythifier ce retour, continuer à donner à sa vie cette couleur d'épopée et de légende. A Pékin, la jeunesse étudiante se révolte contre l'autisme du système, brûle les effigies des dirigeants chinois, occupe la ville, défie les chars. Il lui plaît de renaître à cet instant-là.

Elle ressort de l'épreuve réduite physiquement, affaiblie, tassée, infiniment vieillie. Sa gorge, trouée par une canule, est maladroitement cachée par un foulard, mais elle est indifférente à cette disgrâce.

On la voit pendant sa convalescence sortir au bras de Yann Andréa pour aller se promener, en banlieue, à Malakoff ou à Vitry-sur-Seine, se mêler à la mosaïque de peuples qui y vit et auprès de laquelle elle trouve du bonheur et de la joie. Son visage est lourd de la maladie, impressionnant, mais au-delà de sa fatigue, il reste le même que celui de ses dix-huit ans, « voyant, exténué, ces yeux cernés en avance sur le temps, les faits ». On croit qu'elle ne survivra guère, que le coma laissera des séquelles, qu'elle ne pourra plus même écrire. Mais son énergie secrète la travaille souterrainement, lui insuffle de la vie, lui fait de nouveau accueillir la brutalité de l'écrit qui sourd, à l'état sauvage. Elle accorde des entretiens un peu partout, mais seulement quelques mois après, comme pour se défaire de son épreuve, chasser ainsi la mort, elle raconte en détail la nature de ce coma profond, rejoint en tâchant de l'expliquer les grandes questions de l'être, celles du cosmique et de l'envol de l'âme, de l'éternité, du trajet mystérieux de la vie.

Sa renaissance surprend, apaise certaines hostilités, en ravive d'autres.

Philippe Sollers, dans ses *Carnets*, publiés en janvier 1989, déclare : « Duras, pauvre femme. Elle prétend avoir rêvé de Maghrébins tabassant un fasciste dans un train. Sa mère la battait. Elle raconte qu'un soir d'élections, un type est venu se branler contre elle... Le président de la République, ajoute-t-elle, la trouve irrésistible. Spectaculaire intégré. Spectaculaire désintégrée. » La haine rejoint l'insolence gratuite d'un jeune romancier, Jérôme Leroy, qui, dans son premier roman, *l'Orange de Malte*, paru aussi en 1989, se prétend héritier de Roger Nimier en se faisant les dents sur Duras : « En sortant, il croisa Marguerite Duras... Elle poussait un caddie, revenant sans doute du Monoprix. On n'a jamais que les décors qu'on mérite... Il était facile, poursuit-il, de railler un grand écrivain quand on est un petit con incapable d'écrire un roman. Mais précisément, il n'était pas persuadé que Marguerite Duras fût un grand écrivain. »

Avant son coma profond, avant qu'elle ne plonge dans cette « ligne interdite » où l'âme retrouve la mobilité du vent, la légèreté des premiers jours du monde, elle entreprend la rédaction de *la Pluie d'été*, à partir des dialogues des *Enfants* filmés cinq ans plus tôt. Y revenir, c'est encore parler de cet amour fou qui l'a toujours occupée, pour les démunis, les « trop d'enfants » des banlieues, les sans-savoir, victimes de l'injustice majeure, du règne impérissable de l'homme sur l'homme, des Bouygues, son obsession, sur l'innocence des enfants, leur non-savoir.

Elle aime ce quart monde, démuni et splendide, qui vit dans ce lieu neuf des banlieues, où se côtoient des « blacks, des un peu blacks, des très blacks, et des blancs, et des pas tout à fait blancs, des presque blancs », cet « accomplissement du mélange » qui lui donne envie d'écrire, de rester fidèle à ce marxisme utopique qu'elle revendique encore. Elle ira après sa maladie à Vitry, quinze fois au moins, accompagnée par Yann Andréa, se couler dans la cité nouvelle, dans cet espace mêlé, dans ce « New York dispersé », toujours très douloureuse, très aux aguets. Elle entend en s'y promenant la voix d'Ernesto, la sienne sûrement, dont elle se rapproche par sa soif de connaissance, par cette vie intérieure qui anime Ernesto, celui qui refuse le savoir, ne veut pas apprendre à lire et cependant connaît comme l'Ecclésiaste les grands mystères du monde, comme les rois d'Israël a ces certitudes venues du fond du monde, absolues, « cette région silencieuse, cette sorte d'intelligence ».

Elle sort du coma, et elle fait dire à Ernesto sa propre révélation :

« J'ai vu tout ce qui se fait sous le soleil...

« J'ai vu.

« J'ai vu que tout est Vanité et poursuite du Vent.

« J'ai vu que ce qui est courbé ne peut pas se redresser.

« J'ai vu que ce qui manque ne peut pas être compté. »

La Pluie d'été montre à quel point le sujet la porte, depuis le petit livre pour enfants publié en 1971. Près de vingt années après, elle approfondit cette histoire, mûrie de la douleur, de la souffrance, de la peur de mourir, de la solitude des chambres d'hôpital, des coursives désertes, aseptisées où s'accrochent des malades, pour faire quelques pas. Plus elle est attentive à Ernesto, et plus elle donne à son histoire une portée religieuse, comme si elle et lui réunis, la femme brûlée de tant d'épreuves et l'enfant de douze ans au savoir immense, se rejoignaient dans « le champ qui est pour Dieu », sauvant du désastre des « monstres » à l'appât du gain le Livre déjà brûlé, celui des origines, qu'elle a toujours tenté de retrouver, perdu qu'il était dans le sillage cruel du Navire-Night.

Il y aura sûrement d'autres livres après *la Pluie d'été*, mais celui-ci est écrit dans une sorte de limpidité retrouvée, dans cette fraîcheur de la vie reconquise, tant aimée.

Elle aime Ernesto, comme Jeanne, sa sœur, elle est aussi

Jeanne et Ernesto à la fois, comme elle ne faisait qu'un avec le petit frère : « Elle avait attendu qu'il se réveille. C'était cette nuit-là qu'ils s'étaient pris. Dans l'immobilité. Sans un baiser. Sans un mot. »

Jeanne demande à Ernesto de chanter *A la claire fontaine*, « il y a longtemps que je t'aime, jamais je ne t'oublierai ». Oui, jamais elle n'oublierait la douceur des bras du petit frère quand il lui faisait traverser l'eau tumultueuse des *racs*, et le chant brisé des déportés dans les camions bâchés chantant aussi *A la claire fontaine* parce que les Allemands leur interdisaient de chanter *la Marseillaise*, jamais elle ne pourrait oublier le récit d'Antelme, Antelme qu'elle aime au plus secret d'elle-même, Antelme l'incomparable, celui dont les S.S. niaient l'humanité, « Alle Scheisse », « vous êtes tous de la merde », et lui, qui s'acharnait à revendiquer son appartenance à l'espèce humaine, mettant en échec le projet diabolique de la mutation biologique auquel on voulait le réduire. Antelme l'incomparable, fredonnant sur les routes solitaires des camps *A la claire fontaine*, se souvenant des paroles de l'enfance, « sur la plus haute branche un rossignol chantait, chante rossignol chante si tu as le cœur gai ».

La Pluie d'été, c'est cette onction de l'enfance, cette manne, ce vent, qui tombent, vaporisent l'air, redonnent goût à « l'adoration de la vie », dans la connaissance de cette vie tragique — « un jour ou l'autre tous seraient séparés de tous et pour toujours, (...) c'était ça la vie, ça, voilà, seulement la vie, rien d'autre que ça », mais en même temps dans l'apprentissage clairvoyant de son vrai sens, de cette connaissance décantée du malheur de la société, des ruses et du paraître, de ces secrets que le Livre brûlé révèle dans sa lumière et fait vivre dès lors dans « l'éblouissement ».

Comme d'habitude, la sortie d'un livre d'elle fait l'événement. La critique exulte ou vocifère, admire ou déplore, mais le public la voit désormais autrement, avec une bien-

veillance à laquelle elle n'a pas toujours été accoutumée.
Il approuve son courage de dire, son « parler vrai ». Elle
prétend encore se moquer de ce que les observateurs disent
de son travail. « Le monstre médiatique bagué », comme
l'appelle Jacques-Pierre Amette, dans *le Point*, n'écoute
pas, mais travaille, « gère », « impériale, grandiloquente,
rusée, mesquine, aveugle, inspirée aussi, ardente », plongée, ainsi qu'Amette la définit toujours, dans cette mer
immense où s'abîment ses livres.

Reste l'émerveillement du Livre, de l'Œuvre, la seule
route qui aille vers quelque chose, « cet avenir en marche,
à la fois visible, imprévisible, et de nature inconnue ». Ce
mystère qui appartient aux seuls enfants, à la marche obscure, à la connaissance la plus proche de la nuit utérine,
des trajectoires biologiques obscures et silencieuses, comme
le roulis des planètes, tout autour de la terre, dont personne
ne parviendra jamais à déceler le fonctionnement.

Dans la douceur de la lumière normande où elle passe
de longs mois désormais, elle est toujours à l'écoute de « ce
printemps gagné » après tant de violences, attentive aux
mélanges de l'eau et des sables, aux cornes de brume lointaines qui brament du fond de la mer, à l'horizon, elle est
plus apaisée et pourtant à l'œuvre, « présente au livre »,
quoi qu'il advienne du reste du monde. De la douleur reste,
comme une poche jamais résorbée, se souvient quand
Antelme meurt le 26 octobre 1990, à soixante-treize ans,
Antelme, le mari au prestige si grand, peut-être trop grand,
qui fut sa référence morale, l'auteur du Livre absolu,
l'Espèce humaine.

Mais comme si l'écriture était la seule preuve de vie, elle
se lance dans la rédaction d'un autre texte, qu'elle prétend
concevoir dans le bonheur, dans cette sorte d'allégresse et
de grâce qui la maintiennent en vie. Aux voisins des Roches

Noires qu'il rencontre dans le vaste hall ou sur la terrasse quand il revient de ses courses, Yann Andréa répond qu'elle est dans une forme étonnante, qu'elle ne cesse d'écrire, sur l'amant, encore l'amant. De fait, on ne la voit guère, toute requise au risque de cette écriture essentielle, « là, dit-elle, où je ne partage rien. Ou je ne peux pas partager. Je ne peux embarquer autre chose que moi-même sous peine de perdre le flot de ce qui vient ».

C'est pourtant la fin de l'été et, recluse, elle ne goûte ni le soleil doux de cette Normandie, ni l'air de la mer, perdue qu'elle est sous « la pluie droite de la mousson », « dans les immensités inondées du riz », en marche toujours sur les pistes qui mènent au barrage, à Prey Nop.

Elle écrit encore cette histoire de l'amant, encore et toujours, car c'est à elle qu'il faut revenir sans cesse pour expliquer la naissance du livre, les secrets absolus de l'écriture.

L'enfermement continue, celui de cette terre natale, follement aimée, la clé de tout, « la guerre, la faim, les morts, les camps, les mariages, les séparations, les divorces, les livres, la politique, le communisme », la vie en somme.

Est-ce seulement le fait que Jean-Jacques Annaud travaille là-bas sur les lieux mêmes de cette enfance, qu'elle se sent ainsi appelée à parler de nouveau de son Asie magique? Les indications pour un film éventuel insérées dans *l'Amant de la Chine du Nord* préviennent-elles déjà de l'échec d'Annaud, avant même la sortie de son film, à restituer cette trame même, insaisissable, de sa vie?

Le livre qu'elle écrit, qu'elle finira par appeler *l'Amant de la Chine du Nord*, l'entraîne sur le Mékong, c'est de nouveau « la direction du fleuve » qu'elle a prise, « le village de jonques » d'où jaillissent des cris et des chants, des plaintes et des rires.

La splendeur du livre, de cette traversée dans la forêt épaisse de sa nuit, c'est de réinventer, de porter à la surface des mots et du jour des traces enfouies, jamais encore atteintes, de la mémoire qui appelle une autre mémoire, « une mémoire sur de la mémoire », avait déjà dit en 1975

Claude Mauriac. Toutes les fractures, tous les chaos de sa vie sont comme rassemblés dans le livre, dans une mobilité de « conversations juxtaposées ». Chaque jour qu'elle vit lui donne de soulever, d'exhumer des « couches » toujours plus profondes, mouvantes, fluides, qui reposaient « en instance » d'être relevées, d'être livres. C'est ainsi qu'elle voit la naissance du livre, dans ces images intactes, préservées du temps, et qui, un jour, inévitablement, réclament leur assomption, leur avènement dans le Livre qui est à ses yeux le seul conservatoire de la vie.

Sa vie, maintenant, se résume à ce « pays indécis d'enfance », à cet ailleurs fantasmé, cette « sorte de Chine lointaine », au cœur de laquelle trône la mère, reine de ce « royaume » des « Flandres tropicales », abandonnée au destin de cette « famille de bagnards ». L'amant revient, comme Pierre, le frère aîné, perdu déjà à dix-neuf ans, abîmé dans l'opium et la méchanceté, et Paulo, le petit frère, « mon fiancé... mon enfant », révéré « comme s'il était sacré ». Tout se passe désormais comme si le livre, rôdant toujours autour de cette enfance, libérait des aveux trop longtemps retenus, douloureux et obsédants. Le secret de sa vie qu'elle clame au regard du monde entier avec *l'Amant de la Chine du Nord*, c'est ce « petit frère différent » des autres, aimé dans la nuit noire du corps, dans la douleur irrésistible du désir. La scène primitive, fondamentale est enfin émergée. C'est la fin du livre, le moment proche du départ. Elle a quitté le Chinois qu'elle ne reverra plus. En rentrant chez elle, dans la maison ruinée, dévastée par les usuriers, elle se pénètre de la douleur de cette famille. Elle attire Paulo dans la salle de bains. Elle se dénude, elle s'allonge près de lui, lui dit ce qu'il faut faire. « Quand il avait crié elle s'était couchée sur son visage pour que la mère n'entende pas le cri tragique de son bonheur.

« Ç'avait été là qu'ils s'étaient pris pour la seule fois de leur vie. »

Le miracle de Duras, c'est de rendre la fraîcheur de cette enfance malgré la violence de ses chaos ; il n'y a aucune restitution qui procéderait de l'habileté romanesque, mais quelque chose qui se déroule et file, intact.

Les odeurs, les senteurs ressuscitent les souvenirs, le livre (le roman ?) baigne dans les eaux fades du Mékong, dans les relents épicés et sucrés tout à la fois des marchés flottants, dans la multitude des jonques.

Le virus du cinéma la tenaille toujours autant malgré cet « au-delà de la mort » où elle dit être allée. Elle reste fidèle à sa méthode de l'instinct, à cette technique fluide, innocente qu'elle a inaugurée avec *Détruire, dit-elle*. La sortie annoncée de *l'Amant* réalisé par Jean-Jacques Annaud, produit par Claude Berri, et fébrilement attendu par la presse, la laisse indifférente et narquoise quant à l'efficacité de sa traduction. Elle dénonce le trop d'argent de la production, les attendus du cinéma commercial, ses nécessités : « Je crois que l'actrice qui a été choisie est trop jolie. Dans mon livre, j'ai mis une note : "Si la petite fille est trop jolie elle ne regardera rien, elle se laissera regarder." Ce n'est pas Annaud qui m'inquiète, c'est le cinéma, ses limites », dit-elle dans une interview au *Monde* le 13 juin 1991.

Elle a cependant donné *l'Amant* avec la même désinvolture qu'elle a donné les droits du *Barrage*, de *Moderato*, du *Marin de Gibraltar*, comme si l'œuvre, une fois écrite, ne lui appartenait plus, mais s'en allait vers là où les autres, ses lecteurs, l'emmenaient, ou bien encore rejoignait le secret de la nuit d'où elle, Duras, l'avait fait s'échapper.

C'est pourquoi dans *l'Amant de la Chine du Nord* elle fait se confondre les enjeux traditionnels de son écriture, « théâtre, texte, film », c'est-à-dire profération, musique et fragment du souvenir. Elle fait se dérouler dans le texte les images du film à faire de *l'Amant*, ce qu'elle seule peut donner à voir, « les villages de jonques. La nuit... le vacarme des vieux tramways... le passage du dehors dans la chambre ».

C'est à ces incidences, ces échos qui ne font pas l'action qu'elle s'attarde plutôt, à l'inverse du cinéma commercial. Elle est toujours dans la violence de la destruction, de la jeunesse : « Ce qui me plairait le plus, proclame-t-elle, ce sont des films "accidentels". On partirait à trois ou quatre comme ça, dans les rues, en appelant les gens au dernier moment, et on filmerait. Il faudrait une sorte de commando de cinéma. »

A lire les entretiens récents qu'elle a accordés à la presse pour la sortie de *l'Amant de la Chine du Nord*, elle apparaît douée de son éternelle énergie, forte de sa vie qu'elle a entièrement consacrée à l'œuvre. Elle parle de ses textes comme d'un peuple d'images qui l'entourent : « C'est ça le narcissisme », dit-elle.

Le différend qui l'oppose à Annaud, c'est justement celui qui concerne sa vie. Les passerelles qu'elle a posées entre sa vie vraie et sa vie fantasmée ont donné naissance à une légende, où elle se place maintenant et dont elle se nourrit. Chaque œuvre écrite est la « traduction » de sa vie, jamais à prendre au pied de la lettre.

Sa vie bute sur l'écran fantasmatique qu'elle a laissé s'interposer entre elle et l'œuvre, de sorte qu'elle en a oublié la vie de tous les jours, relayée par les spectres de l'enfance et de la terre natale.

L'accueil de *l'Amant de la Chine du Nord* est très favorable. Ce que les critiques craignaient, un remake de *l'Amant*, ne s'est pas produit. Le récit est neuf, raconte autrement, plus uniment l'histoire fondatrice de sa vie. François Nourissier rappelle ainsi opportunément dans *le Figaro Magazine* ce qu'est un « vrai écrivain », celui qui « ressasse ses thèmes, martèle ses mots, s'enfonce dans deux ou trois hantises majeures » ; lui qui avait déjà admiré *l'Amant* célèbre de nouveau ce « long poème du désir et du désespoir », ramenant l'œuvre entière au registre unique du chant.

Dans les interviews qu'elle donne, comme si elle ne voulait pas de confusion entre le film d'Annaud, impatiemment attendu, et son propre livre, elle adopte ce ton provocateur que l'âge, malgré sa « splendeur » sereine, n'a pas affaibli. « Si j'ai donné les droits, dit-elle, c'est pour le fric. »

Comme elle craint une perception frelatée de *l'Amant*, elle a inséré dans *l'Amant de la Chine du Nord* des indications de mise en scène, au cas où un autre film se ferait. Elle se sent presque dépossédée de sa propre histoire, tant Jean-Jacques Annaud travaille en secret. Elle prétend, contrairement au producteur, qu'aucune image du film, aucune interview, aucune conférence de presse ne lui a été communiquée, pas même les photographies des comédiens. De fait, le tournage eut lieu à plateau fermé. Tout et surtout l'ampleur du budget contredit la conception qu'elle se fait du cinéma, ouverte, pauvre, inattendue, aérée. Éternel débat entre Duras et les adaptateurs de ses romans !

Le livre est en tête des meilleures ventes de la saison et elle se prête avec une manifeste délectation à sa promotion, attentive aux articles, hostile à ceux qui émettent des critiques qu'elle juge infondées, toujours dans cette intelligence suprême lorsqu'elle accepte de parler. L'entretien qu'elle accorde à Bernard Rapp, dans l'émission télévisée « Caractères », est à ce titre exceptionnel et rivalise avec celui, fameux, d'« Apostrophes ». Mais cette fois-ci, une grâce autre la dépasse, comme si, désormais détachée de tout mais possédant toujours cet art consommé de la rhétorique, elle n'avait plus qu'à prononcer certains mots, à laisser parler le silence pour que la magie opère. La respiration haletante provoquée par la prothèse fichée dans sa gorge laisse traverser des souffles inconnus, met à nu l'alternance physiologique de la vie même. Et dans le paroxysme de cette profération, elle dit encore tout ce qui la retient, l'a retenue, tout ce qui en quelques minutes résume l'œuvre d'une vie : la passion, la mère, l'Indochine, le petit frère, les juifs.

La caméra montre dans l'été à peine commençant la maison de Neauphle où se passe l'entretien. La maison est couverte de lierre, de vigne vierge, forte des sèves de juillet. Le visage de Duras saisi en gros plan montre, impudemment, les réseaux de rides et de ridules qui le sillonnent en tous sens. Mais ses yeux sont pleins de cette vivacité, des certitudes d'une jeunesse miraculeusement retrouvée.

L'été 91 succède aux autres qu'elle a passés, à Paris, à Neauphle-le-Château, à Trouville, seule ou entourée, amoureuse ou désespérée, mais toujours dans cette ivresse du Livre à venir, de l'autre livre qui dira encore mieux le Voyage.

A Trouville, où elle se rendra sûrement, elle goûtera la solitude du vieux palace et l'air saturé des embruns. Comme elle sort moins qu'auparavant, quoiqu'elle cède volontiers au rite de la promenade de l'après-midi avec Yann Andréa, elle regardera la mer, son interlocutrice privilégiée. Et aussi le mouvement des marées, la lenteur de l'eau à monter, cette lumière grise qui se confond d'ordinaire, à l'horizon, avec les paquets de mer. Au loin, à gauche, il y a toujours les hideuses marinas de Deauville, à droite, encore plus loin, mais signalé par les longues cheminées des usines, le complexe d'Antifer, la zone pétrolière du Havre, avec ses cuves immenses, sur lesquelles par très beau temps on peut même distinguer les noms des sociétés, Esso, B.P...

Mais ce qu'elle regardera, ce sera surtout la mer, et ce vers quoi elle se rassemble, l'infini au loin, ce pourquoi des choses qu'elle pressent, dont sans cesse elle se rapproche, cette intuition de Dieu qu'elle porte en elle, malgré elle, et qui a du mal à se dire.

Elle continue sa vie, obscure et limpide tout à la fois, tragique et gaie dans son murmure et sa musique, trouée de la douleur, comme dans certains tableaux de Nicolas de Staël, quand les couleurs s'étouffent et semblent aspirées par des gouffres imprécis, trouée comme sa gorge où s'accroche la canule à peine dissimulée par son éternel foulard de mousseline léopard, ou bleu de nuit.

Il semble qu'il n'y ait pas de fin à cette histoire d'une vie, soumise au cours aléatoire et pourtant fatal du temps, tant les trappes de l'œuvre appellent d'autres images, recèlent des nourritures pour d'autres livres, projettent l'éternité, fécondent d'autres mémoires.

Elle, elle erre dans les labyrinthes de l'écrit, dans cette matière sourde et violente qu'elle ramène aux autres dans chaque livre, comme la mendiante de son enfance, indifférente à sa propre vie, mais porteuse de toute la misère du monde, traversant les terres du Laos, du Cambodge, du Siam lumineux, de Birmanie.

La seule chose qui l'intéresse vraiment, pour laquelle elle n'a pas même le choix, c'est de suivre, comme la folle de Savannakhet, « les routes, les rails, les barques », tout ce qui fait avancer, découvrir et savoir.

C'est dans cette perte-là de soi-même qu'elle se tient, seule, toujours, criant dans le désert, « dans l'attente de l'amour », comme une autre Emily L., cherchant désespérément à comprendre le pourquoi des solitudes et à capter, comparable encore en cela à Pascal, les rumeurs indicibles des « espaces infinis ». Toujours ainsi, « depuis le commencement de sa vie ».

BIBLIOGRAPHIE

I - ŒUVRES DE MARGUERITE DURAS

LES IMPUDENTS (1943, *roman*, Plon).
LA VIE TRANQUILLE (1944, *roman*, Gallimard).
UN BARRAGE CONTRE LE PACIFIQUE (1950, *roman*, Gallimard).
LE MARIN DE GIBRALTAR (1952, *roman*, Gallimard).
LES PETITS CHEVAUX DE TARQUINIA (1953, *roman*, Gallimard).
DES JOURNÉES ENTIÈRES DANS LES ARBRES, *suivi de* : LE BOA - MADAME DODIN - LES CHANTIERS (1954, *récits*, Gallimard).
LE SQUARE (1955, *roman*, Gallimard).
MODERATO CANTABILE (1958, *roman*, Éditions de Minuit).
LES VIADUCS DE SEINE-ET-OISE (1959, *théâtre*, Gallimard).
DIX HEURES ET DEMIE DU SOIR EN ÉTÉ (1960, *roman*, Gallimard).
HIROSHIMA MON AMOUR (1960, *scénario et dialogues*, Gallimard).
UNE AUSSI LONGUE ABSENCE (1961, *scénario et dialogues*, en collaboration avec Gérard Jarlot, Gallimard).
L'APRÈS-MIDI DE MONSIEUR ANDESMAS (1962, *récit*, Gallimard).
LE RAVISSEMENT DE LOL V. STEIN (1964, *roman*, Gallimard).
THÉÂTRE I : LES EAUX ET FORÊTS - LE SQUARE - LA MUSICA (1965, Gallimard).
LE VICE-CONSUL (1965, *roman*, Gallimard).
LA MUSICA (1966, *film*, coréalisé par Paul Seban, distr. Artistes associés).
L'AMANTE ANGLAISE (1967, *roman*, Gallimard).
L'AMANTE ANGLAISE (1968, *théâtre*, Cahiers du Théâtre national populaire).

THÉÂTRE II : SUZANNA ANDLER - DES JOURNÉES ENTIÈRES DANS LES ARBRES - YES, PEUT-ÊTRE - LE SHAGA - UN HOMME EST VENU ME VOIR (1968, Gallimard).

DÉTRUIRE, DIT-ELLE (1969, Éditions de Minuit).

DÉTRUIRE, DIT-ELLE (1969, *film*, distr. Benoît-Jacob).

ABAHN, SABANA, DAVID (1970, Gallimard).

L'AMOUR (1971, Gallimard).

JAUNE LE SOLEIL (1971, *film*, distr. Films Molière).

NATHALIE GRANGER (1972, *film*, distr. Films Molière).

INDIA SONG (1973, *texte, théâtre*, Gallimard).

LA FEMME DU GANGE (1973, *film*, distr. Benoît-Jacob).

NATHALIE GRANGER, *suivi de* LA FEMME DU GANGE (1973, Gallimard).

LES PARLEUSES (1974, *entretiens avec Xavière Gauthier*, Éditions de Minuit).

INDIA SONG (1975, *film*, distr. Films Armorial).

BAXTER, VERA BAXTER (1976, *film*, distr. N.E.F. Diffusion).

SON NOM DE VENISE DANS CALCUTTA DÉSERT (1976, *film*, distr. Benoît-Jacob).

DES JOURNÉES ENTIÈRES DANS LES ARBRES (1976, *film*, distr. Benoît-Jacob).

LE CAMION (1977, *film*, distr. D.D. Prod.).

LE CAMION, *suivi de* ENTRETIEN AVEC MICHELLE PORTE (1977, Éditions de Minuit).

LES LIEUX DE MARGUERITE DURAS (1977, *en collaboration avec Michelle Porte*, Éditions de Minuit).

L'ÉDEN CINÉMA (1977, *théâtre*, Mercure de France).

LE NAVIRE-NIGHT (1978, *film*, Fims du Losange).

LE NAVIRE-NIGHT, *suivi de* CÉSARÉE, LES MAINS NÉGATIVES, AURÉLIA STEINER, AURÉLIA STEINER, AURÉLIA STEINER (1979, Mercure de France).

CÉSARÉE (1979, *film*, Films du Losange).

LES MAINS NÉGATIVES (1979, *film*, Films du Losange).

AURÉLIA STEINER, *dit* AURÉLIA MELBOURNE (1979, *film*, Films Paris-Audiovisuels).

AURÉLIA STEINER, *dit* AURÉLIA VANCOUVER (1979, *film*, Films du Losange).

VERA BAXTER OU LES PLAGES DE L'ATLANTIQUE (1980, Albatros).

L'HOMME ASSIS DANS LE COULOIR (1980, *récit*, Éditions de Minuit).

L'ÉTÉ 80 (1980, Éditions de Minuit).

LES YEUX VERTS (1980, Cahiers du cinéma).

AGATHA (1981, Éditions de Minuit).

AGATHA ET LES LECTURES ILLIMITÉES (1981, *film*, prod. Berthemont).

OUTSIDE (1981, Albin Michel, rééd. P.O.L., 1984).

LA JEUNE FILLE ET L'ENFANT (1981, *cassette*, Des Femmes éd. Adaptation de L'ÉTÉ 80 par Yann Andréa, lue par Marguerite Duras).
DIALOGUE DE ROME (1982, *film*, prod. Coop. Longa Gittata. Rome).
L'HOMME ATLANTIQUE (1982, *film*, prod. Berthemont).
L'HOMME ATLANTIQUE (1982, *récit*, Éditions de Minuit).
SAVANNAH BAY (1re éd., 1982, 2e éd. augmentée, 1983, Éditions de Minuit).
LA MALADIE DE LA MORT (1982, *récit*, Éditions de Minuit).
THÉÂTRE III : LA BÊTE DANS LA JUNGLE, *d'après Henry James, adaptation de James Lord et Marguerite Duras* - LES PAPIERS D'ASPERN, *d'après Henry James, adaptation de Marguerite Duras et Robert Antelme* - LA DANSE DE MORT, *d'après August Strindberg, adaptation de Marguerite Duras* (1984, Gallimard).
L'AMANT (1984, Éditions de Minuit).
LA DOULEUR (1985, P.O.L.).
LA MUSICA DEUXIÈME (1985, Gallimard).
LA MOUETTE DE TCHEKHOV (1985, Gallimard).
LES ENFANTS, *avec Jean Mascolo et Jean-Marc Turine* (1985, *film*).
LES YEUX BLEUS CHEVEUX NOIRS (1986, *roman*, Éditions de Minuit).
LA PUTE DE LA CÔTE NORMANDE (1986, Éditions de Minuit).
LA VIE MATÉRIELLE (1987, P.O.L.).
EMILY L. (1987, *roman*, Éditions de Minuit).
LA PLUIE D'ÉTÉ (1990, *roman*, P.O.L.).
L'AMANT DE LA CHINE DU NORD (1991, *roman*, Gallimard).
LE MONDE EXTÉRIEUR (1991, P.O.L.), *à paraître*.

II - PRINCIPAUX OUVRAGES CONSACRÉS A MARGUERITE DURAS

ALLEINS (Madeleine), *Marguerite Duras, médium du réel*, L'Âge d'homme, 1984.
ANDRÉA (Yann), *M.D.*, Éditions de Minuit, 1983.
ARMEL (Aliette), *Marguerite Duras et l'autobiographie*, Castor astral, 1990.
BAJOMÉE (Danièle), *Duras ou la Douleur*, Éditions universitaires, 1990.
BESSIÈRE (Jean), *Moderato cantabile*, édition critique, coll. Présence littéraire, Bordas, 1972.

BORGOMANO (Madeleine), *l'Écriture filmique de Marguerite Duras*, Albatros, 1985.

ID., *Une lecture des fantasmes*, Éditions du Cistre, Petit-Roeulx, Belgique, 1985.

CALLE-GRUBER (Mireille), « Pourquoi n'a-t-on plus peur de Marguerite Duras ? », in *Littérature*, n° 63, octobre 1986.

FERNANDÈS (Marie-Pierre), *Travailler avec Duras : La Musica Deuxième*, Gallimard, 1986.

LISE-BERNHEIM (Nicole), *Marguerite Duras tourne un film*, Albatros, 1981.

MARINI (Marcelle), *Territoires du féminin*, Minuit, 1978.

MERTENS (Pierre), *l'Agent double*, Complexe, 1989.

MICCIOLLO (Henri), *Moderato cantabile de Marguerite Duras*, coll. Lire aujourd'hui, Hachette, 1978.

SEYLAZ (Jean-Luc), *les Romans de Marguerite Duras. Essai sur une thématique de la durée.* Minard, 1963.

TISON-BRAUN (Micheline), *Marguerite Duras*, Rodopi, 1985.

VIRCONDELET (Alain), *Marguerite Duras*, Seghers, 1972.

III - ACTES, NUMÉROS SPÉCIAUX, ÉMISSIONS SPÉCIALES

Tu n'as rien vu à Hiroshima, séminaire film et cinéma, Éditions de l'institut de sociologie de l'université de Bruxelles, 1962.

Cahiers Renaud-Barrault, n° 52, décembre 1965.

L'Archibras 2, le surréalisme, octobre 1967.

Ça/Cinéma, Albatros, 1975.

Cahiers Renaud-Barrault, n° 89, octobre 1975.

Cahiers Renaud-Barrault, n° 91, mai 1976.

« Les Lieux de Marguerite Duras », Michelle Porte, I.N A., mai 1976.

Marguerite Duras, Albatros, 1979.

Le Magazine littéraire, n° 158, mars 1980.

Marguerite Duras à Montréal, Spirale, Montréal, 1981.

Œuvres cinématographiques, Éditions Vidéocritique, ministère des Relations extérieurex, 1983.

Cahiers Renaud-Barrault, n° 106, septembre 1983.

« Savannah Bay, c'est toi », Michelle Porte, I.N.A., 1984.

«Apostrophes», Bernard Pivot, A2, 28 septembre 1984.

L'Arc, n° 98, 1985.

Écrire, dit-elle. Imaginaires de Marguerite Duras, Université de Bruxelles, 1985.

Revue des sciences humaines, n° 202, Universités de Paris-Lille, 2e trim. 1986.

Entretiens de Marguerite Duras avec François Mitterrand, in *l'Autre journal* nᵒˢ 1, 2, 3, 4, 11.

«Les Nuits magnétiques», Alain Veinstein, France-Culture, 1987.

«Duras/Godard», J.-D. Verhaeghe, Océaniques-FR3, 1987.

«Marguerite Duras», Luce Perrot, TF1, 26 juin-17 juillet 1988.

«Les Nuits magnétiques», Alain Veinstein, France Culture, 1989.

Le Magazine littéraire, n° 278, juin 1990.

«Les Nuits magnétiques», Alain Veinstein, France Culture, 1990.

«Caractères», Bernard Rapp, A2, 5 juillet 1991.

IV - OUVRAGES GÉNÉRAUX

ANTELME (Robert), *l'Espèce humaine*, La Cité universelle, 1947.

ARBAN (Dominique), *Je me retournerai souvent*, Flammarion, 1991.

BLANCHOT (Maurice), *le Livre à venir*, Gallimard, 1943.

ID., *l'Entretien infini*, Gallimard, 1969.

ID., *la Communauté inavouable*, Éditions de Minuit, 1983.

DAIX (Pierre), *J'ai cru au matin*, Laffont, 1976.

DALLOZ (Jacques), *la Guerre d'Indochine 1945-1954*, Le Seuil, 1987.

DUMAYET (Pierre), *Vu et entendu*, Stock, 1964.

GIESBERT (Franz-Olivier), *François Mitterrand ou la Tentation de l'Histoire*, Le Seuil, 1977.

HAMON (Hervé) et ROTMAN (Patrick), *les Porteurs de valises*, Albin Michel, 1979.

ID., *Génération*, t. 1 et 2, Le Seuil, 1987.

KNIBIEHLER (Yvonne) et GOUTALIER (Régine), *la Femme au temps des colonies*, Stock, 1990.

LOTTMAN (Herbert), *la Rive gauche*, Le Seuil, 1981.

MANCEAUX (Michèle), *Brèves*, Le Seuil, 1984.

MASCOLO (Dionys), *le Communisme, revolution et communication ou la Dialectique des valeurs et des besoins*, Gallimard, 1953.

ID., *Lettre polonaise sur la misère intellectuelle en France*, Éditions de Minuit, 1957.
ID., *Autour d'un effort de mémoire*, Maurice Nadeau, 1987.
MORIN (Edgar), *Autocritique*, Le Seuil, 1970.
NADEAU (Maurice), *Grâces leur soient rendues*, Albin Michel, 1990.
ROQUES (Philippe) et DONNADIEU (Marguerite), *l'Empire français*, Gallimard, 1940.
ROY (Claude), *Nous*, Gallimard, coll. Folio (n° 1247), 1972.

Le 14 juillet, 1958-1959, revue, Séguier, coll. Lignes, 1990.
Sorcières, n°s 4 et 12.

Remerciements

L'auteur remercie pour leur complaisance et leur aide précieuse les nombreux organismes qui l'ont aidé dans sa recherche, particulièrement la Bibliothèque d'études marxistes, la bibliothèque du Centre culturel algérien, la bibliothèque de l'Institut catholique de Paris, l'Institut de la mémoire contemporaine, le Centre des archives d'outremer, la Maison de la Radio, les «Nuits magnétiques» d'Alain Veinstein, les services d'archives des éditions Gallimard et Plon, de Libération, *du* Nouvel Observateur, *le service de presse de la présidence de la République, tous ceux qui, chercheurs, universitaires et amis, proches de l'œuvre et de la vie de Marguerite Duras, lui ont permis de conduire ce travail.*

Il remercie enfin spécialement Dionys Mascolo, Jean Mascolo, Monique Antelme, Eva Jarlot, Denise Le Dantec, Viviane Forrester, Claude Daillencourt, Dominique Arban, Claire Deluca pour leurs témoignages, leurs conseils et leur écoute.

INDEX

TABLE